T0316942

Banque et bourgeoisies

La Société bordelaise de CIC (1880-2005)

P.I.E. Peter Lang

Bruxelles · Bern · Berlin · Frankfurt am Main · New York · Oxford · Wien

Hubert BONIN

Banque et bourgeoisies

La Société bordelaise de CIC
(1880-2005)

Pour leur soutien, l'auteur remercie : Sciences Po Bordeaux, UMR 5113 GRETHA-Université Montesquieu-Bordeaux 4, la Région Aquitaine (programmes Places bancaires et marchandes et Aquibanque), et la CIC Société bordelaise.

© P.I.E. PETER LANG S.A.
Éditions scientifiques internationales
Bruxelles, 2010
1 avenue Maurice, B-1050 Bruxelles, Belgique
www.peterlang.com ; info@peterlang.com

Imprimé en Allemagne

ISBN 978-90-5201-603-0
D/2010/5678/48

Information bibliographique publiée par « Die Deutsche NationalBibliothek ».

« Die Deutsche NationalBibliothek » répertorie cette publication dans la « Deutsche Nationalbibliografie » ; les données bibliographiques détaillées sont disponibles sur le site <http://dnb.d-nb.de>.

Table des matières

10

11

Introduction

L'histoire de la banque suscite toujours beaucoup de polémiques, de débats ou d'illusions d'un côté, ou, au contraire, elle manque de substance parce que les banquiers rechignent à révéler les « secrets » de leurs activités ou à faire pénétrer dans « le secret des affaires ». Pourtant, l'histoire bancaire est devenue une discipline robuste dans les pays anglo-saxons, avec une solide « école » d'histoire des banques au Royaume-Uni, relayée outre-Atlantique par des équipes de *banking and business history* dynamiques. En Europe continentale, chaque pays dispose désormais de tranches d'histoire bancaire précises et passionnantes, soit à l'échelle du secteur dans son ensemble, soit au niveau des entreprises elles-mêmes. En France, les pionniers qu'ont été dans les années 1960 Jean Bouvier, Bertrand Gille et Maurice Lévy-Leboyer ont ouvert la voie à deux générations de chercheurs, dans les années 1970 (Alain Plessis, Louis Bergeron), dans les années 1980 (Michel Lescure, Éric Bussière, Nicolas Stoskopf, Michel Margairaz, nous-même[1], en particulier), avant la percée d'une nouvelle strate de jeunes chercheurs (Olivier Feiertag, Patrice Baubeau, Sabine Effosse, etc.). Cela explique que la Société bordelaise ait pu constituer un bon « cas d'étude » pour compléter le « puzzle » que les chercheurs remplissent peu à peu. Cet ouvrage a été le fruit de deux projets « d'histoire appliquée », où l'entreprise sollicitait le talent de l'historien universitaire pour reconstituer son histoire puis son adaptation aux mutations récentes de l'économie bancaire et régionale. Toutefois, s'il s'est agi à l'origine d'un « livre de commande », notre intention n'a jamais consisté à préparer quelque « livre-anniversaire » au sein d'un programme de communication institutionnelle, ouvrage où l'on musarderait entre l'anecdote croustillante – la Société bordelaise avait d'ailleurs une vie austère – et l'édification de statues aux dirigeants et à la banque, voire à l'Argent.

Appuyé sur une lecture méticuleuse des archives, rédigé selon les méthodes confirmées de l'histoire d'entreprise, appuyé sur deux vagues de recueil de témoignages (au tournant des années 1990 et en 2004-2005), il alterne le récit indispensable et les analyses nécessaires, et il ne

---

[1]   H. Bonin, *Le monde des banquiers français au XXe siècle*, Bruxelles, Complexe, 2000. H. Bonin, *Les banques françaises de l'entre-deux-guerres*, Paris, PLAGE, 2000 (trois volumes). H. Bonin, « Frankreich [La France] », in *Europäische Bankengeschichte (Histoire européenne de la banque contemporaine)*, Francfort, éditions Fritz Knapp Verlag, 1993 (trois chapitres : p. 250-262, 373-393 & 498-516).

présente ses conclusions qu'avec nuance et respect de ce qui est reconstitution hypothétique de la vérité. C'est donc une conception de l'Histoire qui pourra sembler « difficile », mais à chaque type d'histoire son historien ! Le lecteur ne trouvera certes pas le pittoresque qu'il pourrait obtenir à la lecture d'un livre consacré au centenaire du Club des Girondins de Bordeaux, né un an après la Société bordelaise en 1881, ni les charmes érudits du livre publié sur l'histoire du club de tennis de Primrose[2] ; mais il pourra se familiariser avec la vie d'une entreprise bancaire, suivre le cheminement de ses décideurs et de ses affaires, apprécier les vertus et les faiblesses de son environnement économique, affiner sa connaissance des élites bordelaises. Il pourra aussi s'associer à l'effort engagé par des historiens pour faire connaître les métiers des banques, leurs fonctions et leur contribution, plus ou moins vive selon les sociétés et la conjoncture, au développement d'un pays ou, comme ici, d'une région. Est-ce pour autant une « saga d'entreprise » où un historien universitaire céderait à la fascination du monde de l'argent ?

Ce livre reste lucide, car s'y déroule une démarche triple : l'historien apporte les faits disponibles ; il reconstitue, grâce au rassemblement du maximum d'entre eux, ce qui lui paraît pouvoir être la vérité, même si celle-ci ne correspond pas aux idées reçues qui ont pris corps au fil des décennies – ce qui constitue les « contes et légendes » d'une entreprise ; enfin, il soupèse ces faits, jauge les orientations stratégiques et tactiques, sans tabous. Cette fermeté dans l'analyse ne conduit pas à des conclusions définitives, car l'intellectuel qu'est l'historien ne peut juger les hommes d'action ; il se contente donc d'évoquer les interrogations qu'il rencontre quand il soupèse les faits, sans prétendre à fournir de leçons. Mais une telle reconstitution historique peut aider les décideurs à mieux réfléchir aux défis actuels en s'appuyant sur l'évocation des réussites et des échecs du passé. C'est alors que cette « science humaine et sociale » qu'est l'Histoire revêt quelque « utilité sociale », au-delà de la simple satisfaction de ses propres ambitions de rassembler des connaissances : « l'histoire appliquée » trouve alors sa justification essentielle à travers les missions qu'on lui attribue.

---

[2] Françoise Taliano-Des Garets, *La Villa Primrose. Un siècle d'histoire sportive à Bordeaux (1897-1997)*, Bordeaux, Confluences, 1997.

Les missions de l'histoire d'entreprise

Une première édition[3] de ce livre avait paru à l'occasion du cent-dixième anniversaire de la Société bordelaise de CIC, au début des années 1990. Les dirigeants de l'époque (Bruno Moschetto, Jean de La Chauvinière, François-Xavier Bordeaux – et en particulier notre correspondant, le directeur des ressources humaines Bernard Comte) avaient fait appel à un historien « académique » pour reconstituer le capital immatériel dont la banque avait hérité d'un siècle d'histoire.

En ces temps troublés, en effet, l'histoire d'entreprise servait à des dirigeants de levier aux réflexions sur l'orientation stratégique des sociétés ; l'on s'interrogeait sur ce que les Britanniques appellent « heritage » et qui serait notre « patrimoine » : en gros, de quels « gênes » l'entreprise a-t-elle hérité ? quel est son capital de savoir-faire ? comment a évolué son portefeuille d'activités stratégiques ? quelle est sa « culture d'entreprise » ? et *in fine* en quoi cette compréhension peut-elle être utile à la maîtrise de l'évolution du temps présent ? L'histoire avait donc « un sens » : l'on puisait dans le passé non pour enfermer l'entreprise dans la vitrine d'un musée de l'histoire économique, mais pour mobiliser son passé au service de la construction de l'avenir – tout en sachant raison garder car les méthodes managériales ont toujours eu plus d'« utilité sociale » que l'histoire dans la boîte à outils de la gestion d'une firme. Mais beaucoup de sociétés ont jugé utile de faire reconstituer leur histoire à une époque où elles réfléchissaient à leur inflexion stratégique, en pleine Grande Crise de remodelage du système productif et de transition vers la troisième révolution industrielle : Saint-Gobain[4],

---

[3] H. Bonin, *Histoire de la Société bordelaise de CIC (1880-1990)*, collection Initiatives & Histoire, Bordeaux, L'Horizon chimérique, 1991 (300 p.). Tiré de : *La Société bordelaise de CIC (1880-1990). Histoire de la banque régionale du Grand Sud-Ouest*, Texte intégral, Édition multigraphiée, Université Michel de Montaigne-Bordeaux 3-Société bordelaise de CIC (360 p. + graphiques), 1991.

[4] Jean-Pierre Daviet, *Un destin international. La Compagnie de Saint-Gobain de 1830 à 1939*, Paris, Éditions des Archives contemporaines, 1988. Alain Baudant, *Pont-à-Mousson (1918-1939). Stratégies industrielles d'une dynastie lorraine*, Paris, Publications de la Sorbonne, 1980. Jean-Pierre Daviet, *Une multinationale à la française. Histoire de Saint-Gobain, 1665-1989*, Paris, Fayard, 1989. Maurice Hamon, *Du soleil à la terre. Une histoire de Saint-Gobain*, Paris, Éditions Jean-Claude Lattès, 1988.

Suez[5], Indosuez[6], EDF[7], Gaz de France[8], Rhône-Poulenc[9], Alcatel-Alsthom[10], etc., parmi d'autres, ont ainsi participé de ce mouvement intellectuel qui a permis à l'histoire de ne pas seulement produire des livres de simple commémoration, des plaquettes, des *table books*, c'est-à-dire des beaux livres qu'on dispose dans les salons d'attente des bureaux des manageurs et qu'on feuillette avec nostalgie et avec goût du pittoresque. Les banques ont elles aussi proposé de telles histoires avec des ouvrages souvent luxueux[11].

Aujourd'hui, après que de telles histoires d'entreprise se sont multi-pliées, il faut insister sur la singularité d'une entreprise moyenne-grande, sur sa capacité à gérer son portefeuille d'activités stratégiques et son capital de savoir-faire face aux changements de son fonds de commerce et de son environnement concurrentiel et économique. Il est passionnant d'accompagner des dirigeants et une société qui traversent les décennies (et désormais trois siècles, même) pour préciser concrètement ce que fait une entreprise et comment elle évolue : c'est une sorte de « laboratoire » intellectuel et humain, ou, si l'on veut, un « cas d'étude » tel qu'on en étudie dans les écoles de gestion. C'est aussi fournir du matériau pour une histoire comparative, pour rapprocher ce qu'a vécu la Société bordelaise de CIC du devenir d'autres banques, elles aussi provinciales ou d'une autre envergure, nationale[12] ou multinationale.

En parallèle, bien entendu, le livre d'histoire a été et est toujours uti-lisé comme un outil de communication interne ou externe, un support de

---

5   H. Bonin, *Suez. Du canal à la finance (1858-1987)*, Paris, Économica, 1987.

6   H. Bonin, *Indosuez. L'autre grande banque d'affaires (1975-1987)*, Paris, Économica, 1987. Marc Meuleau, *Des pionniers en Extrême-Orient. La Banque de l'Indochine, 1875-1975*, Paris, Fayard, 1990. Yasuo Gonjo, *Banque coloniale ou banque d'affaires. La Banque de l'Indochine sous la IIIe République*, Paris, Publications du Comité pour l'histoire économique & financière de la France, 1993.

7   Jean-François Picard, Alain Beltran & Martine Bungener, *Histoires de l'EDF. Comment se sont prises les décisions de 1946 à nos jours*, Paris, Bordas, 1985.

8   Alain Beltran & Jean-Pierre Williot, *Le noir et le bleu. 40 ans d'histoire de Gaz de France*, Paris, Belfond, 1992.

9   Pierre Cayez, *Rhône-Poulenc, 1895-1975. Contribution à l'étude d'un groupe industriel*, Paris, Armand Colin-Masson, 1988. Fabienne Gambrelle & Félix Torres, *Innover pour la vie. Rhône-Poulenc, 1895-1995*, Paris, Albin Michel, 1995.

10   Jacques Marseille (dir.), *Alcatel-Alsthom. Histoire de la Compagnie générale d'électricité*, Paris, Larousse, 1992.

11   *Crédit lyonnais, 1863-1913*, Paris, 1913. Maurice Mogenet, *Un siècle d'économie française. Le Crédit lyonnais, 1863-1963*, Paris, 1963. Christian de Montella, *19 Bd des Italiens. Le Crédit lyonnais, culture et fondation*, Paris, J.-C. Lattès, 1988. *La Société générale, 1864-1964*, Paris, 1964. *Paribas, 1872-1972*, Paris, 1972.

12   Cf. Bernard Desjardins, Michel Lescure, Roger Nougaret, Alain Plessis & André Straus, *Le Crédit lyonnais, 1863-1986. Études historiques*, Genève, Droz, 2002.

relations publiques, tourné vers les clients, les partenaires, les institutions. Une entreprise, en présentant son histoire, entretient le lien de confiance entre elle-même et son environnement humain, institutionnel et culturel ; elle inscrit son action dans la durée, elle rappelle la légitimité procurée par son enracinement dans l'Histoire, elle confirme sa volonté de renouveler les tournants stratégiques antérieurs, elle persévère enfin dans son dessein de stimuler une « fierté » en interne pour stimuler l'adhésion de ses cadres et de l'ensemble de ses salariés au projet d'entreprise, aux stratégies en cours ou aux valeurs de la société. Toute histoire recèle en effet une analyse de « l'identité » de la « firme », de ses « valeurs », de sa « culture ». Le groupe du CIC lui-même a participé à cet effort de reconstitution historique par de bonnes « plaquettes » commémoratives[13] : jadis, Varin-Bernier[14] avait publié deux d'entre elles ; nous-même avons contribué à un ouvrage de valorisation de l'histoire du Crédit industriel de Normandie[15] ; et des collègues ont mis au point des histoires de la Société lyonnaise de banque[16] et du Crédit industriel de l'Ouest[17] – car les autres banques du groupe CIC et le CIC lui-même attendent encore leur historien… Enfin, en 2009, quand le CIC a souhaité commémorer son cent cinquantième anniversaire, il a fait appel à l'historien des banques du XIXe siècle Nicolas Stoskopf pour livrer deux volumes, l'un synthétique, consacré à l'histoire du groupe dans son ensemble et à celle de la maison mère[18], l'autre ouvert sur les banques régionales par une série de monographies[19].

Dans cette seconde édition, entièrement remodelée et dûment mise à jour, cet ouvrage n'échappe pas au dualisme de base qui avait présidé à

---

[13] Alain Plessis, *De la Société générale de Crédit industriel et commercial au groupe CIC. 125 ans de banque*, Paris, CIC, 1984. Une filiale internationaliste du groupe a publié son histoire : *Banque transatlantique. Centenaire, 1881-1981*.

[14] *La SNVB a cent ans*, Nancy, Société nancéienne Varin-Bernier, 1980. Tristan Gaston-Breton, *Société nancéienne Varin-Bernier. La banque au service de ses régions, 1881-1996*, Nancy, 1996. À propos d'une concurrente : *Société générale alsacienne de banque, 1881-1981*, Strasbourg.

[15] H. Bonin, « Le Crédit industriel de Normandie de 1945 à nos jours. L'essor de la banque régionale », in Jean-Pierre Chaline & H. Bonin, *Le Crédit industriel de Normandie (1848-1995)*, Rouen, CIN, 1995. H. Bonin, « Une banque régionale et son terroir : le Crédit industriel de Normandie et la filière laitière normande depuis 1945 », *Études normandes*, n° 3, 1993, p. 11-22.

[16] Claire Chaumel *et al.*, *Lyonnaise de banque. 125 ans de chroniques*, Lyon, 1991.

[17] Rémy Handourtzel *et al.*, *Crédit industriel de l'Ouest. 150 ans au service du Grand Ouest*, Nantes, CIO, 1991.

[18] Nicolas Stoskopf, *150 ans du CIC, 1859-2009*. I. *Une audace bien tempérée*, Paris, Éditions La Branche, 2009.

[19] Nicolas Stoskopf, *150 ans du CIC, 1859-2009*. II. *Un album de famille*, Paris, Éditions La Branche, 2009.

La Société bordelaise de CIC (1880-2005)

la conception de l'édition initiale : il est à la fois un livre de réflexion sur le destin d'une entreprise et un outil de communication. Mais sa double mission se déploie dans un environnement conjoncturel tout à fait différent. En effet, au tournant des années 1990, la banque traversait une période troublée, avec des pertes de parts de marché, des déficits, une maîtrise des risques de crédit aléatoire, une succession rapide de ses dirigeants, voire de ses actionnaires : nous avouons notre perplexité dans l'analyse de ce qui était alors le temps présent de l'entreprise puisque la présentation des faits devait rester discrète et les incertitudes du moment empêchaient un aboutissement net ; il est vrai que l'ensemble du groupe CIC vivait alors dans l'incertitude de son lendemain car la nationalisation de 1982 n'avait pas véritablement apporté les solutions stratégiques, capitalistiques et managériales espérées[20]. Pour cette nouvelle édition, en revanche, une mutation est intervenue : la dernière partie du livre, entièrement nouvelle, est le récit structuré du redressement de la Société bordelaise de CIC, sous l'égide d'une nouvelle équipe et surtout avec la reconstruction et la mobilisation d'un capital de savoir-faire au service d'une stratégie de déploiement puissant et durable.

La Société bordelaise, un modèle de banque régionale

La question se pose toujours en effet, à propos d'une banque œuvrant en région, de déterminer quelle peut être son utilité économique et sociale. L'énorme majorité des banques de région ont été absorbées par le mouvement de fond de la concentration des établissements au Royaume-Uni et au Bénélux, ainsi que, pour les banques capitalistes, en Allemagne ou en Espagne. La France elle-même a perdu presque toute l'armature de la « banque locale » et de la « banque régionale » pendant un long processus de concentration, des années 1920 aux années 1950-1960. Mais la banque de région subsiste, fort dynamique, par le biais des banques coopératives ou des établissements à statut spécial, sous le contrôle d'intérêts économiques ou sociaux locaux, en Espagne, en Italie, en Allemagne, par le biais des Banques populaires (Banca Populare, Reiffeisen & Volksbanken) et des Caisses d'épargne (Caja de Ahorros, Caixa, Cassa di Risparmo, Sparkassen, etc.). La France elle aussi a préservé ses entités coopératives (Banques populaires[21], Caisses

[20] Cf. Robert Fossaert, *La nationalisation des chrysanthèmes*, Paris, Seuil, 1985. Le sociologue Fossaert y relate ses déboires de président à la tête de Scalbert-Dupont, récemment nationalisée.

[21] Fernand Cousteaux, *Banque populaire Toulouse-Pyrénées. Le livre du centenaire, 1893-1993*, Toulouse, Éditions Daniel Briand, 1993. Elisabeth Albert, *Les Banques populaires en France (1917-1973)*, Paris, Économica, 1997. *Caisse centrale des Banques populaires, 1921-1996. 75 ans d'histoire*, Paris, 1996.

régionales de Crédit agricole mutuel[22], Caisses du Crédit mutuel[23]) et leur a même ajouté récemment les Caisses d'épargne[24], puisqu'elles ont été dotées d'un statut coopérateur.

Une question évidente vient à l'esprit : comment justifier, économiquement, la persistance de banques régionales non coopératives, telles que les banques du groupe CIC ou, sur un autre registre, les maisons membres du groupe du Crédit du Nord[25] (dont Courtois, dans le grand Sud-Ouest) ? Comment envisager la pérennité de tels établissements

---

[22] André Gueslin, *Les origines du Crédit agricole (1841-1914)*, Nancy, Presses universitaires de Nancy, 1978. A. Gueslin, *Histoire des Crédits agricoles. L'envol des caisses mutuelles (1910-1962)*, Paris, Économica, 1984. A. Gueslin, « La construction des banques coopératives à réseaux en France », *Revue des études coopératives, mutualistes et associatives*, 2ᵉ trimestre 1988, n° 26, p. 29-37. Charles André, *La banque des quatre saisons. Histoire du Crédit agricole du Sud-Est*, Lyon, Éditions lyonnaises d'art et d'histoire, 1992. H. Bonin, *Le Crédit agricole de la Gironde. La passion d'une région, 1901-1991*, Bordeaux, L'horizon chimérique, 1992. Jacques Gandebeuf, *Saga verte en Moselle. La mémoire vivante du Crédit agricole entre 1923 et 1993*, Metz, Serpenoise, 1993. Christophe Lefèvre, *Histoire de la Caisse régionale. Crédit agricole de Haute-Normandie*, Rouen, 1993. Christian Bosseno, *Crédit agricole, un siècle au présent, 1894-1994*. Tome 1 : *Des origines aux années 1950*, Hervas, 1994. *90 ans... déjà ! Crédit agricole de l'Isère, 1904-1994*, Grenoble, 1994. *Cent ans de bon sens. Cent ans de Crédit agricole mutuel dans le Cher*, 1995. Jean-Michel Brenier, *Les quatre racines du Crédit agricole Centre-Est*, Lyon, 1999. *Desseins partagés. Cent ans de Crédit agricole pour la Haute-Garonne*, Toulouse, Privat, 2000.

[23] André Gueslin, *Le Crédit mutuel. De la caisse rurale à la banque sociale*, Strasbourg, COPRUR, 1982. Catherine Malaval, *L'avenir a cent ans. 1895-1995. Cent ans de Crédit mutuel au Nord de la France*, Lille, Crédit Mutuel Nord, 1996. Alain Gérard et Véronique Tesson, *L'argent solidaire. Des caisses rurales au Crédit mutuel Océan. Vendée, Deux-Sèvres, Charente-Maritime*, La Roche/Yon, Centre vendéen de recherches historiques, 2000.

[24] Cf. les études historiques : *150ᵉ anniversaire de la Caisse d'épargne de Strasbourg, 1834-1984*. *175 ans... La Caisse d'épargne en Haute-Normandie, des origines à nos jours, 1820-1995*, 1995. Michel Cordier, *Les Caisses d'épargne en Bourgogne. Deux siècles au service de la collectivité*, Paris, Les éditions de l'épargne, 1996. *La Caisse d'épargne de Midi-Pyrénées, 1830-1996*, 1996. Marcel Launay *et al.*, *La Caisse d'épargne de Nantes, des origines à 1950. Caisse d'épargne Pays de la Loire*, 1998. H. Bonin, « Les Caisses d'épargne françaises (1914-1945) : une croissance mouvementée sans évolution stratégique », in *L'histoire des Caisses d'épargne européennes*. Tome 4. *Conjoncture & crises, 1914-1945*, Les Éditions de l'épargne, 1999, p. 105-175. Daniel Duet, *Les Caisses d'épargne*, Que Sais-Je ?, Paris, Presses universitaires de France, 1991, réédition, 2000. « L'état de la recherche sur les Caisses d'épargne », *Les cahiers pour l'histoire de l'épargne*, n° 6, juin 2002, Paris, Association pour l'histoire des Caisses d'épargne.

[25] Hubert Bonin, *Histoire de banques. Crédit du Nord (1848-2003)*, Paris, Éditions Hervas, 1998 et 2004.

face aux regroupements nationaux (BNP-Paribas[26], Société générale-Crédit du Nord, Crédit mutuel-CIC, Crédit agricole-Crédit lyonnais, par exemple) et européens ? L'on verra, dans la dernière partie, que la disparition de la Société bordelaise a bel et bien été envisagée au milieu des années 1990 ; et Bordeaux aura perdu au cours des années 1890-1940 plusieurs grosses banques locales (Lafargue, Piganeau, Samazeuilh, Soula).

Notre livre entend par conséquent déterminer ce qui a procuré à la Société bordelaise de CIC son utilité économique et sociale. Les économistes et les historiens[27] ont désormais bien délimité les pistes de recherche quant à l'action des banques locales et régionales. Ils ont précisé ainsi leurs rapports avec le marché de l'épargne disponible, leur politique du crédit (avec plus ou moins de prêts à moyen terme et de découverts par rapport à l'escompte), leur fonction de courtage de titres, leurs initiatives au service du « développement » du tissu productif régional, thème qui est particulièrement au cœur des réflexions des historiens, des géographes et des économistes qui ont depuis longtemps médité sur le « retard » du grand Sud-Ouest ou sur sa sous-industrialisation[28] : réfléchir à l'action d'une banque telle que la Société bordelaise de CIC consiste aussi à la replacer dans l'environnement du monde des entreprises afin d'évaluer si elle a su l'accompagner dans son expansion et dans ses aléas conjoncturels, si elle aussi s'est située dans les mouvements longs de l'histoire bancaire[29].

---

[26] Félix Torres, *Banquiers d'avenir. Des comptoirs d'escompte à la naissance de BNP Paribas*, Paris, Albin Michel, 2000. Éric Bussière, *Paribas, l'Europe et le monde, 1872-1992*, Anvers, Fonds Mercator, 1992.

[27] Alain Plessis, « Les banques locales, de l'essor du Second Empire à la "crise" de la Belle Époque », in M. Lescure & A. Plessis (dir.), *Banques locales et banques régionales en France au XIXe siècle*, Paris, Albin Michel, 1999. Michel Lescure & Alain Plessis (dir.), *Banques locales et banques régionales en Europe au XXe siècle*, Paris, Albin Michel, 2004. H. Bonin, « Les banques rhône-alpines aux XIXe et XXe siècles », in Yves Lequin (dir.), *Région Rhône-Alpes, 500 années-lumière. Mémoire industrielle*, Paris, Plon, 1991, p. 332-389. H. Bonin, « Les mutations des banques du Sud-Est dans l'entre-deux-guerres (1919-1935) », *Cahiers d'Histoire*, Lyon, tome XLI, n° 3, 1996, p. 343-380.

[28] François Crouzet, « Aux origines du sous-développement économique du Sud-Ouest », *Annales du Midi*, tome 71, 1959, p. 71-79. André Armengaud, « À propos des origines du sous-développement industriel dans le Sud-Ouest », *Annales du Midi*, tome 72, 1960, n° 1. Rémy Cazals, *Les révolutions industrielles à Mazamet, 1750-1900*, Paris-Toulouse, La Découverte-Maspéro-Privat, 1983. Yvon Lamy, *Hommes de fer en Périgord au XIXe siècle*, Lyon, La Manufacture, 1987.

[29] Cf. Daniel Verdier, *Moving Money. Banking and Finance in the Industrialized World*, Cambridge, Cambridge University Press, 2002. H. Bonin, « Les banques régionales et l'industrie française (de 1920 à nos jours). Essai de problématique », in Maurice Lévy-Leboyer (dir.), *Les banques en Europe de l'Ouest de 1920 à nos jours*

Les histoires des banques en région visent aussi à reconstituer leurs rapports avec le monde des affaires environnant (enracinement, réseaux relationnels[30]), avec « la communauté d'intérêts » de la Place, le rôle de la fidélité, de la confiance[31] et de la proximité[32] pour développer des relations bancaires stables et fiables. Celles-ci permettent notamment aux banquiers de circonvenir la rétention d'informations sur la santé commerciale et comptable des sociétés clientes, de surmonter la fameuse « asymétrie d'information » caractéristique de l'économie bancaire. La philosophie du groupe du Crédit industriel et commercial et celle du groupe du Crédit mutuel – désormais « parrain » du CIC – reposent d'ailleurs sur le concept de « circuit court de l'argent », de « banque de proximité », sur la conscience qu'il est nécessaire de rapprocher la décision des acteurs, en renforçant l'échelon intermédiaire régional, comme l'ont fait les grandes banques parisiennes en instituant des délégations provinciales.

Un tel livre contribue ainsi à enrichir la connaissance des facteurs qui ont contribué à la croissance dans certains départements du grand Sud-Ouest : si la Gironde ne s'est pas érigée en « district industriel »[33], la Société bordelaise a néanmoins aidé au développement de plusieurs « filières industrielles » et de plusieurs filières de négoce de gros ; en ce sens, elle a bel et bien été insérée dans le « système productif » du Sud-

---

(actes du colloque de Paris en 1993), Paris, Comité pour l'histoire économique & financière de la France, 1995, p. 201-222.

[30] Cf. Mark Casson, *Information and organisation*, Oxford University Press, 1997. Mark Casson, « Entrepreneurial networks : a theoretical perspective », in Michael Moss, Anthony Slaven & Clara Eugenia Nunez (dir.), *Entrepreneurial Networks and Business Culture*, Seville, Fundacion Fomento de la historian economica, Publicaciones de la Universidad de Sevilla, 1998, p. 13-28. Arthur Godley & Duncan Ross (dir.), *Banks, Networks and Small Firm Finance*, Londres, 1996. X. Freixas & J.-C. Rochet, *Microeconomics of Banking*, Cambridge (Mass.), The MIT Press, 1997 (voir, en particulier, le chapitre IV : « The Lender-Borrower Relationship »).

[31] Cf. Mark Casson, *Studies in the Economics of Trust*, Londres, Aldershot, 1995. N. Lazaric & E. Lorenz (dir.), *Trust and Economic Learning*, Londres, Edward Elgar, 1998.

[32] Cf. Claude Dupuy et André Torre, « Liens de proximité et relations de confiance », in M. Bellet, T. Kirat & C. Largeron-Léteno (dir.), *Proximités : approches multiformes*, Paris, Hermès, 1998. Jean-Pierre Gilly et André Torre (dir.), *Dynamiques de proximité*, Paris, L'Harmattan, 2000.

[33] Michel Lescure, « Entre ville et campagne, l'organisation bancaire des districts industriels : l'exemple du Choletais, 1900-1950 », in Jean-François Eck & Michel Lescure (dir.), *Villes et districts industriels en Europe (XVIIe-XXe siècles)*, Tours, Presses de l'Université de Tours, 2002. H. Bonin, « Les banquiers grenoblois des années 1890-1940 : un modèle spécifique ? », in Hervé Joly *et al.* (dir.), *Des barrages, des usines et des hommes. L'industrialisation des Alpes du Nord entre ressources locales et apports extérieurs. Études offertes au professeur Henri Morsel*, Grenoble, Presses universitaires de Grenoble, 2002, p. 185-209.

Ouest, puisque le port bordelais rayonnait dans un hinterland relativement vaste, et elle a contribué à fédérer le « système bancaire » de ce grand Sud-Ouest[34]. Les archives et l'analyse des faits permettront de déterminer la « nature » de la Société bordelaise, de préciser si elle a dépassé le simple type de la « banque de dépôts » ou banque d'escompte soucieuse avant tout de sa liquidité ; ou si elle a pu assumer une fonction de « banque universelle » pratiquant notamment la « banque industrielle », donc de « banquier maison » des entreprises de son terroir, comme l'ont été, plus au sud, Pouyanne[35] (à Orthez) et Pelletier-Dupuy[36] (à Dax) ? Une question clé, récurrente à propos de l'évaluation du dynamisme des économies régionales et de l'utilité des banques, tournera autour de l'insertion de la Société bordelaise dans un environnement de petites et moyennes entreprises (PME), puisque les banques en région ont sans cesse accompagné les mutations de ce vivier d'esprit d'entreprise pour renouveler leur fonds de commerce[37] et le préserver des risques qu'il génère.

Vers une « banque de place » : la Société bordelaise banque de la place bordelaise

L'histoire de la Société bordelaise est à la fois celle d'un pan de l'histoire bancaire française, d'un type de banque régionale, et celle de la contribution de la banque à la vie locale, à l'animation de la place bordelaise. Il n'est pas question ici d'accumuler toutes les données rassemblées lors de la pérégrination dans les archives, car il ne s'agit pas

---

[34] Hubert Bonin & Christophe Lastécouères (dir.), *L'évolution du système bancaire du grand Sud-Ouest depuis 1900*, Paris, PLAGE, 2005.

[35] Jean-Pierre Allinne, *Banque Pouyanne (1903-2003). Histoires d'entrepreneurs*, Orthez, Banque Pouyanne & Éditions Gascogne, 2003.

[36] Christophe Lastécouères, « L'émergence des banques *à l'allemande* en Aquitaine dans les années 1930 : un anachronisme ? », in Michel Lescure & Alain Plessis (dir.), *Les banques locales et régionales en Europe au XXe siècle*, Paris, Albin Michel, 2004. Christophe Lastécouères, « Le financement bancaire d'une économie régionale : le cas du Sud-Ouest (1880-1914) », in Olivier Feiertag & Michel Margairaz (dir.), *Politiques et pratiques des banques d'émission en Europe (XVIIe-XXe siècles). Le bicentenaire de la Banque de France dans la perspective de l'identité monétaire européenne*, Paris, Albin Michel, 2003, p. 223-245. Christophe Lastécouères, « La "revanche" des banques. Pour une histoire comparée des "systèmes de financement locaux" dans le très grand Sud-Ouest jusqu'à la Seconde Guerre mondiale », in H. Bonin & C. Lastécouères (dir.), *L'évolution du système bancaire du grand Sud-Ouest depuis 1900*, Paris, PLAGE, 2005, p. 97-164.

[37] Cf. Michel Lescure, *PME et croissance économique. L'expérience française des années 1920*, Paris, Économica, 1996. H. Bonin, « Banque et création d'entreprise dans la France des XIXe et XXe siècles », in J. Marseille (dir.), *Créateurs et création d'entreprises de la Révolution industrielle à nos jours*, Paris, Publications de l'Association pour le développement de l'histoire économique (ADHE), 2000, p. 115-137.

d'une thèse massive de style universitaire. Mais ce livre entend faire comprendre comment a vécu et évolué une banque régionale pendant les XIXe et XXe siècles. Il expliquera quels sont ses métiers et ses activités ; il la fera revivre dans sa vie quotidienne, pour qu'on comprenne à quoi sert une banque, ce qu'elle fait, en quoi elle n'est pas une réalité mystérieuse, bien que le monde bancaire ait longtemps entretenu une légende à son propos en se drapant dans le fameux secret des affaires. Les questions clés paraissent simples : quel portefeuille de savoir-faire et de métiers, quel portefeuille d'activités stratégiques, quelle stratégie de déploiement géographique, quel capital relationnel la Société bordelaise a-t-elle entretenus pour préserver son envergure de banque régionale ? Tandis que l'Europe des entreprises multinationales se renforce, nombre d'experts plaident pour la régionalisation ou la pluri-régionalisation de la décision.

La question se pose bien entendu à propos de sa création même, dont nous scruterons les circonstances avec attention ; elle se pose ensuite quand cette grosse « banque locale » est confrontée à la concurrence des grands établissements parisiens : la « singularité » de la Société bordelaise est alors de devenir la maison de banque du capitalisme girondin, « l'établissement de place » décisif, incontournable, le principal acteur du crédit. Elle assimile la philosophie économique de ce qu'on appelle la « banque régionale », avec la responsabilité du soutien de la trésorerie des entreprises locales et de l'accompagnement de leur stratégie de croissance. Est-ce que la Société bordelaise a montré un tempérament entrepreneurial, dans sa prise de risques bancaires, dans la maîtrise raisonnée de ses relations avec ses clients dans l'exercice de la « banque d'entreprise » ? En quoi a-t-elle réussi à assumer une fonction de « transformation de l'argent » en mobilisant la capacité d'épargne girondine au profit des besoins de l'expansion économique de Bordeaux et des contrées en dépendant ?

Puis un changement d'envergure géographique et managérial s'impose pendant les années 1930-1940 : cette banque girondine se métamorphose, par « croissance externe » (par l'intégration de la Société toulousaine de CIC et donc du réseau de la Banque privée Paris-Lyon-Marseille dans le très grand Sud-Ouest, puis par celles de Gommès et de Soula) en une banque plurirégionale. Elle doit alors développer encore plus la pratique de ce qu'on appelle la « banque régionale », mais au service de plusieurs dizaines de places bancaires situées au cœur de pays industriels ou seulement industrieux (commerce, artisanat, négoce et transformation des produits agricoles). Cette « division des risques » constitue un atout face aux aléas conjoncturels et sectoriels ; mais elle implique une mutation organisationnelle et managériale : la Société bordelaise devient une (petite) « firme », avec ses exigences de gestion

(gestion des dirigeants, des agences, du personnel, de la circulation et du traitement des opérations, des « écritures »). Cette histoire complète et élargit notre programme de recherche lancé à notre arrivée à l'université girondine à la fin des années 1980, qui vise à reconstituer l'histoire de la place bancaire de Bordeaux[38] et le mini-système bancaire du grand Sud-Ouest : la Société bordelaise est une actrice clé de la première et un rouage essentiel du second.

La Société bordelaise à réinventer à plusieurs reprises

Plus tard encore, c'est la capacité de la « banque régionale » à faire face aux mutations subies par les entreprises clientes elles-mêmes qui doit être soupesée : à partir des années 1960, et pour un tiers de siècle, le capitalisme du grand Sud-Ouest vit une crise d'adaptation – comme c'est le cas dans beaucoup de régions – et c'est le fonds de commerce de la « banque d'entreprise » qui est bouleversé : il faut réinventer la Société bordelaise, et cette évolution s'effectue souvent dans la douleur, car il faut faire face à des clients en mauvaise situation tout en recrutant des clients qui percent dans les branches d'activité dynamiques. Pourtant, elle a la chance d'inscrire son combat dans la troisième révolution bancaire[39], qui voit se transformer « la banque de détail » en « banque de masse », avec une ouverture forte sur la clientèle des particuliers : la maison devient une « machine commerciale », derrière l'enseigne nationale du *CIC*, certes, mais avec sa politique commerciale propre, son plus ou moins grand dynamisme. Il est clair que les études consacrées aux années 1980 révèlent des incertitudes sur la capacité de la Société

---

[38] H. Bonin, *Le Crédit agricole de la Gironde. La passion d'une région, 1901-1991*, Bordeaux, L'Horizon chimérique, 1992. H. Bonin, *Un siècle de Crédit agricole mutuel en Lot-et-Garonne*, Bordeaux, Crédit agricole d'Aquitaine, 2002. H. Bonin, *Un siècle de Crédit agricole mutuel en Gironde*, Bordeaux, Crédit agricole d'Aquitaine, 2002. Stéphane Boyer & Charles Latterrade, *Un siècle de Crédit agricole du Sud-Ouest*, Bordeaux, Crédit agricole d'Aquitaine, 2002. H. Bonin, « Vieille banque et nouvelle banque : les banques bordelaises au tournant du XXe siècle », in Michel Lescure & Alain Plessis (dir.), *Banques locales et banques régionales en France au XIXe siècle*, Albin Michel, Mission historique de la Banque de France, 1999, p. 237-273. H. Bonin, « Coffres & barriques. Banque et vins en Gironde (1900-1960) », in Claudine Le Gars & Philippe Roudié (dir.), *Des vignobles & des vins à travers le monde* (Actes du colloque de Bordeaux de 1994 en hommage à Alain Huetz de Lemps), Presses universitaires de Bordeaux, collection Grappes & millésimes, 1996, p. 79-96. H. Bonin, « La splendeur des Samazeuilh, banquiers à Bordeaux (1810-1913) », *Revue historique*, 1993, n° 288, p. 349-389. H. Bonin, « Crédit agricole et combat politique en Gironde à l'orée du XXe siècle », *Annales du Midi*, tome 105, n° 201, janvier-mars 1993, p. 65-91.

[39] Cf. Dominique Lacoue-Labarthe, *Les banques en France. Privatisation, restructuration, consolidation*, Paris, Économica, 2001.

bordelaise à mener toutes ces batailles de front, à se réinventer des marges de manœuvre et des marges bénéficiaires.

Aussi la dernière partie est-elle révélatrice de cette recherche du « point d'équilibre » entre croissance géographique et renouvellement de la clientèle d'une part, et la maîtrise des risques d'autre part : une « nouvelle » Société bordelaise est apparue depuis une douzaine d'années. Sans céder à l'hagiographie ni à un manque de clairvoyance, l'on peut prétendre que cette maison riche de plus de cinq quarts de siècle d'histoire a renoué avec les « âges d'or » que, dans ce livre, nous essayons d'identifier et de localiser dans le temps, c'est-à-dire les périodes où le fonds de commerce, les revenus et les profits, le capital de savoir-faire de la banque se sont avérés robustes.

Un monde des affaires et des hommes

Derrière cette histoire parfois ardue – car l'historien et la banque ont fait le choix non d'une plaquette, mais d'un réel livre d'histoire d'entre-prise –, nous avons essayé, pour chaque période, de bien présenter l'environnement économique des activités de la maison, de la situer dans son milieu, dans le milieu des affaires : c'est ici tout autant une histoire de l'économie régionale que l'histoire d'une entreprise, et ce livre, sur ce registre, s'inscrit dans notre projet d'évaluer l'esprit d'entre-prise du monde des affaires girondin et aquitain[40]. La Société bordelaise de CIC n'a pas été seulement une banque, une simple entreprise parmi d'autres ; en effet, elle a été une « institution » sur la place : ses diri-geants étaient en relation avec presque toutes les sociétés girondines, traitaient avec leurs patrons dans le cadre de réseaux de commerce mais aussi de sociabilité ; les manageurs qui l'animaient étaient sans cesse en contact avec les membres des fameuses « dynasties bordelaises »[41] et de

---

[40] Par exemple : H. Bonin, *Les patrons du Second Empire. Bordeaux & en Gironde* (dictionnaire), Paris, éditions Picard-Cénomane, 1999. H. Bonin, « Les Bordelais de l'économie des services. L'esprit d'entreprise dans le négoce, l'argent et le conseil ». « Les Bordelais patrons face à l'histoire économique », in Pierre Guillaume (dir.), *Histoire des Bordelais. Tome 2. Une modernité attachée au passé (1815-2002)*, Bordeaux, Mollat & Fédération historique du Sud-Ouest, 2002, p. 59-86. H. Bonin, « L'Aquitaine pôle de décision tertiaire ? », in H. Bonin (dir.), *Cinquante ans en Aquitaine (1945-1995). Bilans & prospective*, Bordeaux, L'Horizon chimérique, collection Initiatives & Histoire, 1995, p. 139-163. H. Bonin, *Marie Brizard (1755-1995)*, Bordeaux, éditions L'Horizon chimérique, 1995. H. Bonin, « Deindustrialisation and reindustrialisation : the case of Bordeaux and Nantes » (en collaboration avec Olivier Pétré-Grenouilleau), in Franco Amatori, Andrea Colli & Nicola Crepas (dir.), *Deindustrialisation & Reindustrialisation in 20th Century Europe*, Milan, FrancoAngeli, 1999, p. 233-262.

[41] Paul Butel, *Les dynasties bordelaises, de Colbert à Chaban*, Paris, Perrin, 1991.

25

« l'aristocratie du bouchon »[42] qui dominait les Chartrons ; son conseil d'administration a reflété les structures du capitalisme girondin. Reconstituer son histoire procure donc des compléments à l'histoire « institutionnelle » de Bordeaux, dans le sillage de l'histoire de la Chambre de commerce et d'industrie[43], par exemple.

Les métiers bancaires peuvent paraître rébarbatifs ; aussi avons-nous cherché à plusieurs reprises à présenter la banque bien campée dans le milieu économique girondin puis méridional, pour donner quelque champ en perspective à notre histoire, qui ne devait pas être confinée dans l'étude d'une banque à vrai dire modeste à l'échelle européenne. À plusieurs reprises, nous avons évoqué le terroir où s'épanouit la Société bordelaise, et reconstitué son environnement : les mouvements longs de l'économie, qui insufflent l'élan de l'industrialisation ou élargissent le champ géographique du commerce ; la périodisation conjoncturelle qui fournit le rythme aux activités de la firme – avec, en Gironde, une double conjoncture : celle de l'économie générale et celle de la viticulture. Et, enfin, le « tonus » régional, car une banque n'a pas de vie propre : elle ne peut se substituer aux décideurs des entreprises clientes ; la banque commerciale de dépôts qu'est la Société bordelaise a vécu d'abord grâce aux « entrepreneurs » du grand Sud-Ouest, car ce sont eux qui créent et développent les sociétés clientes. Cependant, les patrons de la Société bordelaise ont effectué des choix stratégiques et ont pris des initiatives tactiques : rayonnement géographique et réseau, ouverture aux firmes nouvelles ou en développement, alliances sur la Place, facilité ou rétention du crédit, prudence dans la gestion des risques et des réserves, animation des hommes, évolution et structure des ressources, gamme des métiers bancaires.

Toutefois, parce que nous croyons à une histoire « humanisée » (humaniste), ce livre est aussi tourné vers les hommes. Certes, la Société bordelaise n'a pas été conduite par des financiers ou des banquiers renommés à l'échelle nationale ou internationale, par de grandes « figures » telles que celles qui ont marqué l'histoire de la place parisienne[44]. Mais nous avons réussi à reconstituer le profil de plusieurs

---

[42] Philippe Roudié, *Vignobles et vignerons du Bordelais, 1850-1980*, Bordeaux, CNRS, 1988 ; réédition, Presses universitaires de Bordeaux, 1995.

[43] Paul Butel (dir.), *Histoire de la Chambre de commerce et d'industrie de Bordeaux, des origines à nos jours (1705-1985)*, Bordeaux, CCIB, 1988.

[44] Par exemple : Éric Bussière, *Horace Finaly, banquier, 1871-1945*, Fayard, 1996. Anne Sabouret, *MM. Lazard Frères et Cie. Une saga de la fortune*, Paris, Olivier Orban, 1987. Cary Reich, *André Meyer, Un financier de génie*, Paris, Belfond, 1986. Jacques de Fouchier, *Le goût de l'improbable*, Paris, Fayard, 1984. Jacques de Fouchier, *La banque et la vie*, Paris, Odile Jacob, 1989. Chantal Ronzon-Bélot, « Banquiers de la Belle Époque. Les dirigeants des grands établissements de crédit », « Espaces de la finance », *Actes de la recherche en sciences sociales*, n°146-147,

acteurs clés de l'histoire de la maison. Aussi avons-nous insisté sur les hommes, qui ont « incarné » cette histoire et avons-nous mis en valeur des dirigeants clés, ce qui rend vivant cet ouvrage, puisqu'ils ont joué en souplesse l'adaptation incessante de la décision à l'environnement, en un va-et-vient fécond. Nous espérons que, au-delà des démonstrations scientifiques, on perçoive qu'une entreprise n'est pas seulement un concept intellectuel, mais qu'elle dispose de savoir-faire, de fonctions et de méthodes, et, de façon immatérielle, d'une certaine « culture d'entreprise ».

Plusieurs pages sont ainsi consacrées aux « soutiers » de la croissance, les employés qui ont démarché la clientèle et traité « les écritures » ; puis les dirigeants, les « figures » du « livre d'or » de cette histoire. D'autres dressent le portrait des « grands hommes » – à l'échelle de l'entreprise – qui ont créé, développé et géré la Société bordelaise de CIC, et nous avons à chaque fois insisté sur « l'incarnation » de son histoire par des acteurs « forts », tels qu'Adolphe Chalès, Pierre Léon-Dufour, Philippe Chalès, Jean Compeyrot ou Bertrand Blanchy. L'histoire de toute entreprise repose sur les décisions et leur mise en œuvre que maîtrise un dirigeant ou une petite équipe de dirigeants ; et nombre de banques régionales ont tissé des liens intenses avec une famille, sur le long terme (les Riboud, pour la Société lyonnaise de CIC[45], les Le Picard pour le Comptoir d'escompte de Rouen, l'ancêtre du CIN, par exemple, sans parler même des Scalbert ou des Dupont...). Loin de s'enliser dans des analyses austères, par conséquent, cette histoire de la Société bordelaise de CIC est en même temps une histoire du monde des affaires girondin (puis de tout le grand Sud-Ouest) et une histoire de « héros » de l'histoire bancaire girondine, ce qui lui donne du « piment » et aussi son envergure.

Un ancrage dans l'Histoire

Pourtant bien assise dans son terroir aquitain, la Société bordelaise de CIC a connu nombre de vicissitudes. Certaines sont liées aux choix de ses animateurs ; d'autres aux aléas du métier bancaire lui-même, exposé aux « risques » créés par le crédit et aux incertitudes conjoncturelles ; d'autres enfin découlent des mutations économiques et même politiques

---

mars 2003, Paris, Seuil, p. 8-20. H. Bonin, « Louis Dorizon, dirigeant de la Société générale et la construction d'une carrière et d'une stratégie bancaires (1874-1914) », *Revue historique,* CCXC/2, 1994, p. 511-527.

[45] Cf. H. Bonin, « Auguste Isaac et la place bancaire lyonnaise », in Hervé Joly (dir.), *Patronat, bourgeoisie, catholicisme et libéralisme, autour du Journal d'Auguste Isaac,* Cahiers Pierre Léon, n° 5, Lyon, Université Lumière-Lyon 2, UMR 5190-LARHRA, CNRS, 2004, p. 109-130.

de son environnement. Ses centième et cent dixième anniversaires sont célébrés sans triomphe, car la dureté des temps impose une stricte gestion. Pourtant, sans prétendre, comme ses clientes bordelaises Marie Brizard et Roger, firme de spiritueux née en 1755, et Schröder & Schyler, entreprise de négoce en vins apparue en 1739, accéder à ce club informel qui réunit des entreprises qui remontent à plus de 200 ans, elle ressent une fierté certaine d'avoir résisté aux tourmentes de la profession bancaire et de la place bordelaise.

Pour un historien de l'économie, le simple fait qu'une entreprise dépasse trois générations de dirigeants constitue un exploit. Il faut réfléchir aux causes d'une telle pérennité, aux décisions stratégiques, aux méthodes de gestion et à l'art de pratiquer les « métiers » que la banque s'est donnés, aux fonctions qu'elle a remplies au service des communautés d'affaires et des détenteurs de liquidités locales. Cela débouche sur une interrogation clé : comment une banque régionale a-t-elle pu résister à la concurrence des établissements nationaux ? Au-delà donc du simple récit des événements qui tissent l'histoire de la Société bordelaise de CIC, c'est bien sur le destin d'une banque régionale qu'il faut méditer. En quoi la Société bordelaise s'est-elle montrée suffisamment utile et efficace pour justifier son maintien sur la Place, alors que ses consœurs éminentes disparaissaient ou étaient absorbées par des banques parisiennes ? Comment a-t-elle contribué à animer la circulation de l'argent sur la place de Bordeaux puis dans le grand Sud-Ouest ? Comment a-t-elle fait « travailler » l'argent circulant et entassé dans la région, ce lubrifiant essentiel de la croissance économique régionale ?

L'histoire de la Société bordelaise fournit donc une étude de cas merveilleuse. En effet, n'est-elle pas un exemple typique d'une « banque locale », devenue puissante dans son bastion girondin, qui se métamorphose en « banque pluri-régionale », selon les axes Bordeaux-Toulouse-Montpellier et Brive-Dax-Pays basque/Tarbes : à la croisée du grand Sud-Ouest, elle semble célébrer les joies du régionalisme bancaire. Pourtant, il faut l'avouer, elle a relativement échoué à devenir une banque régionale puissante, robuste, riche en dépôts, en bilan, en rayonnement, car certains traits de son « caractère », de ses dirigeants, de sa « culture d'entreprise », de ses méthodes, et surtout certains choix stratégiques ont entravé ses forces à deux ou trois reprises (dans les années 1930, dans les années 1970 puis plus récemment encore).

Aussi se bat-elle depuis une vingtaine d'années pour préserver ses chances de figurer parmi les décideurs bancaires essentiels de l'orée du XXIe siècle. Ce sont donc les causes de cette déception relative qu'il faut apprécier : comment une « banque locale » aussi dynamique et solide n'a-t-elle pas suffisamment exploité les opportunités qui se sont présentées de se métamorphoser en « banque régionale » puissante ?

Qu'aurait-elle dû envisager pour gagner ce défi ? Cela dit, le renouveau constaté depuis une douzaine d'années reflète un mouvement de réorganisation et de développement qui permet aujourd'hui à la maison de batailler avec un succès revigoré sur le front de la compétitivité.

A. H. 8 – BORDEAUX – Les Quais vus de la Douane

PREMIÈRE PARTIE

L'ÉCLOSION D'UNE BANQUE LOCALE (1880-1900)

L'histoire de la Société bordelaise de CIC n'est pas linéaire. Elle connaît des inflexions stratégiques que, souvent, l'environnement économique et financier impose ou suggère. La nature de la banque, l'art de pratiquer les métiers bancaires, la « culture » même de cette entreprise, sont plus ou moins élaborés au cours des deux premières décennies de l'histoire de cet établissement de crédit. Il fallait donc reconstituer quel « modèle économique » de banque les fondateurs de la maison ont souhaité dessiner et quels types de métiers bancaires ils envisageaient pour elle, puis comment les premiers animateurs de la bordelaise ont établi leurs méthodes, leurs marchés, leurs clientèles afin d'affirmer la compétitivité de cette Société bordelaise face aux maisons de banque familiales déjà robustes sur la Place et face à la concurrence émergente des grandes banques parisiennes. À l'échelle régionale aussi, les notions d'« esprit d'entreprise », de « stratégie », de « portefeuille d'activités stratégiques », de « portefeuille de savoir-faire » doivent être mobilisées pour comprendre la « nécessité historique » de la mise en œuvre de ce projet et le corpus de mentalités qui constituait le cadre socio-cognitif des initiatives des fondateurs.

CHAPITRE I

La naissance de la Société bordelaise de crédit (1880)

Les amis de la jeune Société bordelaise vivent « sous les lambris dorés » ! Tant de bonnes fées se penchent sur son berceau que son destin semble scellé : il doit s'identifier à celui de la place bordelaise, de son économie et de ses grandes familles. La fondation de cette banque est inscrite dans le mouvement de la deuxième révolution bancaire, celle de la société anonyme par actions, de la banque du « grand capitalisme » ; elle prend ainsi tout son sens, après un premier mouvement marqué par la floraison de banques familiales, que ce soient les maisons de Haute Banque à Paris ou les banques locales en région (comme Samazeuilh[1] à Bordeaux), figures de proue de la première révolution bancaire[2].

1. La création de la Société bordelaise

Le 26 mai 1880, deux personnalités bordelaises, Félix Le Barillier, ancien agent de change, et Jacques-Léopold Piganeau, banquier, signent l'acte notarié établissant une société anonyme, la *Société bordelaise de crédit industriel et commercial et de dépôts*. Ils représentent les signatures de cinq confrères : quatre banquiers d'autres places et P.-Jacques Coullet, administrateur des Messageries maritimes, une grande compagnie d'armement maritime. Ainsi établie, la banque entame la constitution de son capital, en lançant, le 2 juin 1880, une souscription publique pour 40 000 actions de 500 francs, puisque le capital nominal est fixé à 20 millions (64 millions d'euros actuels). En fait, les actionnaires ne doivent en verser qu'une fraction car les actions ne sont « libérées » que d'un quart, pour 125 francs, à quoi s'ajoute une « prime d'émission » de 40 francs : 6,6 millions de francs sont donc levés sur le marché financier (21 millions d'euros).

---

[1] H. Bonin, « La splendeur des Samazeuilh, banquiers à Bordeaux (1810-1913) », *Revue historique*, 1993, n° 288, p. 349-389.

[2] Cf. H. Bonin, *Le monde des banquiers français au XXe siècle*, Bruxelles, Complexe, 2000.

La composition exacte de l'actionnariat d'origine révèle une double base géographique[3]. D'un côté, des souscripteurs représentent l'épargne bordelaise : 83 actionnaires girondins souscrivent 5 237 actions, soit 13 %. Parmi eux, bien sûr, figurent les familles symbolisant le capitalisme girondin d'alors, mais, dans la plupart des cas, seulement pour de petites quotités : Fernand Prom, de Maurel & Prom (négoce africain), Jean Soula, de la banque Soula, Jules Calvé, de l'huilerie, tandis que les familles de fondateurs sont plus présentes : Charles Blanchy et la famille Chalès, avec Jean-Baptiste, Jacques-Adolphe, Henry, André et Marie-Laure Chalès (pour 270 actions à eux six) ; Camille Godard (propriétaire de 200 titres et des pouvoirs de 352 au total) est le second plus gros actionnaire présent lors de l'assemblée générale, avec un certain J. Lassalle (400 pouvoirs) ; quatre membres de la famille Johnston ont 300 titres, Jacques Piganeau 310 ; trois membres de la famille Faure en achètent 180, William Wustenberg 200, comme Théodore Schœngrun. La majorité des actionnaires de la Place ne détiennent toutefois qu'entre une dizaine et une centaine d'actions. Paradoxalement, l'actionnariat marseillais est plus ample : en effet, la Société marseillaise de crédit patronne sa jeune consœur ; par elle-même, elle prend 1 413 actions, et conseille à ses clients d'en souscrire : les Bergasse, d'une famille phocéenne réputée, en achètent 314, tandis que les banquiers Zafiropoulo en ont 542. Avec Albert Rey, administrateur-délégué de la Société marseillaise, qui devient administrateur de la banque, et les Rocaffort, cinq actionnaires marseillais sont riches de 2 694 actions, soit presque 7 %, en une solidarité sympathique entre deux capitalismes portuaires.

Le troisième bloc d'actionnaires est issu d'une société de rentiers et de « capitalistes » – des épargnants vivant de leur patrimoine – à l'image du monde de la fortune grande et moyenne du XIXe siècle. La majorité des souscripteurs de ce bloc sont parisiens ; des familles aristocratiques placent ici une partie de leurs liquidités, accompagnées par de grands bourgeois ; quelques actionnaires immobilisent de fortes sommes, avec plusieurs « lignes » de 200 titres et plus, soit un montant versé d'au moins 32 000 francs (103 000 euros) : un baron parisien achète même 3 300 titres pour 528 000 francs ! Enfin, des financiers et banquiers agissent par solidarité et certainement intérêt, car ils comptent sur la plus-value qu'ils attendent de l'essor de la banque nouvelle : un Goudchaux, un Delahante, un Lehideux – assez réputés sur la Place parisienne – acquièrent ainsi quelques titres ; de même, la famille Le Picard, animatrice du Comptoir d'escompte de Rouen, une consœur régionale, prend 300 titres.

---

[3] Dossier : souscriptions des actions en 1880 (archives de la Bordelaise).

Un quatrième bloc regroupe des actionnaires de la bonne et moyenne bourgeoisie issus de la banlieue parisienne ou de la province, séduits sans doute par l'appui moral apporté à la Bordelaise par le CIC, qui les a dénichés parmi sa propre clientèle ou celle des banques de son groupe, épaulé par deux autres banques qui participent au placement, la Société de dépôts & de comptes courants et la Banque d'escompte de Paris. Le capital de la Bordelaise est très ouvert : le « flottant » – les actions possédées par de petits et moyens actionnaires – est important ; seuls environ 26 actionnaires détiennent 200 titres ou plus, sans compter les banques. Environ 1 370 actionnaires non bordelais accompagnent les 83 actionnaires bordelais dans cette aventure bancaire. Les banques parrainent la naissance de leur consœur, puisque le CIC souscrit pour son portefeuille-titres 883 actions et la Banque d'escompte de Paris 400 titres, mais cela ne pèse que 3 % du capital. On peut prétendre que la Bordelaise asseoit son démarrage sur la base du « capitalisme populaire » – en fait au moins moyen-bourgeois[4]. Le paradoxe est la faiblesse de l'actionnariat du Sud-Ouest : la Société bordelaise de CIC est bien « bordelaise » et ne dispose d'aucune assise ni en Gironde (hors de l'agglomération), ni en Aquitaine, ni dans le Sud-Ouest en général. Et comme celui-ci ne dispose pas encore d'une armature de réseaux de collecte de l'épargne et que la maison naissante n'a pu se constituer les relations bancaires qu'elle édifie ensuite avec des « correspondants » sur les différentes places, il faut bien que les fondateurs aillent collecter l'argent du capital sur les places déjà bien organisées : Marseille, Paris, voire Rouen, le plus surprenant étant l'absence des Lyonnais, alors que le CIC y disposait d'un antenne par le biais de la Société lyonnaise de dépôts.

Ces actionnaires devenus copropriétaires de la banque doivent nommer ses dirigeants. C'est pourquoi, le mercredi 9 juin 1880, à 15 heures 30, dans l'une des salles de l'hôtel de la Bourse de Bordeaux, donc dans le bâtiment qui abrite aussi la prestigieuse Chambre de commerce, se réunissent les créateurs de la Société bordelaise, en une assemblée générale constitutive. Celle-ci désigne le conseil d'administration de la nouvelle banque : les Pères fondateurs sont au nombre d'une quinzaine, même si, en cette première séance, Harry-Scott Johnston et Paul Tandonnet se font excuser pour leur absence. Six appartiennent, ont appartenu ou sont destinés à appartenir à la direction de la Chambre de commerce, ont été élus parmi la douzaine de commerçants qui représentent la fine fleur de la Place : Henry Balaresque, Adolphe Chalès,

---

[4] Les seules professions qui apparaissent sont un : président de tribunal, juge d'instruction, receveur principal des contributions directes, percepteur, médecin-major, professeur d'université, chef de gare, prêtre, directeur de banque ; et : trois avocats, deux notaires.

Gabriel Faure, Théodore Schœngrün-Lopès-Dubec, Henri Wustenberg et Paul Tandonnet. Les autres administrateurs n'ont guère de liens avec la ville et représentent le groupe du CIC, pour des motifs expliqués plus avant dans cette histoire : P.-J. Coullet, Antoine Durrieu (riche de 400 titres de la banque), Edouard Gautier, Albert Rey et F. Robert. Ainsi constitué, le Conseil élit d'abord Chalès comme président du conseil d'administration et Piganeau comme vice-président, puis choisit Le Barillier comme administrateur-délégué, ce qui correspond à la fonction de directeur général.

2. En quête d'un siège social

> Durant la période de préparation de la société, les fondateurs se sont préoccupés de la question des locaux dans lesquels pourrait être installée la dite société. Leurs recherches se sont naturellement portées sur la partie la plus centrale de la ville, c'est-à-dire sur les environs de la place de la Comédie. Il s'est heureusement rencontré que l'immeuble portant le numéro 42 sur le cours du Chapeau Rouge était en vente [...], immeuble admirablement situé.[5]

Cent ans après l'inauguration du Grand Théâtre construit par Victor Louis à Bordeaux, la Bordelaise choisit un immeuble proche, puisque situé sur la rue qui longe l'un des côtés du théâtre. Il est d'ailleurs prestigieux, car c'est un ancien hôtel particulier, qui remonte au moins au XVIIIe siècle : cet Hôtel Séguineau[6] avait été acheté par cette famille en 1771, avant d'être transmis à trois reprises jusqu'à ce que, avec ses caves, son rez-de-chaussée et ses trois étages, il constitue, pour 455 000 francs, le cœur du patrimoine de la jeune banque.

> Nous devions choisir [un local] dans un quartier central, et sur l'une des voies les plus fréquentées de la ville. L'immeuble devait de plus présenter un certain relief, car appelés par la nature même de notre société à attirer à nous les dépôts et les petites épargnes, afin de les grouper et d'en faire des éléments actifs de production, nous ne devions rien négliger de ce qui peut inspirer la confiance.[7]

Plus significatif encore est le choix de cette localisation en plein cœur du Bordeaux des affaires, du négoce, du petit et moyen commerce et de ce qui est un peu la « cité financière » de la Place. Certes, le commerce du vin est, quant à lui, assez éloigné puisque situé au-delà du Pavé des Chartrons, sur les quais et leur voisinage ; mais les Chartrons

---

[5]   Procès-verbal de la première séance du conseil d'administration, 9 juin 1880.

[6]   Les amateurs de vieilles pierres peuvent consulter : Albert Rèche, *Naissance et vie des quartiers de Bordeaux*, Bordeaux, L'Horizon chimérique, 1988.

[7]   Rapport annuel du conseil d'administration, 5 avril 1881.

sont un quartier industrieux de chais et de manutention de barriques qui se prête peu à la sérénité feutrée des affaires. Nombre de maisons de négoce, de Bourse, d'assurances et de banque ont leur siège dans un rayon de moins de mille mètres autour de la Bordelaise : cours de l'Intendance (Crédit lyonnais, puis aussi Société générale), rue de l'Esprit des Lois, dont la Banque de France, allées de Tourny (la Société générale dès 1864), allées d'Orléans – on y trouve aujourd'hui : l'arrière de la succursale de la Banque de France et l'ex-CCF devenu HSBC – et de Chartres – sur les côtés de la place des Quinconces et dans les rues proches de l'emplacement futur de la colonne des Girondins, entre les allées de Tourny et les Quinconces.

D'ailleurs, le cours du Chapeau Rouge lui-même est un haut lieu des affaires locales, dans le respect d'une tradition qui, aux XVIIe et XVIIIe siècles, permettait d'y voir habiter des magistrats du Parlement et de riches marchands. S'y sont installés, plus ou moins durablement, dans le courant du XIXe siècle[8], de grands noms comme les Balguerie, Sarget, Baour, Portal, Tandonnet ; à la fin du siècle, au 48 logent Marc et Paul Maurel, avec leur firme de négoce sénégalais Maurel Frères ; au 42bis siège la grosse société de commerce et industrie alimentaires Dandicolle & Gaudin ; enfin, dans l'hôtel Laubardemont au numéro 40 s'installe dans l'entre-deux-guerres l'ancêtre de la Banque nationale de Paris qui occupe encore aujourd'hui l'immeuble, en voisin immédiat de la Bordelaise, en signe de la confrontation entre les deux établissements parisien et régional. Des « institutions » girondines trônent tout près : l'hôtel de la Préfecture presque en face ; deux clubs prestigieux qui réunissent la fine fleur des grande et bonne bourgeoisies bordelaises, l'Union Club dans l'immeuble du Grand Théâtre, et le New Club au numéro 52. La nouvelle banque manifeste ainsi le renom de ses fondateurs et son désir de séduire toutes les belles affaires de la Place. Cependant, l'immeuble du siège est encore occupé pour sept ans par un marchand de nouveautés. La banque songe alors à louer les locaux de l'immeuble voisin, au 44 cours du Chapeau Rouge, mais le Cercle musical de Lalanne frères refuse finalement d'en céder le bail. Aussi installe-t-elle son Siège 2 rue de Sèze, entre la place des Quinconces et les allées de Tourny, au cœur du quartier des affaires financières : ses bureaux ouvrent le 2 août 1880. Finalement, les locataires du 42 cours Chapeau Rouge acceptent de résilier leur bail à la fin de 1882. La Société bordelaise engage d'énormes travaux d'aménagement pour

---

[8] Cf. Robert Coustet & Marc Saboya, *Bordeaux. Le temps de l'Histoire. Architecture et urbanisme au XIXe siècle (1800-1914)*, Bordeaux, Mollat, 2000.

132 000 francs (29 % du prix d'achat) et ouvre ses bureaux au rez-de-chaussée[9] le 1er juillet 1883.

3. Bordeaux entraînée par une économie en expansion

Encore fallait-il qu'il existât une clientèle à accueillir ! La taille et la santé de l'économie bordelaise justifiaient-elles la création d'une banque comme la Bordelaise, animée de desseins ambitieux ? Est-ce un projet surimposé à cette ville réputée close sur elle-même et les hôtels particuliers de son oligarchie, ou, au contraire, l'expression d'un mouvement des affaires ascendant, le couronnement d'une vague d'expansion ? À l'époque de la fondation de la banque, l'économie girondine rayonne de prospérité. Si on crée la Société bordelaise, c'est bien parce qu'on a conscience que son environnement est « porteur », que l'expansion est telle qu'un marché potentiel existe pour drainer de l'argent et en distribuer. Au travers de cette reconstitution de l'environnement de la création de la banque, on discerne sur quelle assise peut se construire l'activité de cet établissement nouveau, mais on procure aussi toute sa signification historique à cette fondation, qui devient le symbole d'un « moment » du mouvement de l'histoire économique girondine, comme son point culminant au XIXe siècle. Certes, Bordeaux a connu un triste déclin pendant les guerres révolutionnaires et impériales, et a pâti de l'effondrement du commerce avec les Caraïbes qui avait marqué son premier apogée du troisième quart du XVIIIe siècle[10]. Cependant, dans les années 1820-1840, malgré les réticences malthusiennes et les archaïsmes conservateurs qui surgissent ici ou là, un mouvement de renaissance s'esquisse, qui culmine sous le Second Empire et au début de la IIIe République.

A. La force de la tradition viticole

Les maisons liées à l'économie viticole constituent un pilier de l'activité bordelaise. Or les exportations de vins connaissent un vif essor dans les années 1860-1880. La Banque de France signale la fortune de leurs propriétaires et patrons, d'autant plus qu'ils déposent des paquets de titres mobiliers pour servir de garantie aux prêts qu'elle leur accorde, comme chez Barton et Guestier, Eschenauer, Duvergier, Cruse, Schröder et Schyler ; Lalande est considérée en 1895 comme « l'une des fortunes

---

[9] La Bordelaise est bien trop petite encore pour occuper déjà tout l'immeuble, et laisse des locataires dans les étages supérieurs, avant d'engager en 1885 des travaux de restauration.

[10] Nous renvoyons aux travaux pionniers de l'historien girondin Paul Butel, qui a profondément défriché l'histoire économique du XVIIIe siècle, en particulier : *Les négociants bordelais, l'Europe et les Îles au XVIIIe siècle*, Aubier-Montaigne, 1974.

les plus importantes de Bordeaux ». L'un d'eux, Camille Descas – qui est un client de la Bordelaise –, acquiert des chais pour un million de francs en 1891 et les métamorphose en 1895 en un équipement d'une envergure parfois luxueuse puisqu'ils sont bordés, quai de Paludate, par un hôtel particulier, le tout pour près de cinq millions de francs (près de 16 millions d'euros), en une consécration d'une firme fondée en 1861 par Jean Descas. À ces maisons de négoce s'ajoutent certains propriétaires viticulteurs, qui disposent eux aussi parfois d'un patrimoine important. Un ample marché bancaire existe donc pour financer les stocks et les échanges commerciaux de vins fins. En amont, prospèrent les négociants en équipements viticoles, en particulier les spécialistes des « merrains » (Merle, Gairard, etc.) qui alimentent les fabricants de barriques et futailles. L'économie bordelaise s'ouvre donc à la grande exportation, ne serait-ce que pour le commerce de ces vins, vers l'Europe du Nord (par exemple chez Schröder & Schyler), vers l'Amérique du Sud (Anglade en Argentine) ou du Nord (Seignouret vers les États-Unis). Mais réduire la place de Bordeaux au seul négoce du vin serait mutiler la réalité. En effet, dans ce troisième quart du siècle, le port est en liaison avec plusieurs continents[11].

B. L'air du grand large

Nombre de négociants et armateurs sont intimement liés aux ports d'Amérique latine. Les Messageries maritimes ont ainsi établi une ligne régulière Bordeaux-Rio-La Plata dès 1857. L'Argentine – « La Plata », dit-on alors, en plein boum grâce à l'essor de l'élevage et des céréales – reçoit certes les vins girondins (par Anglade, Coustau Frères, etc.) puisque l'Argentine et l'Uruguay constituent le premier marché à l'exportation pour les vins bordelais dans les années 1860-1870 ; mais elle vend ses cuirs et suifs, ses laines : la grosse maison de négoce Baour & Cie est spécialiste de l'importation de laines (cuirs en poils, destinés au délainage de Mazamet, par exemple). Nombre de maisons ont une antenne à Buenos Aires et y sont actives, en même temps qu'à Bordeaux, comme commissionnaires et consignataires : Lassalle, Ducasse, Petit, Péguin, Martin Brana, Courras, Cabanes, Junca ; des fortunes amples s'édifient en quelques lustres. Depuis les années 1820-1840 s'amplifie le trafic « cap-hornier » vers le Pérou et le Chili, pour ramener du guano, du nitrate et du cuivre, comme le fait la maison A.D. Bordes[12] dans les années 1870-1880 avec une quarantaine de navires. Le commerce des

---

[11] Cf. Georges Dupeux, « L'activité économique. Le port », in Louis Desgraves et Georges Dupeux (dir.), *Bordeaux au XIXᵉ siècle*, Chapitre 3, p. 375-395, Bordeaux, Fédération historique du Sud-Ouest, 1969.

[12] Marthe Barbance, *Vie commerciale de la route du Cap Horn au XIXᵉ siècle : l'armement A.D. Bordes et Fils*, Paris, SEVPEN, 1969.

denrées exotiques américaines (café et cacao) est intense. Anglade démarre en 1872 et devient dans les années 1880-1890 une solide maison de négoce avec l'Argentine, riche d'un million de fortune, soit autant que le capital de la maison Schröder & Schyler de l'époque. Petit-Séré & Cie, Tournon, Courtay, Aradel, Cinto, Apesteguy (implantée à Montevideo) sont des maisons de bonne envergure (aux alentours d'un à deux millions de patrimoine) dans les années 1880 et au tournant des années 1890. Certaines travaillent encore pour les Antilles, les Caraïbes et l'Amérique centrale, comme Dandicolle et Gaudin, pour la Nouvelle Grenade, ou Tournon, pour le Costa Rica ; cacao, café, vanille, coton, et, bien sûr, sucre et rhum sont autant de denrées qui renouvellent le trafic des quais bordelais. Un signe de cet intérêt pour l'Amérique latine est en décembre 1880 la soumission d'un projet (aussitôt abandonné) à la Société bordelaise à peine créée, visant à établir une Banque de la Plata, pour concurrencer les banques anglaises, avec un capital fourni par des maisons de commerce et des banques.

Le subcontinent indien, avec la côte de Coromandel, Calcutta et les comptoirs français en Inde, les Indes néerlandaises (l'Indonésie) sont l'une des clés de la prospérité bordelaise du milieu du siècle, car on va y chercher des toiles peintes (les indiennes) et des cotonnades. Ensemble, avec aussi l'île Maurice et l'île de la Réunion, ce sont des sources de produits exotiques, avec, selon les pays, des matières tinctoriales, comme l'indigo, et des denrées comme le poivre, le sésame, le café, etc., ainsi que des bois rares (teck, bois rouge). La puissance des firmes Faure frères, Robert & Charriol, Sabourin & Grangeneuve, Baour, Lopès-Dubec, Chaumel & Durin, Rey et, pour une partie de ses activités, Barton & Guestier elle-même, s'explique dans les années 1860-1870 par leur talent d'armateurs et de négociants avec l'océan Indien. Quand s'esquisse la colonisation de l'Indochine et de l'Océanie, les négociants bordelais étendent leur aire d'action : après les initiatives des pionniers dans la première moitié du siècle, des maisons de navigation et de négoce s'implantent dans les années 1860-1870 en Cochinchine, à Saïgon, et établissent des réseaux commerciaux avec la Thaïlande, Hong Kong, Singapour, par exemple pour le riz, mais aussi pour l'approvisionnement des flottes, des garnisons, des comptoirs. C'est alors que perce la glorieuse maison bordelaise Denis frères[13].

La mise en valeur de la côte occidentale d'Afrique ouvre des perspectives commerciales inouïes, et les Bordelais œuvrent aussi bien que

---

[13]   Étienne Denis, *Bordeaux et la Cochinchine sous la Restauration et le Second Empire*, Bordeaux, Delmas, 1965.

leurs rivaux marseillais[14]. Ils commencent à parsemer le Sénégal et la Gambie de comptoirs et de factoreries : pendant la « traite », ils collectent les arachides et autres produits locaux (gommes, etc.), qu'ils échangent contre des tissus et des biens d'équipement du foyer. Le trafic avec l'Inde est d'ailleurs dans un premier temps stimulé par ce commerce puisque les cotonnades appelées « guinées » (des toiles bleues de qualité) sont distribuées le long du golfe de Guinée. Ces échanges africains servent de levier à la poussée de sociétés solides : Devès, apparue en 1810, Merle, Pellegrin Frères, Maurel & Prom, créée en 1822, Maurel Frères, fondée en 1865, Segrestaa, Buhan & Teisseire, etc. ; Peyrissac s'installe en 1870 à Saint-Louis, Vézia et Chavanel à Rufisque en 1876 et 1877 : ces sociétés sont plus tard clientes de la Société bordelaise.

L'ensemble de ces trafics ne passe pas nécessairement par Bordeaux qui se contente souvent – par exemple pour les denrées exotiques comme le café – d'animer des échanges internationaux entre l'outre-mer et les places d'Europe du Nord-ouest, comme Le Havre, Paris, Dunkerque, l'Angleterre, voire la Baltique. Rey & frères travaille sur Bordeaux et Londres pour ses cafés, comme Deluger, comme Anthony & Touton, fondée en 1848, qui s'affirme par le double commerce des vins et des cafés ; la maison Lichtwitz perce alors, qui place vins et vanilles dans les contrées allemandes et polonaises d'Europe du Nord sont ramenés de surcroît les « bois du Nord », utiles à la tonnellerie, avec des maisons spécialisées souvent de grande taille, comme Bourgès et Troye, Gièse ou Eschenauer, qui mêle alors commerce des vins et des bois. Mais les quais bordelais – donc à 500 mètres en descendant le cours du Chapeau Rouge depuis le siège de la Société bordelaise – grouillent d'activités liées à l'importation de ces denrées et produits exotiques. Il faut les stocker – par le biais des Magasins généraux, où ils s'entassent sans payer les droits de douane – et donc financer ces stocks : l'escompte des « warrants » ouvre un marché fructueux pour la banque.

L'ensemble de ces trafics impose l'approvisionnement des navires et de leurs équipages. Bordeaux est fière alors de son armement maritime, au troisième rang français dans les années 1880. Des commissionnaires, consignataires et négociants sont en même temps armateurs, comme Faure, Robert & Charriol, Chaumel & Durin, pour l'Inde et l'Afrique, comme Tandonnet pour l'Australie et l'Océan Indien, forte d'une

---

[14] Pour l'histoire du négoce marseillais, cf. H. Bonin, *C.F.A.O. (1887-2007). La réinvention permanente d'une entreprise de commerce outre-mer*, Paris, SFHOM, 2008. C'est l'histoire de cette grosse société de négoce sur la Côte occidentale d'Afrique. Pour l'histoire du négoce bordelais en Afrique, il faut consulter la thèse de géographie de : Yves Péhaut, *Les oléagineux dans les pays d'Afrique occidentale associés au Marché commun*, Bordeaux-Lille, 1974.

vingtaine de navires en 1881, comme Baour pour l'Inde et l'Amérique, comme Bordes pour « les mers du Sud » (vers le cap Horn) ou Apestéguy (sur Bayonne et Bordeaux) qui entretient un service de bateaux à vapeur pour la Plata. La maison Chalès est un gros armement pour l'Inde dans les années 1860-1870 : son patron devient le premier président de la Bordelaise. À ces maisons locales s'ajoutent les compagnies nationales qui relient Bordeaux aux Antilles, au Sénégal, à l'Amérique du sud : Messageries maritimes, Compagnie générale transatlantique, Chargeurs réunis ou Pacific Steam Navigation Company. C'est en 1890 le troisième port français, soit pour l'outre-mer soit pour le cabotage. En octobre 1879, juste quelques mois avant la création de la Bordelaise, la Chambre de commerce inaugure à Bacalan le nouveau bassin à flot, muni d'une forme de radoub pour trans-atlantiques et capable d'accueillir une cinquantaine de navires, tandis que s'ouvrent, en 1882, l'annexe de l'Entrepôt Lainé destinée aux alcools et spiritueux et, en 1885, des Magasins généraux-docks et des magasins à laines proches du bassin à flot : la modernisation du port et la création d'une grande banque symbolisent ensemble l'expansion-nisme du tournant des années 1880.

Enfin, toute une activité liée au port se développe, soit pour la pêche à la morue, soit pour les denrées coloniales. En aval de la traite sénéga-laise, une économie liée à « la Côte » éclôt, avec les huileries d'ara-chides, comme celle de Calvé, ouverte en 1866. Des industries alimen-taires surgissent, pour la transformation de denrées, la fabrication de conserves exportées ou chargées sur les navires. Le trafic portuaire est aussi soutenu par la satisfaction des besoins de la flotte et des industries locales, d'où des importations croissantes de charbon, de blés (pour les minoteries), de sucres (pour les raffineries) : la maison Moulinié s'affirme comme une grosse firme importatrice de charbons. Le long de la Garonne s'étalent les chantiers de constructions et de réparations navales, spécialistes en longs-courriers (*clippers*), en trois et quatre mâts à voile, et en petits navires de cabotage. C'est précisément au moment de la naissance de la Société bordelaise que certains chantiers changent de dimension pour livrer des bateaux à vapeur : les ex-Chantiers de l'Océan – montés en 1865 – ou, depuis 1872, de Bacalan deviennent en 1879 Dyle & Bacalan, avec l'entrée de Belges dans leur capital, tandis que Bichon Frères, fondée à Lormont en 1840, s'ouvre au métallurgiste Schneider en 1882 et devient les Chantiers & ateliers de la Gironde : quelque 2 500 salariés sont ainsi actifs vers 1890. Toute une métallurgie, avec environ 7 000 salariés en 1890, a mûri le long de la Garonne, liée aux échanges portuaires et ferroviaires : chantiers navals, construction et réparation de matériel de chemin de fer (Carde, ateliers de la Compagnie du Midi, ceux de la Compagnie des chemins de fer de l'État). Bordeaux se fait une spécialité de la métallurgie de forgeage, estampage, tôlerie, chaudronnerie, de la mécanique[15].

*

---

[15] Nous renvoyons à la thèse essentielle et passionnante du géographe Jean Dumas, *Les activités industrielles dans la Communauté urbaine de Bordeaux, Bordeaux*, 1980. Pour chaque industrie, elle reconstitue en fait son histoire en remontant jusqu'au milieu du XIXe siècle.

Un terreau favorable à l'éclosion
de la Société bordelaise de CIC

Sa fondation intervient dans un environnement prospère. Elle symbolise une vague d'expansion ample et vigoureuse, marquée par un profond renouvellement du capitalisme local : aux maisons établies au XVIIIe siècle et dans les premières décennies du XIXe siècle, s'est ajoutée une seconde « génération » d'entreprises[16], dans les années 1850-1870, couronnée par cette banque nouvelle. On constate donc l'existence d'une logique économique pour expliquer la création de la Bordelaise. C'est bien parce que ses fondateurs sentent qu'un marché solide s'est développé, qu'une large clientèle potentielle s'offre à leur dynamisme, qu'ils prennent leur décision : par exemple, certaines maisons que nous avons évoquées, Faure, Devès, Maurel et Prom, Tandonnet, sont de futures clientes de la banque. La prospérité du commerce de marchandises et de l'armement maritime suscite l'envie de faire le commerce de l'argent, et il est symbolique que Chalès en soit l'instigateur. Une localisation prestigieuse, des fondateurs renommés, des administrateurs figurant parmi les notabilités de la Place : la Société bordelaise est « née avec une cuiller d'argent dans la bouche ». Elle est bien le symbole de Bordeaux, de ses activités, de sa richesse, de ses « figures » commerciales et financières[17]. L'on ne ressent nul « déclin » à Bordeaux dans ces années 1860-1870, et l'on peut prétendre que la création de la Société bordelaise manifeste la vitalité de l'économie qui doit lui servir de terreau.

---

[16] H. Bonin, *Les patrons du Second Empire. Bordeaux & en Gironde* (dictionnaire), Paris, éditions Picard-Cénomane, 1999.

[17] La fortune des familles animant Maurel & Prom est estimée à dix millions en 1885. Chaumel & Durin ont quatre millions de francs engagés dans leurs affaires en 1882.

CHAPITRE II

La percée d'une nouvelle banque

« La place de Bordeaux est une des plus riches et des plus sages de France […]. C'est une place riche, intelligente, et sage, et dont le commerce, peu enclin aux spéculations aléatoires, trouve un élément fructueux et soutenu dans des opérations combinées et accomplies avec prudence et régularité »[1] : le marché bancaire potentiel paraît considérable pour la banque nouvelle, grâce à la dilatation des affaires bordelaises. Néanmoins, elle ne surgit pas sur un marché vierge : la concurrence est déjà vivace sur la Place. Il lui faut donc dégager l'originalité de ses métiers, de ses fonctions, pour trancher par rapport à des consœurs bien établies dans le milieu économique girondin. Face aux « maisons d'escompte » à capitaux familiaux, elle affirme sa vocation de « banque locale » à capitaux publics, en un moment clé de l'histoire bancaire française.

1. Une place bancaire déjà bien outillée

Du vide initial du début du XIXᵉ siècle, la place bordelaise a évolué vers le trop-plein ! En effet, sous la Restauration, les négociants avaient bataillé pour édifier un outil bancaire de base : Balguerie-Stuttenberg, Guestier, Portal et Johnston avaient réussi à lancer la Banque de Bordeaux, pour asseoir le crédit commercial à court terme et assurer la rotation des liquidités. C'était alors un véritable « établissement de place » − une sorte de service public au profit de tous les milieux d'affaires, plus ou moins co-gestionnaires et propriétaires −, une Banque de France en réduction, y compris avec le pouvoir d'émettre de la monnaie-papier. Mais cette Banque de Bordeaux avait été reprise en 1848 par la Banque de France, désormais chargée du monopole de cette émission et apte à procurer, par sa succursale, l'escompte et les avances nécessitées par la Place. La montée en puissance du capitalisme girondin sécrète des forces financières moins institutionnelles que cette Banque de Bordeaux : de véritables banquiers d'envergure apparaissent, aptes à satisfaire les besoins des maisons de négoce. Le grand maître de la banque bordelaise dans les années 1870-1890 est Piganeau et sa maison

---

[1] Toutes ces citations sont extraites des rapports de l'Inspection de la Banque de France à la succursale de Bordeaux pour les années 1870-1890.

Piganeau & fils : la famille anime un établissement où se retrouvent clientes nombre des firmes de la ville représentatives de toutes les branches économiques. Cela en fait la première banque de la Place par le volume d'affaires et la renommée. « Maison la plus importante de la Place », « gros crédit » (= réputation parfaite), « excellente direction de deux frères, aidés de leurs fils » : la Banque de France ne tarit pas d'éloges sur ce fleuron de la banque bordelaise, dotée de toutes les qualités : « Activité, intelligence, ordre et assiduité »[2].

Tout aussi prestigieuse mais moins débordante de dynamisme est la maison familiale Samazeuilh[3], « qui jouit peut-être le plus de la considération générale », en une « maison ancienne, très honorable et très considérée », créée en 1810 et fréquentée par des firmes glorieuses : Baour, Barton & Guestier, Eschenauer, Schröder & Schyler, Seignouret, Buhan & Teisseire, etc. Enfin, la banque De Trincaud Latour-Soula est venue bousculer ce duopole depuis son établissement en 1854, grâce à l'allant de son animateur-gérant, Jean Soula, un ancien garçon de recettes, de son fondé de pouvoirs, de ses deux fils Paul et Ulysse et de son neveu Albert Soula.

Les entreprises bordelaises éprouvent-elles une insatisfaction qui pourrait les faire aspirer à la création d'une banque nouvelle ? En fait, les établissements existants semblent combler leurs désirs. Les deux frères Piganeau et leurs deux fils sont intimement liés à la vie économique locale, en particulier par les « grosses commandites qu'ils font à certaines maisons », c'est-à-dire les avances à moyen, voire long terme, qu'ils accordent, souvent par le biais de découverts souvent renouvelés ; d'autre part, ils escomptent du « papier long », sur dix à douze mois : ils assument donc des risques importants. La banque De Trincaud Latour-Soula semble ouverte aux besoins des sociétés, surtout dans la branche des denrées coloniales et dans le monde des petites et moyennes entreprises. Son patron « passe pour être trop facile en affaires », ce qui explique « les allures trop ardentes de cette maison », qui semble accueillir à l'époque toutes les entreprises « parvenues » du troisième quart du siècle : « Ils embrassent trop d'affaires », conclut une Banque de France réticente devant la pétulance des Soula : ils « ont un cercle d'opérations considérables [...]. En outre, les affaires qu'ils ont entreprises sont souvent très aléatoires, et même dangereuses, notamment lorsqu'elles se traitent avec l'Amérique du Sud » ; « le crédit de la maison est encore discuté, parce qu'elle entreprend au-delà de ses

---

[2]   *Ibidem.*

[3]   H. Bonin, « La splendeur des Samazeuilh, banquiers à Bordeaux (1810-1913) », *Revue historique*, 1993, n° 288, p. 349-389.

forces »[4]. Deux banques bien assises, prudentes, bousculées par une maison conquérante : la place bordelaise ne semble pas ressentir le besoin d'une banque nouvelle !

De plus, la dimension de ces maisons semble suffisante et n'est en tout cas en rien inférieure à celle de la Société bordelaise à son origine. Les Piganeau auraient entre 15 à 20 millions de fortune au milieu des années 1880 – au lieu de 5 à 6 millions au milieu des années 1870 ; ils ont des dépôts significatifs et peuvent recourir au réescompte de la Banque de France ou éventuellement de banques parisiennes. Ils placent le papier qui peut susciter les réticences de la banque centrale par sa nature et sa durée auprès de « capitalistes » locaux ; ce sont des rentiers retirés des affaires qui mettent en valeur leur fortune – parfois plusieurs millions, comme l'ex-négociant en denrées coloniales Johns ou la maison de négoce en vins Richard & Miller – en prenant en pension le papier bancaire long, contre des taux d'intérêt plantureux. Chez Samazeuilh, à la fin des années 1880, la famille dispose de cinq à six millions de francs comme base à ses affaires, complétés par de gros dépôts procurés en comptes courants créditeurs par les sociétés clientes et les familles qui les gèrent. Enfin, De Trincaud Latour-Soula déclare un capital de 6,6 millions en 1888 – au lieu de 800 000 francs en 1871, ce qui révèle son punch –, complétés par 1,2 million de réserves, tandis que la banque elle-même et ses deux associés-gérants, Trincaud et Soula, peuvent, à eux trois, compter sur des immeubles valant 1,7 million.

L'on perçoit mal ce que peut procurer la Société bordelaise à une Place déjà bien outillée grâce à trois maisons complémentaires, d'autant plus que, pour les affaires modestes, de petits banquiers foisonnent. En effet, sur Bordeaux même, une vingtaine de maisons de banque travaillent dans ces années 1870-1890 ! Certaines sont des banques locales d'une envergure moyenne, comme Letanneur ou Gomez-Vaez (qui devient plus tard la Banque de l'Aquitaine) au capital évalué à trois millions de francs ; d'autres sont de bonnes petites maisons d'escompte qui prospectent une « clientèle besogneuse », le monde des commerçants, artisans et entrepreneurs individuels girondins : Garric et Bordes, Laplante, Sazias, etc. ; d'autres enfin, de second ordre, s'appuient sur un milieu spécialisé – certaines se confinent dans le « papier de vins » ou les affaires d'épicerie – selon l'activité dominante dans leur quartier. Plusieurs de ces maisons sont animées par des Israélites : Gomes-Vaez, Barabraham, Rousset, Foy, Charvin, Astruc, etc., dans le respect d'une vieille tradition bordelaise. Là encore, à ce niveau, un marché est accaparé par des maisons nombreuses, celui de

---

[4] Toutes ces citations sont extraites des rapports de l'Inspection de la Banque de France à la succursale de Bordeaux pour les années 1870-1890.

l'escompte du papier de qualité moyenne et douteuse, de toutes les petites affaires de la Place.

La question mérite d'être posée : Bordeaux avait-elle besoin de la Société bordelaise ? Apparemment, la réponse ne peut être que négative. D'ailleurs, si la Place aspirait à des banques nouvelles, elle pouvait être satisfaite puisque, en 1870, naît la maison Lafargue, dont les deux associés Lafargue – à qui est attribuée une fortune de dix millions – et Tastet réunissent quatre millions de francs en commandite. Cette banque s'engage vigoureusement dans les affaires d'outre-mer, dans des découverts amples à des négociants. Dans ces années 1870, elle pratique de « grandes opérations de change et d'arbitrages sur Londres, en relations avec des maisons de Londres de premier ordre » : voilà bien une banque jeune et dynamique, apte à combler les vœux du négoce !

2. Les desseins originaux de la Société bordelaise

Pourtant, en 1880, naît la Société bordelaise : comment expliquer que, sur une Place bien outillée sinon saturée, ses fondateurs aient caressé la prétention téméraire de lancer une banque ?

A. La stratégie de parrainage du CIC

L'initiative de la fondation n'est peut-être pas venue de Bordeaux : même si les circonstances précises de cette création restent inconnues, puisque, tant en Gironde qu'à Paris, les archives présentent des lacunes, on peut supposer que l'institution d'un établissement frère à Bordeaux était un objectif du Crédit industriel et commercial. Depuis son apparition en 1859, cette banque parisienne développe une stratégie de rayonnement originale : alors que le Crédit lyonnais et la Société générale mettent en place des réseaux d'agences ramifiés dans tout le pays, le CIC choisit de n'ouvrir de guichets qu'en région parisienne et de privilégier la mise sur pied de banques-sœurs en province.

Il parraine ainsi la naissance de la Société marseillaise de crédit en 1864 et de la Société lyonnaise de dépôts en 1865, puis la transformation du Comptoir d'escompte de Lille en Société de crédit industriel & de dépôts du Nord en 1866, qui devient le Crédit du Nord en 1871. Comme Bordeaux représente une place dynamique, le CIC songer à y implanter une filiale, comme sur les grandes autres places commerciales. D'ailleurs, en 1881, il monte la Société nancéienne, pour combler au nord-est une lacune dans son implantation : Bordeaux est le chaînon manquant. Or la Société générale s'y est installée au tout début de son existence, dès 1864 ; le Crédit lyonnais arrive peu après le CIC, en 1882, avant le Comptoir national d'escompte de Paris (CNEP) – l'un des ancêtres de la BNP – en 1891, qui y installe l'une de ses premières succursales hors de Paris. Pour respecter son dessein de partenariat avec des banques provinciales, le CIC doit seulement dénicher des hommes d'affaires et capitalistes prêts à s'engager à ses côtés dans cette aventure.

B. Un groupe d'hommes d'affaires bordelais

Les partenaires du CIC surgissent du monde du négoce lointain et de l'armement maritime. Comme la banque parisienne a tissé des liens intimes avec des cercles catholiques – il est longtemps l'un des banquiers du Saint-Siège et on le dit souvent proche des évêchés français –, on peut supposer qu'il a eu des facilités à s'introduire parmi les cercles d'affaires catholiques de la Place. Faut-il prétendre que, au tournant des années 1880, la Bordelaise est portée par la droite locale ? Certes, Adolphe Chalès est l'un des leaders des monarchistes locaux ; mais aucun document ne permet de penser que des intérêts politiques ont interféré dans la création de la banque, même si l'on est bien conscient de son assise sociale au sein de la grande bourgeoisie girondine, qui lance d'ailleurs à Bordeaux en 1882 un quotidien catholique et monarchiste, *Le Nouvelliste*.

C'est peut-être dans la personnalité de Chalès qu'il faut trouver les motivations de la fondation de la banque. En effet, cet armateur était l'un des chefs de file des milieux d'affaires bordelais depuis les années 1860. Lors des débats sur le sort du libre-échange et du libre accès des ports français aux navires étrangers, il figure parmi les animateurs du vigoureux groupe de pression qui se constitue pour défendre le libéralisme commercial face aux prohibitionnistes des régions du Nord et de Normandie en particulier[5]. Or, à la fin du Second Empire, aux côtés des négociants, les armateurs tiennent la Chambre de commerce avec, en particulier, Emmanuel Cortès à la présidence, Joseph Blanchy à la vice-présidence, Auguste Chaumel comme trésorier et Chalès comme secrétaire. Lors de l'enquête du Conseil supérieur du commerce en 1869, Chalès est l'un des deux armateurs (avec Cortès) et des quatre délégués à Paris pour expliquer les positions de la Place ; il figure encore dans la délégation constituée lors de l'Enquête parlementaire sur la marine marchande de mars 1870, avant de devenir membre de la commission de la marine marchande en 1876. D'ailleurs, c'est lui qui fait figure de « plume » des milieux maritimes bordelais, puisqu'il rédige cinq opuscules sur la protection de la marine française, trois en 1864 et deux en 1872. L'on peut dire que Chalès est une figure de proue du monde

---

[5] Sur ces débats, nous renvoyons à la thèse de Gabrielle Cadier-Rey, *Bordeaux et le libre-échange sous le Second Empire*, Université de Bordeaux 3, 1973. Elle fournit les références des cinq opuscules rédigés par Chalès en 1864-1872 à propos de la protection de la marine française.

maritime bordelais, qui symbolise l'inquiétude face à un avenir menacé. La poussée de la flotte à vapeur impose de renouveler complètement les flottilles des armateurs et de moderniser de fond en comble les chantiers navals girondins. Si certains hommes d'affaires locaux sombrent dans le protectionnisme, Chalès et ses amis défendent un libéralisme rationalisé : primes aux constructions navales qui se lancent dans la fabrication de navires en fer et à vapeur ; surtaxes de pavillon pour protéger la flotte française pendant sa métamorphose ; ce sont ces positions qui sont adoptées par la Chambre de commerce en 1871.

Chalès est l'un des instigateurs du Comité des intérêts maritimes, créé en 1869 par des armateurs et des industriels des chantiers navals, devenu le Comité libre-échangiste libéral-conservateur, dont il est le secrétaire : face aux protectionnistes durs (l'armateur Tandonnet), face aux libre-échangistes purs (Armand Lalande, Alexandre Léon, Marc Maurel, Fernand Samazeuilh, Marc Lopès-Dubec, etc.), ces « centristes » sollicitent l'aménagement des traités de libre-échange conclus sous le Second Empire. Mais ce groupe de pression est balayé par les libre-échangistes lors de l'élection de la Chambre de commerce en juin 1872 : Joseph Blanchy et Chalès sont battus. Chalès choisit une stratégie d'affaires qui répond à cet échec : il décide d'abandonner l'armement maritime, car il ne sent pas sa société capable de supporter les investissements nécessaires pour se doter d'une flotte à vapeur, face à la concurrence britannique en particulier. Il pressent la défaite de Bordeaux face aux *steamers* des autres ports ou pays, en un temps où tous les témoins notent l'amorce du déclin de l'armement bordelais[6].

C. Adolphe Chalès, héros fondateur de la Société bordelaise

La création de la Société bordelaise correspond donc à une nouvelle étape dans la carrière d'un homme, l'armateur Chalès, qui est une réalité essentielle pour comprendre l'histoire de la banque, car la famille Chalès reste aux commandes de la maison pendant un siècle, jusqu'en 1978. Adolphe Chalès naît à Casseneuil, en Lot-et-Garonne, en 1821. Il

---

[6] « Le port, bien qu'il perde chaque année de son importance au point de vue de l'armement, est encore classé immédiatement après ceux de Marseille et du Havre. La décadence de la marine bordelaise est un fait malheureusement notoire. Les armateurs réduisent le nombre de leurs navires : 333 en 1860, 222 en 1876 […]. L'Angleterre, l'Allemagne et la Hollande ont établi des lignes régulières de vapeurs et prennent le fret dans des conditions de bon marché telles que les armateurs renoncent à la concurrence […]. [On note] le mouvement qui tend à faire de l'Angleterre l'entrepôt général des produits exotiques », Inspection de la Banque de France, 12 octobre 1876. « La construction maritime périclite. De plus en plus, les armateurs préfèrent s'adresser aux constructeurs anglais depuis qu'il leur est loisible de franciser leurs navires », rapport de l'Inspection à la succursale de la Banque de France de Bordeaux, 15 novembre 1869.

entre dans la marine marchande en 1840, puis sert comme officier de marine en 1843-1845, avant de devenir capitaine au long cours en 1847-1856. Cette fonction ne consiste alors pas seulement à diriger un navire ; en effet, les bateaux travaillant en Asie partent souvent pour plus d'une année, pratiquent du cabotage, la collecte et la revente de marchandises et de denrées pour constituer peu à peu le fret de retour vers l'Europe ; le capitaine au long cours est donc en même temps un véritable fondé de pouvoirs de l'armateur-négociant, qui acquiert des aptitudes commerciales et financières de haute volée. Denis, lui aussi, est capitaine au long cours avant d'établir sa maison de commerce en 1862. En 1856, Chalès fonde la maison d'armement maritime Sensine & Chalès. Il s'associe avec Pierre-Numa Sensine, lui aussi ancien capitaine au long cours spécialiste des échanges avec Calcutta, devenu armateur en 1846. Peu après, comme plusieurs maisons qui se créent au tournant des années 1860, il profite de l'opportunité procurée par la nécessité de satisfaire les besoins de l'armée impériale qui installe le drapeau français en Cochinchine. Sensine & Chalès dispose d'un bon capital d'expérience pour la navigation et le négoce avec l'Inde et l'Indochine ; elle anime une ligne régulière entre Bordeaux et Calcutta. C'est en son sein d'ailleurs qu'Alphonse Denis, le quatrième fils d'Étienne Denis, effectue son stage de formation en 1866-1868, avant de partir rejoindre ses trois frères en Indochine en 1868 et de devenir le chef de la maison Denis à Saïgon en 1879. Chalès s'affirme un notable bordelais : il se fait élire juge au Tribunal de commerce en 1857-1861, puis membre de la Chambre de commerce de 1861 à 1872, et encore en 1878 – mais seulement de février à sa démission en novembre. Il loge au sein du quartier bordelais qui, au XVIIIe siècle, était celui de la noblesse de robe ; son hôtel particulier du 13 rue Castillon avait été celui du président du Parlement de Bordeaux, Jean-François de Rolland, exécuté pendant la Terreur révolutionnaire en juillet 1794. Chalès, symbole du négoce girondin, y fait inscrire ses initiales sur le grille d'entrée, comme si la puissance des affaires se drapait dans les habits de la noblesse déchue en lui succédant dans ses murs et en y apposant son quasi-emblème. Sa carrière est couronnée, de 1880 à 1899, par la présidence de la Société bordelaise, dont il reste administrateur jusqu'à sa mort en 1902.

Plus significatif encore est le choix de la banque comme activité de reconversion professionnelle, puisque, comme une coutume aurait pu l'y inciter, Chalès aurait pu s'acheter une propriété viticole et y jouir de ses revenus fonciers, en « propriétaire ». En fait, le milieu économique bordelais n'est guère malthusien alors et ne se sent pas une vocation de rentier. Toutes tendances confondues, libre-échangistes farouches ou protectionnistes modérés, les hommes d'affaires semblent convaincus de la nécessité de réagir face aux menaces de la concurrence. C'est pourquoi ils prospectent des marchés neufs : Côte occidentale d'Afrique, Indochine, Océanie, etc. Sur Bordeaux même, la prise de conscience des insuffisances de la Place a pu conduire à renforcer cette mobilité stratégique par des outils efficaces. Comme l'écrit alors le négociant Marc Maurel, « nous avons beaucoup à demander à l'initiative personnelle, et très peu de choses au gouvernement ; nous ne réclamons de lui que ce ce qu'il peut nous donner en sus de la parfaite sécurité dont il nous fait jouir sur toutes les mers »[7].

Au-delà de l'action sur le terrain, c'est l'environnement de celle-ci qu'il faut améliorer, par des réformes « immatérielles ». Ainsi, la Chambre de commerce crée-t-elle l'École supérieure de commerce de Bordeaux en 1873, pour fournir les cadres à l'expansion des affaires engagée ; et, en 1880, Chalès et ses amis choisissent de monter la Société bordelaise pour procurer encore plus de facilités financières au négoce. C'est pourquoi sont réunis autour de Chalès des éléments bien représentatifs de la Place. Henry Balaresque anime une ancienne maison de commerce de gros internationale et familiale, de même que Gabriel Faure. Camille Godard dirige la société de négoce de vins et spiritueux qu'il a créée, tandis que Harry Johnston est le patron de la firme de négoce en vins Nathaniel Johnston qui remonte à 1743. Théodore Schœngrün-Lopès-Dubec est le gendre de Félix Lopès-Dubec, le chef d'une dynastie vigoureuse du négoce bordelais. Paul Tandonnet représente la troisième génération d'une dynastie d'armateurs au long cours, alors que Chalès ne s'est établi comme armateur qu'en 1856. Les Piganeau sont les plus grands banquiers de la Place à cette époque, et c'est l'un de leurs fils, homme d'affaires entreprenant qui s'intéresse à la Bordelaise.

D. Un nouveau type de banque

Pourquoi alors ces hommes d'affaires ne se sont-ils pas contentés de prendre le contrôle d'une banque locale pour la transformer en un outil plus affûté, répondant aux objectifs de ces « modernistes » ? Au-delà des susceptibilités et de la volonté d'indépendance de chacun des établissements existants, il faut comprendre que la banque nouvelle est destinée à être, en partie, d'une autre nature que ses prédécesseurs. Sous le Second Empire en effet s'est engagée la « seconde révolution bancaire », la création de banques de dépôts au statut de société anonyme par actions, sur le modèle des *joint stock banks* anglaises. Les Saint-Simoniens en appellent à une mutation des firmes d'argent : elles doivent changer d'échelle, drainer l'épargne thésaurisée au profit du

---

[7]   Lettre du négociant Marc Maurel au ministre du Commerce, 11 décembre 1872 (Citée par G. Cadier, *op.cit.*, p. 98).

développement économique en stimulant le placement des valeurs mobilières, en une nouvelle démocratie boursière ; ne plus se cantonner dans la collecte des fonds de la grande bourgeoisie, mais recueillir la masse des dépôts des bourgeoisies moyennes et petites, sous forme de liquidités, mais aussi avec l'espoir de les voir se transformer ultérieurement en souscriptions de titres ; enfin, abaisser le prix de l'argent et amplifier le crédit, grâce à la collecte massive de ces ressources liquides. La Bordelaise, peu après sa naissance, évoque « la nature même de notre société à attirer à nous les dépôts et les petites épargnes, afin de les grouper et d'en faire des éléments actifs de production »[8]. Ses fondateurs ont la vision d'une banque d'un autre type, par exemple lorsqu'ils dessinent les contours de ses locaux « qui permettront d'y installer tous les services d'une Banque, même sur une très grande échelle »[9]. Dans le nom des banques établies par le CIC, on retrouve ce dessein, en particulier chez la Société nancéienne de crédit industriel et de dépôts de 1881 et, bien sûr, à la Société bordelaise de crédit industriel, commercial et de dépôts.

Les autres grandes banques de la Place sont bien différentes : elles ne recueillent de dépôts qu'auprès des fondateurs et des familles ou des firmes – par le biais de leurs comptes courants créditeurs – intimement liées à elles, ce qui leur assure une relative stabilité ; elles travaillent beaucoup sur leurs fonds propres ou avec le réescompte. Au contraire, la Bordelaise se veut d'emblée une « société » : au lieu d'être une firme familiale, liée à une famille (le père Samazeuilh et ses quatre fils, au milieu des années 1890 ; les Piganeau), à un homme ou à une poignée de dirigeants et propriétaires (Trincaud Latour bailleur de fonds pour Soula), dans le cadre de société de commandite ou en nom collectif (comme chez Soula, où six associés en nom collectif animent la banque), elle est une société anonyme par actions, ouverte au marché financier.

Même si les fonds propres versés de la Bordelaise sont inférieurs en 1880 à ceux de ses consœurs, son statut est radicalement autre et lui confère la pérennité particulière à la société anonyme. Tout doit être fait pour attirer une clientèle large, donc pour susciter sa confiance, comme le note le Conseil lorsqu'il se soucie de la qualité de l'immeuble du siège : « Nous ne devions rien négliger de ce qui peut inspirer la confiance » car une banque ouverte à un public vaste repose sur le « crédit public », la « foi publique », par son seul crédit. Une première garantie à l'ouverture du capital et de la clientèle est le conseil d'administration lui-même, en une sorte de ministère émanant, par l'élection officielle, du Parlement qu'est l'assemblée générale, dans le cadre de ce régime

---

[8]   Rapport annuel du conseil d'administration, 5 avril 1881.

[9]   *Ibidem.*

parlementaire (avec une session d'un seul jour par an, toutefois...) qu'institue la société anonyme. Une seconde garantie est l'analyse des commissaires aux comptes, la publication annuelle d'un bilan, des comptes de patrimoine (actif et passif) de la banque, ce à quoi ne sont pas tenues les firmes familiales.

E. Un programme initial prudent

Les intentions des fondateurs sont ambiguës. Certes, ils se veulent les promoteurs d'un type nouveau de banque sur Bordeaux ; mais cette banque de dépôts « révolutionnaire » voit ses statuts la confiner dans une fonction strictement commerciale : aucun découvert, aucun crédit en compte courant débiteur ne correspondant pas à une opération commerciale réelle et précisément identifiée[10] ; c'est « l'escompte à deux signatures » qui doit constituer son fonds de commerce, sans aucune prise de risque. Le cercle d'hommes d'affaires qui fonde la Bordelaise affiche un programme d'extrême prudence, qui éloigne leur projet de tout lien explicite avec l'héritage saint-simonien : rien à voir en tout cas avec les audaces d'autres Bordelais montés à Paris créer le Crédit mobilier en 1852, les frères Pereire ! Mais, à la limite, on peut prétendre que cette prudence même constitue une garantie pour la nouvelle banque, dans la mesure où ses clients éventuels peuvent être rassurés par les précautions statutaires qui sont autant de barrières contre tout dérapage vers une gestion aventureuse, du type de celle qui a condamné le Crédit mobilier en 1867.

L'on peut s'interroger sur les arrière-pensées des créateurs de la Bordelaise. Au-delà des crédits d'escompte classiques et déjà fortement développés par les banques existantes sur la Place, Chalès et ses collègues ne caressent-ils pas plutôt d'orienter la nouvelle banque vers « les affaires ». En effet, en sus de ce qu'on appelle alors les « opérations capitalistes » – la fonction d'intermédiaire pour le placement et la gestion de valeurs mobilières au profit de la clientèle –, les statuts prévoient clairement que la Bordelaise pourra « prendre dans des entreprises ou opérations financières, commerciales ou industrielles, des participations dont les montants réunis ne devront pas dépasser le quart du capital versé, plus les réserves ». L'on peut se demander si ce groupe de négociants et industriels n'entendait pas faire de l'argent en prenant des participations dans des sociétés girondines en formation ou en développement, peut-être avec des desseins de promotion « saint-simonienne », en levier de la prospérité locale, mais en tout cas aussi avec l'ambition de « prendre des tickets » dans les firmes locales en

---

[10] « Ouvrir des comptes courants, sans pouvoir jamais faire aucun paiement à découvert », précisent les statuts de 1880.

essor, portées par le boum conjoncturel, et faire fructifier ces participations : toucher les dividendes, réaliser des plus-values boursières.

Toutefois, comme les statuts précisent que « la société s'interdit toute spéculation de Bourse », c'est bien ce métier de « capitaliste » que la banque devait acquérir, un peu, dans les limites du plafond indiqué, comme une « banque d'affaires ». Rien qu'en investissant ce maximum de 1 250 000 francs – le capital versé – à 4 ou 5 %, un revenu de quelque 50 à 60 000 francs annuels pourrait être obtenu, ce qui suffirait à verser les dividendes des actionnaires de la banque, pour lesquels il est prévu un intérêt minimal annuel de 4 %. À la limite, on pourrait penser que ces hommes d'affaires se groupent dans la Bordelaise pour placer quelques fonds et les faire fructifier, avec une garantie d'un plancher de revenu, les opérations bancaires venant de surcroît procurer leurs profits.

F. L'appui décisif du CIC

Une quatrième garantie est, pour la Bordelaise, le patronage du CIC, qui procure aux souscripteurs des actions et aux déposants le sentiment qu'une part de l'expérience acquise par la banque parisienne et ses homologues marseillaise et lyonnaise peut être transmise à la banque girondine, en un « capital immatériel » permettant une valorisation plus rapide du capital financier qu'ils apportent. On comprend donc l'intérêt que constitue la convergence historique entre deux opportunités : le désir du groupe bordelais animé par Chalès de contribuer au renforcement de la place commerciale par la création d'un outil bancaire d'une nature neuve ; l'ambition du CIC de s'implanter sur Bordeaux. Celui-ci y trouve les ambassadeurs de son introduction en Aquitaine ; celui-là se réjouit du parrainage de la banque parisienne. En effet, comment lever des fonds hors des grandes familles bordelaises sans s'appuyer sur un réseau de collecte extérieur à la ville ? Ces familles mobilisent leurs fonds pour leurs propres affaires, ou, pour celles qui sont engagées dans la banque, privilégient les maisons existantes ; Piganeau n'apporte d'ailleurs qu'un concours limité au groupe fondateur.

C'est pourquoi le CIC et ses banques amies (surtout la Société marseillaise) se font le truchement du groupe bordelais pour le placement d'actions. Ils constituent en particulier un « syndicat d'émission et de garantie », qui, moyennant une commission, organise la diffusion des titres et qui, en cas d'insuccès, s'engage à prendre ferme ceux-ci. Comme l'émission des actions de la Bordelaise s'avère un succès, cette garantie n'a pas eu à jouer. Toutefois, son existence a facilité la mise en place de la banque, ainsi portée sur les fonts baptismaux par le CIC. Celui-ci parachève son parrainage en souscrivant lui-même une fraction du capital, mais très faible. Enfin, il apporte la caution de son honorabilité en faisant introniser certains de ses dirigeants ou amis au conseil d'administration de la Bordelaise : Henri Durrieu, président du CIC (qui préside la première assemblée générale le 9 juin 1880) et Albert Rey, administrateur-délégué de la Société marseillaise de crédit, accompagnés par Édouard Gautier, directeur d'une banque parisienne, la Société de dépôts et comptes courants, qui participe au soutien apporté au lancement de la Société bordelaise.

Théodore Tastet, Président de la Société bordelaise de CIC (1898-1913)

*

Un symbole d'une étape de l'histoire bancaire

Malgré la saturation de la Place en établissements bancaires, la création de la Société bordelaise s'inscrit dans un « moment historique » : elle correspond à une étape de la révolution bancaire nationale, avec l'apparition à Bordeaux d'une « grande banque de dépôts ». Elle constitue une étape dans l'histoire du CIC, qui parachève son implantation nationale par essaimage de banques affiliées. Elle marque une étape dans l'histoire du capitalisme commercial bordelais qui mobilise ses forces pour résister à de nouvelles concurrences européennes et pour accompagner l'accentuation de la diversification géographique de son rayonnement. Enfin, c'est une étape dans la vie d'un homme d'affaires, Adolphe Chalès, qui abandonne l'armement maritime pour la banque : il a compris que le commerce et l'action outremer ne pourraient pas amplifier leur puissance sans s'appuyer sur le crédit, donc sur une banque vigoureuse, forte d'un statut de société anonyme, donc de « grande entreprise », dégagée de l'emprise familiale régnant encore dans les maisons de banque traditionnelles. La Société bordelaise bénéficie ainsi du parrainage des figures du négoce girondin et d'une banque parisienne prestigieuse.

70 BORDEAUX. — Les Quais — LL.

CHAPITRE III

Les métiers de la jeune banque

La Société bordelaise doit faire son apprentissage de banque de dépôts, se munir d'une administration, recueillir des ressources et trouver des « emplois ». Elle doit donc découvrir les usages de la Place, s'adapter aux besoins de ses clients potentiels, définir sa stratégie commerciale et bancaire : quels produits offrir à la clientèle ? quels risques assumer ?

1. La mise sur pied de l'organisation de l'entreprise

Comme la Bordelaise est créée *ex nihilo* en 1880, donc sans reprendre une banque locale et familiale, elle doit se doter sans délai de services et d'une direction : service des titres, service du portefeuille (affaires d'escompte) et de la correspondance, service de la comptabilité, service du contrôle, Caisse. Mais, en 1887, elle ne mobilise que 29 employés, qui lui coûtent (en appointements et gratifications) en 1888 moins de 60 000 francs (192 000 euros) ; il faut embaucher quelques employés aux écritures qui tiennent les Livres à la plume, qui remplissent tous les bordereaux nécessités par les opérations comptables ; des « garçons », garçons de bureau, de recettes ou de caisse, qui assurent les menues tâches de manipulation du papier bancaire et de l'argent. Comme la jeune banque se préoccupe de drainer l'épargne des bourgeoisies, la mise sur pied de son service des titres s'avère essentielle ; aussi l'administrateur délégué est-il (jusqu'à sa mort en 1884) Félix Le Barillier, un ancien agent de change ; pour diriger le service Titres, il recrute Albert Le Barillier « qui fait partie de plusieurs années de la charge d'agent de change de Léon ». Les bureaux de la banque se diversifient et reflètent l'organisation banale d'une banque commerciale.

Juridiquement, la société est dirigée par le conseil d'administration qui n'est pas une simple chambre d'enregistrement convoquée dix fois par an ; il se réunit en effet une fois par semaine, le mardi en milieu d'après-midi (par exemple cinquante fois en 1888), et obtient beaucoup d'informations sur la vie de la banque ; il examine le déroulement de ses opérations et délivre les autorisations de crédit nécessaires. Pour superviser les affaires quotidiennes de la maison, un comité de direction de trois membres réunit le président Chalès, le vice-président Piganeau, l'administrateur délégué et un membre supplémentaire, désigné par roulement quinzomadaire : Chalès et Piganeau sont impliqués intimement dans la conduite de la banque, au point que Chalès, à plusieurs reprises, propose de démissionner à cause de la lourdeur de sa charge par rapport aux capacités physiques que lui permettent son âge, d'autant plus que Le Barillier meurt en 1884 ; il parvient à alléger sa tâche en obtenant qu'on nomme un second vice-président en 1889. Cependant, la direction s'est étoffée, en particulier après le décès de Le Barillier : Gustave Lambertie, ancien chef de portefeuille et de correspondance dans une banque bordelaise, devient chef du service du portefeuille et de la correspondance, épaulé par le fils d'A. Chalès, Henri Chalès. Quand le Conseil se convainc qu'aucun de ses membres n'est suffisamment disponible pour prendre le relais de Le Barillier, ses responsabilités sont partagées entre deux directeurs pris hors du Conseil : Lambertie et Chalès inaugurent en 1885 la fonction de cadre dirigeant salarié.

2. Un Siège et un seul

Un fait est clair : comme beaucoup de ses homologues provinciaux, la Société bordelaise ne crée pas de réseau d'agences et de bureaux. Cela peut paraître étonnant puisqu'elle est censée représenter la « révolution bancaire », qui inclut le développement des « banques à guichets » ; d'ailleurs, le CNEP ouvre à Bordeaux deux bureaux auxiliaires, et la Société générale en a un elle aussi. Mais la Bordelaise se contente d'un seul siège, qui suffit à satisfaire à l'objectif de drainer la seule clientèle bordelaise des bourgeoisies aisées − celles qui peuvent souscrire aux émissions de valeurs mobilières − et des entreprises. Une antenne dans les Chartrons aurait peut-être été utile, mais la distance n'est pas énorme entre le cours du Chapeau Rouge et les confins du Pavé des Chartrons. Quant à s'établir dans les quartiers industrieux − La Bastide, Bacalan, le quartier de la gare Saint-Jean, de Brienne et de Bègles − au plus près des usines et ateliers, ce n'était pas nécessaire puisque les opérations bancaires n'ont pas besoin d'être liées physiquement aux activités productives.

La banque est un métier de « papier », dont la circulation est assurée aisément par les « garçons » et autres courriers-navettes − on emploie parfois le terme de « pèlerins ». Même pour les opérations de warrants, il suffit d'envoyer un fondé de pouvoirs examiner le contenu des magasins généraux ou des chais pour vérifier la conformité entre le stock réel et celui indiqué sur les bordereaux des opérations. Et la succursale de la Banque de France se charge, avec plusieurs dizaines de garçons de recettes, de l'encaissement de nombreux effets de commerce que lui confient les banques de la Place. Enfin, Bordeaux représente l'essentiel de l'agglomération bordelaise de cette fin du XIXe siècle puisque les communes de la banlieue restent encore bien campagnardes. Comme ses consœurs Piganeau, De Trincaud Latour-Soula et Samazeuilh, la Bordelaise est la banque d'un seul siège, un peu comme les maisons de Haute Banque parisiennes.

Les contrées girondines n'éprouvent guère l'utilité de voir la Société bordelaise installer des agences. En effet, les maisons – commerce des vins, négoce de denrées, usines – qui traitent avec la Place de Bordeaux font circuler le papier comme les marchandises : c'est sur le port qu'on règle ses affaires. Pour traiter le « papier », recouvrer les effets, faire circuler les espèces et les courriers bancaires, il suffit de travailler avec des « correspondants ». Or la Gironde est bien équipée de plusieurs dizaines de petites maisons de banques et d'escompte, qui parsèment les bourgades ; nous en avons recensé une dizaine à Libourne, trois à Blaye, deux à La Réole, Langon, Arcachon, une à Ambarès, Barsac, Bazas, Bourg, Cadillac, Castillon, Guîtres, Jonzac, Lesparre, Podensac, Sainte-Foy-la-Grande. Gourmel, banquier à Libourne, devient administrateur de la Société bordelaise, ce qui indique la facilité avec laquelle la banque s'est associée ponctuellement à des partenaires girondins ; dans les années 1890, elle perd de l'argent quand chute la maison Guizot, d'Agen, dont on apprend ainsi qu'elle y était son correspondant attitré. Une raison simple explique aussi le confinement géographique de la Société bordelaise : la volonté de comprimer les frais de mise sur pied de la banque, d'éviter tout échec qui s'expliquerait par des prétentions excessives.

3. L'apprentissage de la banque d'escompte

Cette banque nouvelle devait être assise sur les « opérations capitalistes », le placement de valeurs mobilières, et ses opérations de prêt étaient conçues initialement comme devant s'appuyer sur les premières, puisqu'elles devaient prendre la forme « d'avances sur valeurs », avec le dépôt des titres mobiliers en garantie dans les coffres – la « resserre » – de la banque. Elle se lance tout de suite dans les « reports », les prêts aux professionnels et épargnants qui travaillent « à découvert » en Bourse, grâce aux crédits bancaires ; c'est ainsi qu'elle emploie l'argent de ses fonds propres (3,5 millions de francs) au début de son existence, en juillet 1880, quand elle ne sait encore qu'en faire. En contrepartie de ces opérations de crédit, elle devait collecter d'amples dépôts, en compte courant et en compte-chèques, ou à terme : à préavis, à six mois, à un an, avec une gradation des taux d'intérêt pour leur rémunération (de 1,5 % à 3 % selon les termes en 1880). La différence entre la Bordelaise et ses consœurs doit apparaître, au bout de quelques années, dans le volume de ses emplois et de ses ressources.

A. La Bordelaise et la révolution du crédit

La base des activités d'une banque commerciale de dépôts est l'escompte des effets de commerce, des traites, ce qui n'est guère original, mais ce que, là encore, la Bordelaise est appelée à pratiquer à une échelle qui doit être à la mesure de sa collecte de ressources, de dépôts. En banque prudente – au début même réticente devant l'escompte dont elle mesure l'importance sur la Place –, elle entend donc pratiquer seulement « l'escompte à deux signatures ». L'escompte est le prêt à un client (le « tireur ») qui a besoin de liquidités et qui lui présente un effet de commerce que lui a remis un débiteur (le « tiré ») s'engageant à lui rembourser sa dette au bout de trois mois – les fameux « 90 jours ». Ce débiteur est un « client du client » de la banque, qui bénéficie du « crédit-fournisseur » que lui accorde celui-ci lorsqu'il accepte de ne se faire payer la marchandise livrée qu'au bout d'un trimestre. Le débiteur du client a mis sa signature sur cet effet, pour sceller son engagement de solder sa dette ; le client de la banque à son tour met sa signature (il « l'endosse ») sur cet effet : à l'expiration du délai de trois mois, il s'engage à son tour, cette fois à rembourser la banque. Les négociants payent les producteurs à trois mois ; les commerçants clients des négociants les payent à leur tour à trois mois, etc. : la banque de dépôts apporte donc ses crédits pour financer ces échanges ; c'est du crédit à court terme, qu'elle finance par ses ressources à court terme. Elle « nourrit » ce « papier de commerce » : elle trouve l'argent pour ces prêts grâce d'abord à la masse de dépôts dont elle dispose, puisque le solde positif moyen de ses dépôts reste plus moins stable, les rentrées d'argent frais dépassent les retraits ; grâce aussi aux remboursements des crédits octroyés précédemment, en une noria de l'escompte qui caractérise la banque commerciale.

L'on comprend l'intérêt pour la Place de disposer d'une banque supplémentaire telle que la Bordelaise : c'est un levier de l'expansion des échanges, une réserve nouvelle de crédit, d'escompte, avec même des perspectives d'abaissement des taux d'intérêt prélevés, soit que la concurrence puisse mieux jouer entre les établissements rivaux, soit que la banque de dépôts soit mieux à même d'offrir des barèmes moins coûteux en raison même de l'abondance de ses ressources. Les négociants en denrées alimentaires peuvent amplifier leurs crédits aux marchands de gros et demi-gros, aux industriels de la transformation alimentaire, aux réexportateurs, qui, à leur tour, peuvent grossir leurs crédits-fournisseurs à leurs clients. La banque de dépôts nouvelle répond bien aux objectifs de la révolution bancaire saint-simonienne, ceux qui visaient à la « révolution du crédit ».

Les opérations de la Société consistent : 1) à escompter les effets de commerce payables à Bordeaux, à Paris, dans les départements et à l'étranger, les warrants ou bulletins de gage, les lettres de grosse ; 2) à faire des avances en compte courant, et sur tous effets publics, actions ou obligations d'entreprises commerciales industrielles et de crédit.[1]

B. L'escompte et l'économie bordelaise

Avec les activités portuaires, la Société bordelaise voit s'ouvrir un marché plantureux. Elle fait des avances aux importateurs, par simple escompte ou, le plus souvent, « sur gage », quand le prêt est garanti par le stock de denrées gardé dans un entrepôt – souvent dans les Magasins généraux officiels –, moyennant la rédaction d'un titre qu'on appelle le « warrant », terme anglais correspondant à : garant ou garantie. Ainsi, en 1880, elle escompte des warrants de guano du Pérou – un engrais tiré des excréments d'oiseaux et de déchets de poisson, très en vogue à la fin du XIXe siècle – proposés par la Société commerciale et financière du Pacifique ; ou, en 1888, la Société bordelaise et la Société générale se partagent une avance sur quinze mois à Chaumel & Durin, sur un warrant représentatif d'un stock de « guinées », le temps que le négociant écoule celui-ci ; en 1889, guinées, sucres et gommes sont les trois premiers produits servant de base aux warrants sur la Place.

La banque, dont le président est un ancien armateur, prête aux fournisseurs des maisons d'armement maritime, qui tirent des traites sur elles ; elle prête à ces maisons d'armement qui tirent des traites sur leurs clients, marchands de gros et industriels, etc. L'économie du vin recueille elle aussi les retombées avantageuses de la création de la Bordelaise, car elle repose sur le crédit : « Il existe à Bordeaux une habitude qui permet aux négociants et commerçants en vins, surtout, de se procurer du crédit et de dissimuler un manque de capitaux : c'est de ne payer les achats de récoltes qu'à un an. »[2] Tandis que les fournisseurs de merrains sont de gros clients qui viennent escompter les effets des utilisateurs de barriques et futailles, les propriétaires présentent les traites tirées sur les négociants, qui, eux-mêmes, ont des traites sur leurs clients en France ou à l'étranger.

4. Vers la diversification du crédit de la Société bordelaise

La garantie que détient la Société bordelaise dans ces opérations d'escompte repose sur l'engagement du client de son client de solder sa dette à terme, ou sur un stock de marchandises. Un risque peut surgir en cas de défaillance du débiteur de son client. Il faut donc que la banque prenne des précautions ; elle doit apprendre le « B A BA » du métier, la

---

[1]   Procès-verbal du conseil d'administration du 16 février 1885.

[2]   Inspection générale de la Banque de France à la succursale de Bordeaux, 14 octobre 1895.

constitution d'un fichier de renseignements sur ses clients et sur leurs propres clients, pour se doter d'un premier système de « cotation », d'appréciation de la qualité des firmes et de leurs dirigeants, de leur solvabilité, de leur solidité, du sérieux de leurs opérations, de leur compétence commerciale, financière, gestionnaire. C'est à chaud que ces banquiers doivent s'initier aux secrets du métier : connaître les secrets de leurs clients. Comme ces opérations s'amplifient, la banque est amenée à se prémunir contre le risque, en prenant des garanties supplémentaires. Elle les trouve auprès de consœurs, puisque la « seconde signature » prévue par les statuts est souvent apportée par une autre banque qui garantit auprès de la Société bordelaise le remboursement du crédit qu'elle accorde à une société ; elle lui apporte ainsi sa caution – son « acceptation ».

Elle fait ainsi en 1885 un prêt de 150 000 francs à une firme qui importe du bois de l'Adriatique, avec trois garanties : les « documents de chargement » – le bois chargé sur le navire peut être consigné à l'arrivée au port si le créancier ne solde pas sa dette –, la signature de ce débiteur, celle du confrère banquier. Un autre système de garantie est la multiplication des prises d'hypothèques sur les biens de l'emprunteur : la firme, personnelle ou non, accepte que la banque prenne une garantie hypothécaire sur ses « immeubles sociaux », son siège social, ses usines, ses magasins, ses chais, ses terres viticoles, etc. : en 1883, « la Société des Chantiers & ateliers de la Gironde a demandé à la Société bordelaise l'ouverture d'un crédit de 600 000 francs en affectant une hypothèque sur ses immeubles sociaux », pour des avances ou des escomptes correspondant aux opérations de ces chantiers navals du quai de Queyries, sur la rive droite de la Garonne.

Avec succès, la jeune banque se voit sollicitée par une clientèle assoiffée de crédit. Or le procédé de l'escompte commercial ne répond pas suffisamment à ses besoins. L'escompte est un crédit qui correspond au financement d'une opération commerciale qui se réalise véritablement, quand nombre de sociétés ont besoin d'argent pour assurer leur vie quotidienne, faire face à de multiples sorties de fonds sans grande envergure : payer les salaires, des factures diverses, tous faits n'ouvrant pas la voie à l'escompte. Toutefois, les fondateurs de la Société bordelaise se sont imposés une prudence rigoureuse : avances sur titres, escompte, prêts avec garantie hypothécaire sont les seules possibilités de crédit proposées aux clients. Aussi, dans les années 1880-1885, ces statuts imposent-ils de refuser des affaires, de réduire leur volume ou de se livrer à des contorsions financières[3] pour procurer l'argent sans renier

---

[3]   Comme la Société industrielle de Bordeaux demande une avance d'un million de francs sur un an en 1883, la Société bordelaise refuse ; mais elle monte une émission

les statuts. Peu à peu sourd chez les animateurs de la maison la conscience de l'excès de leur timidité :

Plus nous avançons, plus nous constatons les entraves apportées au développement de nos affaires par un texte qui paralyse nos affaires en déterminant trop rigoureusement la limite de nos opérations [...]. L'expérience de cinq années nous prouve que les bénéfices pouvant résulter des émissions, des participations financières ou industrielles, et des dépôts, seraient insuffisants à eux seuls pour donner à vos capitaux une juste rémunération. Nous croyons qu'étant donnés les usages, les besoins et les ressources de notre Place, le meilleur moyen de conduire notre Société dans la voie de la prospérité est d'entrer plus librement dans les affaires commerciales, dans les affaires de banque proprement dites. Or les dispositions du titre II de nos statuts limitant nos facultés d'escompte au papier à deux signatures, et nous interdisant d'une manière absolue tout paiement à découvert, ne nous permettent pas de prendre place dans ce genre d'opérations, si ce n'est dans des conditions d'infériorité par rapport aux autres maisons de banque, qui compromettent le succès de nos tentatives [...]. Il n'est pas de client, même parmi ceux de premier ordre, qui, dans un moment donné, ne puisse avoir besoin d'un crédit chez son banquier. Si nos statuts nous interdisent de le lui accorder, quoique modéré et temporaire et quelque justifié qu'il puisse être, nos rapports avec lui doivent nécessairement prendre fin. Un négociant ne scinde pas ses opérations ; il n'a pas un banquier pour ses versements d'espèces, et un autre pour ses besoins d'argent. Les services entre eux sont réciproques, et leurs affaires solidaires ; l'essentiel est les surveiller de les équilibrer, de manière à donner satisfaction au client sans compromettre les intérêts de la banque [...]. En vous demandant cette faculté, nous n'avons pas l'intention d'en user afin de changer le caractère de notre société. Dans notre pensée, il ne devra en être fait usage qu'à titre exceptionnel, en vue de conserver nos meilleures relations, sans jamais rechercher celles qui n'auraient d'autre cause que le crédit. En résumé, il s'agit d'autoriser des opérations que la force des choses nous impose.[4]

Chalès et ses associés doivent tenir compte de la réalité de la concurrence sur la Place. La banque évoque

les traites fournies directement par les maisons de Bordeaux sur leurs clients ; traites le plus souvent non acceptées (garanties par une autre banque) et quelque fois non acceptables (donc de qualité aléatoire). Les

---

d'obligations par la SIB, que les actionnaires et administrateurs (dont deux Chaumel, un Bordes, un Blanchy) de la SIB souscrivent pour un million, grâce, en particulier, à des avances de la Société bordelaise pour 500 000 francs, garanties par ces mêmes titres de la SIB qu'ils viennent de souscrire. Puis elle escompte du papier de commerce sur la SIB détenu par ces personnalités qui sont aussi les créanciers de la SIB, pour leur permettre de rembourser cette avance : un crédit à trois mois se substitue peu à peu à un crédit à un an. Ainsi les statuts sont-ils respectés, qui prévoient des avances sur titres et de l'escompte.

[4] Rapport du conseil d'administration à l'assemblée générale, 30 avril 1885.

traites sont très en usage dans notre commerce local, qui se rembourse ainsi, à une échéance déterminée, des fournitures faites à ses clients. Elles constituent un élément important de négociations de banque ; les refuser, c'est s'exposer à écarter d'excellentes relations.[5]

Le Conseil constate

la convenance qu'il y aurait [...] de modifier [...] l'article 5 qui limite la faculté d'escompter le papier de commerce aux effets à deux signatures. L'expérience a démontré qu'étant donnés les usages locaux et l'impossibilité d'assurer la prospérité de la société en dehors des affaires commerciales, cette restriction était de nature à entraver son développement. Les banquiers de la Place accordant dans certaines circonstances du crédit en compte ou sur une seule signature, il est nécessaire de suivre leur exemple, à moins de mettre la Société bordelaise dans des conditions d'infériorité par rapport à la clientèle.[6]

Cette analyse explique que la maison procède à la réforme de ses statuts en avril 1885. D'après les statuts de 1885, les activités sont bien précisées pour éviter tout débordement, voire toute « spéculation » :

Les opérations consistent :

1) À escompter les effets de commerce[7] payables à Bordeaux, à Paris, dans les départements et à l'étranger, les warrants ou bulletins de gage, les lettres de grosse, les chèques, et en général toutes sortes d'engagements à échéance fixe résultant de transactions commerciales ou industrielles ; à négocier et à réescompter les valeurs ci-dessus désignées, après les avoir revêtues de son endossement ;

2) À faire des avances sur tous effets publics, actions ou obligations d'entreprises commerciales, industrielles ou de crédit, *ainsi que des avances en compte courant aux clients de la Société* ;

3) À faire des avances ou à ouvrir des crédits à toutes sociétés ou à tous commerçants, moyennant des sûretés données, soit par voie de transport en garantie, dépôts en nantissement de valeurs mobilières ou connaissements, soit par voie de privilège et d'hypothèque sur des valeurs immobilières, *ou toute autre sûreté agréé par le Conseil* ;

4) À se charger de tous paiements et recouvrements, tant directs que par l'entremise de correspondants, à Bordeaux, à Paris, dans les départements et à l'étranger, et à ouvrir à cet effet des comptes courants[8] ; à fournir et à

---

5   Procès-verbal du conseil d'administration du 31 août 1880.

6   Procès-verbal du conseil d'administration du 16 février 1885.

7   La précision : « effets de commerce à deux signatures » disparaît donc dans les nouveaux statuts. Nous avons écrit en italiques les ajouts apportés aux statuts de 1880.

8   Au lieu de : « ouvrir à cet effet des comptes courants, sans pouvoir jamais faire aucun paiement à découvert ».

accepter tous mandats, traites, lettres de change[9] ; à se charger du recouvrement de tous arrérages de rente ou intérêts et dividendes d'actions, de l'achat et de la vente pour compte de tiers de toutes espèces de fonds publics et valeurs de toute nature.

La Société bordelaise diversifie sa gamme de produits bancaires, avec les avances en comptes courants, les facilités de caisse et les découverts, avec l'émission de « papier financier » « en blanc », ne recouvrant pas une opération commerciale précise, comme le « papier commercial », les effets de commerce. C'est un risque plus grand qu'elle assume. Elle fait ce choix stratégique à cause de la conjoncture, car le moindre succès des placements de valeurs mobilières auprès de la clientèle et de l'animation du portefeuille de placements propre à la banque à cause du marasme boursier, mais surtout parce que la concurrence interbancaire impose à une banque jeune de séduire ses clients. Le risque est double. Alors que le papier commercial est émis en relation avec un échange de marchandises qu'on peut évaluer avec une relative certitude, le « papier financier » est créé par une firme qui peut solliciter la banque au-delà de ce qui serait nécessaire et sain, quand elle manque de liquidités : le risque est de mettre en péril la créance si le débiteur devient défaillant. Même si la Société bordelaise est le symbole des banques riches en dépôts, elle ne peut « immobiliser » trop d'argent dans trop de prêts sans support commercial, car il lui faut trouver les ressources nécessaires à ces emplois. En « banque des banques », la Banque de France, par sa succursale de Bordeaux, consent à réescompter le papier commercial (de qualité), les traites[10] escomptées par la banque, à qui elle fournit de l'argent frais en cas de besoin : la Société bordelaise est un client fidèle de la banque centrale lorsqu'elle éprouve une étroitesse éphémère de trésorerie à certaines échéances.

En revanche, la Banque de France refuse de réescompter le papier financier, puisqu'il ne comporte que deux signatures, celle de la banque et de son client débiteur. La Société bordelaise doit donc « nourrir » par elle-même ces crédits, les financer sur ses propres ressources, ce qui est un risque si celles-ci s'avèrent insuffisantes, si une trop grande part d'entre elles est orientée vers ce type de financement, au détriment de la « division des risques », de la répartition des fonds entre les divers emplois, base de la santé d'une banque de dépôts. Cependant, les pratiques de la Place ouvrent la voie à des engagements durables et mal

---

[9] Au lieu de : « fournir et accepter tous mandats, traites, lettres de change, dont la couverture aurait été préalablement faite, soit en marchandises, soit en papier de banque ou de commerce, soit en espèces, soit en valeurs agréées par le conseil d'administration ».

[10] "A trois signatures" : le débiteur du client de la banque ; le client de la banque, qui a endossé la traite ; la banque qui la présente au réescompte.

maîtrisables, en particulier dans le monde du vin : trop de maisons de négoce se constituent des réserves de liquidités en empruntant à leurs banquiers.

On peut citer les maisons qui règlent au comptant. Les vendeurs favorisent cet usage, quand ils ont confiance dans leurs acheteurs, car ils trouvent un intérêt rémunérateur (5 %) de leurs capitaux, alors que les placements dans les sociétés de crédit en bons du Trésor et même en titres sûrs ne leur rapporteraient que 1 à 3-4 %. Cette habitude de créer du papier, même lorsque les ressources des intéressés leur permettraient de se libérer de suite, fausse les situations et engage certains commerçants à s'engager au-delà de leurs moyens ou à tenter des spéculations parfois risquées. Ces billets, nourris en portefeuille par les banquiers ou recherchés comme placement par les capitalistes, ne viennent s'escompter qu'à courte échéance, plusieurs même sont portés directement en débit de compte, en sorte que certaines situations ne peuvent être connues que par l'effet du hasard, ou quand un besoin imprévu du détenteur vient à se produire. Il faut ajouter que la plupart des commerçants ont plusieurs banquiers ; les risques sont plus divisés, il est vrai, mais on ne peut pas les suivre avec autant de facilité que si toutes les affaires étaient concentrées chez un seul. Cette manière d'opérer présente aussi l'inconvénient de permettre au commerçant embarrassé de se soutenir alors qu'il devrait tomber, car le tassement de ses dettes se produit insensiblement et sans qu'on s'en rende bien compte ; il est vrai que la chute étant retardée, on peut en partie en amortir les effets. La coutume de faire des billets à un an est très ancienne ; elle ne s'applique qu'aux crus classés, d'ailleurs, et, si elle présente des inconvénients, elle offre en général de sérieux avantages au commerce qui doit garder longtemps les vins fins avant de les livrer à la consommation.[11]

Une habitude toute spéciale au commerce bordelais et destinée à faciliter l'achat des vins au comptant : le négociant qui, pour bénéficier de l'escompte [compris ici dans le sens de : réduction sur le prix] a réglé séance tenante, remplace les fonds ainsi employés par une circulation de billets souscrits par lui-même à son ordre et qu'il endosse en blanc. Cette disposition a pour but de transformer le billet en valeur au porteur, en lui permettant de passer d'un portefeuille à un autre, sans que ses possesseurs successifs soient obligés d'y apposer leur signature.[12]

Les banques de la Place engagées dans ce genre de crédits doivent s'insérer dans la chaîne des opérations générées par les flux portuaires sans nécessairement pouvoir contrôler toute la chaîne commerciale :

La Société bordelaise a été, à de fréquentes occasions, amenée à donner son acceptation, avec les deux garanties que les statuts demandent pour tout

---

[11] Rapport de l'Inspection générale de la Banque de France à sa succursale de Bordeaux, 14 octobre 1895.
[12] *Ibidem.*

engagement. Ces garanties consistent généralement dans la signature du tireur de la traite, et la caution d'un des principaux banquiers de la Place, sans tenir compte des documents et connaissements que la Société détient jusqu'à l'arrivée des navires.[13]

Heureusement, les banquiers s'épaulent les uns les autres, en se prêtant de l'argent, en une sorte de marché interbancaire au jour le jour informel : la Société bordelaise escompte du papier financier à la De Trincaud-Latour-Soula ; celle-ci escompte le papier de la Société bordelaise. Grâce à cette garantie réciproque, ce papier financier obtient trois signatures – le client débiteur, les deux banques – et la succursale de la Banque de France accepte de le réescompter, quand son directeur se montre ouvert à cette pratique pourtant mal vue de ses supérieurs parisiens, car pleine de risque.

A. H. 52 – BORDEAUX - Cours du Chapeau Rouge

---

[13] Procès-verbal du conseil d'administration du 2 avril 1882.

*

Une banque commerciale polyvalente

Désormais, la nature de la Société bordelaise de CIC est fixée, pour presque un siècle : toute la gamme de ses services bancaires est disponible. C'est une banque commerciale de dépôts qui effectue toutes sortes de crédits. Il lui reste à apprendre à gérer ses prises de risques, à scruter les comptes de ses clients, bref, comme on dit dans la profession, à « lire un bilan », tâche ardue à une époque où les bilans sont rares. Mais elle s'engage sur la voie de son expansion avec dynamisme : « Pénétrée de l'importance de son rôle, votre direction n'a pas hésité à mettre à la disposition du commerce toutes ses ressources et tous ses moyens d'action. Il en est résulté avec nos clients anciens et nouveaux des liens plus étroits, qui se sont traduits par un développement plus important de nos opérations. »[14] L'on constate donc le vif dynamisme de Chalès et de son équipe : ils ont osé créer une banque sur une Place déjà bien outillée, donc affronter une concurrence vive ; et ils osent diversifier leurs services bancaires, prendre des risques pour mieux combler les attentes de la clientèle et pour dilater celle-ci : ils ont bien un sens commercial aigu.

---

[14] Rapport du conseil d'administration du 18 avril 1882.

CHAPITRE IV

Une jeunesse mouvementée (1880-1900)
La constitution d'un portefeuille de savoir-faire

Portée par la vague de prospérité des années 1850-1870, la Société bordelaise se croit promise à une ascension brillante et rapide. Or, après un bon démarrage de ses affaires, elle se trouve plongée dans l'ambiance délétère qui accompagne les krachs bancaires, dans la conjoncture morose qui caractérise une période surnommée par les historiens « la Grande Dépression de la fin du XIXe siècle », puis dans un marasme propre à l'économie girondine qui peine à s'engager dans la « sortie de Crise » et dans la seconde révolution industrielle à l'orée du XXe siècle. Comment la Société bordelaise a-t-elle réussi à traverser ces épreuves ? Celles-ci ont-elles imposé à cette jeune banque des méthodes et des comportements destinés à constituer une part de sa « culture d'entreprise » de banque locale ?

1. Un environnement dramatique ou morose

La création de la Bordelaise est le signe d'un boum économique et financier qui marque le tournant des années 1880. Dans tout le pays, l'économie tourne à plein régime, oublieuse des incertitudes des années 1866-1871, de la brève récession de 1878-1879 – qui continue d'ailleurs, dans d'autres régions, à frapper la sidérurgie et la soierie – et d'une crise qui a commencé à ronger le monde occidental vers 1873. On fonde beaucoup de firmes, la Bourse vit un essor fantastique, la soif de crédit ne peut être étanchée, ce qui amène à élever les taux d'intérêt offerts aux déposants, à satisfaire les désirs des emprunteurs sans trop vérifier leurs besoins et à créer des banques. À Bordeaux, les trois symboles en sont l'apparition de la Société bordelaise, l'ouverture d'une agence du Crédit lyonnais en septembre 1881 et l'Exposition internationale qui se tient sur la place des Quinconces en 1882.

A. Presque le krach bancaire

Soudain, en décembre 1881 et janvier-février 1882, c'est le krach. Une banque parisienne un peu téméraire, la Banque de l'union générale, s'effondre[1], la Bourse de Lyon s'écroule, entraînant plusieurs banquiers et agents de change ; toutes les places sont atteintes, comme Marseille et Paris. Les banques sont giflées par ces défaillances, car elles voient nombre de leurs créances devenir irrécouvrables ; le Crédit lyonnais lui-même doit faire face à des déconvenues aiguës[2]. Après une embellie, une seconde vague ébranle le monde de l'entreprise ; la première firme sidérurgique tombe, accompagnée par plusieurs banques : le Comptoir d'escompte de Paris chute en 1889 et est renfloué – il devient le CNEP – de justesse grâce à l'aide de l'État ; mais la Société de dépôts & de comptes courants est liquidée en 1891 et reprise par le CNEP, ce qui contraint Gautier à démissionner du Conseil de la Bordelaise, dont sa banque avait été l'une des partenaires à sa fondation. La place girondine ne peut échapper à ces convulsions, car une onde de méfiance parcourt le monde de l'argent ; les épargnants inquiets du krach retirent leurs dépôts des banques et suspendent leurs achats de valeurs mobilières. La Bourse de Bordeaux est ébranlée, des agents de change suspendent leurs opérations, dont en 1885 un gros débiteur de la Bordelaise, qui a octroyé beaucoup de crédits sur reports en 1880-1882. Plusieurs petites banques qui étaient ses correspondants – à Lesparre, Sarlat ou Agen en 1885 – ferment, en lui causant quelques pertes minimes. Nombre d'entreprises industrielles et commerciales sont secouées par la crise ; elles peinent à récupérer leurs fonds, elles se sont engagées dans des achats excessifs qui dépassent leurs moyens financiers, voire dans des spéculations haussières sur les denrées, alors que les stocks se déprécient avec la chute rapide des cours ; au bout du compte, elles contraignent les banquiers à patienter dans la récupération de leurs créances.

Le premier choc est produit en décembre 1881 par la chute de la maison Charriol (armement maritime, vins), pourtant renommée, et par celle de deux banques de taille moyenne, Longuerne et Les fils de J.-J. Piganeau (qui n'a que le nom et la parenté en commun avec la grosse banque Piganeau) dont le patron était administrateur-fondateur de la Bordelaise : à la vice-présidence de celle-ci, Schœngrün-Lopès-Dubec doit remplacer Piganeau qui démissionne du Conseil en janvier 1882.

Le Conseil a été réuni extraordinairement pour être mis au courant de la suspension de paiement de la maison de banque Les fils de J.-J. Piganeau, dont le chef est fondateur et de la Société bordelaise et membre du Conseil. Il espère que cet événement qui frappe la Société bordelaise d'un coup si douloureux n'aura pas de conséquences matérielles très graves pour elle. Le chiffre du papier en cours de risque pour la Société avec l'endos de J.-J. Piganeau n'atteint pas 800 000 francs à ce jour. Il présente dans sa

---

[1] Cf. Jean Bouvier, *Le krach de l'Union générale (1878-1885)*, Paris, PUF, 1960.

[2] Cf. Jean Bouvier, *Le Crédit lyonnais. Naissance d'une grande banque (1863-1882)*, SEVPEN, 1961 ; Flammarion-poche, 1968.

grande généralité de sérieuses garanties, mais il n'est guère à espérer que la société n'ait pas quelques pertes à supporter de ce chef. En outre, les risques de la faillite Charriol augmentent de 100 000 francs par le fait de la suspension Piganeau puisqu'ils comprennent une acceptation de 100 000 francs de cette maison de banque.[3]

Un climat de panique règne parfois :

> Vous connaissez tous les événements qui se sont accomplis depuis notre dernière réunion, aussi bien sur le marché financier de Paris que sur la place de commerce de Bordeaux, où des maisons qui comptaient parmi les plus anciennes et les plus importantes, ont été si gravement atteintes. Ce sont des circonstances difficiles que notre société a eu à traverser ; et elles étaient d'autant plus à redouter pour elle qu'elle était à peine sortie de la période de ses débuts.[4]

Comme à Paris, une seconde déferlante secoue la Place : Lafargue, la quatrième banque en importance, s'effondre en 1888-1889, rongée par l'immobilisation de ses créances depuis 1882-1884 et par le retrait de tous ses dépôts. En même temps que celui de Londres (avec le krach de la banque Baring), le monde du négoce pâtit aussi du krach bancaire de 1890 en Argentine. Mais Bordeaux souffre d'une troisième crise, dans la seconde moitié des années 1890, en une ultime purge, lorsque la première banque girondine, Piganeau & Fils, s'écroule en février 1899, précédée par Les fils de J.-J. Piganeau – ressurgie modestement – dès 1896 et accompagnée par de petites maisons d'escompte locales. Les principales banques résistent à cette crise en trois épisodes, mais elles bataillent ferme pour éviter l'éclosion d'un krach les emportant toutes. Un malaise surgit toutefois, car la Place sent bien que le boum des affaires et du crédit les a incitées à accorder des prêts au-delà de ce que les coutumes bancaires auraient nécessité, et donc à réduire leur liquidité. « Il ne faut pas chercher ailleurs la cause des paniques, qui ont pour résultat le retrait des dépôts. L'équilibre est rompu entre les opérations de la maison et ses ressources normales, celles qu'on doit tirer de son capital, de ses dépôts et de ses correspondants », note la Banque de France à propos de De Trincaud-Latour-Soula, où les retraits sont abondants en 1879, 1883 et 1888.

---

[3] Procès-verbal du conseil d'administration du 30 décembre 1881. Les Fils de J.-J. Piganeau, qui a perdu 4 millions dans l'affaire Charriol, se reconstitue finalement en 1886, après avoir réglé les 75 % de son passif, conformément au concordat qui avait suivi sa suspension de paiements ; mais elle reste une banque sans envergure et est liquidée en 1896.

[4] Rapport annuel du conseil d'administration du 18 avril 1882.

B. La Grande Dépression girondine

Tout comme dans le reste de la France, voire de l'Europe, l'économie bordelaise pâtit d'une langueur prolongée, qui traduit la difficulté des marchés à récupérer leur élasticité : le pouvoir d'achat rural est compromis par la chute durable des prix agricoles, provoquée par la percée des produits des « pays neufs » ; l'industrie est rongée par la contraction des débouchés ruraux et l'amenuisement des exportations suscités par la montée en puissance de concurrents. Le marasme général est d'autant plus ressenti en Gironde que la crise du phylloxéra a étouffé la viticulture[5] ; l'économie du vin est en suspens[6], le litrage des exportations de vins et spiritueux chute de moitié entre 1884 et 1904, alors que, en valeur, elles représentaient les deux cinquièmes des exportations bordelaises en 1881. Aux déboires de la vigne s'ajoutent les tensions douanières entre la France et plusieurs partenaires : une guerre commerciale avec les États-Unis et de mauvaises relations avec l'Espagne et l'Italie – qui amènent celles-ci à venir concurrencer les vins français sur les marchés d'Amérique latine – amenuisent les débouchés américains dans les années 1890.

Ce repli à l'exportation explique que la clientèle bancaire traditionnelle des négociants se soit autant effilochée. À l'inverse, celle des viticulteurs grossit, car elle exige des crédits pour faire face à l'assèchement des disponibilités dû à la replantation des vignes ou à la mévente de stocks (comme en 1894-1897). Mais si ces prêts constituent un emploi ample, ils tendent à une immobilisation relative des fonds, d'où un risque bancaire plus vif, qui confine à la « transformation », à l'immobilisation sur plus d'un an d'un argent correspondant à des ressources à court terme. Cette crise du monde du vin explique la prolongation à Bordeaux d'une dépression qui se dissipe dans le reste du pays à la fin des années 1890 : l'environnement de la Bordelaise est donc morose :

> Le portefeuille Place comprend toujours une assez forte proportion de papier de crédit, motivé par une cause commerciale au début de l'opération, mais souvent renouvelé par suite de circonstances spéciales et de l'impossibilité pour le débiteur de tenir ses engagements ; c'est ainsi que l'on voit certaines affaires qui remontent à plusieurs années. Les banquiers, qui ont des

---

[5] Cf. Gilbert Garrier, *Le phylloxéra. Une guerre de trente ans (1870-1900)*, Paris, Albin Michel, 1989.

[6] « L'exploitation et l'entretien des vignobles exigent des frais considérables, qui ne sont pas toujours couverts par les récoltes, et qui cependant sont indispensables. Il en résulte que les propriétaires, qui n'ont pas d'avances, sont obligés de recourir au crédit ; les industries accessoires, telles que la tonnellerie, la vente des merrains, souffrent aussi, car les règlements ne s'effectuent, d'après un usage local, qu'après la vente des récoltes », Rapport de l'Inspection de la Banque de France, 21 décembre 1896.

garanties, nourrissent ce papier en portefeuille, et le remettent à la Banque de France quand leurs besoins sont trop pressants.

Les engagements des propriétaires et des négociants en vins ont augmenté. La crise que subit depuis plusieurs années le commerce des vins fins ne fait que s'accentuer [...]. La mévente provient de plusieurs causes : prétentions trop élevées de la part des propriétaires qui, de leur côté, supportent de gros frais de culture ; mauvaise qualité des récoltes qui ne trouvent pas preneurs ; diminution, par raison d'économie, des achats de vins fins par les particuliers ; enfin, falsification de produits, qui détourne les consommateurs. Presque tous les propriétaires sont chargés de marchandises qu'ils ne peuvent écouler ; de là, les emprunts, soit chez les banquiers, soit chez les notaires.[7]

L'accentuation du protectionnisme en France et dans le monde tend à peser sur les exportations de vins et spiritueux. L'ouverture du canal de Suez commence à promouvoir le port marseillais face au port bordelais pour les relations avec l'Orient, tandis que, au tournant des années 1890, les pays d'Amérique du Sud connaissent une crise qui réduit les ventes de Bordeaux. Enfin, cette Place est rendue plus fragile par les « positions » spéculatives de certains négociants importateurs, asphyxiés parfois par la chute des prix qui avilit des stocks constitués dans l'espoir de hausses ; des importateurs de blés sont ainsi « pris » en 1884, et cela met en péril certaines créances bancaires. Plus grave encore est la stagnation de l'économie : cette dépression fait alterner des récessions aiguës, des périodes brèves d'accalmie et des rechutes graves, sans réel décollage de la conjoncture. Cela effrite les possibilités « d'emplois » (pour utiliser l'argent disponible) des banques : la diminution des transactions commerciales déclenche celle de l'escompte et de toutes les opérations de crédit, en autant de manque à gagner ; les taux d'intérêt reculent, ce qui pèse sur les bénéfices.

2. La Société bordelaise face à la morosité ambiante

La Société bordelaise ne peut échapper à la crise générale de l'économie française et girondine. Par les plaintes récurrentes de son Conseil, elle exprime sa morosité devant une conjoncture où domine « le calme persistant des affaires », qui semble durer jusque vers 1902. La vocation initiale de la Bordelaise est sérieusement compromise par les récessions, les crises bancaires et la dépression économique. Les « opérations capitalistes » et les placements financiers stagnent. Le portefeuille de placements qu'elle s'était constitué est déprécié par la chute des cours boursiers : 35 000 francs de pertes sont subis en 1882 par rapport au

---

[7] Rapports de l'Inspection de la Banque de France à la succursale de Bordeaux, 21 décembre 1896 et 11 mai 1897.

chiffre de 1882 (493 000 francs), soit 7 %, quand certaines « lignes de titres » voient leur valeur sur le marché passer en dessous de leur valeur d'achat inscrite au bilan. Ainsi l'une des missions originelles de la banque est-elle sinon suspendue, du moins bridée :

> Les bénéfices que nous étions fondés à espérer d'une participation aux affaires générales, promise par nos sociétés fondatrices, se sont trouvés réduits, durant l'exercice, à un chiffre très insignifiant, et il est à croire que cette situation durera assez longtemps encore [...]. Vous savez que nos statuts nous autorisent à prendre dans des opérations financières, commerciales ou industrielles une part dont l'importance peut atteindre le quart du capital versé, plus les réserves. Usant de cette faculté, votre conseil a intéressé la société, depuis son origine, dans plusieurs affaires qui, toutes, ont apporté leur contingent aux bénéfices réalisés. En examinant les bilans [...], vous avez pu constater qu'en décembre 1882 la somme affectée à ce chapitre de nos opérations ne s'élevait qu'à 493 000 francs, c'est-à-dire seulement à peu près plus du tiers du maximum prévu. Nos devons nous féliciter d'être entrés avec tant de réserve dans cette nature d'opérations, car vous n'ignorez pas que, pendant ces derniers temps, toutes les valeurs qui figurent à la cote ont subi une sensible dépréciation. Celles qui garnissent notre modeste portefeuille ne nous causent aucune inquiétude, car elles sont en majeure partie composées d'obligations de chemins de fer garanties par l'État français ; mais, au point de vue de la dépréciation, elles ont naturellement subi le sort commun.[8]

Le portefeuille s'effrite de 532 000 francs en 1881 à 133 000 francs en 1887, puis oscille autour de 250 000 francs dans les années 1887-1902, malgré une remontée éphémère en 1891-1892, due d'ailleurs souvent à la souscription imposée d'obligations de sociétés en difficulté lors de la conversion de créances bancaires en titres.

Le métier d'escompteur se voit contredit par l'amenuisement des échanges : le portefeuille commercial de la Bordelaise perd de son tonus. Après une vive percée initiale qui répond aux espoirs des fondateurs de la banque et à l'apport d'opérations par les sociétés qu'eux-mêmes et les actionnaires de la Place animent, le portefeuille-effets chute en 1881 puis se stabilise en 1884-1886 ; une forte remontée l'amène à une stabilisation à un niveau assez élevé en 1887-1894 (au-dessus de cinq millions de francs), mais il subit une érosion pernicieuse en 1891-1900, avec une stagnation au-dessous des cinq millions de francs, comme si la Place ou la clientèle ne parvenait pas à offrir suffisamment d'opportunités d'affaires.

La mission de collecteur de l'épargne liquide des entreprises et des bourgeois aisés est elle aussi entravée par le malaise économique.

---

[8] Rapport annuel du conseil d'administration du 23 avril 1883.

Malgré l'amenuisement des investissements, les unes peinent à entretenir une trésorerie abondante et ont donc moins d'argent à déposer en banque. Les autres peuvent subir une érosion de leurs revenus, surtout si ce sont des viticulteurs engagés dans la lutte contre le phylloxéra ou des cadres de firmes aux revenus associés au sort de celles-ci. Plus grave est la méfiance des épargnants vis-à-vis des banques, suscitée par l'atmosphère de krach qui règne parfois sur la Place : ils ont peur de perdre leurs dépôts si la banque est emportée par la tourmente. Les dépôts collectés par la Bordelaise ne connaissent pas une vive progression : ils stagnent en 1880-1885 entre trois et quatre millions de francs ; leur poussée en 1886-1889 traduit un certain rétablissement de la « confiance » et un redémarrage conjoncturel, mais peut-être aussi la reprise d'une partie des dépôts de Lafargue. Mais c'est ensuite la stagnation de la collecte entre cinq et six millions de francs pendant la décennie 1891-1902 : la Bordelaise n'est pas parvenue à se créer une clientèle ample.

L'environnement est tendu, car les crises et la dépression économiques pèsent sur le bilan de la banque. Il est entraîné par le boum des années 1880-1882 : dès l'origine les partenaires de la Bordelaise lui procurent de solides courants d'affaires, soit par eux-mêmes, soit par leurs relations. Puis c'est la déception : le bilan s'effondre d'un tiers de 1882 à 1883, avec en particulier la chute des affaires d'escompte. Malgré une modeste remontée en 1890-1891, le plus pervers est cette stagnation de l'activité globale pendant une quinzaine d'années, alors que le bilan de la Lyonnaise de dépôts, lui aussi plutôt étale, montre plus d'élasticité et semble plus sensible aux moindres sautes de la conjoncture. Si le mouvement des opérations redémarre légèrement dans les années 1899-1902, il ne récupère pas le tonus des années 1880-1882, contrairement à ce qui se passe pour la Société marseillaise de crédit où l'inflexion est net à la fin des années 1890. La Société bordelaise s'arc-boute sur son fonds de commerce, mais ne réussit plus à le développer tant l'environnement girondin reste fluctuant ou morose jusqu'au tournant des années 1903-1905.

**Tableau 1. Comparaison de l'évolution du bilan
(en millions de francs) entre trois banques régionales**

	Société bordelaise de CIC	Société lyonnaise de dépôts et de CIC	Société marseillaise de crédit
1880	22,6		113,7
1881	25,4	148,6	118,8
1882	25,0	98,7	
1883	16,0	104,1	90,5
1884	14,4	107,4	85,2
1885	11,6	108,1	55,5
1886	13,5	81,1	86,3
1887	13,4	76,4	89,4
1888	13,4	77,5	90,1
1889	13,7	85,6	86,0
1890	15,4	87,2	90,0
1891	14,2	80,2	93,8
1892	13,9	79,6	96,0
1893	13,7	79,6	91,8
1894	13,6	82,6	91,2
1895	13,4	76,3	85,8
1896	13,8	77,9	95,2
1897	14,3	79,7	94,1
1898	13,7	76,2	96,8
1899	15,4	79,2	97,0
1900	15,0	80,9	104,8
1901	14,2	80,7	100,2
1902	15,1	79,8	107,5

3. La Société bordelaise entre le dynamisme et l'audace

Si la Bordelaise n'est pas emportée par les krachs, elle subit des déconvenues qui prouvent certes son dynamisme de prêteur, mais aussi un
relatif manque de discernement : elle a cédé elle aussi à un certain
panurgisme qui l'a poussée à trop de libéralité dans l'octroi de ses
crédits. Le paradoxe est qu'elle se lance dans l'octroi de découverts et
qu'elle allège ses exigences dans les garanties demandées aux débiteurs
alors même que s'engage la crise des affaires. Celle-ci, par la baisse des
volumes d'escompte et surtout des taux d'intérêt, pèse sur une direction
tenaillée par le souci de percer sur la Place, de « faire du volume »
(d'accroître le « mouvement d'opérations ») et de maintenir les profits
grâce aux taux d'intérêt plus élevés que procurent les découverts par
rapport à l'escompte. Cette montée en puissance de la banque commerciale en pleine crise est peut-être une erreur tactique, mais elle répond au
dessein stratégique d'offrir à la Place une banque répondant à tous les
besoins des entreprises.

On ne peut apprécier tout à fait aussi favorablement la gérance de la Bordelaise. Toujours très consciencieuse et d'une honorabilité indiscutée, la direction semble s'être un peu trop laissé impressionner par les vœux de ses actionnaires, avoir un peu trop sacrifié au désir de grossir les bénéfices. Sans qu'aucun client dont on voit le papier semble pouvoir lui occasionner des embarras sérieux, elle paraît être allée un peu trop loin avec quelques-uns uns d'entre eux [...].Les ressources de la Bordelaise ne sont pas en rapport avec les affaires qu'elle traite [...]. La Bordelaise est à suivre, parce qu'elle paraît s'être trop engagée avec certains de ses clients.[9]

La Banque de France en appelle à la vigilance à l'égard de banques qui « entreprennent au-delà de leurs forces ; elles présentent du papier sujet à critique à des degrés divers, comme la Bordelaise et Soula, parce que leurs risques, à la banque centrale ou ailleurs, sont trop élevés et comportent des crédits directs et des renouvellements »[10], donc des découverts et des escomptes renouvelés trop longtemps, avec un risque aigu d'immobilisations.

> Un membre du Conseil observe que les comptes débiteurs atteignent un chiffre exagéré par rapport au capital social, et que le portefeuille et autres fonds immédiatement disponibles, ne dépassant pas sensiblement l'importance des dépôts, il pourrait en résulter des embarras pour la Société dans le cas où une crise viendrait à se produire. »[11]

Le seul examen des comptes révèle l'ardeur des dirigeants de la Bordelaise. Par rapport à aux années 1882-1885, le total des « crédits à court terme prolongé » grossit fortement dans les deux décennies suivantes. Elle a choisi délibérément l'expansion, et il serait mal venu de lui reprocher de placer son dynamisme au service du développement girondin, d'autant plus que cette progression des crédits est la seule voie de croissance dès lors que les opérations liées au marché financier se sont contractées fortement. La réforme des statuts de 1885 qui autorise les découverts et allège les garanties exigées pour les crédits est la conséquence immédiate de cet amenuisement des affaires financières. Les crédits à court terme prolongé (au-delà des simples trois mois des crédits d'escompte) bondissent ainsi en 1883-1889, puis, malgré un léger repli, se stabilisent autour de six millions de francs entre 1890 et 1902, bien au-dessus des simples crédits d'escompte, qui étaient la vocation initiale de la banque et qui stagnent en dessous de cinq millions.

---

[9] Rapports de l'Inspection de la Banque de France à la succursale de Bordeaux, 5 mai 1893, 15 mai 1890, 22 juillet 1893.

[10] *Ibidem*, 15 mai 1890.

[11] Procès-verbal du conseil d'administration du 20 janvier 1890.

4. La Société bordelaise dans la tourmente

La banque a choisi l'expansion, dilaté ses crédits, élargi sa clientèle débitrice : avec ses encours de crédits, elle a donc accru ses « risques en cours », puisque le total de ses opérations de prêts – ce qu'on appelle les risques en cours – comporte une part de risque, de créances qui risquent de rentrer mal, tard ou pas du tout. Cette croissance à tout va doit cependant être appréciée à l'aune des fameux ratios qui mesurent la santé d'une banque de dépôts : la Bordelaise n'a-t-elle pas pris trop de risques ? Une banque de dépôts doit en effet préserver sa liquidité, un rapport harmonieux entre ses ressources et ses emplois, entre l'argent disponible à court terme et l'argent placé à court terme, entre l'argent disponible de façon plutôt stable et l'argent placé au-delà de trois mois. C'est qu'une telle banque doit pouvoir rembourser sur-le-champ ses dépôts et donc récupérer sans délai excessif les crédits accordés – avec la marge de manœuvre laissée par la possibilité du réescompte du portefeuille-effets auprès de la Banque de France.

Alors que sa collecte de dépôts plafonne, la Bordelaise ne semble pas pouvoir en utiliser tout le montant à ses emplois à très court terme pour alimenter son activité d'escompte. Ces ressources à court terme sont destinées en partie à des emplois à « court terme prolongé », en une relative « transformation » d'argent liquide en argent moyennement immobilisé. De tels emplois ne peuvent être alimentés suffisamment par les « ressources longues » de la banque, dès lors que celle-ci ne recourt pas à l'émission de bons de caisse, d'obligations et ne semble pas envisager d'instaurer explicitement dans ses comptes un mécanisme de dépôts à terme. Si, dans les années 1882-1885, les fonds propres suffisent à couvrir les emplois moins liquides, dès que ceux-ci se gonflent, la couverture s'effiloche, avec deux paliers autour de 80 % dans les années 1888-1895 et 65 % dans les années 1896-1902.

La Bordelaise n'a-t-elle pas manqué de fonds propres par rapport à ses emplois non liquides ? On pourrait le penser au vu de la comparaison avec ses consœurs lyonnaise et marseillaise : son capital est maintenu à cinq millions de francs versés ; initialement fixé à 20 millions de francs, le capital nominal n'est pas « appelé » au-delà du quart, ce qui est légitime car une banque naissante ne peut mobiliser trop d'argent. Lorsque la crise bancaire ronge les cours boursiers et en particulier celui de l'action de la Bordelaise, les actionnaires se détournent encore plus de celle-ci car ils redoutent d'être invités à verser le solde du capital non encore réglé. Aussi la banque réduit-elle son capital nominal à la valeur du capital versé, de 20 à 5 millions de francs, ce qui rassure les actionnaires encouragés à lui rester fidèles. Certes, le marché financier est alangui, mais l'on peut se demander si le cercle des dirigeants et actionnaires clés n'a pas manqué d'audace en ne levant pas assez de ressources longues qui auraient permis de mieux « adosser » les emplois « à court terme prolongé ». La liquidité de la banque peut, en certaines occasions, être mise en question si certains de ces emplois s'orientent vers une relative immobilisation : tout repose donc sur la rotation de ces crédits, sur la santé financière de leurs bénéficiaires, alors même que les récessions et la dépression économiques entaillent leurs disponibilités.

Comme les banques de la Place « croisent » leur papier, comme elles apposent leur signature sur des effets de commerce en garantie réciproque ou apportent leur « acceptation » sur des effets de leurs clients présentés ensuite à la Bordelaise, celle-ci se trouve confrontée à une amplification soudaine de ses « risques » : nombre de ses encours de crédit ne bénéficient plus de la garantie d'une tierce partie, d'une autre banque. Elle doit « porter » ces risques toute seule, ce qui accroît le risque de ne pas récupérer ses créances, donc d'être « collée », c'est-à-dire de voir ses prêts à court terme transformés en immobilisations, s'ils débouchent sur des créances litigieuses ou, pire, irrécouvrables. Inversement, la Bordelaise appose sa signature sur du papier qu'escomptent chez elle ses consœurs et, en cas de mauvaise sélection des risques, des débiteurs, par celles-ci, elle peut éventuellement devoir faire jouer sa garantie et donc sortir des fonds.

Or la Banque de France s'inquiète, vers 1888-1890, de l'ampleur du réescompte de papier commercial ou financier par De Trincaud Latour-Soula à la Bordelaise[12], d'autant plus que Soula, aux « allures trop ardentes », a noué trop d'engagements, tant sur Bordeaux que sur l'Amérique du Sud, et se retrouve « prise » avec plusieurs maisons en difficulté dans les années 1889-1891. Nombre de partenaires d'affaires de la Bordelaise, heureusement, résistent à la crise, en particulier De Trincaud Latour-Soula ; cela évite des pertes potentielles significatives puisque la Place et la Bordelaise auraient été certainement balayées par la chute de Soula. Les seules pertes sont provoquées par la défaillance de Lafargue, mais la Bordelaise parvient à récupérer sa créance envers

---

[12] Soula « continue de mobiliser ses découverts en réescomptant des billets à son ordre direct auprès de la Société bordelaise, qui a lui a ouvert un crédit de 900 000 francs », rapport d'inspection de la Banque de France à la succursale de Bordeaux du 28 octobre 1891. « À l'époque où la Bordelaise a été créée, elle a été, par suite de sa clientèle peu nombreuse, satisfaite de trouver du papier à escompter de la maison Soula [...]. Présente pour 525 000 francs de papier de Soula, prêts directs soi-disant pour donner en échange de papier sur Londres ; ces opérations qui se font depuis longtemps déjà, représentent certainement des remplois de disponibilités », *ibidem*, 14 janvier 1895.

elle au fur et à mesure de la liquidation de l'actif de cette banque entre 1888 et 1891.

La Société bordelaise est le principal obligé chez Lafargue pour 400 000 francs (acceptations de la Bordelaise suite à une ouverture de crédit sur garantie à la Filature de Savana par Chaumel-Durin, qui les a escomptées à Lafargue), tandis que Lafargue est endosseur chez la Société bordelaise pour 979 000 francs. Soula est endosseur chez Société bordelaise pour 809 000 francs.[13]

Depuis sa fondation, la Bordelaise a eu avec Lafargue des relations très importantes. En ce moment, les risques s'élèvent aux environs de deux millions de francs, moitié en warrants, moitié en papier à deux signatures. Les avances sur warrant paraissent de voir être couvertes par la réalisation de la marchandise. Mais cette réalisation peut être longue, et emmener l'immobilisation temporaire d'une partie du capital. Quant au papier à deux signatures, les principaux engagés sont généralement solvables, à l'exception de 60 à 80 000 francs.[14]

Plus que des pertes, ce sont les risques qui s'intensifient, puisque les rentrées de fonds sur les créances sont plus longues, ce qui immobilise son argent et, donc, entaille la liquidité qui est la règle de la banque de dépôts. Et nombre de clients de Lafargue viennent solliciter la Société bordelaise, certes contente d'élargir son portefeuille-clients, mais hésitante à fragiliser son encours de crédits dans des mois difficiles : « La maison Chaumel-Durin dont la Société détient une importante quantité de warrants par l'intermédiaire de Lafargue, a fait part à la direction des embarras que lui crée cette dernière maison. Elle demande dans quelle mesure la Société bordelaise pourrait lui venir en aide. »[15]

Par chance, la France s'est dotée depuis trois quarts de siècle d'une structure financière solide, qui permet aux banques détentrices de valeurs saines de les faire réescompter à la banque des banques qu'est la Banque de France, dont une des fonctions – souvent improvisée alors, puisque c'est une société privée maîtresse de ses choix – est de maintenir la liquidité globale d'une place bancaire. Aussi la Bordelaise peut-elle lui présenter une masse de papier pour le transformer en argent liquide et assurer ses sorties de fonds régulières : maintien de l'escompte de papier commercial, remboursement de dépôts, etc. La Banque de France accroît ainsi son réescompte, avec des pointes lors de chaque

---

[13] Rapport de l'Inspection de la Banque de France à la succursale de Bordeaux, 15 avril 1886.

[14] Procès-verbal du conseil d'administration du 13 février 1888.

[15] Procès-verbal du conseil d'administration du 16 février 1888, qui accorde deux renouvellements de warrants ; d'autre part, la Bordelaise a ouvert un crédit sur garantie à la Filature de Savana, filiale de Chaumel-Durin.

crise : en 1881-1882, en 1885-1889, en 1897-1899, avec, à chaque fois, un apport d'argent frais oscillant entre quarante et cinquante millions de francs. Si la maison présente par exemple au réescompte 477 000 francs de papier en mai 1897, soit un dixième de la valeur de son portefeuille commercial courant, elle bénéficie d'un réescompte de 4,6 à 6,5 millions en avril-mai 1886 – soit le dixième des opérations de la banque centrale sur Bordeaux –, ou encore entre 6 et 6,5 millions en 1888-1889 ou en 1893, et une poussée à 8,3 millions en 1891 sur les 13 millions d'effets circulant alors avec l'endos de la banque. Au-delà de ces quelques tensions, sa liquidité paraît donc suffisante pour faire face aux échéances quotidiennes ; en tout cas, ses consœurs font appel bien plus qu'elle à la Banque de France[16]. Les clients de la Bordelaise ressentent d'ailleurs que leur banque ne vacille pas et lui restent plutôt fidèles : « Malgré leurs légitimes préoccupations, ils n'ont cessé de nous accorder leur confiance. Les dépôts qu'ils nous avaient confiés sont restés dans nos caisses et ils nous en ont même fait de nouveaux dans un de ces moments où, en général, on s'empresse de les retirer. »[17] Les prises de risques assumées par la Bordelaise apparaissent somme toute plutôt respecter les usages et traditions bancaires.

Pourtant, les bouffées de crise ébranlent la santé de son Actif, car elle se retrouve « prise » dans la défaillance de firmes clientes et de bourgeois englués dans les difficultés de leur société ou de leur propriété viticole. À partir de 1882, il lui faut reconnaître que certaines créances sont en danger et mettre de l'argent de côté pour éponger les pertes éventuelles. Elle peut en récupérer une partie quand des créances litigieuses sont remboursées au fil des mois ou des ans ; par contre, les créances irrécouvrables doivent être « amorties » : elle doit alors prélever une fraction des bénéfices bruts, ainsi gaspillée à l'assainissement de l'actif du bilan. Certes, les créances irrécouvrables ne constituent que moins de 2 % du total des crédits accordés par la banque (hors effets de commerce). Mais, sur une vingtaine d'années, c'est un total de presque 2,3 millions qui est absorbé par l'amortissement de telles créances. Cela correspond à une perte sèche, qui consume un petit cinquième des bénéfices bruts de la Bordelaise, avec même des pointes à un quart en 1886-1889 et à un tiers en 1893-1896.

Désormais, entre 1882-1885 et 1902, la Bordelaise doit suivre le devenir de ses créances « gelées », tenter de hâter leur recouvrement au fil

---

[16] Pour un portefeuille de 56,5 millions de francs réescompté par la succursale de la Banque de France à Bordeaux en avril 1886, Soula représente 15,6 millions, Piganeau 9,4 millions, Lafargue 9,3 millions, Samazeuilh 3,9 millions, et la Bordelaise 4,6 millions.

[17] Rapport annuel du conseil d'administration du 18 avril 1882.

des rentrées de fonds de ses débiteurs, qui dépendent de la santé de leurs propres débiteurs, ou au fil du succès des opérations de liquidation montées au profit de clients ayant déposé leur bilan. Elle fait l'apprentissage d'un métier bancaire clé, le contentieux, la gestion des créances litigieuses. La direction est anxieuse des mauvaises nouvelles qui peuvent surgir sur la Place, qui peuvent lui révéler soudain les pertes de clients jusqu'alors solides. Peu de sociétés connues figurent au palmarès du contentieux de la banque, confrontée plutôt, lors de cette dépression, à un émiettement du tissu des firmes petites et moyennes de la Place, sans qu'aucune logique stratégique n'en éclaircisse le processus : il semble bien que les erreurs de gestion soient la principale cause de leur chute, dans la mesure où l'environnement conjoncturel condamne vite toute fragilité comptable. Seules la Société Industrielle de Bordeaux – une entreprise (distillerie, biscuiterie) qui symbolisait la griserie du boum du tournant des années 1880 et les efforts déployés en faveur de l'industrialisation du secteur alimentaire – et la Compagnie financière et commerciale du Pacifique et Croisset (une distillerie), qui s'écroulent en 1889-1891, tranchent sur cette grisaille. Aucune société intimement proche de la Bordelaise ne souffre de la crise, sauf la maison d'armement et de négoce Tandonnet[18].

La Bordelaise tente donc de recouvrer ses créances. Certaines créances se soldent par un accord amiable, qui prévoit la transformation de la dette en obligations payables sur plusieurs années. Heureusement, si la banque a montré quelque audace à gonfler ses crédits, elle a pris soin d'accentuer ses garanties, en particulier hypothécaires. Ainsi récupère-t-elle une bonne partie de son argent grâce à la vente des biens fonciers et immobiliers des débiteurs : pour la SIB, on obtient 251 000 francs de la vente des usines et 396 000 francs de celle d'un terrain. Les séances du Conseil sont dès lors consacrées, de façon monotone, au règlement de ces affaires hypothécaires, en particulier en 1889-1891, car la Bordelaise devient un gros propriétaire foncier... jusqu'à ce qu'elle réussisse à céder à un prix honorable les biens obtenus par le jeu des hypothèques. Sa chance est le redémarrage industriel de l'orée du tournant du XXe siècle, qui lui procure l'opportunité de placer des terrains à Bacalan – la grande zone industrielle en aval de Bordeaux – hérités de ce contentieux. La banque devient aussi propriétaire-viticulteur : par suite d'un jugement de 1898 concernant un gage hypothécaire, elle se retrouve propriétaire des domaines Fonpetite et Fatin à Saint-Estèphe dans le Médoc, qui sont gérés par un locataire, et qu'elle vend seulement en 1919 pour 455 000 francs.

---

[18]   Nous renvoyons à la page 166, où l'affaire Tandonnet est évoquée avec précision.

5. La capacité de résistance de la Société bordelaise

Un critère de réussite pour un « maniem d'argent » est l'argent qu'il obtient à partir de l'argent, c'est-à-dire le profit tiré des « emplois » effectués à l'aide du stock de ressources disponible. La clé de toute entreprise est de faire de l'argent à partir de l'argent, en particulier de mettre en valeur les capitaux propres, le capital et les réserves constituées avec l'accord des actionnaires qui acceptent qu'une partie du bénéfice distribuable ne leur soit pas entièrement versé sous forme de dividende. Il faut donc mesurer le rapport entre ces fonds propres et les profits et il faut suivre l'évolution de ceux-ci quand les emplois s'accroissent, apprécier si cet essor a été accompagné par la rentabilité des opérations. La nécessité pour la banque de dénicher des emplois, de faire « travailler » son argent a pu la contraindre à quelque audace, éperonnée par la concurrence qui règne sur la Place. Certes, Lafargue et les deux banques Piganeau sont balayées par la crise, mais Soula, Samazeuilh et la Bordelaise subsistent, et, surtout, les grandes banques parisiennes s'installent, dans le sillage de la Société générale : le Crédit lyonnais en 1881 et, en 1891, le CNEP qui prend la suite de Lafargue. Bref, « les sociétés de crédit se font une concurrence acharnée, avec des tarifs très réduits ; on en arrive à se disputer pied à pied les affaires, même celles qui, en temps normal, ne devraient être l'apanage que des maisons de second ou troisième ordre. » La contradiction est douloureuse, avec moins d'affaires et plus de rivaux : « Nous en avons eu encore à constater le calme persistant dans les affaires sur notre Place ainsi que la concurrence toujours croissante faite par les établissements financiers de Paris aux banques locales », « concurrence de plus en plus envahissante qui nous oblige pour conserver et accroître les affaires, à consentir des réductions dans le taux de nos conditions »[19], ce qui pèse sur les bénéfices bruts, d'où les plaintes récurrentes de la direction comme en 1883, en 1898, en 1901.

Le dynamisme de la Bordelaise s'avère payant puisque ses profits bruts s'amplifient avec la poussée de ses « crédits à court terme prolongé » : la prise de risque est rémunérée par une meilleure marge commerciale, des taux d'intérêt plus élevés. Toutefois, comme des pertes plus aiguës sont parfois subies en retour, les bénéfices nets sont – malgré la stabilité des frais généraux – rognés et leur progression est plus étale ; mais elle est évidente. Un tournant peut être discerné vers 1894-1895 : les déboires du « boum » des crédits imposent une gestion plus rigoureuse alors même que Bordeaux s'enlise dans la dépression.

---

[19] Rapport de l'Inspection de la Banque de France à la succursale de Bordeaux, 14 octobre 1895 ; rapport du conseil d'administration du 13 avril 1897 ; rapport du conseil d'administration du 5 avril 1898.

Aussi les profits bruts stagnent-ils autour de 500 000 francs, tandis que les bénéfices nets se stabilisent en 1896-1902 grâce à l'amenuisement des créances litigieuses.

Si l'objectivité incite à avouer les failles de la direction de la Bordelaise, dont les talents de gestionnaire des risques ont vacillé dans la griserie de l'expansion des crédits, il faut reconnaître son honnêteté viscérale, appuyée en fait sur son honorabilité : dès l'éclatement de la crise et la constatation des risques de pertes, les comptes sont mis à jour et le bilan assaini, sans la manipulation comptable que certaines banques entretiennent dans ces cas là. Dès avril 1883 les créances en souffrance sont estimées à 168 000 francs et les pertes prévues sur ce stock grossissent de 80 à 100 000 francs, auxquelles s'ajoute la dépréciation du portefeuille-titres : 130 000 francs sont ainsi déclarés en perte et amortis, soit 30 % des bénéfices bruts. Un premier bilan de la crise est établi en 1886 :

> Eu égard à une crise commerciale dont il est difficile de prévoir les conséquences, car elle affecte toutes les sociétés de crédit par sa durée et son intensité, nous avons cru devoir soumettre les éléments de notre actif à une nouvelle et minutieuse révision, et fortifier en même temps notre fonds de prévoyance. Nous avons été amenés ainsi à reconnaître que les atténuations déjà apportées aux comptes litigieux et au compte des valeurs en portefeuille, dont la dépréciation s'est encore accentuée, étaient devenues insuffisantes.[20]

Quelque 228 000 francs de pertes sont donc épongés. À cette rigueur comptable s'ajoute une prudence qui s'exprime par la constitution de réserves (en sus de la réserve légale obligatoire) pour faire face à d'éventuels coups durs : leur montant gonfle 18 fois entre 1885 − début réel de ce mouvement − et 1895, de presque rien (51 000 francs) à 913 000 francs, soit un petit cinquième du capital versé.

Une sorte de « solde de tout compte » est même établi en 1895, quand la banque estime que la dépression a débouché sur des situations inextricables auxquelles il convient d'apporter une conclusion défavorable.

> Nous avons fait subir à tous les comptes litigieux dont l'origine est antérieure à l'exercice actuel, dont la liquidation est encore en cours, et sur la rentrée desquels nous avions cru jusqu'ici pouvoir compter, un examen sévèrement approfondi, à la suite de mécomptes survenus sur ces diverses créances dans le courant de l'année, provenant soit d'aggravation de la

---

[20] Rapport annuel du conseil d'administration du 28 avril 1887.

situation de nos débiteurs, soit de perte de procès dont nous espérions une issue favorable.[21]

La maison est amenée à prélever sur ses fonds propres les 250 000 francs nécessaires à cet apurement des comptes : des 167 000 prévus initialement pour solder seulement les pertes de l'année 1895, l'amortissement se gonfle à 417 000 francs ; finalement, les réserves chutent de 913 000 francs en 1894 à 688 000 francs en 1895 : « Cette manière d'agir nous permettra de mieux apprécier la valeur de nos réserves », même si le dividende doit être abaissé à 3 % cette année-là. « En approuvant cette mesure, qui nous paraît conforme aux règles d'une administration prudente, vous fortifierez le crédit de notre Société » ; « il est dans l'intérêt de tous que la solidité du crédit de notre établissement ne puisse être mise en doute, et pour cela, un fonds de prévoyance important est nécessaire. C'est, à notre avis, une condition essentielle de nos succès à venir »[22] : la clé de la pérennité de la Bordelaise est ainsi fournie, car comment une banque peut-elle durer presque 130 ans si ce n'est en constituant un « matelas » de réserves apte à traverser le « pot au noir » des crises ? Or la Banque de France note en 1890 que, si « la direction est honorable [...], tant que la réserve ne sera pas fortement constituée, le crédit de la Bordelaise restera inférieur à celui de ses similaires de Lyon et de Marseille »[23]. Le crédit d'une banque est la base de sa survie, car il suscite la confiance des déposants et lui permet d'obtenir le concours de ses consœurs (réescompte, dépôts, opérations entre correspondants) et de meilleures « conditions » auprès de la banque centrale. Cette stratégie n'est guère appréciée quand elle est mise sur pied : le Conseil discute âprement le 19 février 1883 quand, outre l'amortissement des pertes de l'année 1882, il doit décider de constituer des réserves ; des administrateurs tempêtent parce que les dividendes sont rognés et deux s'abstiennent même lors du vote. Il faut l'aggravation de la crise pour persuader l'ensemble du conseil que le crédit de la banque est en jeu, mais, lors de l'assemblée générale de 1899, le Conseil doit se rallier au vœu des actionnaires de modifier à la hausse le projet de distribution des bénéfices, en portant le dividende par action de 17,50 francs à 20 francs.

Tout au long des crises qui ponctuent cette Grande Dépression, la Bordelaise étale ses points faibles. Le premier est constitué par les lacunes de sa gestion administrative, le manque de suivi des routines comptables ; on s'aperçoit en 1886 que les « écritures » d'un employé

---

[21] Rapports annuels du conseil d'administration du 14 avril 1896.

[22] Rapport annuel du conseil d'administration du 14 avril 1896 et du 26 avril 1888.

[23] Rapport d'inspection à la succursale de Bordeaux de la Banque de France, 15 mai 1890.

du service Titres fourmillent d'erreurs, ce qui déclenche un déficit de 13 000 francs. Il faut embaucher en 1887 un spécialiste, Casadebaig, pour assurer la surveillance et la mise en ordre du service Titres, superviser la comptabilité générale et suivre les affaires litigieuses, ce qui révèle les failles du système de contrôle mis en place en 1880, qui prévoyait l'établissement d'un service Comptabilité ordinaire et d'un service Contrôle surveillant les opérations de la journée (signature des effets, des reçus, des récépissés, contrôle contradictoire des opérations au vu des pièces originales, etc.). Enfin, en 1894, le Conseil décide la création du poste de secrétaire général,

> un contrôleur tenant les pouvoirs directement du conseil, indépendant des directeurs, qui sera chaque jour présent aux réunions du comité de direction, rédigera le procès-verbal de ses délibérations et de ses décisions − jusqu'alors seulement verbales – et en surveillera d'une façon continue l'exécution dans tous les services de la société [...]. Il sera le représentant attitré du comité de direction auprès des directeurs et de tous les chefs de services.[24]

C'est Casadebaig qui bénéficie de cette promotion et de cette charge.

> Son action est absolument indépendante de celle des directeurs ; sa mission ne comporte aucune direction personnelle et est limitée au contrôle des opérations sociales et de la marche des services [...]. Il signale sans aucune exception au comité les infractions et irrégularités qu'il a l'occasion de relever ; et lui propose les modifications et les mesures disciplinaires que son contrôle peut l'appeler à suggérer.

Autant dire qu'il mêle les fonctions de secrétaire général, de contrôleur et de ce qui devient, dans les grandes banques du XXe siècle, l'Inspection générale.

L'autre faiblesse est l'insuffisance de l'analyse des risques ; cette banque jeune, entraînée dans une expansion rapide de ses affaires, peine à acquérir cet autre métier clé de la profession bancaire – qu'il aurait mieux valu développer auparavant plutôt que d'affûter une expertise affûtée en contentieux. À plusieurs reprises, au tournant des années 1890, le Conseil doit batailler pour accentuer le suivi des autorisations de crédits, mis sans guère de résultat probant. Il prend acte de l'extension des affaires de la banque ; il ne peut plus assumer seul la supervision des opérations de crédit, comme le prévoient les statuts, puisqu'il ne se réunit qu'une fois par semaine et que ses membres ont d'autres activités professionnelles qui ne leur permettent pas d'éplucher tous les dossiers à fond ; le comité de direction quotidien lui-même semble ne pouvoir le relayer. C'est pourquoi, en mai 1894, une partie

---

[24] Procès-verbal du conseil d'administration du 24 mai 1894.

des pouvoirs d'investigation et de suivi des opérations de crédit est transférée aux deux directeurs. Cette réforme met fin à cette relative irresponsabilité réciproque qui partageait *de facto* la charge du suivi des risques entre les directeurs et les administrateurs. Ceux-ci ressaisissent le pouvoir pour les gros crédits, mais ils peuvent concentrer leur attention sur eux puisqu'ils se soulagent de l'examen des petits crédits au profit des directeurs.

> Le fonctionnement de notre Société pourra être assuré et contrôlé plus régulièrement que par le passé, par une meilleure organisation des pouvoirs qui concourent à son action. Le rôle de chacun d'eux étant mieux défini, une entente plus complète pourra s'établir entre tous afin d'éviter les écueils signalés par l'expérience et d'empêcher les déviations à nos statuts qui feraient peser sur tous une responsabilité qu'aucun de nous ne veut certainement assumer.[25]

Certaines tensions internes et des flottements décisionnels sont ainsi suggérés par ces mesures qui tendent à faire remonter au comité de direction le suivi des gros risques au détriment de directeurs qui semblent avoir outrepassé leurs pouvoirs : « Pour les crédits à découvert au-delà de 25 000 francs, ils ne pourront engager la société sans une autorisation expresse du comité de direction, consignée sur le registre des procès-verbaux de ce comité. Toute infraction à ces instructions engage la responsabilité personnelle et effective des directeurs. »

La Banque de France se réjouit en janvier 1895 de ce que la banque ait « organisé un système de surveillance pour suivre les crédits accordés », ce qui indique ces réformes étaient attendues depuis longtemps. En 1895, Adolphe Chalès reçoit du renfort à la direction suprême de la Bordelaise : Théodore Tastet est nommé vice-président avec charge de surveiller la direction. Cet ancien associé de Lafargue, devenu directeur de l'agence du CNEP quand celui-ci reprend la banque locale en 1891, semble mieux à même d'épauler Chalès et les notables bordelais, en homme de terrain connaissant bien le métier de banquier de dépôts. Cela satisfait la succursale de la Banque de France, soucieuse de la santé de ses partenaires de la Place, qui constate que, à la Bordelaise, les « affaires [sont] mieux menées. [Les dirigeants] paraissent s'être dégagés de certains découverts qui étaient lourds pour eux. Clientèle assez divisée »[26]. D'ailleurs, quand Chalès prend sa retraite en décembre 1898, Tastet assume la présidence et consacre cette inflexion d'une animation « honorable » des affaires bancaires de la Place vers une gestion comptable rigoureuse.

---

[25] Procès-verbal du conseil d'administration du 24 mai 1894.

[26] Rapport d'inspection à la succursale de Bordeaux de la Banque de France, 21 décembre 1896.

Première conclusion
Vers une banque locale solide

« On peut dire que, dans la Société bordelaise, il y a insuffisance de capital, de réserves et de direction ; c'est pourquoi elle reste en arrière de ses similaires de Lyon et Marseille » : le jugement de la Banque de France était impitoyable en 1891. Certes, la Société bordelaise de CIC et de dépôts a connu une jeunesse tumultueuse, car elle a dû effectuer son apprentissage des métiers bancaires alors même que Bordeaux était submergée par des crises et une dépression économiques dramatiques pour ses affaires. Le freinage de leur expansion, l'acuité de la concurrence, les défaillances de nombreux clients ont brisé l'essor du bilan, bridé celui des profits, des dépôts, des opérations de placement de valeurs mobilières et des crédits d'escompte. Pour entretenir son « fonds de commerce », la Société bordelaise a dû prendre des risques, développer les « comptes courants débiteurs », octroyer d'amples découverts, abaisser ses « conditions » alors même qu'elle ne disposait pas du savoir-faire nécessaire, d'où les déboires qu'elle a subis. Pourtant, un moment emportée par la griserie du boum conjoncturel qui accompagne sa fondation en 1880-1882, elle a su résister aux krachs de la Place, éviter toute « ruée » sur ses dépôts et préserver son crédit. Elle a profité de cet état de crise pour affiner sa gestion administrative, acquérir les métiers d'analyse et de suivi des « risques », de gestionnaire du contentieux. Cela lui a permis de maintenir un équilibre délicat – d'ailleurs perturbé en 1886-1889 et en 1894-1896 – entre l'attrait de la distribution de crédits et des profits procurés par ces comptes débiteurs d'une part, et, d'autre part, les exigences imposées par sa nature de banque de dépôts. Cette lucidité s'exprime en particulier par la constitution, au détriment des intérêts immédiats des fondateurs et des actionnaires avides de dividendes plantureux, d'un stock de réserves propre à garantir la pérennité de la Société bordelaise.

Ses fondateurs et propriétaires n'ont pas à regretter leur initiative : les revenus tirés de leur investissement financier est somme toute correct. Certes, la rentabilité brute ou nette décline et se stabilise dans les années 1895-1902 après l'élan des années 1885-1894 ; bon an mal an, l'actionnaire peut s'estimer satisfait de voir que l'argent placé dans la Société bordelaise rapporte net entre 1,5 et 2 %. Pourtant une réserve s'impose : la comparaison entre les banques fondées avec l'aide morale et financière du CIC sur les trois grandes places provinciales montre que la Société bordelaise est encore bien petite par rapport à la Société lyonnaise et surtout à la Société marseillaise, fondées une quinzaine d'années avant elle. Cette avance chronologique qui explique en partie cette puissance supérieure, dans la mesure où ces deux banques ont pu profiter à plein de la croissance qui, bon an mal an, a entraîné leur environnement économique dans les années 1865-1880. Au contraire, la Bordelaise ne bénéficie que de la « queue » du boum. N'a-t-elle pas été fondée un peu trop tard ? Il est vrai que Bordeaux disposait déjà de Soula et de Samazeuilh, mais la preuve qu'il existait une opportunité n'est-elle pas fournie par la création de Lafargue en 1870 ?

La Société bordelaise n'a pu amplifier ses affaires comme ses consœurs parce sa jeunesse a mûri dans un environnement conjoncturel plutôt haché et souvent déprimé, même si, grâce au discernement de ses dirigeants, elle a réussi à grossir son fonds de commerce en changeant sa stratégie, en glissant des affaires mobilières et de l'escompte – les seules missions qu'elle s'était imparties – à l'animation de la Place par une distribution large de crédits diversifiés, au prix, il est vrai, de quelques déboires causés par l'apprentissage de métiers délicats. En tout cas, elle sort de ces vingt années difficiles plus solide et robuste : elle a acquis des métiers bancaires ; elle s'est dotée d'une expérience des risques et de la Place, de règles et de méthodes. Cela constitue une partie du « capital immatériel » qui lui permet de profiter des belles années qui s'ouvrent à elle durant le premier tiers du XXe siècle.

Deuxième partie

L'enracinement et le rayonnement d'une banque locale (des années 1890 aux années 1940)

Au tournant du XXe siècle, la Société bordelaise dispose du savoir-faire et du capital d'expérience indispensables pour pratiquer avec succès et profit les métiers d'une banque commerciale de dépôts, selon une conception de banque locale. Certes, elle refuse de devenir une « banque à guichets », dans son département ou dans sa région, mais elle s'enracine dans son terroir girondin qui lui procure d'abondantes et plantureuses opportunités d'affaires et de bénéfices. C'est la première période d'apogée de cette banque locale solide qu'est devenue la Société bordelaise. Elle s'enracine[1] dans son terroir bordelais et girondin et elle y constitue son « capital social »[2], ce qui lui est utile pour se constituer son capital d'information, pénétrer au cœur des réseaux du « savoir »[3] pour éviter le fameux syndrome de « l'asymétrie d'information » et pour

---

[1] Sur le thème « enracinement et vie d'une firme », cf. Isabelle Huault, « *Embeddedness* et théorie de l'entreprise. Autour des travaux de Mark Granovetter », *Annales des Mines. Gérer et comprendre*, juin 1998, p. 73-86. Greta Krippner, "The elusive market : Embeddedness and the paradigm of economic sociology", *Theory & Society*, vol. 30, n° 6, 2001, p. 775-810. Bruce Edmonds, "Capturing social embeddedness : A constructivist approach", *Adaptive Behavior*, 7, 1999, p. 323-348. Mark Granovetter, « Economic action and social structure : the problem of embeddedness », *American Journal of Sociology*, vol. 91, 3, 1985, p. 481-510.

[2] Cf. Ronald Burt, *Brokerage and Closure. An Introduction to Social Capital*, Oxford, Oxford University Press, 2007.

[3] Cf. sur ce sujet, outre-Atlantique, la thèse clé de Naomi Lamoureaux, *Insider Lending : Banks, Personal Connections, and Economic Development in Industrial New England*, Cambridge, Cambridge University Press, 1994.

affûter sa fonction de « courtier » et d'intermédiation de l'argent. Elle affirme sa stature et sa position face à sa rivale Samazeuilh et aux agences des banques parisiennes ; elle acquiert ce capital de « confiance »[4] qui est indispensable aux firmes pour « durer » et affronter les tensions conjoncturelles et qui est d'autant plus nécessaire à une banque de dépôts qu'elle doit persuader sans cesse ses clients de lui rester fidèles pour nourrir ses ressources.

---

[4]   Mark Casson, *Studies in the Economics of Trust*, Aldershot, 1995. Mark Casson, *Information and Organisation*, Oxford, Oxford University Press, 1997.

CHAPITRE V

Une PME bancaire bien dirigée

La réussite de la Société bordelaise dépend des relations que ses fondateurs et animateurs ont su entretenir avec les affaires de la Place et du crédit qu'ils ont préservé et même renforcé par le resserrement des liens avec le CIC. Mais, au-delà de l'aura de ses parrains de la Place – ses administrateurs – et de pairs – le CIC –, elle repose aussi sur la qualité de sa direction, de l'efficacité de sa gestion administrative et, plus encore, le renforcement de son ossature humaine, de ses cadres, et le rayonnement de ses directeurs ou de son administrateur délégué. Mais cette banque locale n'a qu'un seul siège, à la fois siège social et guichet unique ; ses affaires ne sont pas d'une ampleur telle que plus de quelques dizaines de salariés y travaillent. C'est une société quasiment de taille « familiale », car elle fonctionne selon des rapports personnels directs, d'autant plus que plusieurs dirigeants sont issus de la même famille, qui réussit à garder les rênes de la maison pendant les deux tiers de la période.

1. La direction de la Société bordelaise

La direction de la Bordelaise est un mélange subtil entre une gestion collective issue de la communauté d'affaires représentée au conseil d'administration, des gestionnaires salariés où se mêlent compétences bancaires et tradition familiale, et, à partir de 1913, la tutelle vigilante de l'actionnaire clé, le CIC.

A. L'expression d'une communauté bancaire

Depuis 1880, la banque est animée par son conseil d'administration, qui se réunit plusieurs fois par semaine, même si, de plus en plus, en son sein, émerge un comité de direction qui assure une relative permanence avec des réunions quotidiennes, autour du président, des vice-présidents et de quelques administrateurs qui viennent y siéger alternativement. Ces hommes d'affaires, pour la plupart actifs dans leurs sociétés par ailleurs, ont pour mission de superviser le travail de gestion de la direction salariée, mise sur pied à partir de 1885. Ils donnent leur visa aux décisions importantes, en particulier l'ouverture, le renouvellement ou l'accroissement des crédits, gros escomptes et surtout découverts. Il serait hors de question de confier à un salarié la fonction de dirigeant de la maison : on croit fortement à la notion de « responsabilité » d'un patron, homme d'expérience à la tête d'une firme à structure familiale, parvenu sur le tard à la présidence de la Bordelaise où, en sage actif, il apparaît un peu comme un « arbitre » entre les demandes de crédit, donc entre les affaires de la Place.

La personnalité d'Adolphe Chalès répondait bien à ce profil ; son adjoint puis successeur Théodore Tastet reste fidèle à cette conception, à cheval entre entre le vin et la banque. En effet, la famille Tastet était enracinée dans le monde du vin : Amédée Tastet possède Château Fleurennes, avec quarante hectares de vignobles près de Blanquefort, et le Château de la Moulinerie à Parempuyre. Logé en plein cœur des Chartrons (74 quai des Chartrons), c'est donc un solide propriétaire viticulteur qui, en notable, accède à la mairie de Blanquefort et est élu conseiller général. Mais il est aussi courtier en vins et préside le Syndicat départemental des courtiers. L'un de ses fils, Édouard, reprend le courtage en vins ; l'autre, Théodore, gère la propriété viticole, mais surtout il s'associe à Lafargue pour animer la banque de celui-ci, sur les allées de Tourny. Quand elle est reprise par le CNEP en 1891, Chalès, quelque peu las de sa charge, le recrute comme vice-président à la Bordelaise, non pour faire de la figuration, mais comme son adjoint, comme « délégué à la direction », épaulé par un second vice-président à partir de 1896. Tastet lui succède en 1898, jusqu'à sa mort en janvier 1914 : il est l'artisan de la poursuite du redressement de la banque, puis de son nouvel essor à la Belle Époque, avant de réussir son union avec le CIC en 1913.

À la mort de Tastet en 1914, on essaye de préserver ce mode de direction souple mais efficace. Comme la présidence a été confiée au CIC, le vice-président Georges Lagarde (1853-1921) devient l'animateur de la banque et du comité de direction, en tant qu'administrateur délégué entre 1914 et 1919 : il a la lourde responsabilité de faire traverser la guerre à la banque. Il n'est encore toutefois qu'un *primus inter pares* puisqu'il conserve son activité comme patron de sa maison de négoce de vins, qui le fait élire de surcroît à la Chambre de commerce, où il siège en 1902-1914. Lui aussi est un « super-notable », qui est en quelque sorte délégué à la tête de la banque par la communauté des affaires, et qui cumule ses revenus de négociant et l'indemnité versée par la banque.

La croissance du volume des opérations semble imposer le recours en 1919 à une personnalité qui n'émerge pas de cette communauté et qui n'exerce que sa seule activité bancaire. L'on recrute ainsi Bernard Léon-Dufour comme administrateur-délégué ; c'est un banquier professionnel, qui, après l'École polytechnique, a été en 1895-1915, inspecteur de la Banque de France ; il a dirigé ensuite, à Casablanca, le Crédit marocain jusqu'en 1918. Comme il souhaite rentrer en métropole, il adhère à la proposition du CIC de devenir le responsable exécutif de la Bordelaise, en raison de ses attaches familiales dans les Landes. Ce polytechnicien symbolise la mutation de la responsabilité directoriale, puisque ce haut cadre se consacre entièrement à la banque et semble vivre essentiellement de son traitement de 40 000 francs annuels, complétés par les jetons et les tantièmes perçus par tout administrateur et par une participation aux bénéfices. Cette consécration de la charge directoriale est confirmée quand le successeur de Léon-Dufour, à sa mort en décembre 1934, est le directeur de la banque lui-même, Philippe Chalès : le poste de dirigeant devient de plus en plus une fonction managériale à plein temps ; elle n'est plus une fonction d'arbitrage entre les intérêts de la Place, qu'assumerait, au nom de la communauté des affaires locale, une notabilité active à la banque, mais occupée par ailleurs par ses propres activités commerciales ou viticoles.

B. Le CIC actionnaire vigilant

Cette fonction d'arbitre est désormais assumée par le CIC, devenu – comme nous le verrons – en 1913 actionnaire majoritaire de la Bordelaise. Le nouveau propriétaire bouleverse en effet les méthodes de direction, car le fonctionnement du Conseil s'aligne sur les pratiques des sociétés françaises : il ne se réunit plus qu'une fois par mois, au lieu de deux à trois fois par semaine. Par contre, le rôle du comité permanent qu'est le comité de direction est renforcé, pour superviser la gestion de la banque. La clé de ce comité est la « Section » qui réunit quatre administrateurs bordelais – deux vice-présidents et deux administrateurs par roulement – qui suit les affaires courantes. Une seconde Section réunit à Paris les représentants du CIC au Conseil de la Bordelaise, qui tranchent pour les décisions importantes, en particulier les gros crédits : elle devient l'arbitre suprême des choix de la banque. Cela semble plus sain à cette époque puisque des banquiers parisiens tranchent sur des dossiers à la place d'hommes d'affaires bordelais qui auraient pu, au travers de leur lecture, s'informer aisément à la fois sur la conjoncture girondine et portuaire et sur l'évolution des firmes de leurs confrères.

C. Une technostructure légère

Une gestion plus ou moins collective, expression d'une communauté d'affaires, laisse place ainsi peu à peu aux pouvoirs de supervision du CIC parisien et aux pouvoirs de gestion de la direction salariée bordelaise. Des cadres dirigeants sont recrutés, au compte-gouttes. Henri Chalès, co-directeur depuis 1885, est promu administrateur-délégué en 1901 jusqu'à son décès en 1912, tandis que Lambertie reste directeur, pour superviser quatre chefs de services. Celui-ci est rejoint par Alfred

Garric qui entre comme fondé de pouvoirs en 1907 « par suite de l'aug-mentation des affaires de la Société » et est promu co-directeur en 1908. À la mort de Lambertie en 1910, Garric lui aussi obtient le soutien d'adjoints, avec, en 1912, un sous-directeur et quatre fondés de pouvoirs et chefs de service. Un tandem constitué par Léon-Dufour, administra-teur délégué, et Garric, directeur jusqu'en 1930, dirige la Bordelaise dans les années 1920, épaulé par Guérin et Chalès : quatre dirigeants, appuyés sur une dizaine de hauts responsables, suffisent à animer ce qui reste encore une PME bancaire.

2. Des dirigeants influents, les Chalès

Si des dirigeants salariés constituent une « moyenne bourgeoisie » de cadres dirigeants, comme Lambertie, Garric, Léon-Dufour, Guérin, puis, dans les années 1930, Jacques Lamey, secrétaire général ou Albert, sous-directeur en 1935, l'héritage spirituel d'Adolphe Chalès s'exerce par la promotion de ses descendants. Ceux-ci ne bénéficient toutefois d'aucun passe-droit : leur ascension s'effectue selon les voies d'une promotion interne patiente ; Bertrand Blanchy entre à la Bordelaise comme cadre dès 1933 et y progresse peu à peu, d'échelon en échelon, sans accélération extraordinaire, tout comme Philippe Chalès. Cette pratique s'impose d'autant plus que la vie administrative de la banque semble satisfaisante, ce qui ne suscite pas de démissions précipitées, mais favorise des carrières durables : lorsque le chef du portefeuille et le conservateur des titres prennent leur retraite en 1926, ils ont l'un 39 ans et l'autre 33 ans de services à la banque.

A. Le rôle clé des Chalès

Cependant, trois Chalès s'affirment au sein des équipes de la Borde-laise. Henri Chalès exerce ses fonctions de co-directeur sous la houlette de son père, à partir de 1885 ; promu administrateur délégué en 1901, est l'adjoint direct du président Tastet, qu'il seconde comme vice-président en 1911-1912. Malheureusement, son fils Jacques, qui avait commencé une carrière à la base à la banque à cent francs par mois en septembre 1911, est tué à la guerre en décembre 1914, à 23 ans. C'est un autre fils d'Henri Chalès, Philippe, qui prend le relais : il se fait la main à la correspondance, comme secrétaire général à partir de juillet 1921, poste idéal pour disposer d'une vue d'ensemble de la vie de la Maison. Puis, en janvier 1930, il passe à l'action comme directeur adjoint, en numéro 3 de la banque, derrière Léon-Dufour et Garric, ex-aequo avec Guérin. À la retraite de Garric, il accède à la co-direction en janvier 1931, aux côtés de Guérin ; enfin, en janvier 1935, il est consacré patron de la Société bordelaise, comme administrateur délégué, à la tête du trio

Guérin, Lamey, Albert, puis en 1938 comme vice-président et administrateur délégué, en véritable patron de la banque jusqu'en 1961.

Cette présence continue de la famille Chalès s'explique à l'évidence
par le rôle d'Adolphe Chalès dans la promotion d'Henri, puis cclui
d'Henri pour celle de ses fils. Mais la banque des années 1885-1912 se
satisfaisait d'une formation acquise sur le tas, et celle des années 1921-
1950 reste encore d'une taille modeste pour que Philippe Chalès puisse
lui aussi acquérir l'expérience nécessaire. Népotisme et compétence
vont ici de pair, sans rien de choquant. La famille, d'ailleurs, n'apparaît
nullement comme « décadente » : au contraire, le frère d'Henri, André
Chalès, est un bon agent de change ; un troisième frère de Philippe,
Louis Chalès, conduit une brillante carrière d'avocat d'assises jusque
dans les années 1950. Philippe est titulaire de sa licence en droit, diplôme universitaire habituel à l'époque parmi les cadres dirigeants qui
ne sont pas issus d'une grande école ; il développe une excellente capacité de gestion de la Bordelaise.

D'autre part, René Blanchy – époux de Marie Chalès, lui aussi tué à
la guerre en 1915 – et son fils Bertrand – le futur patron de la banque –
sont diplômés de l'Institut d'études politiques de Paris. Tous sont des
représentants de la « bonne bourgeoisie des compétences » qui perce sur
Bordeaux, aux côtés des descendants des familles du négoce et de
l'industrie. Cette influence d'une famille pendant trois à quatre générations ne transforme pas la Bordelaise en anomalie ; en effet, plusieurs
grosses banques locales provinciales vivent selon le même mode : des
familles y sont prédominantes parce que leur prestige et leur puissance
sur la Place sont grands et parce qu'elles détiennent un bloc d'actions
substantiel ; elles fournissent des administrateurs et des présidents, mais
aussi des dirigeants salariés : c'est le cas de la famille Riboud à la
Société lyonnaise où Camille Riboud est l'homme clé de l'entre-deux-
guerres, ou des Le Picard au Comptoir d'escompte de Rouen entre 1848
et 1935. Parfois même, sans détenir une part importante du capital et
sans exercer de fonction économique propre, des dirigeants constituent
des dynasties de hauts cadres au sein de certaines banques, comme la
Société nancéienne.

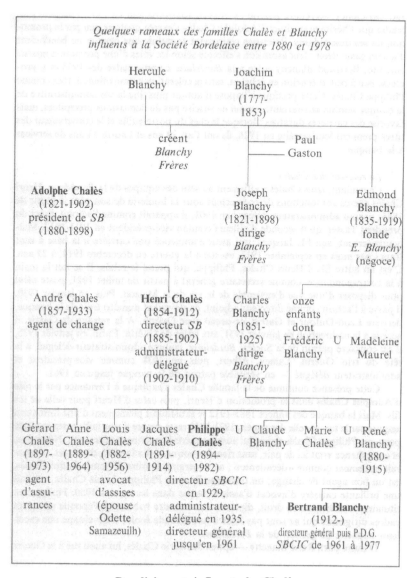

Des dirigeants influents, les Chalès

B. La famille Chalès influente sur la Place

Plus encore, on peut prétendre que l'accession de Philippe Chalès à la direction de la Bordelaise consacre le sommet du rayonnement de celle-ci : en effet, il est le patron le plus « puissant » dont ait disposé la banque dans son histoire, plus même que son grand-père Adolphe Chalès. C'est qu'il cumule à la fin des années 1930 et dans les années 1940 une double fonction : outre la direction de la banque, il devient le dirigeant d'une grosse firme de négoce en Afrique subsaharienne, Maurel & Prom. En effet, au tournant des années 1930, Maurel & Prom subit des rivalités âpres au sein des familles qui s'en partagent la propriété et la gestion, surtout quand décède en 1928 Jean Maurel, fils de l'un des deux fondateurs de la firme. En effet, le petit-fils de son frère, Jacques Maurel, administrateur délégué en mars 1929, tente d'exercer un pouvoir plus affirmé au sein de la maison et obtient le départ précipité de son oncle Joseph Maurel, fils de Jean, et du directeur Lavigne. Aussi, les branches Prom et Jean Maurel décident-elles de céder une partie de leurs actions à des financiers, avec une filiale de Paribas, la Société financière de la région du Sud-Ouest et surtout la Banque de l'union parisienne[1], convaincue par Schwob d'Héricourt, un industriel et financier, époux d'Emma Gradis, sœur de Raoul Gradis, lui-même père d'une fille qui épouse Bernard Blanchy ; les Gradis, issus d'une grande lignée bordelaise passée du commerce maritime à la Finance parisienne, forment ainsi la liaison entre ces divers partenaires, rejoints par les Denis.

À cette époque, la BUP et Paribas rivalisent en effet d'influence dans les territoires français d'Afrique et sont donc alléchés par cette société brillante. Elles acceptent de respecter l'influence déterminante de la branche de Lucien Maurel, vice-président de la Chambre de commerce et de la Banque de l'Afrique occidentale et président de Maurel & Prom, père de Jacques et de Roger Maurel. Le conseil d'administration se partage désormais entre les Parisiens et cette branche, et un banquier parisien, Louis Oudot, devient directeur financier de la société. La branche de Lucien Maurel obtient un prêt de la BUP pour souscrire un paquet d'actions lors de l'augmentation de capital de 1929 de dix à vingt millions, ce qui lui permet de maintenir sa part de plus d'un tiers dans le contrôle de l'entreprise, tandis que la BUP et ses amis souscrivent des titres et accentuent leur influence. Mais la chute des cours ne lui permet pas de céder les lignes d'actions qu'elle avait prévu de vendre pour rembourser son emprunt. Prise à la gorge, isolée au sein des familles qui

---

[1] H. Bonin, *La Banque de l'union parisienne. Histoire de la deuxième banque d'affaires française (1874/1904-1974)*, Paris, PLAGE, 2001.

refusent de lui venir en aide, elle doit alors solder sa participation au profit de la BUP et de ses alliés, et doit abandonner toutes ses fonctions de direction, en janvier 1933.

L'heure est-elle alors venue de voir Maurel & Prom devenir une excroissance d'un groupe parisien ? Devant la tournure des événements, les branches Prom (en particulier la veuve Prom) et Jean Maurel (Max Blanchy, Gérard Merman, Joseph Maurel) réagissent ; elles recourent à Philippe Chalès pour jouer les intercesseurs. Celui-ci, en effet, avait épousé Marie Maurel, petite-fille de Jean Maurel et nièce de Joseph Maurel. À cause de ses talents de banquier, on lui confie la responsabilité de la gestion du patrimoine mobilier des deux branches engagé dans les affaires commerciales. Fort de ce mandat, il met en question le maintien chez Maurel & Prom des dépôts d'argent liquide effectués par les familles, selon un vieille pratique des sociétés familiales où les propriétaires plaçaient de grosses sommes en « comptes courants » pour épauler les fonds propres. Devant cette menace et l'insurrection morale des branches familiales qui étaient jusqu'alors leurs alliés, devant aussi la crise économique qui rend moins séduisantes les affaires africaines et qui, par ailleurs, frappe gravement la BUP en 1932-1934, les financiers acceptent le compromis proposé par Philippe Chalès : les branches Prom et Jean Maurel récupèrent les actions de la branche Lucien Maurel, ce qui leur confère le contrôle de Maurel & Prom, même si la BUP conserve la vice-présidence. Philippe Chalès choisit l'équipe dirigeante : en « arbitre » entre les financiers et les familles, le banquier se pose en tuteur de la Place, pour la sauvegarde du capitalisme familial bordelais. Il entre au comité de direction de Maurel & Prom en janvier 1933 et assume la responsabilité de ses finances en décembre 1934, tandis que l'ex-directeur Lavigne est réintégré en août 1933 et préside la firme. Il maintient l'équilibre entre les dirigeants familiaux, dont Roger Maurel, fils de Lucien, et non familiaux. Puis, en mars 1937, Philippe Chalès devient le président-directeur général de Maurel & Prom.

C. L'intimité de la Bordelaise et du patriciat girondin

Par sa proximité de quelques familles bordelaises[2], Philippe Chalès est au cœur d'une fraction du capitalisme girondin. Les Blanchy sont de

---

[2] Pour affiner la connaissance des ramifications girondines, nous avons consulté les "almanachs" locaux :
- Edouard Féret, *Statistique générale du département de la Gironde*, Tome III, *Biographie*, Bordeaux, Féret et Fils, édition de 1889.
- *Annuaire du Tout-Sud-Ouest illustré*, Bordeaux, Féret et Fils, édition de 1904.
- Jean et Bernard Guérin, *Des hommes et des activités autour d'un demi-siècle*, Bordeaux, éditions B.E.B., 1957.

vieilles familles de négoce, avec deux maisons fondées au XIXe siècle : Blanchy Frères et Edmond Blanchy. La première a été lancée dès 1803 par le père de Joseph Blanchy, dont René Blanchy, époux de Marie Chalès, est le petit-fils et Bertrand Blanchy l'arrière-petit-fils ; sa firme est maintenue au travers des générations ultérieures, même si une branche familiale s'oriente vers l'exploitation de propriétés viticoles. Edmond Blanchy, l'un des fils de Joseph Blanchy et créateur de sa propre maison, a eu huit fils, dont certains s'unissent avec des demoiselles elles aussi issues de familles d'affaires : Jeanne Maurel (fille d'un des fondateurs de Maurel Frères), Antoinette Soula, Louise Segrestaa. Par son mariage avec Claude Blanchy, fille de Madeleine Maurel et de Frédéric Blanchy, fils d'Edmond Blanchy, Philippe Chalès affirme son intimité avec des dynasties du négoce d'Afrique Noire et du vin, en un signe supplémentaire des liens de la Société bordelaise avec le patriciat girondin. Des liens matrimoniaux rapprochent aussi Philippe Chalès de la famille Duboscq, pilier de l'économie du pin landais.

Une remarque s'impose toutefois : si la banque devient un « monument » de la Place, par sa clientèle où figurent la plupart des maisons girondines renommées, par son conseil d'administration, par le rayonnement de la famille Chalès, ses dirigeants ne figurent pas au sein des institutions prestigieuses. Mis à part Adolphe Chalès, au début, puis, après la Seconde Guerre mondiale, de Philippe Chalès, sommité de la Place, aucun grand personnage de la Bordelaise (administrateur-délégué, directeur, etc.) n'a été admis à la Chambre de commerce dans la première moitié du XXe siècle. Faut-il penser que diriger une banque ne constitue pas une fonction suffisamment brillante pour les capitalistes entrepreneurs régionaux ? Mais Samazeuilh a été membre de la Chambre, sans que son métier de « manieur d'argent » n'ait constitué pour lui un handicap. Faut-il estimer que Tastet, Garric, Léon-Dufour, Henri Chalès (et Philippe, jusqu'en 1945) – les dirigeants de la banque – avaient besoin de la caution de leurs prestigieux administrateurs, mais que la Place ne se souciait guère de leur rayonnement ? Ou faut-il, selon un raisonnement plus classique, penser que la direction d'une banque de dépôts exige une relative discrétion, qui suggère de se consacrer aux affaires de l'établissement sans vouloir se substituer au patronat local dans la gestion de la Place ? Bref, que le banquier se considère au service de la Place, comme exerçant une fonction déléguée par celle-ci et qu'il ne peut prétendre exercer de responsabilités à la tête d'autres services collectifs du monde des affaires locales ? Une autre hypothèse pourrait tenir au statut même de la Bordelaise : en tant que société

- Patrick Epron, *Ces Bordelais qui font Bordeaux et sa région*, Bordeaux, éditions P.P.C., 1979.

anonyme, qui plus est avec un actionnariat national et parisien important, voire avec la présence du CIC, elle tranche par rapport aux entreprises à capital familial qui dominent la Place ; elle a pu sembler d'une
nature bien « bureaucratique », tant est forte à Bordeaux la fierté des
gestions familiales. Ainsi peut-on suggérer que les dirigeants de la
Bordelaise, aussi bien intégrés qu'ils fussent dans la « bonne société »,
ne pouvaient être assimilés à des « patrons » responsables de leurs
affaires sur leurs biens et se sentant investis de la défense collective de
la Place au travers de la Chambre de commerce.

Le témoignage d'un directeur d'une grande firme bordelaise, issu
d'une famille du patriciat, confirmerait cette hypothèse : lorsqu'il est
amené à porter un jugement sur Philippe Chalès, dont il met en valeur
les remarquables capacités, il précise toutefois que, par son accession à
la tête de Maurel & Prom :

> Il vit l'occasion inespérée d'une promotion que, simple directeur d'une
> banque locale, il n'aurait jamais pu attendre alors que, futur président de la
> maison Maurel & Prom, il devait ipso facto lui échoir un siège à la Banque
> de l'Afrique occidentale-Bao (la banque centrale de l'Aof) et, tôt ou tard, un
> autre à la Chambre de commerce.

Si Philippe Chalès accède à la Chambre de commerce en 1949-1955,
c'est certainement surtout parce qu'il est l'une des figures embléma-
tiques du négoce africain alors à son apogée puisqu'il est aussi administrateur du Port autonome de Bordeaux, de la Banque commerciale du
Maroc, de la BAO et de la maison Ballande. Il faudrait admettre que,
malgré son rayonnement sur la Place et son intimité avec le patriciat, la
Société bordelaise ne peut à elle seule encore procurer à ses dirigeants
un passeport pour l'oligarchie locale et ses institutions collectives.

La direction de la Bordelaise mêle ainsi la diversité des origines sociales et des formations : « employés supérieurs » promus aux fonctions
dirigeantes, notabilités qui unissent compétences et introductions familiales, gestionnaire « parachuté », comme Léon-Dufour. On remarque la
souplesse d'adaptation à la disponibilité en hommes, car le poids des
familles n'est jamais déterminant, puisque la banque sait maintenir un
recrutement ouvert sur des forces neuves. Elle réussit un « amalgame »
qui s'avère efficace, si l'on en croit l'opinion de la Banque de France,
qui suit avec discernement l'évolution des équipes animant les banques
girondines : « Affaire dirigée avec intelligence », « avec prudence »,
estime-t-elle ainsi à la Belle Époque.

3. Vers une gestion plus administrative

Cette direction se charge d'étoffer l'appareil de gestion d'une banque
qui reste une PME, mais qui a besoin de gonfler ses services administratifs.

Elle doit recruter du personnel de base, des garçons de recettes – sept en 1912, chargés d'aller percevoir les effets de commerce parvenus à échéance –, de caisse, etc., des « employés aux écritures », ce qui accroît ses frais généraux, en un signe d'une évolution progressive. Des femmes font leur entrée, au service des titres, et à des emplois de secrétariat. Pendant longtemps, aucune tension ne surgit dans la vie administrative d'une société de taille modeste : elle ne compte que 25 salariés (non cadres) en 1909 et 54 en 1912 ! Quand une poussée des prix marque les années 1911-1913, des allocations de vie chère suffisent à apaiser l'attente des employés.

Il faut attendre l'inflation des années de guerre et des années 1920 pour que la gestion du personnel devienne délicate : il faut maintenir son niveau de vie, prévenir toute crise sociale, mais aussi maîtriser les fameux frais généraux. Aussi doit-on ajuster à plusieurs reprises les salaires des employés, comme dans toutes les banques. La guerre voit naître l'allocation de cherté de vie et de loyer, en juillet 1916 ; l'après-guerre incite à des hausses importantes, comme en février 1920, en juin 1923 ou en septembre 1924. Comme ces augmentations ne permettent pas de suivre le rythme d'une inflation parfois, des expédients les complètent, comme cette indemnité de chauffage pour l'hiver, en 1919-1922, rétablie en 1925-1926. La crise monétaire de 1924-1926 impose des majorations rapides, car les relations sociales se détériorent dans les banques où gronde le mécontentement, qui explique l'éclatement d'une grève dans cette profession, à laquelle la Bordelaise n'échappe pas. Les allocations (vie chère, allocation mensuelle des chefs de famille) sont donc augmentées en décembre 1925 tandis qu'est créée une allocation pour naissances et que l'indemnité de vie chère est intégrée dans le salaire. Une nouvelle indemnité de cherté de vie est soudain établie en août 1926, qui est à son tour incorporée au traitement en décembre 1928, avec un accroissement du salaire réel dû au repli de l'indice des prix.

Si la politique salariale est improvisée au rythme des poussées des prix et du mécontentement, la direction se préoccupe d'entretenir des relations sociales harmonieuses, que ce soit souci d'efficacité administrative ou « paternalisme » chrétien et bienfaisance ; après tout, nombre des administrateurs sont des personnalités actives au sein des organisations charitables bordelaises. Ainsi, sans plus de hausse des prix, la direction entreprend d'augmenter les revenus salariaux pour améliorer l'ambiance de la maison ; cette stratégie sociale correspond au boum de la prospérité en 1929-1930 et porte aussi sur les allocations familiales et des « facilités accordées pour l'acquisition d'immeubles à bon marché ». On relèvera l'attention portée à des réformes sociales qui empêchent de considérer la banque comme une société rétrograde : dès 1907, elle assure tout le personnel contre les accidents graves ; en 1924 est institué un congé annuel de trois semaines, pour les seuls salariés ayant plus trente ans de services. Lorsque les employés demandent la création d'une caisse de retraites, elle l'accepte et la met sur pied en mars 1920 ; un minimum de 4 800 francs annuels est ainsi versé au personnel masculin à partir de 1921 au fur et à mesure des départs aux salariés de 55 ans ayant 30 ans de services.

Une seconde étape est l'institution en 1927 d'une Caisse de prévoyance, comme celle existant au CIC depuis 1882, « fondée à titre de pure libéralité », alimentée seulement par des versements de la banque : 100 000 francs en dotation initiale et une somme annuelle pour constituer un capital placé en valeurs mobilières qui permet de verser un petit pécule aux retraités après 25 ans de services, « particulièrement précieux lors d'un événement qui bouleverse les conditions de l'existence ». Les versements s'étoffent (25 000 francs, puis 45 000 francs en 1929, 50 000 francs en 1930), ce qui explique le maintien de cette cagnotte sociale, généralement investie en bons du Trésor : quelque 66 000 francs sont disponibles en 1935. Ces initiatives propres à la banque indiquent une ouverture sociale, qui préfigure la mise en place d'un premier système d'assurances sociales par les lois de 1928-1932.

Désormais, les salariés dépendent d'une caisse d'assurances départementale interprofessionnelle : la Société de secours mutuels du personnel de la Bordelaise s'affilie en avril 1929 à la caisse primaire établie par l'Union des sociétés de secours mutuels Guyenne & Gascogne, tandis que, à partir de mai 1934, des allocations familiales leur sont versées par la Caisse départementale des allocations familiales pour Bordeaux et la Gironde. La banque liquide donc sa Caisse de prévoyance en 1936 et répartit ses actifs entre les ayant-droits. Si l'originalité relative de la Bordelaise se dissout avec l'évolution du progrès social, elle affiche encore une volonté réformiste en promouvant l'actionnariat des salariés, comme certains patrons chrétiens-sociaux de l'entre-deux-guerres, en une innovation sur Bordeaux. En novembre 1928, elle leur propose en effet d'acquérir de ses actions, grâce à un prêt représentant une année de salaire, remboursable jusqu'à la retraite : 74 employés majeurs (les trois quarts) souscrivent des titres, à 950 francs pièce ; au total, 81 sur 108 salariés en acquièrent, et 60 en détiennent plus de cinq, ce qui leur donne accès à l'assemblée générale annuelle des actionnaires. « C'est le point de départ d'une intimité plus grande entre les employés associés et le Conseil, qui devra porter ses fruits », même si la part des salariés n'est que de 761 actions. On y voit surtout un signe de cette préoccupation récurrente dans les banques de l'entre-deux-guerres, confrontée à une croissance vive de leurs opérations et à une concurrence aiguë pour l'embauche et le maintien des employés de qualité. Il faut essayer de les stabiliser, donc de les attacher à la société par une politique sociale active.

Cette stratégie d'intégration sociale est étayée par l'effort d'organisation du travail administratif. Certes, elle n'est que la seconde entreprise bancaire de la Place, puisque, avec un maximum de 278 salariés en 1927, la succursale de la Banque de France dispose d'environ 50 % de personnel en plus : en effet, elle s'occupe – avec des brigades d'agents de recettes, au nombre de 64 en 1921 – du recouvrement des effets dans toute l'agglomération, souvent donc au profit de toute la communauté financière locale. Elle gère aussi un gros service des titres à cause de l'ampleur des avances sur titres et anime enfin la chambre de compensation des chèques et virements entre les banques du département. Pourtant, les effectifs de la Bordelaise se développent vivement, en particulier dans quatre services clés (Caisse, Portefeuille, Comptabilité, Titres) qui regroupent 85 salariés. Le Siège devient donc trop étriqué pour la dimension acquise par la banque et elle décide en 1923 d'acquérir l'immeuble attenant à l'hôtel du 40 cours du Chapeau Rouge, à l'angle de celui-ci et de la rue des Piliers de Tutelle mais, les lenteurs juridiques dues aux divisions entre les héritiers des propriétaires ne lui permettent de l'acheter qu'en 1927, pour 355 000 francs et elle n'en obtient le libre usage que peu à peu tant ses locataires rechignent à dégager les lieux. Il faut se contenter des locaux initiaux qui sont réaménagés en deux vagues, d'abord dans les années 1907-1914 : création d'une nouvelle salle des coffres, extension du service titres, agrandissement des bureaux du 1er étage ; puis dans les années 1920 : le hall du public, les caves où sont étendus les coffres-forts (1921-1923). L'éclairage au gaz fonctionne dans les bureaux à partir de 1894, qu'on décide ensuite en 1896 de passer à l'éclairage électrique, tandis que la première mention du téléphone apparaît en juillet 1898 quand il est mis en place à la direction ; ce n'est qu'en 1927 qu'on se lance dans la réalisation d'un réseau téléphonique intérieur.

La mécanisation du travail administratif s'esquisse, comme dans l'ensemble de la profession, sans que la Bordelaise ne se montre en flèche, étant donné ses faibles effectifs. Des machines à écrire sont achetées, puis les premières machines comptables sont acquises en 1929, pour faciliter la tâche des employées occupées à faire tourner le lourd service du portefeuille : avec ces machines à calculer et ces machines positionneuses qui établissent les relevés de comptes, la saisie instantanée de chaque opération sur des feuillets carbonés met fin à la répétition des saisies et des « écritures », en introduction aux investissements de rationalisation ultérieurs. Ainsi, en 1934, le service du portefeuille traite chaque mois 30 000 effets. L'entrée, la sortie des effets et l'échéancier sont tenus à la machine et décomptés à la main ; on y utilise trois machines *Underwood Bookkeeping* et une *Remington*. Mais, au service de la comptabilité, les 3 500 comptes sont encore tenus entièrement à la main : « La moyenne journalière des écritures est d'environ 110. Cette moyenne pourrait être triplée, ou même quadruplée en employant des machines comptables. »[3] « En dotant le service caisse d'une machine positionneuse et en supprimant la double inscription des pièces de caisse, une économie de deux employés paraît réalisable. »[4]

*

Vers une petite « firme » bancaire

Sans atteindre une envergure de « grande entreprise » et rejoindre « le grand capitalisme » qui mûrit au tournant du XXe siècle, la Société bordelaise structure une petite « organisation de firme ». Elle dispose d'une direction variée mais soudée, dont les chefs exercent une autorité à la mesure de leur rayonnement sur la Place. Elle renforce aussi sa base administrative, dont elle maintient la cohésion et le rendement. Il reste à prouver l'efficacité de ces équipes à conduire les affaires de la banque, et, d'abord, à affronter une concurrence de plus en plus mordante.

---

[3] Rapport du conseil d'administration du 18 mars 1929.
[4] Rapport d'un inspecteur administratif du CIC à la Bordelaise, 13 mars 1934.

CHAPITRE VI

Les armes de la Société bordelaise
face à la concurrence

Malgré le prestige et la qualité de sa direction et le sérieux de sa gestion, plusieurs obstacles se dressent pour enrayer la marche de la Société bordelaise vers la prospérité et la puissance. Le plus redoutable est la persistance de la concurrence des consœurs girondines, tandis que s'intensifie le défi lancé par les agences des banques parisiennes, voire britanniques, sur la Place. Loin de jouir d'une rente de situation, la banque locale qu'est la Société bordelaise doit batailler ferme pour découper ou préserver sa part de marché sur une Place qui n'est pas une chasse gardée. Mais elle obtient un atout essentiel avec le patronage du Crédit industriel et commercial.

1. La Société bordelaise dans la compétition

Comme dans toute la province, la Gironde reste riche en maisons de banque dans les années 1900-1930 : une vingtaine figurent parmi la clientèle de la Banque de France en 1912 ; souvent « de second ordre », elles captent une clientèle de petits entrepreneurs individuels, commerçants et industriels[1]. Tandis les bourgades girondines conservent leurs banquiers du cru, Sazias, Denigès, Felsenhardt, Letanneur se maintiennent sur Bordeaux, rejointes par Normandin dans l'entre-deux-guerres ; quant à Piganeau Fils, elle disparaît avant la Première Guerre dans un krach terrible et efface toute trace de la dynastie bancaire Piganeau. Seule Gomez Vaez & Fils – devenue plus tard la Banque de l'Aquitaine – accède à une bonne surface financière, avec une petite demi-douzaine de millions de francs de capitaux ; mais si sa clientèle est de qualité, elle comporte surtout des firmes petites et moyennes, sans entamer réellement le marché des maisons renommées de la Place. C'est d'ailleurs le même profil que se dessine la Banque populaire de Gironde qui surgit cahin caha dans les années 1920, avec le patronage de grands noms – le négociant en vins et spiritueux Cazalet et le gros négociant Édouard Faure la président successivement –, mais avec une gestion hasardeuse

---

[1]   Cf. R. Delaunay, « Des banques régionales, plus particulièrement dans le Sud-Ouest », thèse de la Faculté de droit de Bordeaux, 1922.

au départ et une clientèle modeste, ce qui respecte le dessein des initia-teurs du « crédit populaire » par la loi de 1917 et de ses créateurs en 1920. Enfin, les grands propriétaires landais (la famille Dupuy, Lapeyre) qui s'étaient essayés à monter sur Bordeaux la Banque générale de la Gironde échouent à surmonter ses pertes en 1931.

La concurrence vient en fait toujours des deux maisons familiales prestigieuses, Samazeuilh et Soula. La première garde sa brillante clientèle[2], épaulée par « de larges découverts » ; elle étend ses crédits grâce à la poussée de sa collecte de gros dépôts (10 à 12 millions de francs vers 1900-1912). Mais la gestion s'y dégrade dans la première décennie du XIXe siècle, les débiteurs ne pas suivis avec assez de vigi-lance alors que leur nombre s'accroît avec le gonflement des affaires. Aussi, malgré le réescompte obtenu à la Banque de France, la maison ne résiste pas à une grave crise de confiance en 1911-1912 : les déposants retirent leur argent, la famille, fidèle à son code d'honneur des affaires, doit mobiliser ses actifs pour solder son passif[3]. Elle se transforme alors en société anonyme, avec l'appui du Crédit français, banque parisienne qui tente alors une stratégie d'essaimage en province : le Crédit du Sud-Ouest naît en 1913. Toutefois, même si les Samazeuilh lui restent associés, cette banque a perdu ses atouts essentiels : gestion familiale, contacts intimes et immédiats entre associés et quelques gros clients, clientèle huppée et choisie. La Société bordelaise perd une concurrente et en profite pour séduire quelques bons comptes :

> Le manque de capitaux n'a pas permis à cette nouvelle banque de jouer sur la place de Bordeaux le rôle auquel elle aurait pu prétendre et ses débuts ne sont guère brillants. Elle n'a pu assurer le service financier de tous les an-ciens clients de Samazeuilh, et il en résulte un certain discrédit dont profi-tent les autres maisons de banque qui lui enlèvent les meilleurs comptes.[4]

Deux rivales surprenantes font enfin peu à peu leur chemin, surtout dans l'entre-deux-guerres. Il s'agit d'abord du Crédit agricole de la

---

[2]   H. Bonin « La splendeur des Samazeuilh, banquiers à Bordeaux (1810-1913) », *Revue historique*, 1993, n° 288, p. 349-389.

[3]   « La maison Samazeuilh se compose des deux frères Fernand et Joseph Samazeuilh, et de leur cousin Fourmès. MM. Samazeuilh s'adonnent aux arts, à la littérature, aux études économiques, et s'occupent peu de leur maison de banque dont la direction est exercée par Fourmès, administrateur peu capable, sans surface personnelle et dont la situation est embarrassée. Des pertes récentes, le décès d'un quatrième associé en état d'insolvabilité notoire, ont ému l'opinion, la confiance a été ébranlée, et la maison Samazeuilh, subissant les effets d'une mauvaise gestion, se trouve actuellement dans une position très critique », rapport de l'Inspection de la Banque de France à la suc-cursale de Bordeaux du 13 janvier 1912. À cela s'ajoute la maladie des deux frères, qui les écarte plus ou moins de leur banque en 1912.

[4]   Rapport de l'Inspection de la Banque de France à la succursale de Bordeaux du 7 janvier 1914.

Gironde, qui avait été créé en 1901 pour fournir du crédit aux petits exploitants[5]. Or, au tournant des années 1930, il élargit ses opérations et s'affirme comme un rouage efficace du financement des activités viticoles. Plus troublante est la concurrence portée par la Banque de France elle-même : la direction parisienne de cet établissement au statut de société privée incite en effet ses succursales à développer leur activité d'escompte, leur clientèle de « cédants directs », de firmes qui présentent leurs effets à l'escompte sans passer par l'intermédiaire d'une banque, ce qui peut contribuer à amoindrir le vivier d'affaires des établissements de la Place, même si cette pratique ne perce qu'au tournant des années 1930 tant l'intimité des banquiers et des patrons girondins est étroite :

La part importante prise par les présentations directes est due aux grandes firmes coloniales de la Place, dont la clientèle est activement recherchée par les banques et sociétés de crédit, en échange des grands crédits offerts aux meilleures conditions, et qui s'étaient tenues éloignées de nos guichets, pour les opérations d'escompte tout au moins, bien que représentées au conseil d'administration par leurs dirigeants les plus qualifiés. On ne peut que féliciter la succursale d'avoir réussi à les attirer au plus près, et d'être arrivée ainsi à obtenir pour le seul semestre écoulé des mouvements et résultats productifs correspondant à ceux de l'exercice 1928 tout entier.[6]

La Société bordelaise affronte cependant le dynamisme de sa consœur De Trincaud Latour-Soula, animée au XIXe siècle par Albert Soula et la famille Blanchard, proche des Trincaud Latour. Celle-ci se transforme en 1899 en Banque de Bordeaux, dotée de plus de moyens financiers et d'une stratégie de banque régionale offensive, marquée par l'ouverture d'agences sur les places du Sud-Ouest. Soula persévère dans sa politique d'une distribution active du crédit, souvent au-delà des capacités procurées par ses ressources, mais avec le soutien au réescompte d'une Banque de France soucieuse de la stabilité bancaire : « Il faut bien reconnaître qu'ils rendent à la Place des services considérables. »[7] En alléchant une clientèle de choix, c'est, à la Belle Époque, la meilleure concurrente de la Bordelaise, avec beaucoup de clients réputés, dans le vin, le bois et le négoce ; elle prospecte le même marché qu'elle, mais apparemment avec plus d'allant et de prise de risques : « On lui reproche d'être trop facile en affaires, mais elle n'accorde des découverts importants qu'à des maisons qui lui remettent beaucoup de

---

5   H. Bonin, « Crédit agricole et combat politique en Gironde à l'orée du XXe siècle », *Annales du Midi*, tome 105, n° 201, janvier-mars 1993, p. 65-91. H. Bonin, *Un siècle de Crédit agricole mutuel en Gironde*, Bordeaux, Crédit agricole d'Aquitaine, 2002.

6   Rapport de l'Inspection de la Banque de France à la succursale de Bordeaux du 7 juin 1929.

7   *Ibidem*, 1er décembre 1911.

papier commercial. » Toutefois, la Société bordelaise en tire profit en lui escomptant du papier pour fournir la seconde signature nécessaire au réescompte de la banque centrale, d'autant plus que, si la Banque de Bordeaux dispose d'une clientèle en propre, nombre de sociétés sont souvent clientes des deux banques. Or, en 1913, cette banque est alors plus grosse que la Société bordelaise qui, par rapport à sa rivale, ne pèse que 89 % pour le bilan, 31 % pour le capital et 52 % pour les dépôts. Cette croissance à tout va impose de trouver des ressources au-delà de la Place ; capitaux propres (20 millions de francs en 1912), dépôts et réescompte local ne suffisent pas, ce qui incite au rapprochement avec des banques parisiennes. Juste avant guerre, la Banque de Bordeaux noue des liens étroits avec la BUP, banque d'affaires qui aspire à se placer au cœur d'une nébuleuse de correspondants régionaux. Le tournant est pris enfin en 1918-1919 quand la Banque de Bordeaux s'intègre dans le Crédit commercial de France, banque de dépôts franco-suisse née en 1894 et transformée en CCF en 1917, qui engage elle aussi la constitution d'un réseau de guichets provincial. Comme Albert Soula reste directeur de la succursale du CCF jusqu'en 1924, la menace s'accentue sur la Bordelaise puisque le dynamisme d'Albert Soula et la force relative de l'ex-Banque de Bordeaux sont désormais adossés à la puissance du CCF.

Or elle ne peut se réjouir de la rupture entre celui-ci et Albert Soula en 1924, car ce banquier impétueux monte aussitôt un nouvel établissement, la banque Soula, dès juillet 1924, qui devient en 1929 une société anonyme, forte d'une surface financière solide et surtout du patronage de maisons renommées et puissantes. Elle est épaulée par la famille Gradis et deux branches Blanchy, et les hommes d'affaires Jean Segrestaa, proche de la Bordelaise, mais aussi actif chez Soula, et Grandjean, président de la Banque française pour l'Afrique, grosse actionnaire de Soula. Celle-ci mobilise son papier d'escompte à Paris, chez Paribas, la BUP, la Banque transatlantique, tout autant qu'à la Banque de France, et peut ainsi mettre à profit l'entregent et le punch de son animateur pour se tailler une large part du marché girondin du crédit. C'est une « maison qui développe très rapidement ses opérations grâce aux relations nombreuses de son fondateur et qui arrive de jour en jour à conquérir sur une place déjà très outillée au point de vue bancaire, le rang autrefois occupé par la Banque de Bordeaux »[8]. Alors qu'elle se crée seulement en 1924, Soula effectue une percée remarquable, grâce au capital de relations de son animateur. En 1927, 1928 et 1931, son bilan fait presque jeu égal avec celui de la Bordelaise ; sa collecte de

---

[8]   Rapport de l'Inspection de la Banque de France à la succursale de Bordeaux du 7 juin 1929.

dépôts est moins efficace, mais, en 1926-1929, elle brasse un volume d'escompte aussi important que sa consœur. Bien que délestée de la concurrence de Samazeuilh et de Trincaud Latour-Soula intégrées à des banques parisiennes, la Bordelaise retrouve Albert Soula sur son chemin, par une banque bien implantée dans le terroir du cru, en rivale.

Tandis que Soula perce, la Société bordelaise ne peut trop se complaire de la décadence ou de la modestie des opérations de ses rivales locales. En effet, la Place, qui était jusqu'alors plutôt une chasse gardée des banquiers girondins, devient la cible des initiatives des banques parisiennes et britanniques ; le rachat de la Banque de Bordeaux par le CCF en est le symbole, qui lui procure jusqu'à nos jours une large implantation de part et d'autre sur Bordeaux et la province environnante. Il doit d'abord assainir le portefeuille de crédits transmis par Soula, contracter ses opérations pour n'en sélectionner que les meilleures ; mais il conserve les bons clients, que la Bordelaise doit partager avec lui. Même si elles ne disposent pas d'une merveilleuse tête de pont comme le CCF, ses consœurs parisiennes s'affirment peu à peu sur la Place, d'autant plus qu'elles se renforcent d'agences de quartier. Elles se contentent surtout de prospecter la clientèle fortunée intéressée par les « opérations capitalistes ». La Société générale n'effectue de percée dans le monde des affaires que dans l'entre-deux-guerres, grâce à une direction active ; mais elle parvient à séduire des maisons clientes en même temps de la Société bordelaise, comme Maurel & Prom, Merle ou les Grands Moulins de Bordeaux. Le Crédit lyonnais est surtout une agence de placement intensif de valeurs mobilières, un peu comme le CNEP qui, après avoir acheté Lafargue en 1891 et Gourmel à Libourne en 1895, dispose d'une assise locale ferme.

Même si ces banques de dépôts se satisfont de pratiquer un escompte sans dépasser le strict court terme, leur puissance financière et l'attrait de leurs « conditions de banque » leur permettent de manier des volumes importants d'argent. Aussi le CNEP draine-t-il le plus fort contingent de dépôts de la Place en 1932 – 120 millions, pour 77 millions à la Société bordelaise et 70 millions au CCF – et le Crédit lyonnais s'affirme comme la première banque de la Place à la fin des années 1920 pour la masse de crédit accordée à cause de l'ampleur de son escompte commercial, tandis que le CCF viendrait en seconde position : autant dire que ces mastodontes parisiens « font du volume » à l'escompte, ce qui entaille le déploiement des banques locales. Mais cela exerce un effet plus déterminant encore, puisque cela délimite le champ de leur activité en les orientant vers une prise de risque plus significative, par la distribution de crédits à termes plus longs que le simple escompte à trois mois : la Société bordelaise ne peut désormais définir la stratégie de ses

« métiers » en toute autonomie ; elle le fait dans le cadre d'un environnement construit largement par les grands établissements de crédit.

Ceux-ci sont de surcroît rejoints dans l'entre-deux-guerres par plusieurs confrères, quand Bordeaux devient une place cible pour les banquiers, alléchés par l'élan industriel et commercial girondin. Le Crédit du Sud-Ouest, l'ex-Samazeuilh, est repris en 1918 par la Banque nationale de crédit[9], qui, créée en 1913, se dote, en particulier dans le Sud-Ouest, d'un réseau qui fait d'elle la quatrième banque de dépôts à l'orée des années 1930. Mais, sur Bordeaux, elle stagne plutôt, car elle ne bénéficie pas d'une direction de premier plan, et se concentre surtout sur les opérations boursières, jusqu'à son transfert, après la liquidation de la BNC en 1932, à la nouvelle BNCI, elle aussi voisine de la Société bordelaise, au 42 cours du Chapeau Rouge. Nombre de banques s'installent à Bordeaux : Compagnie algérienne (1919), Crédit du Nord (1918)[10], Crédit foncier d'Algérie et de Tunisie (CFAT)[11] issue de Letanneur en 1914, et même la nordiste Dupont, installée pendant la Première Guerre mondiale, et, plus tard, Banque commerciale africaine, Banque française pour l'Afrique, que tente le marché du négoce avec la Côte.

Les banques britanniques viennent dénicher des affaires au sein des familles du négoce du vin et des spiritueux venues d'outre-Manche au XVIIIe et au XIXe siècles, et plus encore dans les courants commerciaux entre l'Aquitaine et le Royaume-Uni (vins, rhums, cognac, bois, charbon, pétrole) et les opérations de change qu'ils suscitent, ainsi que dans la gestion de patrimoine. La *Westminster Foreign Bank* débarque en Gironde en 1917, la *Lloyds & National Provincial Foreign Bank* en 1919, accompagnée par Barclays, où l'on retrouve un Piganeau à la direction. Bardinet est cliente à la Bordelaise, mais loge ses affaires anglaises à la *Westminster* ; Faure (rhum), Duboscq (bois), Gairard (merrains) font de même avec Barclays, tout comme Dandicolle & Gaudin, Rödel, Schröder & Schyler, Eschenauer ou Descas avec la *Lloyds*.

Le marché de l'argent girondin est ainsi soumis à une vive compétition, qui empêche de considérer la Bordelaise comme une banque de place endormie sur sa rente de situation : « Si les bénéfices ne

[9] H. Bonin, *La Banque nationale de crédit. Histoire de la quatrième banque de dépôts française en 1913-1932*, Paris, PLAGE, 2002.

[10] H. Bonin *et al.*, *Histoire de banques. Crédit du Nord, 1848-2003*, Paris, Hervas, 2004.

[11] H. Bonin, *Un outre-mer bancaire méditerranéen. Histoire du Crédit foncier d'Algérie & de Tunisie (1880-1997)*, Paris, Publications de la Société française d'histoire d'outre-mer, 2004.

correspondent pas toujours à l'augmentation des opérations que vous pouvez constater, cela tient surtout à la concurrence croissante dans les affaires de banque », note le Conseil en 1905, même si des « ententes » permettent aux banquiers de poser des limites à la rivalité dans la fixation des « conditions de banque » et si des rapports de bon voisinage évitent toute guerre funeste : en 1913, le CIC, en mal d'emplois, propose à la Bordelaise de réescompter du papier que celle-ci pourrait trouver sur la Place ; elle lui répond qu'« il nous faut apporter une certaine prudence pour faire des offres aux maisons avec lesquelles nous ne sommes pas en relations pour éviter que nos concurrents ne viennent nous gêner auprès de nos amis »[12]. Ces banques parisiennes viennent rafler des affaires en captant la clientèle de nombre d'usines ou filiales, de grande envergure ou dépendant eux-mêmes de sièges nationaux, puisqu'une part sensible de l'industrialisation girondine résulte des efforts de firmes venues de Paris ou d'autres capitales provinciales (Saint-Gobain, Kuhlmann, la future Unilever, Vilgrain pour les Grands Moulins de Bordeaux, etc.).

Pourtant, cette « descente » de banques parisiennes peut se révéler un avantage pour la Bordelaise car elle ne pourrait, à elle seule, à cause de sa dimension insuffisante, « porter tous les risques » de la Place. Elle doit surtout répartir ses risques, diviser ses gros crédits ou ses garanties de placement de valeurs mobilières, ce qui lui fait apprécier l'existence de concurrents aptes à partager avec elle les grandes opérations. Ainsi, en 1923, lors de l'émission de 15 millions de francs d'obligations par les Grands Moulins de Bordeaux, elle conduit l'affaire aux côtés quatre consœurs. Sans être étouffante comme après la Seconde Guerre mondiale, cette concurrence stimulante empêche la combativité de la Bordelaise de s'émousser ; elle définit une complémentarité somme toute satisfaisante entre les banques de la Place : les établissements parisiens, tournés vers l'escompte et les placements de valeurs boursières, Soula ardente dans ses découverts, et une Société bordelaise à mi-chemin entre ces deux types.

2. Une première arme : la surface financière

Alors que les Lafargue, les Samazeuilh et les Soula intègrent leur banque dans des groupes nationaux, que les Piganeau s'écroulent, la fragilité d'une banque purement provinciale apparaît brutalement : les grands établissements de crédit imposent leur concurrence et leurs « conditions », inspirent confiance par leur « surface » financière et relationnelle − fonds propres, masse de dépôts, patronage de grandes firmes et de dirigeants de dimension nationale.

---

[12] Lettre du 20 septembre 1913 (archives du CIC).

Au fur et à mesure que les banques de dépôts remplissent leur mission historique de collecte de l'épargne, les déposants et épargnants de plus en plus nombreux parmi les bourgeoisies sont de plus en plus sensibles à la pérennité des banques qui hébergent leur argent. Nombre de sociétés emprunteuses ont soif d'une masse croissante de crédits et de taux d'intérêt alléchants. Or les banques moyennes s'essoufflent à les satisfaire faute d'une capacité suffisante à « nourrir » tous ces crédits sur leurs seules ressources – à les financer par elles-mêmes grâce à leurs fonds propres et aux dépôts stables – ou à se « refinancer » à bon compte, puisque les tarifs de la Banque de France sont souvent élevés. Il leur faut « s'adosser » à un grand établissement parisien, soit en se faisant absorber par lui, soit en nouant avec lui des liens d'affaires réguliers qui permettent ainsi un réescompte « hors banque » – sans passer par la banque centrale –, une mobilisation auprès d'eux d'une bonne partie du papier de crédit – comme le fait la Banque de Bordeaux auprès de la BUP en 1899-1918, avant son rachat par le CCF.

La Société bordelaise peut trouver un refinancement à l'extérieur. La Place regorge d'argent et nombre de rentiers enrichis par les affaires ou par leurs revenus fonciers, qu'on appelle alors des « capitalistes », acceptent de « prendre en pension » du papier commercial – essentiellement celui des maisons de vin – ou financier escompté par la banque. La succursale de la Banque de France est la principale pourvoyeuse de fonds aux établissements du cru. Elle se montre plutôt généreuse dans l'octroi de son réescompte, mais exige de la banque, pour le papier financier à deux signatures, un dépôt de valeurs mobilières en guise de garantie (gage ou nantissement) de sa prise de risque au-delà de ses normes. L'appel de la Société bordelaise au réescompte oscille selon les échéances et le climat des affaires, avec des pointes en période de boum et au début d'un repli conjoncturel, quand les créances rentrent moins vite. Enfin, la banque trouve à se refinancer sur Paris, sous forme d'acceptations de banque, en particulier auprès du CIC.

Le recours à la banque centrale est certes moindre pour la Société bordelaise que pour Soula ou la Banque de Bordeaux, en raison de la prudence relative de ses dirigeants, qui veillent à ne pas franchir les bornes au-delà desquelles la liquidité et la qualité de ses engagements seraient menacées. Mais sa croissance peut se trouver bridée par cette insuffisance de fonds propres, alors même que la concurrence s'avive en Gironde et que les firmes clientes aspirent à gonfler leurs découverts. Une augmentation de son capital s'avère nécessaire après le boum des crédits de la Belle Époque. D'ailleurs, le changement de statut de Trincaud Latour-Soula en 1899 avec la création de la Banque de Bordeaux, et celui de Samazeuilh en 1913, avec le Crédit du Sud-Ouest, reflètent une tendance des grosses banques locales à se transformer en établissements plus solides, en sociétés anonymes au capital élargi à un actionnariat plus vaste. Quand ses affaires s'épanouissent avec la reprise de l'expansion, la Société bordelaise se trouve par conséquent confrontée à ce dilemme : comment continuer à croître sans élargir vigoureusement ses capitaux propres ? Mais la Place peut-elle vraiment immobiliser des sommes importantes dans le soutien d'une banque alors que tant de familles locales sont accaparées par le financement de leurs propres firmes ? Une question plus grave surgit aussi : Bordeaux dispose-t-elle d'une volonté réelle de consacrer de l'argent à l'élargissement du capital d'une société de crédit ? Y croit-on vraiment sur place ? N'avait-on pas déjà attendu une quinzaine d'années après l'enclenchement de la « révolution bancaire » pour lancer la Société bordelaise et celle-ci n'avait-elle pas dû faire appel à l'ensemble du pays pour rassembler les souscripteurs de son capital initial ? Nous nous garderons d'émettre la moindre hypothèse en guise de réponse à ces questions, puisque les archives n'indiquent aucune méditation de cette sorte.

Seule la Banque de France s'inquiète à plusieurs reprises dans la première décennie du XXe siècle de la taille modeste des fonds propres de la Bordelaise, qui avait réduit son capital nominal en 1885 quand le repli des affaires l'avait incitée à repousser toute idée de faire appel aux actionnaires pour « libérer » le capital non versé lors de la souscription de 1880. « Le capital de 5 millions est insuffisant pour les affaires à long terme que traite cette société (1901 et 1912) », car « sa clientèle se compose de maisons très importantes qui absorbent bien vite ses capitaux (1910) » ; « elle a eu tort de réduire son capital (nominal, de 20 à 10 millions en 1883, puis de 10 à 5 millions en 1885) qui se trouve aujourd'hui inférieur au chiffre des comptes des débiteurs (1900). » Les fonds propres de la banque n'évoluent que faiblement autour de six millions de francs entre 1900 et 1912, par une lente accumulation d'une modeste réserve (1,3 million en 1912). On constate une stagnation des fonds propres, qui procurent une couverture à peine insuffisante pour les emplois de moyenne durée (avances sur garanties et découverts en comptes courants) et de longue durée (portefeuille-titres, immeubles). La Société bordelaise ne reste pas inerte face au mouvement qui affecte les structures bancaires de la Place, car elle sait ne pas se confiner dans un chauvinisme girondin qui la condamnerait à un isolement nuisible à son expansion. Aussi décide-t-elle en 1913 d'accroître fortement le capital, de 5 à 12,5 millions de francs (de 16 à 40 millions d'euros), en faisant appel à son partenaire parisien, le CIC.

Les 7,5 millions de l'augmentation de capital de 1913 ne sont pas tous versés et seuls 2,5 millions d'argent frais sont fournis : 1,9 million par la libération d'une tranche des actions et 0,6 million de prime d'émission ; mais cela asseoit la banque sur des bases plus solides : avec les réserves, les fonds propres progressent de moitié entre 1900 et 1914 (jusqu'à presque 9 millions) et d'un tiers en francs constants ; la couverture des emplois moyens-longs s'améliore en 1913-1918. Pourtant, une détérioration se manifeste dans l'après-guerre, car l'inflation a rongé en fait les capitaux de la banque ; malgré leur doublement, les réserves ne suffisent pas à compenser la stagnation entre 1913 et 1924 du capital libéré. Aussi, en 1919-1924, la couverture des emplois moyens-longs est-elle précaire, ce qui a pu freiner la mobilité de la Bordelaise. Heureusement, de 1923 à 1928, l'actionnaire majoritaire et les dirigeants agissent avec lucidité ; la prudence – on dit aujourd'hui : les règles prudentielles – suggère de gonfler peu à peu les réserves, avec même le maintien du dividende en 1924 pour l'exercice 1923 à leur profit. Le CIC injecte l'argent par petites doses, au fur et à mesure de la libération des actions entre 1925 et 1927, avant une seconde augmentation de capital, entièrement souscrite cette fois, en 1928, jusqu'à 15 millions, chiffre maintenu jusqu'aux 20 millions de 1936. Globalement, les capitaux propres, alimentés par des réserves sans cesse grossies – elles sont multipliées par deux en francs courants de 1926 à 1935, de 5,5 à 10,5 millions de francs –, doublent en francs constants entre 1920 et 1935, de 9,7 à 37,7 millions de francs actuels (de 25,5 à 80,6 millions en francs courants). La banque recouvre alors son élasticité, grâce à une meilleure couverture de ses risques moyens-longs par les fonds propres : fonds propres et prise de risque progressent ensemble. L'inflation des années 1936-1939 et la modification de la taille de la banque expliquent ensuite la dégradation de la veille de la Seconde Guerre.

3. Une seconde arme : l'appui du CIC

Le rapprochement entre le CIC et la Société bordelaise s'inscrit dans le cadre d'une stratégie raffermie, en un moment historique de l'évolution du CIC lui-même. Depuis les années 1860-1880, le CIC avait délaissé son dessein d'entretenir une confédération de banques provinciales ; la Société lyonnaise avait acquis une large autonomie, le Crédit du Nord et la Société marseillaise avaient même rompu avec leur parrain et affirmé leur indépendance. Or, dans les années 1910, le CIC s'engage sur la voie de la constitution d'une confédération bancaire interrégionale, avec une philosophie souple :

> Il a préféré nouer des relations de plus en plus intimes avec les banques régionales, « filles, sœurs et amies », ayant capital et gestion distincts, une personnalité, un tempérament, connaissant de longue main leur clientèle à laquelle elles sont étroitement unies. Ces établissements libres, bien que moralement, et au besoin, effectivement, groupés, n'en sont pas moins, pour leur sûreté mutuelle, divisés en compartiments étanches, laissant intacte leur

individualité, tout en travaillant, le cas échéant, en collectivité raisonnée et pratique.[13]

Cette stratégie est conduite avec vigueur dans les années 1920 jusqu'à son point culminant de 1932 (en Alsace, dans le Centre-Ouest, etc.) ; l'accord avec la Société bordelaise en est l'un des premiers jalons ; d'ailleurs, en 1921, la Société lyonnaise de dépôts elle-même renoue des rapports intimes avec le CIC. Selon la démarche suivie tout de suite après la Première Guerre mondiale pour Dupont ou d'autres banques – entre 1913 et 1926, le CIC entre dans la Société nancéienne, dans la Société alsacienne de CIC, la banque Dupont, la Société normande de banque, la banque Scalbert, la Société lyonnaise de dépôts, le Crédit nantais, le Crédit havrais, la Banque régionale de l'Ouest[14] –, le CIC participe à une augmentation du capital et affirme une tutelle humaine et morale, ainsi que son ferme appui financier.

Le dessein du CIC coïncide avec la sauvegarde des intérêts immédiats de la Société bordelaise. En effet, la Place est agitée en 1911-1912 par les tourments endurés par Samazeuilh ; à Paris même, les incertitudes sur le destin diplomatique de l'Europe et les aléas de la récession de 1913 ne sont pas sans perturber le marché de l'argent, avec, en particulier, une ruée sur les dépôts de la Société générale. Même si le bilan de la Société bordelaise est sain, si aucun document – ni à la banque, ni à la Banque de France qui suit la vie de la Place avec discernement et précision – n'évoque quelque émoi que ce soit parmi sa clientèle, on peut imaginer que ses dirigeants ont senti « passer le boulet » avec la crise de Samazeuilh : il ne reste en effet plus de banque girondine d'envergure qui ne soit pas liée à un établissement parisien. La roue de l'infortune ne va-t-elle pas entraîner la Bordelaise elle-même, si ses déposants perdent confiance en elle et sentent que sa liquidité peut être menacée par la poussée de ses découverts et de ses engagements ? Son crédit est en jeu, même si sa renommée ne semble pas mise en cause : « C'est dans des épreuves comme celles qui assaillent la Société bordelaise depuis 18 mois [donc depuis juin 1912] qu'on apprécie tout particulièrement la valeur des hautes compétences commerciales qui composent son Conseil. »[15] Le fait que l'augmentation de capital de 1913 ne soit que partielle, avec seulement l'appel du quart de

---

[13]   *Le Moniteur industriel, économique, commercial, financier*, 17 mai 1919.

[14]   Cf. H. Bonin, *Les banques françaises de l'entre-deux-guerres*, Paris, PLAGE, 2000. Cf. la plaquette du 125ᵉ anniversaire du CIC, *De la Société Générale du Crédit Industriel et Commercial au Groupe CIC, 125 ans de banque*, 1984.

[15]   Lettre de Charles Georges-Picot, dirigeant du CIC au conseil d'administration de la Société bordelaise, 28 décembre 1913 (archives du CIC, dossier Correspondance avec la Bordelaise).

la somme (1,875 million ; 2,475 millions avec la prime d'émission, soit 8 millions d'euros), prouve que l'enjeu est moins financier que psychologique : la Société bordelaise a besoin de proclamer ses liens avec son parrain. Le patronage du CIC est un bouclier efficace pour repousser tous les doutes et pour protéger le crédit de la banque ; en effet, sa surface financière est imposante puisque la Société bordelaise ne pèse en 1913 que 7,4 % par rapport à lui pour le portefeuille-effets, 10,1 % pour les crédits moyens, 5,5 % pour les dépôts et 9,4 % pour le bénéfice net.

C'est la Société bordelaise qui sollicite le CIC et se trouve en position de demandeuse : lors de longues discussions et de nombreux échanges de lettres, en mars-juin 1913, celui-ci pose ses conditions et négocie pied à pied la définition de ses pouvoirs au sein de la banque, car il ne veut pas engager son renom sans pouvoir contrôler l'activité de son partenaire. Il exige en particulier une refonte partielle de la tenue des comptes, pour mieux isoler les découverts. Grâce à l'entregent des deux négociateurs Louis Léon, vice-président, et Alphonse Denis, notabilité renommée tant à Paris qu'à Bordeaux, auprès du président du CIC Albert de Montplanet, les Girondins parviennent à sauver les apparences et à garder quelque temps les fonctions présidentielles, ce qui permet aux conseils du CIC, le 17 juin 1913, et de la Société bordelaise, les 19 juin et 10 juillet, d'approuver l'accord. Une assemblée générale le ratifie le 14 octobre 1913, l'augmentation du capital se réalise aussitôt le 15 octobre. Ainsi, juste avant sa mort en décembre 1913, le président Tastet a réussi à consolider l'assise de la Société bordelaise[16]. Si le CIC est consacré comme l'actionnaire clé de la Société bordelaise, il n'éprouve pas le besoin de conserver le contrôle à 60 % qu'il a acquis en 1913, et se défausse de quelques lignes de titres en 1927, pour redescendre à 40 % du capital, ce qui lui suffit, face à un actionnariat fragmenté, à assurer son contrôle sur la banque, qu'il renforce lorsque, en 1928, une modeste augmentation du capital de 12,5 à 15 millions s'effectue par l'émission d'actions à vote plural réservées aux détenteurs d'actions nominatives, c'est-à-dire lui-même et quelques administrateurs du CIC et de la Société bordelaise.

Alors qu'un seul de ses représentants figurait au Conseil de la Bordelaise (généralement son président, Durrieu, puis Gay en 1889), le CIC obtient que quatre sièges lui soient affectés au sein du conseil

---

[16] « J'ai à vous remercier et à vous féliciter tout particulièrement de l'intelligence, du tact, de l'abnégation pleine de bonne grâce, avec lesquels vous avez travaillé à resserrer, entre nos deux établissements, les liens anciens que le temps avait relâchés », lettre de C. Georges-Picot à Tastet du 13 octobre 1913. À propos de Tastet : « Sa connaissance approfondie des affaires de la Société [...] constituait un capital qu'aucune augmentation de capital ne peut remplacer », lettre de Georges-Picot au Conseil de la Bordelaise, 28 décembre 1913 (archives de la Bordelaise).

d'administration, dont une vice-présidence dès la retraite d'un des deux vice-présidents en place : le président Montplanet, le vice-président Paul Desvaux, Fernand Monvoisin et le directeur général Charles Georges-Picot deviennent ainsi administrateurs de la banque. Plus significative encore est en novembre 1913 l'accession à la présidence de la Bordelaise du président du CIC, car Tastet, avec abnégation, consent à s'effacer devant son parrain renommé : Tastet, Léon et Magne forment un trio à la vice-présidence, tandis que Montplanet devient président et le reste de 1913 à 1926, avant que lui succède Charles Georges-Picot, vice-président du CIC, puis, après son décès accidentel en 1930, Henri Thélier, devenu entre-temps président du CIC, et enfin Edmond Lebée, directeur et, en 1936, vice-président du CIC (et son président en 1952-1967) : il préside la Société bordelaise de 1936 à 1972.

Au-delà des apports financiers et psychologiques, le CIC procure des opportunités d'affaires, en favorisant une collaboration entre les banques de son « groupe ». Il se substitue souvent à la Banque de France pour réescompter le papier de la Société bordelaise. Celle-ci avait l'habitude d'obtenir de certaines banques parisiennes des sous-participations dans les syndicats d'émission de valeurs mobilières, mais, dans les années 1880-1900, le CIC n'était qu'un correspondant parmi plusieurs autres et rechignait même à partager des opérations avec sa filleule. Ces réticences disparaissent après 1913 et nombre d'opérations sont mises en commun, non seulement lors d'émissions, mais aussi pour des ouvertures de crédits, ce qui, paradoxalement, par le biais de la filiale d'Alsace-Lorraine du CIC, lui ouvre l'accès à Cordier & Cie, négociant en vins de Toul établi sur Bordeaux depuis peu. À l'inverse, la Société bordelaise fait porter par le CIC des parts de crédits trop volumineux pour elle, en un sain partage des risques, comme, en 1920, pour Carde (matériels en bois et en métal) ou Dyle & Bacalan (construction aéronautique), ou obtient des dépôts de son parrain pour alimenter ses ressources et nourrir son escompte.

Le CIC met à sa disposition enfin ses outils de travail : elle utilise son agence de Londres, pour placer des fonds ou obtenir des livres : « Certaines ouvertures de crédit accordées jusqu'ici sous forme de découverts de caisse ou d'escompte de valeurs à divers industriels ou négociants de la Place de Bordeaux, ont pris dernièrement la forme de crédits d'acceptations en livres accordés par le CIC (agence de Londres) à la Société bordelaise, pour 100 000 livres. »[17] Son service du contentieux pour certaines affaires délicates ; mais ne recourt pas à la filiale de crédit à moyen terme, l'Union des banques régionales, bien qu'elle en souscrive des obligations par solidarité, lors de sa création en 1929.

---

[17]   Procès-verbal du conseil d'administration du 31 juillet 1924.

*

La banque entre esprit d'entreprise régional et parrainage parisien

Alors qu'une vive concurrence se développe, tant de la part de banquiers locaux qu'au travers de l'implantation de grandes banques nationales, voire anglaises, la Société bordelaise s'appuie sur ses ressources propres, qui consacrent l'utilité de la création de cette « société anonyme » dès 1880, en précurseur sur la Place ; elle bénéficie aussi du parrainage de son tuteur parisien, le CIC, qui cimente peu à peu une confédération bancaire en province. Ainsi consolidée, la banque, qui « jouit, du fait de cette alliance, d'un crédit indiscutable »[18], peut proclamer sa foi en son avenir : « Nous avons ainsi fortifié nos assises, augmenté nos moyens d'action et resserré nos liens avec le CIC [...]. De notre entente intime avec ce puissant établissement, nous avons lieu d'espérer les meilleurs résultats. »[19]

---

[18] Rapport de l'Inspection de la Banque de France à la succursale de Bordeaux du 7 janvier 1914.

[19] Rapport du conseil d'administration du 28 mars 1914.

CHAPITRE VII

La Société bordelaise et l'épargne (des années 1890 aux années 1940)

La Société bordelaise dispose d'une force vigoureuse en argent, en prestige et en crédit ; son rayonnement s'appuie sur une direction bien assise dans son terroir et peu à peu structurée : elle peut repartir à l'assaut du marché, dès que la Grande Dépression et ses séquelles girondines se sont dissipées. Elle bénéficie de surcroît de l'expérience acquise au travers des tensions de ses premières années, ce qui la rend plus vigilante dans sa combativité. Riche de ce capital, la maison met en valeur ses savoir-faire et diversifie ses métiers de banque commerciale. Sa gamme de crédits l'insère dans cette « révolution du crédit » qui s'épanouit entre 1852 et 1930 et qui prospère grâce à l'élan de la prospérité girondine, à l'expansion du négoce et à l'industrialisation des années 1900-1930. Cependant, elle ne se pose pas en « banque d'affaires » vivant de son capital, de ses fonds propres ou d'emprunts à long terme sur le marché financier, comme Paribas ou la Banque de l'union parisienne ; elle a donc besoin d'une masse de dépôts lui procurant les ressources étayant ses crédits : il lui faut amplifier son œuvre de séduction de l'épargne liquide de la Place, celle des entreprises et des familles aisées. Mais celles-ci fournissent aussi un champ d'activité fructueux pour le placement de valeurs mobilières : fidèle aux principes de sa création, la Bordelaise s'affirme comme un intermédiaire efficace entre le marché financier national et l'épargne girondine.

1. La Société bordelaise et l'argent de la Place

Tant d'opérations et services bancaires nous semblent évidents à une époque où la « bancarisation » est si avancée qu'on négligerait la contribution qu'ont pu apporter les banques au progrès de la gestion de l'argent dans les premières décennies du XXe siècle, quand être client d'une banque représentait encore une audace psychologique. Aussi la conquête d'une clientèle de déposants est-elle délicate, car la majorité des Français ne voit guère l'intérêt de recourir à un établissement de crédit pour déposer leur épargne : les Caisses d'épargne suffisent souvent, les maisons de banque locales inspirent une grande confiance, les banques familiales animent leurs noyaux de clients fidèles, le Trésor et ses antennes (Trésorier payeur général, receveurs, etc.) captent une partie des liquidités des ménages : toute une propagande doit donc être accomplie en faveur de l'ouverture d'un « compte courant de dépôt ». La banque cherche aussi à séduire les entreprises, qui « domicilient » chez elle leur « mouvement d'affaires » et la chargent ainsi de réaliser toutes leurs opérations bancaires courantes. Elle affiche ses fonctions de gestionnaire des « moyens de paiement » des entreprises et familles, de collectrice et gardienne de leurs disponibilités, en une contribution active de la banque de dépôts à la circulation de l'argent.

Publicité de la Bordelaise

Opérations traitées par la Société bordelaise :
- ouverture de comptes-courants et de comptes de dépôts
- dépôts de fonds à vue et à terme
- encaissement et escompte d'effets de commerce
- domiciliations et opérations documentaires
- délivrance de chèques, traites et lettres de crédit sur la France et l'étranger
- achat et vente de devises et monnaies étrangères

Domiciliations

La Société bordelaise attire tout particulièrement l'attention des commerçants et industriels sur ce service spécial qui permet à toute personne titulaire d'un compte-courant de régler ses échéances avec le minimum de frais et de perte de temps sur un simple avis adressé cinq jours (deux jours en 1930) à l'avance, donnant le détail des traites tirées sur elle à une échéance déterminée.

Chèques

La Société bordelaise délivre des carnets de chèques à tout titulaire d'un compte-courant ou d'un compte de dépôt. Ce mode de règlement se recommande par sa simplicité et la sécurité qu'il offre en évitant toute possibilité de vol si l'on a soin de barrer les chèques remis en paiement, conformément à la loi.

Marché des changes

La Société bordelaise, bien placée par ses relations bancaires en France et à l'étranger pour suivre les mouvements du marché des changes, peut offrir à sa clientèle les meilleures conditions pour achats ou ventes de devises au comptant ou à terme, ou pour toutes opérations relatives au règlement des transactions commerciales de sa clientèle avec l'étranger.[1]

Pourtant, la Bordelaise n'est pas une grande banque de dépôts, car l'envergure de sa collecte ne la hisse pas au niveau des grosses banques régionales de l'Est, du Nord ou de Marseille. Jusqu'au milieu des années

---

[1] Feuillet de publicité de la Société bordelaise en 1925, republié en 1930.

1930, son choix stratégique de refuser l'ouverture de guichets restreint sa clientèle aux entreprises girondines (ou landaises, pour le bois et les résineux) clientes et aux bourgeoisies aisées bordelaises, sans changement par rapport aux deux décennies initiales. Les sommes inscrites aux comptes courants créditeurs, ceux qu'alimentent les liquidités des firmes, dépassent constamment le montant des simples dépôts. La banque élargit ceux-ci grâce à la progression des disponibilités de ses clients et peut-être aussi parce qu'elle a su rassurer la clientèle potentielle, en résistant aux diverses secousses qui ont ébranlé la Place et fait chuté des consœurs (Piganeau, Samazeuilh) et surtout en bénéficiant du patronage du CIC. Le drainage de l'épargne liquide s'accélère, avec plus qu'un doublement du total des dépôts entre 1900 et 1910 (jusqu'à une douzaine de millions de francs (38 millions d'euros), puis un quadruplement en francs courants et un gain des trois quarts en francs constants entre 1910 et 1919, qu'explique aussi le gel des investissements et dépenses des sociétés clientes pendant la guerre, ce qui gonfle leur argent liquide : la maison capte alors quelque 72 millions de francs de dépôts (231 millions d'euros). En revanche, l'inflation ronge leur valeur, et le gain en argent courant ne peut dissimuler la chute des deux cinquièmes en francs constants entre 1919 et 1928 ; ce repli n'est pas compensé par la stabilisation monétaire de 1926-1928 et la disparition de l'inflation jusqu'en 1936.

Le « matelas » de la banque se dégonfle, sa réserve d'argent frais pour financer l'escompte : après un premier maximum en 1928 à 89 millions (285 millions d'euros), la collecte s'effrite, avant même la crise – 75 millions en 1930 (240 millions d'euros) –, et la banque n'échappe pas au marasme des années 1930, jusqu'aux 67 millions de 1935 (214 millions d'euros). La Bordelaise a mal résisté aux assauts des grands établissements de crédit parisiens, qui raflent une masse de dépôts en Gironde, grâce à leur renommée et à leur réseau, alors qu'elle-même se cantonnait dans une clientèle géographique et sociologique somme toute réduite, ce qui revenait à fixer comme un plafond à ses ressources liquides. Mais ce choix correspond à une volonté stratégique et, surtout, ne nuit en rien au financement de l'escompte : le rythme d'évolution des dépôts accompagne celui du portefeuille-effets, sans décrochage, en particulier pendant l'ultime boum conjoncturel des années 1920.

2. La Société bordelaise et l'argent de l'épargne

Un métier clé de la Bordelaise est le placement d'actions et d'obligations auprès d'une clientèle de bourgeois aisés, qui aspirent sinon à « vivre de leurs rentes » en « tondeurs de coupons », du moins à diversifier leurs placements et à compléter leurs revenus. Si la banque a abandonné le projet initial de se constituer un ample portefeuille financier à cause de la crise boursière des années 1880, elle n'en conserve pas moins le métier qui consiste en ce qu'on appelle alors « les opérations capitalistes », c'est-à-dire le rôle d'intermédiaire entre la Bourse et les épargnants qui disposent d'un capital suffisant pour en investir une fraction en valeurs mobilières. L'une des missions de la « révolution bancaire » est précisément d'utiliser ces banques nouvelles pour attirer l'épargne ensevelie dans la thésaurisation et pour la mettre au service de la croissance des entreprises. À son échelle, modeste par rapport aux grandes banques nationales, la Bordelaise assume une part de cette mission : les banques régionales et locales labourent l'épargne provinciale pour y semer l'esprit « capitaliste ».

Dès sa création, la Bordelaise a profité du boum boursier parisien. Ses parrains de la capitale – CIC, Société de dépôts & de comptes courants, Banque d'escompte de Paris, complétés, vers 1904, par le Syndicat des banquiers de province constitué autour du CIC –, lui avaient offert un strapontin dans les « syndicats » d'émission constitués par la communauté bancaire pour le placement auprès de leurs correspondants et de leur clientèle et pour la garantie du succès de ce placement, ce qui rapportait à la banque, à chaque fois, un bénéfice : un modeste pourcentage sur la somme en jeu et la différence entre le prix d'achat des titres, à un prix réduit, et leur prix de vente, ce qui permettait de réaliser, pour certaines opérations moyennes-grosses, entre 10 000 et 30 000 francs de profits, dont l'accumulation offrait de coquets bénéfices. Sa première grande opération financière avait été le placement de titres de l'emprunt anglo-indien placé en France, pour lequel elle avait obtenu une sous-participation. Comme Bordeaux était intimement liée à l'outre-Atlantique, la banque s'était occupée de plusieurs affaires d'Amérique latine, comme, dans les années 1880-1882 : le chemin de fer Brasilian Imperial Central Bahia, les Mines d'Aguilas, le chemin de fer Rio Grande do Sul ou, en 1906-1907, l'État de l'Amazonie. L'opération la plus connue avait été le placement des obligations de la Compagnie du canal de Panama, que Ferdinand de Lesseps avait constituée pour renouveler son succès de Suez : la Bordelaise avait pris quelques centaines de titres dans le syndicat de garantie en 1882 puis encore en 1886.

Après le tassement imposé par la Grande Dépression, les opérations capitalistes reprennent peu à peu à l'orée du XXe siècle, sans que le détail en soit bien connu. On ne voit apparaître qu'un seul emprunt russe, en 1905, mais la banque est un bon outil de placement pour les valeurs publiques, comme les titres du Crédit national dans l'entre-deux-guerres, ou ceux de l'État : emprunt de 1881 à 3 %, dont elle place 2,6 millions de francs, ce qui lui laisse un profit brut de 60 000 francs (soit 2,3 %), emprunts de la Première Guerre mondiale, etc. La Bordelaise, comme ses consœurs, parvient, « en groupant autour d'elle ses clients et amis », à entretenir un réseau de relations capable d'absorber l'offre de titres disponibles. Elle compte sur sa seule force d'attraction intrinsèque, sur le « capital social » de ses dirigeants et administrateurs et sur le bouche à oreille qui fonctionne entre ses clients, car elle se refuse, avant 1914, à se doter de démarcheurs chargés d'aller prospecter la clientèle potentielle et à lui proposer de souscrire des titres. Elle se sert aussi de ses correspondants, les petites maisons de banque locales qui séduisent l'épargne de familles de leur environnement immédiat.

Tandis qu'elle sert de courroie de transmission au marché financier parisien auprès de l'épargne girondine, la Bordelaise entreprend de collaborer à l'épanouissement des initiatives régionales, en diffusant les titres émis par des sociétés locales. C'est d'abord son « nom », donc son renom et son crédit, qu'elle met au service de la communauté des affaires quand elle accepte de le voir figurer au bas des prospectus d'émission de valeurs, ce qui suppose, aux yeux des souscripteurs, que la firme ainsi patronnée est de bon aloi : « La Bordelaise doit offrir tout son concours et toute son influence à une entreprise locale honorable et utile. »[2]

L'administrateur délégué de la Société bordelaise de navigation [propose] que l'on pourrait traiter avec lui pour garantir la souscription de deux millions d'actions de la SBN. Le président ne pense pas qu'il puisse entrer dans les vues de la Bordelaise d'immobiliser surtout à ses débuts, une portion de son capital ; qu'en conséquence, il ne croit pas qu'elle puisse accepter une combinaison qui pourrait avoir pour résultat la prise ferme d'un million d'actions. Mais, d'un autre côté, la Bordelaise doit offrir tout son concours et toute son influence à une entreprise locale honorable et utile.[3]

Elle recueille les souscriptions à son agence, comme en 1912 pour la Société des nouveaux agglomérés-combustibles de Bordeaux ; elle se montre prête à soutenir le projet de Société du pont transbordeur préparé en 1910. Plus avant dans l'engagement est la prise ferme d'un paquet d'actions ou d'obligations, qu'elle se charge de replacer au sein de sa clientèle, quitte à en conserver par-devers elle si celle-ci tarde à les acheter ; elle agit en prenant mille titres au sein du syndicat de garantie de l'émission de 3 000 actions nouvelles de la firme de conserves alimentaires Rödel en 1925 ; elle prend ferme trois millions de francs sur les cinq millions de bons émis par Carde en 1918.

Elle ajoute à ce soutien l'achat pour elle-même de titres. Comme elle rejette la « banque mixte » et n'est en rien une banque d'affaires, un « crédit mobilier », c'est surtout un acte symbolique destiné à prouver à

---

[2]   Procès-verbal du conseil d'administration du 6 juillet 1880.

[3]   *Ibidem.*

la Place qu'elle a une vive confiance dans l'entreprise qui sollicite le marché. À peine créée, en août 1880, elle avait négocié avec la firme réputée de fabrication de porcelaines de luxe Vieillard, installée aux Chartrons, le montage d'une émission d'obligations pour 1,4 million de francs sur cinquante ans ; elle lui avait rapporté 40 000 francs de bénéfices bruts, soit 2,86 %, et 34 000 francs nets ; ses propres administrateurs s'étaient empressés de prendre 1 200 titres, elle-même en conservant 1 600 en attendant que se constitue une clientèle suffisante pour les absorber. Plus tard, elle souscrit une part de 25 000 francs en 1908 dans la société en formation Compagnie coloniale de l'Afrique française, anciens établissements Ch. Peyrissac[4], ou, en 1905, dans la Société d'entreprises et de travaux du Sud-Ouest. Elle exerce par conséquent une sorte de patronage bancaire, moral et financier, sur la Place ; plus que l'immobilisation de fonds, c'est son nom, son crédit, qu'elle met en jeu. Elle ne se constitue pas en effet un portefeuille-titres réellement vivant et riche, puisque sa valeur en francs constants stagne pendant toutes les années 1900-1940. Aussi est-elle appelée à dialoguer d'institution à institution avec les grosses affaires de la Place. Les banques s'arrachent la clientèle de la Chambre de commerce ; la Bordelaise obtient cette consécration dès 1882, avec Piganeau et le Trésor, en 1883, en 1887 et en 1898 ; mais elle se voit évincée d'autres émissions en 1885 ou en 1893, au profit du Crédit foncier dont les « conditions » sont meilleures que les siennes : la concurrence est vive entre les établissements parisiens et bordelais pour obtenir les « opérations capitalistes » des firmes solides.

Ainsi, la Société bordelaise courtise assidûment une grosse cliente, la Compagnie nouvelle d'éclairage et de chauffage par le gaz. Créée en 1884 et animée par des notabilités de l'économie bordelaise (un entrepreneur de travaux publics, un homme de presse, Ernest Lavertujon, son président), elle exploite dans l'entre-deux-guerres nombre d'usines et de réseaux dans le cadre de concessions accordées par des communes du grand Sud-Ouest, de Loudun, La Roche-sur-Yon ou Parthenay à Saint-Jean-de-Luz ou Dax. La Bordelaise est le serviteur fidèle de cette société, puisqu'elle place à plusieurs reprises ses obligations au sein de sa clientèle et en souscrit quelques-unes unes, en « ticket » symbolique montrant sa confiance dans la firme, comme en 1906 lorsqu'elle achète 50 des 12 000 obligations qu'elle place, ou en 1911 pour une émission de 1,5 million de francs. Elle est le « chef de file » des émissions de la firme dans l'entre-deux-guerres, avant de rétrocéder des sous-participations à la BNC, au CCF et à la Société générale, en 1927, ou en 1928

---

[4] Cf. Pierre Guillard, « Vie et mort des sociétés commerciales coloniales bordelaises de la côte occidentale d'Afrique : Peyrissac (1847-1963) », thèse de troisième cycle, Histoire, Université de Paris 7, 1988 (non publiée).

pour quatre millions de francs ; puis la BNC reste seule chef de file pour les 12 millions levés en 1930, à cause d'un changement dans le contrôle de la Compagnie au profit d'un groupe parisien.

L'augmentation de son savoir-faire, de son efficacité dans le placement et dans la mobilisation d'une clientèle d'épargnants souscripteurs explique sa réputation. Sans prétendre rivaliser avec la force de placement des grandes banques nationales, la Bordelaise contribue à la mobilisation de l'épargne locale thésaurisée, même si les archives ne procurent aucun renseignement chiffré avant la fin des années 1930, où elle place chaque année quelques dizaines de millions d'euros actuels. L'animation des patrimoines de ses clients est complétée par la gestion d'un portefeuille de placements propre à la banque, qui le reconstitue quand le souvenir des krachs boursiers des années 1880 s'estompe. Parfois, les disponibilités sont telles dans les caisses qu'il devient possible d'immobiliser temporairement des fonds en valeurs mobilières, sans nuire aucunement aux règles de la liquidité, d'autant plus que les revenus de ces placements renforcent les bénéfices d'exploitation.

Comme ces « opérations capitalistes » s'amplifient, la Bordelaise doit étoffer son Service Titres. C'est que les banques exercent des fonctions tertiaires de plus en plus diversifiées, par la gestion administrative des flux et stocks d'argent mis en jeu par le fonctionnement du marché financier. La Bordelaise assure le « service financier » des titres pour les entreprises sont « domiciliées » chez elle, qui l'ont déclarée responsable (souvent co-responsable, avec des consœurs) de la tutelle de ces valeurs : surveillance de leur propriété ; transfert de celle-ci en cas de vente ; payement des coupons (dividendes, intérêts) ; remboursement des obligations venues à échéance ; conversion des titres lorsque le montant nominal des actions est réduit, lorsque le taux d'intérêt des obligations est diminué, etc., ainsi que, dans sa « resserre », la « garde des titres » que leurs détenteurs ne souhaitent pas conserver chez eux. Pour toutes ces tâches, elle perçoit une commission annuelle. À cela s'ajoute la garde des titres que les sociétés déposent à la banque, quand celle-ci leur octroie des « avances sur titres », ceux-ci servant de garantie à la bonne fin de l'emprunt.

Au profit de la clientèle des épargnants, le service Titres réalise toutes les opérations de Bourse, par le biais d'un agent de change local : André Chalès, puis, à sa retraite en 1920, son successeur René Lostie de Kerhor, enfin, en 1927 son fils Guy Lostie de Kerhor. La banque assure la garde des titres ; elle distribue les prospectus annonçant les émissions de valeurs et toutes les informations concernant la vie d'un titre. Elle offre aussi un abri sûr pour les titres que leurs propriétaires conservent mais qu'ils préfèrent mettre en sécurité, contre les voleurs ou l'incendie, dans les coffres de la Bordelaise. Aux coffres destinés seulement à la conservation des titres confiés par les sociétés, se substitue donc une véritable salle des coffres, construite en souterrain en 1896 (pour 30 000 francs), ce qui permet de louer des coffres aux particuliers. Peu à peu, le service Titres grossit. Il faut d'abord assurer sa gestion administrative. C'est dans ce service que des femmes font leur apparition à la banque, pour traiter les tâches répétitives que constituent le détachement des coupons, l'inscription en plusieurs exemplaires des opérations comptables liées à celui-ci, etc. : deux femmes sont ainsi embauchées en 1911 (payées 3 francs par jour), une troisième en 1912 (payée 3,25 francs). Il faut veiller à la qualité et à l'honnêteté des écritures qu'il réalise, d'où la nomination d'un contrôleur, d'un inspecteur, à cause de « l'augmentation toujours croissante des dépôts de titres et la nécessité d'établir d'une manière permanente le contrôle de ce Service ». Ainsi consolidé, le service Titres constitue un atout de la Bordelaise, qui peut résister à la concurrence de consœurs bien équipées elles aussi : il est même un « service-phare », utilisé dans la publicité.

Le service Titres, un service phare

Opérations traitées par la Société bordelaise
- garde de titres
- encaissement de coupons et de titres amortis
- toutes opérations sur titres, vérification des tirages
- assurance contre la non-vérification des tirages
- assurance contre le remboursement au pair
- exécution d'ordres de bourse en France et à l'étranger
- location de coffres-forts particuliers

Titres et coupons

Tout ce qui concerne la gestion de la fortune mobilière de la clientèle, placements temporaires ou à long terme, achat et vente de titres, garde de titres, encaissement de coupons, est l'objet des soins d'un des directeurs qui examine les cas particuliers sur lesquels la clientèle désire le consulter.

Coffres-forts particuliers

La société a apporté tous ses soins à l'organisation des coffres-forts loués à la clientèle. La direction s'est surtout préoccupée des clients qui détachent eux-mêmes les coupons des titres qu'ils ont dans leur coffre et elle a tout organisé pour que ceux-ci trouvent à la Société bordelaise, la discrétion, la sécurité et le confort qu'ils sont en droit d'exiger.

Discrétion

Des cabines particulières gratuites permettent au client de s'isoler de façon à ne pas être exposé aux regards du public qui fréquente les coffres pendant tout le temps où il effectue son travail de détachement.

Sécurité

Une boîte mobile fermant à clef, et épousant la forme du coffre, peut être fournie au client, de façon à ce que celui-ci puisse se faire transporter tous ses titres par le garçon du coffre à la cabine sans risquer de perdre aucun papier. D'autre part, le travail du détachement [du coupon] étant fait dans une cabine, si un papier tombe par terre, il ne peut être emporté par un courant d'air, comme cela peut avoir lieu à une table dans la galerie, et une fois le travail fini, tous les papiers peuvent être réunis dans la boîte mobile avant de quitter la cabine.

Confort

Le client est chez lui dans la cabine d'isolement. Il y trouve : porte-manteau, porte-parapluies, lumière électrique, chaise, table, nombreuses tablettes destinées à faciliter le classement des titres et coupons, sonnette pour appeler le garçon, téléphone avec le service des coupons, permettant de demander le prix net d'un coupon, lavabo à proximité. Il peut retenir à l'avance une cabine pour l'heure et la durée qui lui convient.[5]

*

L'apprentissage des métiers de la gestion de patrimoine

La Société bordelaise ne travaille pas dans le cadre d'une « économie de masse ». Elle souhaite disposer d'une clientèle choisie, qui lui laisse ses liquidités en dépôt, en particulier les entreprises girondines. Plus qu'un énorme « mouvement d'affaires » qui lui ferait gérer de gros « moyens de paiement », cette banque locale préfère mettre en mouvement l'épargne thésaurisée de ses clients bourgeois fidèles, en les incitant aux « opérations capitalistes ». Ses métiers sont de précision, que ce soit la promotion et la gestion des valeurs mobilières ou que ce soit le soutien des firmes clientes par une politique de crédit marquée par une certaine prise de risque. Cette maison symbole de l'acclimatation de la deuxième révolution bancaire en région y enracine également la gamme de savoir-faire du métier de banque de gestion de patrimoine et de gestion de fortune (pour les familles huppées), en court-circuitant les notaires, les conseillers privés, les correspondant des maisons de Haute Banque ou même les agences bordelaises des banques anglaises.

---

[5] Feuille publicitaire de la Bordelaise en 1925, reprise dans la plaquette du cinquantenaire en 1930.

CHAPITRE VIII

La Société bordelaise et l'argent des affaires

Épaulée par le CIC et forte d'une expérience acquise au fil des ans, la Société bordelaise maîtrise avec aisance ses métiers de gestionnaire des moyens de payement, de collectrice de l'épargne et d'intermédiaire pour sa mobilisation au profit du marché financier. Mais sa prospérité repose sur la base d'une clientèle d'entreprises large et variée, avec lesquelles elle a affiné son art de distribuer tous les styles de crédits. Il faut donc reconstituer l'insertion de la maison dans le monde des affaires girondin et apprécier sa capacité à affronter les tensions de la concurrence et de la conjoncture, à résister aux secousses subies par les firmes clientes et par la Place : a-t-elle réussi à bien gérer l'argent confié par les déposants et les actionnaires, à bien faire « travailler » cet argent ?

1. La Société bordelaise, banque locale de crédit

La Société bordelaise ne fait pas des métiers de collecte de l'épargne le cœur de son action ; elle n'agit pas comme une banque d'affaires ou une maison de Haute Banque, pour qui la gestion de patrimoine est essentielle, ni comme les agences des grandes banques de dépôts qui, sur Bordeaux, se montrent très actives dans le placement de valeurs mobilières, grâce à leur puissance au sein des syndicats d'émission, de garantie et de placement et à l'ampleur de leur réseau. Ce n'est pas non plus le métier de banque de dépôts qui l'intéresse vraiment ; pour elle, les dépôts sont souvent le seul solde créditeur créé par le mouvement des comptes des sociétés clientes, des familles qui en sont propriétaires ou des cadres de ces firmes. La vocation première de cette banque locale est d'être une « banque de crédit » et une « banque des entreprises » : son métier de base, c'est le crédit à plus ou moins court terme, par l'escompte et le découvert.

A. Une conjoncture porteuse

Elle est d'autant plus portée à cette spécialisation que, par rapport aux deux dernières décennies du XIXe siècle, elle peut élargir sa clientèle ; sa chance est le renouveau de la Place où elle exerce ses métiers. L'économie locale profite de la vague conjoncturelle qui porte la croissance française entre 1900 et 1930, de l'essor de la seconde révolution industrielle à partir du tournant du XXe siècle, mais aussi du renouveau de l'activité commerciale et industrielle sécrétée par un port actif et moderne. Désormais, l'expansion de la Bordelaise n'est plus bridée, comme pendant la vingtaine d'années précédente, par un environnement glauque. Même si la Gironde semble avoir tardé à s'extraire de la Grande Dépression du dernier cinquième du XIXe siècle, Bordeaux est animée par un esprit entrepreneurial qui rompt avec la morosité antérieure et rappelle les initiatives des années 1830-1870 ; dorénavant, le conseil d'administration de la Bordelaise et la succursale de la Banque de France se réjouissent de l'évolution des affaires, surtout à partir de 1903 ; les plaintes s'estompent, ce qui dissipe les miasmes des contentieux des années 1880-1890 : « Nos affaires continuent leur marche normale et régulière. »[1]

La maison n'éprouve plus de difficultés financières, et son recours au réescompte de la Banque de France reste souple, sans « engagements » durables. Certes, des tensions apparaissent, comme lors de la petite récession de 1908, vite dissipée quand les vins profitent d'une forte hausse de leurs prix en 1910 ; ou lors d'une surchauffe des affaires qui conduit les firmes à un surendettement en 1911-1912, lui aussi effacé à la veille de la guerre. Celle-ci bouscule comme partout la vie commerciale et financière. Mais sa position géographique fait de la Gironde une base de repli pour l'économie, l'industrie et le port prospèrent : la maison ne pâtit guère du conflit, comme ses consœurs proches du front ; l'une d'elles, Dupont, une banque de Valenciennes, ouvre une agence à Bordeaux, suivie par les banques anglaises. L'originalité de la Bordelaise est d'avoir refusé d'imposer à ses clients une immobilisation de leurs comptes créditeurs que le « moratoire » mis en place par la majorité de la profession et l'état pour les dettes et le remboursement des dépôts autorisait ; c'est un signe de l'aisance financière tant de la banque que de la Place. Elle subit pourtant la mobilisation d'une partie de son personnel ainsi que les dérèglements de la Bourse, qui déprécient son portefeuille mobilier, et, en 1914-1918 comme aussi dans les années 1920, des changes ou surtout des prix, qui lui imposent de verser au personnel des indemnités de « vie chère ».

Cependant, la croissance de l'activité continue avec vigueur dans les années 1920, même si elle traverse des récessions qui entaillent le gonflement des crédits : celle de la reconversion de l'économie de guerre qui se prolonge entre l'été 1920 et le printemps 1923 qui impose un « calme persistant des affaires »[2], avant la reprise du second semestre

---

[1] Rapport annuel du conseil d'administration du 14 avril 1908.

[2] Rapport annuel du conseil d'administration du 24 mars 1923. « La Place est assez sérieusement atteinte par la crise économique générale, par le marasme des affaires

1923 ; celle qui, provoquée par la stabilisation du franc par Poincaré, freine l'expansion en 1927 − l'année 1926 restant en général satisfaisante sur Bordeaux. À chaque fois, les firmes se retrouvent en surstockage, en particulier celles qui font le commerce des denrées, et subissent l'affaissement des prix qui déprécient les stocks. Les années 1920 s'achèvent par un boum qui porte l'économie vers son sommet de 1930, marqué en février 1930 par le maximum du réescompte accordé par la Banque de France (172 millions de francs), en une soif de crédit symbolique de la poussée ultime de prospérité. La Place de Bordeaux est forte et riche, l'argent coule à flot : quelque 700 millions de francs sont déposés dans les banques en décembre 1927 (soit 1 754 millions de francs-2000) ; alors même que la « crise de 29 », à partir des années 1929-1932, érode déjà la conjoncture, les disponibilités sont estimées en juillet 1932 à 1 700 millions de francs, dont 800 millions en banque et 930 millions dans les Caisses d'épargne ou auprès du Trésor.

B. Crédits et escompte

Portée par la conjoncture dans les années 1920 et surtout enrichie de ses réseaux de relations avec les plus belles maisons girondines, la Bordelaise connaît un vif essor de ses crédits : elle sait saisir les opportunités d'un marché en essor. Deux boums marquent cette distribution de prêts, celui des années 1919-1924 et celui des années 1929-1935. Dans le premier cas, elle soutient ardemment la reprise des affaires ; dans le second, elle épaule des firmes amies en leur fournissant un crédit que le repli économique rend indispensable pour faire face à l'amoindrissement des opérations commerciales et aux tensions de trésorerie. Une remarque s'impose toutefois : la banque locale de dépôts qu'est la Société bordelaise choisit apparemment de privilégier son métier d'escompteur, puisque le portefeuille-effets se gonfle en deux fortes vagues : la première se confond avec le redémarrage économique et aussi avec l'inflation ; la seconde, en 1922-1929, traduit la dilatation des échanges, qui suscite un fort mouvement de papier commercial, présenté à l'escompte bancaire. Ce portefeuille reste à un niveau élevé dans la première moitié des années 1930 où, là encore conjugué avec la distribution de crédits, il exprime la stabilité des rapports avec la clientèle fidèle et la capacité d'obtenir la mobilisation des effets auprès de la Banque de France, en un refinancement qui l'aide à maintenir son enveloppe d'escompte. Cette stratégie de « banque d'escompte » est encore plus explicite quand on scrute l'évolution en francs constants. Alors que la

---

avec l'Afrique du Nord et surtout par le mauvais état du commerce des vins » à cause de la chute des exportations. Rapport de l'Inspection de la Banque de France à la succursale de Bordeaux du 6 août 1923.

nouvelle banque Soula vient la bousculer par une politique hardie de crédit, la Bordelaise voit ses avances se replier en valeur réelle en 1925-1929, dans les meilleures années de prospérité. Certes, les entreprises clientes ont pu améliorer leurs fonds propres en profitant de la hausse boursière – plusieurs se transforment d'ailleurs en sociétés anonymes à ce moment-là – pour augmenter leur capital et alléger ainsi leurs découverts en banque, tandis que les trésoreries se regonflaient avec les profits de la croissance. Ce serait un indice d'une plus grande prudence de la banque dans l'octroi de ses crédits, le souci de les réserver à une clientèle choisie, tandis que l'expansion dégage un vaste champ d'épanouissement à l'escompte.

Or celui-ci est une source abondante d'emplois et de profits. Certes, la masse des affaires de la Bordelaise porte sur des volumes limités, car elle escompte une myriade d'effets de faible montant à nombre de PME, de petits exploitants, commerçants, industriels, artisans, en une clientèle moins prestigieuse, de second ordre même, mais qui procure l'occasion d'opérations divisées où le risque de perte est réduit par la taille même de l'escompte. Le papier commercial des maisons renommées de la Place constitue le joyau des activités de la banque. Elle réussit à bien maîtriser ses risques, comme le note la Banque de France qui juge qu'elle est « toujours aussi réputée tant pour la qualité de sa clientèle que pour la prudence de ses dirigeants. Beau papier commercial à courte échéance, concernant d'excellentes maisons de la Place. » « La clientèle est très attentivement sélectionnée ; le papier, dont l'échéance moyenne ne dépasse pas un mois, est toujours régulièrement payé, les retours sont au plus de 2 %. Aussi bien son escompte représente-t-il un minimum de risques. » « Maison sagement conduite, affaires saines, larges disponibilités. Le papier présenté est de bonne qualité et fort court. Grâce à son ensemble de patronages, la Bordelaise a la plus belle clientèle bancaire de la Place. »[3]

Cette vocation de banque locale d'escompte est un choix légitime, tant les affaires et la clientèle se développent, et habile, car il assure une bonne liquidité à la banque, dont les emplois rapidement récupérables – effets à court terme, papier d'escompte « bancable », mobilisable à la Banque de France, encaisse liquide, dépôts dans d'autres banques – garantissent la liquidité des ressources fluides, des « exigibilités » immédiates que sont les dépôts.

---

[3] Rapport de l'Inspection de la Banque de France à la succursale de Bordeaux des 7 juin 1929, 24 décembre 1924, 19 mai 1938.

2. La Société bordelaise et l'argent du négoce

Portée par cette prospérité, la Société bordelaise est consacrée grande banque de la Place et voit des maisons prestigieuses deviennent de fidèles clientes ; elle en accueille souvent les dirigeants au sein de son conseil d'administration, reflet du monde des affaires girondin. Au travers de l'histoire de son portefeuille-clients, c'est toute une économie qui prend corps, qui revit, en une occasion de présenter à la fois l'environnement de la banque, donc la source de son fonds de commerce, et son rayonnement, pour mieux comprendre ce que faisait cette banque locale dans sa vie quotidienne, avec qui elle était en relations, quel rôle elle jouait sur la Place et quels succès elle a rencontrés dans la gestion de ses affaires.

A. Une ville port

Le cœur de la ville est son port[4]. De vastes travaux sont lancés en 1910, accentués dans les années 1920, en particulier quand se crée le Port autonome en 1925, et achevés au début des années 1930. Ils améliorent l'accès maritime et fluvial et établissent des quais qui peuvent désormais accueillir de grands navires. Sur la rive gauche se multiplient des hangars spacieux et des installations de manutention, tandis qu'on construit un nouveau bassin à flot en 1906-1911, avant la rénovation de ces bassins à flot dans l'entre-deux-guerres. La rive droite elle-même s'ouvre au trafic, depuis l'aménagement du quai de Queyries au tournant des années 1890 qui donne accès à la nouvelle zone d'industrialisation de La Bastide, jusqu'à l'aménagement des quais de Bassens, en une seconde étape, après que les Américains y ont installé une tête de pont en 1917. En aval, le bec d'Ambès, pour le pétrole traité dans les raffineries, les môles de Pauillac et, en 1933, du Verdon traduisent cette volonté de capter des mouvements amples[5]. On n'imagine guère aujourd'hui l'animation d'un port où touchent quelque vingt lignes régulières en 1934, vers les Antilles, l'Amérique centrale et du Sud, le Maroc et l'Algérie, et la Côte occidentale d'Afrique. Le seul trafic avec la France d'outre-mer fait accoster un millier de navires en 1934. Du Siège de la Bordelaise, on peut apercevoir, en bas du cours du Chapeau Rouge, les navires qui marquent le destin commercial et industriel de l'agglomération − tout en contribuant au succès relatif des grands chantiers de construction navale, en particulier, les Ateliers & chantiers maritimes du

---

[4] Cf. Robert Chevet, *Le port de Bordeaux au XXᵉ siècle*, Bordeaux, L'Horizon chimérique, 1995.

[5] Cf. « Bordeaux, grande cité moderne », revue *Le Sud Ouest économique*, numéro spécial n° 256-257, mars-avril 1935, Bordeaux, éditions de propagande du Sud-Ouest économique, Delmas. Ou : *Bordeaux, métropole du Sud-Ouest*, Bordeaux, 1923.

Sud-Ouest & de Bacalan réunis, et les Forges & chantiers de la Gironde. Pourtant, les grands armateurs bordelais ont disparu et cédé le pas aux sociétés d'envergure nationale (Compagnie générale transatlantique, Chargeurs réunis, Compagnie de navigation sud-atlantique, etc.), car ils ont pour la plupart manqué la révolution des navires à vapeur à la fin du XIXe siècle. Par ailleurs, les maisons de négoce ont souvent abandonné l'intégration verticale et leur flotte, comme Ballande, qui cède ses navires à la CGT, bien que Maurel & Prom reste fidèle dans l'entre-deux-guerres à sa flottille de vapeurs.

Ce port actif respire au rythme des flux du négoce d'outre-mer qui alimenterait en 1935 quelque 750 000 tonnes de flux, presque un cinquième du trafic total. Certes, l'Amérique latine n'est plus l'eldorado comme au XIXe siècle, à cause du transfert d'une bonne partie du trafic vers l'Europe portuaire de la Manche. On continue à y exporter des vins et spiritueux, à en faire venir des laines. Mais le nombre d'affaires bordelaises semble y avoir fortement diminué ; de grands noms de la Belle Époque ne sont plus guère évoqués après la Première Guerre mondiale. Pourtant, des maisons tiennent, comme Ségrestaa, spécialiste de l'armement maritime et du négoce vers La Guayra, au Venezuela, importateur en France et en Espagne de cafés et cacaos, et cliente de la Bordelaise. De même, les trafics avec l'Océan Indien semblent décliner fortement ; seule Faure Frères subsiste, qui a diversifié ses opérations vers le Maroc, Madagascar et La Réunion, où elle mêle armement maritime et comptoirs commerciaux, tout en conservant aux Antilles un commerce de rhums. Le négoce bordelais met en valeur les champs d'expansion qu'il a défrichés au XIXe siècle ; délaissant le trafic cap-hornier, Ballande constitue un groupe commercial et industriel dyna-mique en Nouvelle-Calédonie, accompagné par De Béchade ; les Denis renforcent leur activité commerciale, agricole et industrielle en Indo-chine[6]. La Bordelaise peut ainsi tirer parti de la croissance de la « cité-port » (*port-city*) puissante qu'est redevenue Bordeaux au tournant du XXe siècle.

---

[6]   Les Ballande ont, en 1912-1914, des mines de nickel, les Hauts Fourneaux de Nouméa (devenue Caledonia), la Compagnie navale de l'Océanie, complétés par une firme de vente de nickel aux États-Unis où ils ont une usine, American Chrome, et par une usine de nickel à Anvers. Leur aire d'activité s'étend à Tahiti et aux Nouvelles-Hébrides. Ces sociétés pèsent une douzaine de millions de capitaux en 1912 ; une évaluation estime la fortune d'André Ballande – avec son "outil de travail" – à plus de 150 millions en 1929. Les Denis font un gros commerce de riz, principal produit d'exportation de l'Indochine (Société du riz d'Indochine, Société franco-indochinoise des riz) ; mais ils ont aussi contribué à l'équipement et à l'industrialisation de cette région (Brasseries & glacières d'Indochine, Société métallurgique du Tonkin, Compagnie des eaux et de l'électricité de l'Annam), etc.

B. L'eldorado d'Afrique subsaharienne

Dans les années 1900-1930, le paradis du commerce est cependant l'Afrique subsaharienne : les maisons y grossissent, car elles multiplient les comptoirs et factoreries en Mauritanie, au Soudan, au Sénégal, en Gambie, en Casamance, même si elles sont rares à glisser plus vers le Sud-Est, comme Chavanel et Peyrissac en Guinée ou Soucail en Côte-d'Ivoire. On parle alors des « Sénégalais » pour évoquer ces commerçants qui ont souvent deux maisons : un Siège africain, siège social et cœur de l'affaire, et une maison bordelaise qui, en commissionnaire et bureau d'achats, achète les « marchandises » (quincaillerie, outils, machines, étoffes et habits, « articles de traite » nécessaires à la vie quotidienne, etc.) destinées à être envoyées dans les « organes de vente » de « la Côte » et vend les « produits », les denrées exotiques : une masse d'arachides, mais aussi des gommes, des bois, du cacao dont la production se développe en Côte-d'Ivoire dans l'entre-deux-guerres, des palmistes, etc. « Bordeaux, métropole du Sud-Ouest, considérée jusqu'ici comme la plus grande place du vin, accentue de plus en plus son rôle de port de l'Afrique occidentale. »[7]

C'est l'âge d'or de Maurel & Prom (créée en 1822), de Maurel Frères, de Vézia, de Chavanel, de Devès & Chaumet (lancée dès 1810), de Soucail, successeur en 1914 d'Assémat, de Peyrissac, de J.A. Delmas. Des fortunes familiales considérables s'édifient avant la Première Guerre mondiale, à cause de « bénéfices si facilement obtenus »[8]. Dans l'entre-deux-guerres, certaines restent moyennes (Vézia, Soucail : entre une demi-douzaine et une douzaine de millions de francs) ; les plus grosses s'étagent entre une trentaine (Maurel Frères) ou une cinquantaine (Chavanel) et une centaine de millions de francs (Ballande, Maurel & Prom) au tournant des années 1930. Mais ces grandes maisons entraînent dans leur sillage quelques dizaines de petites sociétés plus ou moins durables et stables, qui n'en alimentent pas moins des courants d'affaires appréciables. Une estimation note que les huit maisons les plus importantes achètent pour 440 millions de francs (186 millions d'euros) de Produits sur la Côte lors de la « campagne » en 1937-1938 et y vendent pour 330 millions de francs (60 millions d'euros) de marchandises : on mesure l'ampleur des flux d'argent et les besoins de crédit qui peuvent en découler ! La prospérité du 40 cours du Chapeau Rouge est intimement liée à celle de l'Afrique subsaharienne, d'autant plus que celle-ci sécrète l'essor des huileries.

---

[7] Rapport de l'Inspection de la Banque de France du 7 juin 1929.

[8] Rapport de l'Inspection de la Banque de France à la succursale de Bordeaux du 23 décembre 1912.

Une bonne part des arachides ramenées d'Afrique est traitée sur Bordeaux même. Les « Sénégalais » ont monté plusieurs usines, ce qui indique leur dynamisme entrepreneurial à cette époque. À l'huilerie montée par les deux branches Maurel dès le Second Empire à Bacalan, s'ajoute en 1896 la Grande Huilerie bordelaise quai de Brazza, sur la rive droite, lancée par de grands noms, comme Soucail, Devès et Chaumet, Delmas, ou les négociants Jules Assémat et Fernand Philippart, son président, qui devient même maire de Bordeaux. Elle est la plus importante et effectue un chiffre d'affaires de 200 millions en 1937 (95 millions d'euros). En 1910 surgit l'Huilerie franco-coloniale, construite près du bassin à flot par Vézia et Chavanel. La maison Calvé avait monté en 1866-1895 une usine près de Coutras, au nord de Bordeaux ; après son rachat en 1897 par une firme néerlandaise (la future Unilever), une seconde usine a ouvert, elle aussi tout près du quai à flot, en face de celle des Maurel. Enfin, sur Bègles, fonctionne en 1910-1929 une huilerie-savonnerie, dépendant de la Compagnie générale de l'Afrique française-Marcel Plantey. Au total, ces huileries élaborent un petit tiers des huiles consommées en France dans les années 1900-1940.

Certes, la Bordelaise ne détient pas le monopole du financement des affaires africaines et partage ce « trésor » avec ses consœurs de la Place ; Vézia travaille ainsi avec la Banque de Bordeaux puis le CCF, Maurel Frères avec la Bordelaise et le CCF. Les Denis sont proches à Paris et en Asie de la Banque de l'Indochine dont ils sont administrateurs, et ils sont « cédants directs » de papier en escompte à la succursale bordelaise de la Banque de France ; mais ils figurent au conseil d'administration de la Bordelaise et lui apportent des affaires par leur maison mère ou, pour le financement d'importations de riz, par leur Compagnie franco-indochinoise. Pour ses crédits girondins, Ballande est cliente à la fois de Soula et de la Bordelaise. L'ampleur du commerce avec « la Côte » suffit à nourrir un mouvement bancaire substantiel car il faut procurer aux maisons d'Afrique les avances leur permettant de financer leur campagne annuelle pour le paiement en France des fournisseurs de marchandises et, en Afrique, celui des producteurs ou marchands d'arachides. Même si leurs liquidités sont abondantes, elles ont besoin de crédits de campagne pour faire leurs échéances. Ainsi, chez Peyrissac, la Bordelaise accorde des découverts, apporte sa caution pour des « traites à 120 jours de vue que la Société Peyrissac (agence d'Afrique) pourra tirer sur la Société Peyrissac (siège social) pendant la campagne 1924/1925 », et effectue un prêt aux Salins du Cap Vert, garanti par Peyrissac. Le même comportement est adopté à l'égard de Vézia en 1926 ; Devès & Chaumet obtient en 1927 un crédit de campagne de 2 millions par « avance de caisse », tout comme Soucail.

Les maisons d'Afrique utilisent les banques pour escompter du papier commercial. Or les volumes d'affaires deviennent substantiels : pour la campagne 1937-1938, par exemple, Maurel & Prom achète pour 85 millions de francs (dont 78 millions d'arachides) et vend 101 millions ; ses crédits bancaires atteignent 22,5 millions ; Maurel Frères a un volume d'activité de 111 millions, et des crédits pour 16 millions ; Vézia achète pour 60 millions et vend pour 42 millions et a besoin de 15 millions de francs de crédit bancaire (source : rapport de l'Inspection de la Banque de France à la succursale de Bordeaux du 19 mai 1938). Les importations d'arachides destinées au broyage à Bordeaux évoluent de 9 000 tonnes en 1863 à 60 000 tonnes en 1900, 85 000 tonnes en 1914, 165 000 tonnes en 1929 et 185 000 tonnes en 1938. L'avantage de la création de deux sociétés indépendantes pour chaque entreprise, l'une à Bordeaux, l'autre outre-mer, est que celle-ci émet des effets à l'ordre de celle-là, qui peuvent ensuite être escomptées. D'ailleurs, en 1901, se monte la Banque de l'Afrique occidentale-BAO, filiale de plusieurs banques et maisons de commerce françaises (devenue plus tard la BIAO), qui se charge de procurer cet escompte ; mais les banques métropolitaines fournissent leur « aval », c'est-à-dire garantissent ces crédits à court terme et donc en assument le risque ultime :

> Presque tous les achats d'arachides sont payés par l'intermédiaire de la BAO dont les opérations se trouvent garanties par des acceptations de banque. C'est elle qui donne ici, à Bordeaux, tous les renseignements pour les crédits à ouvrir et elle se montre d'autant plus large dans ses appréciations que c'est le banquier qui endosse tous les risques.[9]

Au bout du compte, la Bordelaise se trouve engagée dans un vaste circuit de financement du négoce africain. Elle agit aux côtés de ses consœurs bordelaises – la seule Chavanel entretient dans les années 1930 un courant annuel de 25 millions de crédits des banques de Bordeaux –, ainsi que marseillaises et parisiennes. Mais elle entretient une intimité étroite avec les plus grandes sociétés de la Place et ces relations nourrissent un volume d'affaires substantiel ; en 1932-1933 ou en 1936-1937, c'est un risque d'une douzaine de millions de francs qui est porté par la banque vis-à-vis de la demi-douzaine de maisons africaines qui sont ses plus grosses clientes. Si ces crédits de campagne sont remboursés chaque année, ils sont immédiatement renouvelés et même accrus, ce qui les rend plus ou moins permanents, en un élément clé du fonds de commerce de la Bordelaise. Ses principaux clients d'outre-mer sont ainsi, dans les années 1880-1900, Chaumel-Durin (armement pour

---

[9] Rapport de l'Inspection de la Banque de France à la succursale de Bordeaux de novembre 1912.

le Sénégal), Laporte (denrées coloniales), Lalanne (armement, sucres), Monnier & Mellis (denrées coloniales), Tandonnet (armement) ; puis, dans les années 1900-1930 : Devès & Chaumet, Buhan Pascal, Oldani, Ballande, Compagnie commerciale de l'Afrique française, Chavanel – Chavanel est dans les années 1930 le président du Groupement français des intérêts sénégalais –, Vézia, Maurel & Prom, Teisseire, Soucail, Peyrissac, Maurel Frères.

Les banques alimentent de surcroît la trésorerie des huileries. Elles leur accordent d'énormes crédits de campagne, sous la forme d'escompte des effets représentant les crédits octroyés par les négociants aux huileries, dont ils sont actionnaires et dirigeants par ailleurs. On voit que ce papier apparemment commercial est en fait une « circulation de papier financier » entre deux filiales du même groupe, qui, en fait, permet de rembourser le crédit de campagne accordé au négoce par le crédit de campagne destiné à l'huilerie. C'est une prise de risque assez grande, qui traduit les coutumes de la place bordelaise et sa plasticité : les banques ont bien su s'adapter aux besoins des firmes locales. Elles prennent toutefois certaines précautions pour essayer de « border le risque », tant les comptes de ces groupes sont complexes à apprécier en raison de l'enchevêtrement des affaires et d'un type de gestion familial :

> . Il est difficile de contrôler les bilans des affaires coloniales et tout spéciale-
> ment les évaluations des divers postes de l'actif ; aussi bien est-il sage de
> toujours réunir pour ces comptes un ensemble de garanties excédant sensi-
> blement le risque assumé […]. [Ainsi, à propos de Denis,] pour la fixation
> de la quotité des risques à admettre, il est sage de tenir compte de la con-
> nexité des intérêts des signataires des effets et de la consistance des garan-
> ties réelles, à peu près uniquement constituées […] par des valeurs indochi-
> noises plus ou moins sous le contrôle du groupe.[10]

Lorsque, par exemple en 1932, Maurel Frères-Bordeaux effectue des « tirages » sur les Huileries Maurel, ils sont garantis par les titres de ces Huileries détenues par la maison de négoce, et, de surcroît, obtiennent l'aval – la garantie de paiement en cas de défaillance – de Maurel & Prom, de Maurel Frères-Dakar et de cinq administrateurs de Maurel Frères. Le système peut se compliquer encore quand l'huilerie a monté en aval une filiale de distribution, comme la Grande Huilerie bordelaise, elle aussi cliente de la Société bordelaise, l'a fait sur Paris en 1924 avec Huilor, car c'est une occasion supplémentaire de créer une circulation de traites.

Les banques escomptent un volumineux papier commercial traditionnel : les huileries pratiquent le « crédit fournisseur » au profit de

---

[10] Rapport de l'Inspection de la Banque de France à la succursale de Bordeaux de juillet
1932.

leurs clients, en particulier les sociétés de distribution, les grossistes ou les firmes industrielles ; elles « tirent » sur eux des traites, présentées à l'escompte sur Bordeaux : l'huilerie Maurel vend à crédit en 1923 des tourteaux de coprahs et d'arachides à la Société de stéarinerie et savonnerie de Lyon, puis fait escompter les effets créés auprès de la Bordelaise[11]. Toutes les huileries sont clientes de la Bordelaise, et, en sus des crédits d'escompte usuels, sollicitent régulièrement de forts découverts, par exemple, à elles quatre, presque cinq millions en 1935. Certes, ces crédits sont accordés dans le cadre de pools communs à toute la Place et à la BAO, ou avec un partage de clientèle, comme chez Calvé-Delft qui répartit son escompte bordelais entre elle-même et le CCF. Mais ces relations lui procurent d'énormes « mouvements de comptes » : les comptes de ces clients sont créditeurs, soit parce que leur solde est positif quand les firmes ont des disponibilités, soit parce qu'ils sont alimentés par les crédits mêmes de la banque. Ceux-ci, enfin, sont l'occasion de plantureuses recettes d'intérêts. On constate ainsi le lien étroit entre les affaires de la Bordelaise et celles des maisons d'outre-mer : comme Bordeaux, elle vit au rythme du cœur portuaire.

3. La Société bordelaise et l'or vert landais

Si les affaires d'Afrique subsaharienne constituent bien la « révolution commerciale » de ces années 1890-1930, Bordeaux bénéficie des retombées d'une autre mutation qui élargit sensiblement la base de son économie, avec la percée des activités liées au bois. Certes, les besoins des maisons de vins continuent à faire prospérer les négociants de merrains nécessaires à la fabrication des tonneaux. Ils recourent aux banques, pour financer leurs stocks mais aussi les crédits qu'ils accordent à leurs clients, souvent de petits négociants ; Gairard, Mathieu Ludovic, Merle Frères, sont tous clients, dès la Belle Époque, de la Bordelaise, ainsi que plusieurs autres moins importants et que la Société de la tonnellerie mécanique bordelaise. Pourtant, le changement essentiel est l'irruption des activités liées au pin à l'orée du XXe siècle grâce au million d'hectares de la forêt landaise. Une myriade de forestiers des Landes se sont lancés dans la valorisation de la gemme et leurs usines fournissent les produits résineux (essence térébenthine, colophane, brais) nécessaires à certaines productions chimiques, avec de solides marchés à l'exportation. Mais quelques firmes importantes émergent peu à peu, comme celle de Maydieu, devenu un homme d'affaires

---

[11] Renouvellement de crédit de la Bordelaise aux huileries en 1935 : Huileries Calvé-Delft 250 000, Huileries Maurel 2,5 millions, Grandes Huilerie bordelaise 3 millions, Huileries franco-coloniales un million, soit par crédit par acceptation soit par crédit par caisse, d'où un total de 4 750 000 francs.

plusieurs fois millionnaire, de Dupouy à Pissos ou de Cadilhon. Des sociétés liées au pin des Landes s'affirment également : commerce du bois, bois de charpente, scierie et fabrication de lambris, parquets ou caisses, et, surtout, comme chez Dalbusset & Touche, traverses de voies ferrées et poteaux de mines, vendus aux houillères françaises ou exportés en masse vers le Royaume-Uni. Dès la fin du XIXe siècle, les exportations de bois ont bondi ; elles ont décuplé en 1872 et 1900 pour atteindre 475 000 tonnes ; et elles représentent plus des deux cinquièmes des exportations portuaires en 1913. Sans les produits résineux, on estime en 1937 le chiffre d'affaires de la forêt landaise à 426 millions de francs (242 millions d'euros). Les banques voient s'ouvrir de nouveaux marchés avec l'octroi de gros crédits de campagne et souvent des découverts à moyen terme aux forestiers et industriels qui vendent à crédit aux commerçants en pin et produits résineux, et à ceux-ci pour leurs propres crédits-fournisseurs.

La clientèle de la Bordelaise comprend de nombreuses firmes du bois : propriétaires forestiers (Cadilhon, sénateur des Landes) ; traverses de chemins de fer, poteaux de mines (Dalbusset & Touche) ; produits résineux (dont Maydieu, les Huileries de Pissos qui groupent plusieurs propriétaires pour traiter leurs brais). Plus d'une vingtaine de noms – sur Mios, Ychoux, Labouheyre, Gujan-Mestras, Lacanau, Luxey, Biscarosse, etc. – ont été relevés parmi les bénéficiaires de gros crédits examinés par le comité de direction de la banque entre 1900 et 1940 : on peut dire qu'elle est la « banque du bois », autant que sa consœur de Dax, Dupuy-Pelletier. Même sans implantation directe dans le département des Landes, les forestiers et transformateurs recourent à ses services, dans la mesure où Bordeaux, malgré les tensions psychologiques pittoresques qui règnent entre le monde des Chartrons et celui de la forêt, est une plaque tournante pour l'exportation de bois et une place commerciale et financière dont le rayonnement dépasse la simple géographie des réseaux bancaires. Une retombée supplémentaire de la mise en valeur de la forêt landaise est la Société de blanchisserie à vapeur créée en 1877 pour utiliser la cendre-lessive sous-produit de l'Huilerie de Pissos, avant que, surtout, en 1903, soit montée une firme produisant de la lessive en poudre à base de résine de pin, Saint-Marc-Barrès, financée par les forestiers, les Duboscq et par l'homme d'affaires Barrès. Quelques courants d'affaires émergent au milieu des années 1920 quand se fonde une grande industrie de la papeterie, avec plusieurs usines landaises : Le Kraft Français, La Cellulose du Pin, Papeteries de Gascogne, Papeteries de Roquefort ; mais la Bordelaise ne les compte pas encore, semble-t-il, parmi sa clientèle.

Une famille prend de l'importance dans cette économie du pin et contribue à élargir le fonds de commerce de la Bordelaise, celle des

Duboscq. Avant la Première Guerre mondiale, Antoine et René Duboscq réunissent par achats et mariage puis héritage une bonne superficie de forêts (2 000 hectares) et fédèrent d'autres forestiers dans la Société de la forêt du Flamand (plus de 5 000 hectares avant-guerre) : « Grâce aux découverts accordés par la Banque de Bordeaux, la Société bordelaise et Jules Gommès, ils ont acheté, en participation avec d'autres négociants en bois, plus de 10 000 hectares de forêts, dont l'exploitation sera terminée dans cinq ou six ans. »[12] Ils trouvent pour leur croissance d'amples avances auprès des banques, Banque de Bordeaux, Gommès à Bayonne, et aussi la Société bordelaise, comme dans les années 1900-1910. Dans l'entre-deux-guerres, les Duboscq (René et ses trois fils) élargissent leurs opérations, avec « 50 chantiers, sept scieries, quatre distilleries et exécutent d'importants marchés avec les Mines du Nord, la Compagnie du Midi et la Ville de Paris ». Ils se font les financiers-commanditaires de plusieurs familles et usines landaises et girondines clients, à qui ils vendent leurs bois d'œuvre, de chauffage ou d'emballage, ou même fournisseurs : Dalbusset & Touche, Dupouy, distilleries de produits résineux, les Huileries de Pissos, qui vendent leurs produits à Saint-Marc-Barrès, les Fonderies & émailleries de Brocas à Villenave d'Ornon, qui utilisent leur bois comme combustible, Maydieu, la Société des produits résineux ou la Société d'exploitation forestière et d'exportation du bassin d'Arcachon, à qui la banque accorde un crédit en 1935 avec la garantie de Duboscq et de Dalbusset & Touche. Cela crée une large émission de traites à mi-chemin entre le papier commercial et le papier de crédit, qu'ils font escompter à leurs deux banques,

---

[12] Rapport de l'Inspection de la Banque de France du 13 décembre 1909. En 1909, leur belle-mère commune Castaignède possède 2 600 hectares dans les Landes. En 1938, « la Forêt du Flamand, la plus belle affaire du groupe Duboscq, domaine de 6 450 hectares valant au moins 15 millions ». « La société Duboscq frères, dont les disponibilités sont extrêmement réduites, n'hésite cependant pas à agir comme banquier de ses clients, de ses co-participants, voire même de ses fournisseurs. Aussi bien, suivant une vieille tradition de famille, demande-t-elle au crédit les capitaux nécessaires à la trésorerie du groupe. Il est aussi à peu près impossible, malgré la tenue des contrôles spéciaux, de discerner parmi les effets escomptés sur place, ou compris dans les remises de la banque, ceux qui correspondent réellement à des transactions commerciales de ceux qui expriment de simples transferts de fonds », rapport de l'Inspection de la Banque de France à la succursale de Bordeaux du 25 mai 1936. « Trésorerie à élargir parfois en raison des grosses immobilisations nécessitées par les exploitations forestières en France et en Espagne, et la fabrication des produits résineux », *ibidem*, 7 juin 1929. La fortune des Duboscq est estimée alors à 25 millions de francs, au niveau des maisons de négoce outre-mer de taille moyenne-grande, ce qui confirme la percée de cette nouvelle branche de l'économie mi-landaise (autour de Commensacq) mi-bordelaise. Un fils Duboscq aurait épousé une sœur de Claude Blanchy, l'épouse de Philippe Chalès, ce qui renforce l'intimité entre la Bordelaise et le groupe Duboscq. Loin des affaires, ajoutons qu'Antoine Duboscq est le père du compositeur et organiste Claude Duboscq.

Soula et la Bordelaise – celle-ci leur étant d'autant plus proche que des liens de famille étroits unissent les Duboscq à Philippe Chalès par le biais d'alliances matrimoniales.

4. La Société bordelaise et l'argent du vin

Tandis que la Bordelaise nourrit sa croissance des flux suscités par l'essor des activités du négoce d'outre-mer et du bois, elle préserve son implantation parmi le monde du vin girondin. La Place de Bordeaux est au cœur d'une intense circulation de crédit, de la viticulture aux clients français ou étrangers des négociants. Toute une hiérarchie de propriétaires-exploitants et de maisons procure des opportunités d'affaires variées à la banque. La tradition domine cependant, car les firmes qui avaient accédé à son sommet dans les années 1750-1850 restent bien assises dans les années 1900-1930 même si, venus de Toul où ils se sont enrichis pendant la guerre, Désiré et son fils Georges Cordier percent dans les années 1920-1930. Mais un établissement de taille modeste comme la Bordelaise se doit de ne pas seulement courtiser ces « grands » et d'asseoir son fonds de commerce sur toutes les firmes de moindre envergure, qui pullulent autour des Chartrons et du cours de la Martinique, percé au début du XXe siècle, qu'elles soient moyennes (autour d'un à deux millions de fortune pour leur propriétaire) ou petites. Une partie appréciable des affaires de la banque vit au rythme de l'économie du vignoble[13], et en subit les aléas conjoncturels : qualité du vin, pétulance ou atonie du marché et des prix.

La masse d'argent en cause est énorme pour la Place ; une estimation de la Banque de France en 1900 chiffre la valeur des caves de quatorze négociants jugés les plus importants[14] à 54,9 millions de francs, auxquels s'ajoutent les 40 millions des 175 caves suivantes et les 15,5 millions des 300 caves plus petites encore, soit un total de 110,4 millions de francs (354 millions d'euros). Certaines années sont noires (1908, 1913-1914), d'autres prospères (1911-1912), ce qui explique les fluctuations des crédits bancaires, amples mais à courte échéance, pour les boums, larges mais avec une propension à l'immobilisation voire à l'insolvabilité dans les retournements des récessions, maigres quand le marché stagne. Cependant, une tendance de fond bouleverse les rapports entre banque et négoce au tournant de la décennie 1910, quand s'institue le système de « l'abonnement » : désormais, les négociants doivent

---

[13] Cf. la remarquable thèse de Philippe Roudié, *Vignobles et vignerons du Bordelais, 1850-1980*, Bordeaux, Éditions du CNRS, 1988.

[14] Barton & Guestier, les deux maisons Blanchy, Calvet, Cruse, Eschenauer, Johnston, Lalande, Latrille, Moreau, Schröder & Schyler, Wustenberg, de Luze, Descas.

accentuer leur appel au crédit pour alimenter un fonds de roulement fortement accru.

Or la Bordelaise compte dans les Chartrons nombre de clients renommés avec, dès avant la guerre : Latrille et Ginestet, Schröder & Schyler (évoquée dès 1888), Descas, Barton et Guestier, etc. Parmi eux, Eschenauer, créée en 1821, devenue société anonyme en 1923 avec un capital de huit millions, réalise un chiffre d'affaires entre 30 et 50 millions de francs dans l'entre-deux-guerres ; tout en travaillant avec Barclays, le CCF et Soula, elle traite beaucoup de papier commercial avec la Bordelaise (1,2 million en 1938), d'autant plus que la firme endosse de surcroît des tirages commerciaux de la Société des grands vins algériens, qui les négocie ensuite sur la Place. La banque accorde à ces maisons des facilités de caisse, comme les 600 000 francs de découvert octroyés à Schröder & Schyler en 1922 ou comme en 1935 à Descas, Schröder & Constans, Schröder & Schyler ou Ginestet, entre 100 000 et 400 000 francs. Elle travaille avec des propriétaires exploitants, connus ou non, pour des crédits courants – en 1921 : Société des grands crus (*Château Lagrange*) – ou par l'escompte de « warrants agricoles » : elle avance de l'argent, contre la garantie réelle d'un stock de vins dûment répertorié que son détenteur ne peut vendre sans son autorisation ; elle agit ainsi en 1922 avec *Château Margaux*, le warrant portant sur les 225 tonneaux de vins de la récolte, en 1935 avec le *Château Léoville Las Cases* pour les deux récoltes 1930 et 1932 et avec Charmolüe (*Château Montrose*).

À ces maisons s'ajoutent les sociétés spécialisées dans des vins typiques (Delor et son « bitter » vendu en Amérique du Sud et aux Antilles, cliente de la banque dès 1886), les spiritueux et, grâce à la percée de cette économie du rhum depuis les années 1850, les rhums. La maison Bardinet[15], installée à Bordeaux depuis 1892, est le fleuron de cette dernière branche, grâce à son rhum *Négrita* : elle partage ses affaires entre la Banque populaire, Soula et la Bordelaise. Le rhum prospère : Bardinet, devenue société anonyme en 1924, dispose en 1929 d'un capital de dix millions et s'entend avec cinq grandes consœurs pour lancer en 1929 une grosse société de distribution des rhums, la Compagnie générale des rhums ou Société centrale pour l'importation et la vente des rhums des colonies françaises. Dans l'entre-deux-guerres, la majorité des sociétés sont clientes de la Bordelaise : Dabadie, Roux, Teisseidre, Barbet & Fournier, Mabille, Fournier, ainsi que Faure Frères qui mêle armement, commerce du sucre et du rhum ; en « banque du

---

15 Cf. Pierre Despries, « Histoire d'une société commerciale bordelaise. La société Les fils de P. Bardinet de 1924 à 1957 », mémoire de maîtrise, Université Michel de Montaigne-Bordeaux 3, 1986.

rhum », elle leur accorde des facilités de caisse, des crédits de campagne comme pour Bardinet en 1934 pour 2,5 millions ou Galibert & Varon (vins à Bordeaux et rhums au Havre) en 1936 pour un million. En 1930, elle se place tout de suite auprès de la Compagnie générale des rhums, à qui elle accorde un découvert de 600 000 francs, garanti par l'aval de Besse, Cabrol, Bardinet et Feuillatte, complété par une faculté d'escompte de deux millions de warrants en rhums. Elle est aussi en partie le banquier des spiritueux, avec Cazanove, créée en 1878, puis Clavières, successeur de Cazanove, ainsi que Picon ou Marie-Brizard.

5. La Société bordelaise dans une économie diversifiée

Sous ces piliers qui soutiennent l'édifice de l'économie bordelaise fourmillent les activités commerciales et industrielles suscitées par le trafic portuaire ou par la seconde industrialisation. Grâce à celle-ci et à l'élan de la conjoncture du premier tiers du XXe siècle, Bordeaux connaît une période aiguë de prospérité et de création d'entreprises, qui enrichit le fonds de commerce de la banque.

Quelques principaux clients de la Société bordelaise dans les années 1885-1935

- Pêche et morue : Biraben (sel, morue) ; Legras et Arthur (consignation de morue) ; Société nouvelle des chalutiers de l'Ouest ; Lagarde (sècheries de morue à La Rochelle) ; Pradet (morue à Bègles) ; Vieu (morues à Bordeaux)

- Négoce de denrées alimentaires : Lichtwitz (vanilles), avec des avances de 250 000 à 500 000 francs en 1934-1936 sur stock de vanilles ; Aradel (cafés) ; Gatau (cafés et cacaos, Bordeaux et Marseille) ; Laurens (cafés, poivres) ; Brousse (cafés, cacaos, bananes) ; Segrestaa (cacaos).

- port pétrolier : 1909 : Fenaille & Despaux (huiles, grains, pétrole) ; 1936 : caution en douanes de 500 000 francs à Docks de pétrole de la Gironde pour paiement de droits de douanes ; 1937 : escompte à Docks & pétroles d'Ambès (ex-Docks des pétroles de la Gironde).

- Cuirs et peaux : Villamil (cuirs et peaux à Buenos Ayres) ; dès 1886 : Weill gros importateur de cuirs d'Amérique latine qui présente des effets sur sa clientèle régionale et même nationale.

Outre les trafics coloniaux, un potentiel de clientèle bancaire supplémentaire est procuré par le port. Plusieurs maisons de négoce restent ouvertes à d'autres contrées que l'outre-mer français et animent des courants d'affaires importants. Si Lichtwitz (vanilles, cafés) semble moins mordante après la Première Guerre mondiale, la firme Touton affirme une vigueur nouvelle, surtout dans le négoce du cacao mais aussi dans les vanilles – elle « pèse » une dizaine de millions de francs de fortune en 1929 –, suivie par Joucla (dans le cacao) ou De Béchade (dans les cafés). Weill est un gros importateur de cuirs et peaux, client de la Bordelaise et de la Banque de Bordeaux, pour son papier commercial sur sa clientèle (à Mazamet, par exemple) ou pour les acceptations bancaires sur ses achats en Argentine. Si le trafic cap-hornier est peu à peu transféré vers les ports de l'Europe du Nord-Est, Bordeaux voit se développer la haute pêche morutière : armements et sécheries créent du papier de crédit abondant, avec, en intermédiaires, des consignataires, comme Vieu[16]. Les importateurs de charbons britanniques et de pétrole rassemblent une nombreuse clientèle à soutenir financièrement.

L'élan conjoncturel et la deuxième révolution industrielle fournissent l'occasion de nombreuses créations ou extensions d'entreprises en Gironde. La Compagnie bordelaise de produits chimiques surgit en 1891, accompagnée par plusieurs autres firmes (Saint-Gobain, Kuhlmann, La Cornubia). Des usines de métallurgie ou de mécanique s'étalent le long de la Garonne ; pour les constructions métalliques, Desse naît en 1912, avant Schaudel en 1919 ; Carde, partie en 1860 de la charpente en bois, se diversifie vers l'automobile, le matériel ferroviaire et elle aussi vers la construction métallique et la chaudronnerie ; Motobloc fabrique depuis 1902 des moteurs et des automobiles mi-luxe, Ferembal des emballages depuis 1890. Les effectifs de la métallurgie bordelaise s'étoffent de 7 000 salariés en 1890 à 17 000 en 1914 et 15 000 en 1936. La verrerie Domec est implantée en 1910. L'industrie alimentaire profite de l'hinterland aquitain et du port ; Dandicolle & Gaudin, Rödel ou Teyssonneau symbolisent la percée de la conserverie, épaulée par la sucrerie, la minoterie (Grands Moulins de Bordeaux lancés en 1918-1922), la chocolaterie (Talencia en 1909, devenue Tobler-France en 1922 ; Louit, créée dès 1825 ; Coop en 1921), la biscuiterie (Olibet, première firme française de sa branche dans les années 1910-1920 ; Laporte). Proches de l'économie du vin ou de la conserverie, des sociétés de matériel viticole (Pépin & Gasquet, Larrieu-Bedin) ou une demi-douzaine de firmes d'emballage métallique grossissent (Ferembal, etc.). Les industries du cuir complètent cette diversification, en amont avec les Tanneries Bordelaises & Gironde Réunies (fusion en 1929), et en aval avec des usines de chaussures (Tachon, Marbot, Souillac en 1919, Maudouit en 1936, etc.).

---

[16] « Vieu, importante maison de commission et de consignation de morues de la Place, agent des Pêcheries de France et de divers autres armateurs qui lui envoient leurs produits en consignation en vue d'approvisionner les sécheries de la région, qui le règlent directement, d'où de nombreuses acceptations arrivant par les remises de la Banque de France, et de nombreux tirages sur les sécheries, remis surtout aux banques locales, soit une trentaine de millions d'effets par an », rapport de l'Inspection de la Banque de France à la succursale de Bordeaux du 24 août 1931.

18. - BISCUITS OLIBET. - *Machines à Gaufrettes*
Edition spéciale des Biscuits Olibet

7. - BISCUITS OLIBET. - Type de Machine à découper
Edition spéciale des Biscuits Olibet

La diversité et l'ampleur de l'industrie girondine constituent un terroir propice à la prospérité de la Bordelaise. Les sociétés les plus importantes accueillent dans leurs conseils d'administration des représentants du monde des affaires bordelais, qui fournissent des capitaux et leur crédit. Si la Bordelaise reste à l'écart de ces conseils en tant que telle, ses propres administrateurs y figurent parfois et, surtout, elle sait s'insérer dans les flux bancaires animés par ces firmes. Née trop tard pour profiter pleinement de l'essor des années 1860-1880, elle peut ainsi voir sa croissance portée par ce boum de la seconde industrialisation. Elle s'associe à la diversification tertiaire de la ville ; elle prête de l'argent aux journaux, comme en 1921 à *La Liberté du Sud-Ouest* ; en 1932, elle procure une avance de 750 000 francs à la Société des journaux et imprimeries de *La Petite Gironde*, garantie par un nantissement de 750 tonnes de papier journal. De même, en 1903, elle compte parmi sa clientèle le grand magasin *Aux Dames de France*, les actuelles *Galeries Lafayette*.

Quelques principaux clients de la Société bordelaise dans les années 1885-1935

- Commerce des grains : Joubert, Marcillac-Guairaud, le plus gros importateur de grains ; Moulins de Corbeil ; Grands Moulins de Bordeaux.

- Conserveries : dès 1888, Videau & Brun ; 1893 : Dandicolle & Gaudin ; Société bordelaise de conserves et produits alimentaires (Mérignac) ; Rödel & frères ; Tobler ; Teyssonneau.

- construction en bois et métal, travail des métaux : Carde est un client régulier dans les années 1920-1930 (1929 : crédit d'un million en vue des besoins de trésorerie sur un an, prorogé jusqu'en décembre 1931, avec la caution personnelle de Paul Carde ; 1936 : crédit de 500 000 francs, garantis par des délégations sur des marchés en cours auprès des administrations). Manufacture bordelaise de boîtes et bouchages métalliques ; Desse ; Dyle & Bacalan (2 millions sur un crédit bancaire total de 15 millions en 1920) ; Forges & fonderies d'Aquitaine.

- Cuirs et peaux : Société des Tanneries & Corroieries de Bordeaux ; Tanneries de la Gironde (crédit de 500 000 francs en 1935) ; Tanneries bordelaises (facilité de caisse : 1,5 million en 1938, compte débiteur 2,5 millions) ; Marbot (chaussures)

- Chimie : Société des salpêtres et produits chimiques tartriques de Bordeaux (1930 : facilité de caisse d'un million en vue de la campagne de vente, crédit d'un million mobilisable par remise de billets à trois mois renouvelable).

6. Les réseaux de la Société bordelaise

L'image « légendaire » de la Société bordelaise sort quelque peu bouleversée de cette analyse de l'insertion de la banque dans l'économie girondine et landaise. Certes, elle est bien la banque de vin, des Chartrons, du négoce et de la propriété viticoles ; mais elle est devenue aussi la banque du négoce outre-mer en élargissant sa renommée traditionnelle ; elle s'affirme comme une banque du bois et elle est fortement implantée dans le soutien de l'industrie alimentaire, en banque de la conserve et du chocolat, et métallurgique locale. Elle exerce sa fonction de banque commerciale, de source de crédit avec dynamisme et efficacité, puisqu'elle a su se forger une clientèle riche et variée. Elle est éperonnée par une bonne conjoncture et par la diversification de l'économie girondine, qui lui offre un vaste champ d'expansion. « Les principales marchandises achetées à crédit telles que les vins, les bois des Landes, du Nord, les merrains, les résines et les divers produits du Sénégal, ne sont pas d'une vente rapide, elles immobilisent beaucoup de capitaux. »[17] La Banque de France note en 1927 la réussite de la banque qui, grâce à l'efficacité de sa direction et « grâce à cet ensemble de patronage, a la plus belle clientèle de la Place ». Patronage : le mot clé est prononcé, qui fait allusion à tous les liens que les dirigeants de la Bordelaise ont su tisser avec les affaires de la Place, au gré des rencontres d'affaires, des événements mondains, de la chronique des Familles girondines – que le François Mauriac du roman *Préséances* évoque pour cet entre-deux-guerres. Banque sans réseau de guichets, la Bordelaise ne manque pas de réseaux de relations, ce qui explique son rayonnement géographique et financier. La composition de son conseil d'administration reflète plus ou moins la diversité de l'action de cette banque provinciale, qui a su capter la confiance des hommes d'affaires de la Place.

Par la composition de son conseil d'administration, la Société bordelaise apparaît plus encore comme la « banque de l'eau et du vin », du négoce lié au port, à l'outre-mer et à la vigne. Les maisons du vin fournissent le tiers (13) des quarante administrateurs recensés – l'on ne tient pas compte ici des administrateurs issus de la direction de la banque ou du CIC – entre 1880 et 1944, et le commerce non viticole presque la moitié (dix-huit), soit les trois quarts à eux seuls. Le bois (Duboscq, mais tardivement), la métallurgie, la morue – et encore devrait-on peut-être inclure la maison Magne dans le commerce –, l'alimentation, ne forment pas apparemment un vivier de notabilités suffisamment riche : est-ce l'effet d'une moindre renommée ? d'une moindre surface financière ? de moindres attaches familiales ? Ces activités restent-elles à la lisière des Chartrons, du « grand » ou « bon » négoce ? Il est vrai que la Bordelaise entretenait une clientèle variée de plusieurs centaines de petites sociétés qui, si elles fournissaient du « mouvement », ne pouvaient espérer voir leurs dirigeants petits-bourgeois s'insérer dans les sphères des grande et bonne bourgeoisies girondines.

---

[17] Rapport de l'Inspection de la Banque de France à la succursale de Bordeaux du 13 décembre 1909.

Classement par branche des administrateurs girondins
de la Société bordelaise dans les années 1880-1944.

(entre parenthèses : les dates d'entrée au Conseil et de sortie)

Négoce du vin

- Henry Balaresque (1880-1885), patron, avec ses frères, depuis 1856 de la maison H&C. Balaresque, créée en 1763.
- Camille Godard (1880-1881), fondateur et patron de la maison Godard Frères (vins et spiritueux à Bordeaux et Cognac).
- Harry Johnston (1880-1918), patron, avec son fils Henri, depuis 1874, de la Maison N. Johnston et fils, créée en 1743. C'est l'administrateur entré à la fondation de la banque en 1880 qui siège le plus longtemps, jusqu'à sa mort en 1918.
- Théodore Schœngrun-Lopès-Dubec (1880-1898), patron de la Maison Lopès-Dubec, établie en 1740, gendre de Félix Lopès-Dubec. Sa fille épouse Joseph Lopès-Dias, qui lui succède à la tête de la Maison en 1889.
- Henri Wustenberg (1880-1885), de la maison J.H. Wustenberg.
- Daniel Guestier fils (1885-1928), patron de la maison Barton & Guestier, créée en 1795. Il siège au conseil 43 ans.
- Camille Kirstein (1887-1899), l'un des chefs de la maison Schröder & Schyler.
- Edmond Besse (1895-1922), patron de la maison Besse neveux & Cabrol jeune (rhums).
- Louis Lung (1900-1913), beau-frère de Louis Eschenauer, fils de Frédéric Eschenauer ; associé de la maison Eschenauer, créée en 1821.
- Georges Lagarde (1907-1921), fondateur et patron de sa maison de négoce de vins.
- Daniel Dollfus (1919-1943), gendre de Harry Johnston, de la maison Johnston.
- Christian Cruse (1929-1972), de la maison Cruse & fils frères.
- Daniel Guestier, fils de Daniel Guestier fils (1930-1960), dirigeant de la maison Barton & Guestier.

Armement maritime et négoce outre-mer

- Gabriel Faure (1880-1907), patron de la maison Faure frères, créée vers 1791.
- Paul Tandonnet (1880-1898), patron, avec son frère Maurice, de la Maison J.-H. Tandonnet & frères, créée en 1790 et spécialisée dans l'armement maritime depuis 1830.
- Adolphe Chalès (1880-1902), ancien armateur (Sensine & Chalès)
- P.-Jacques Coullet (1880-1887), administrateur des Messageries maritimes.
- Adolphe Labadie (1881-1887), de la maison Labadie, négoce d'importation (devient ensuite Compagnie bordelaise d'importation). Frédéric Labadie et son fils accèdent à la Chambre de commerce, tandis qu'une fille de Frédéric épouse André Chalès.
- Maurice Segrestaa (1884-1902), de la maison Segrestaa (négoce de denrées exotiques)
- Alphonse Beylard (1881-1895), patron et fondateur de la maison Beylard frères (armement maritime en Nouvelle-Calédonie).
- Louis Léon (1898-1921), de la maison Léon, petit-fils de son fondateur (armement et commerce aux Antilles, dans l'océan Indien, au Mexique).

- Jean Segrestaa (1902-1941), patron de la maison Segrestaa.
- Edmond Coullet (1887-1912), représentant la maison Worms (négoce de charbon, armement et consignation maritimes).
- Georges Faure (1913-1918), patron de la maison Faure.

Négoce indochinois et africain

- Alphonse Denis (1909-1928), patron de la maison Denis Frères (négoce en Indochine)[18].
- Etienne Denis (1928-1951), administrateur délégué de Denis Frères, fils d'Alphonse Denis.
- Pascal Buhan (1898-1930), patron de la maison Buhan, fondée par son père en 1854 (négoce au Sénégal), devenue Buhan & Teisseire.
- Paul Maurel (1919-1942), associé de la maison Maurel Frères.
- Jean Maurel (1943-1964), associé de la maison Maurel Frères.
- On peut aller jusqu'à ajouter : Philippe Chalès (1935-1971, avec une brève interruption), patron de la Bordelaise, mais aussi, à titre personnel et familial, président de la maison Maurel & Prom à partir de 1937.

Banque et finance bordelaises

- Léopold Piganeau (1880-1881), de la maison Les fils de J.-J. Piganeau & C°.
- Jean Soula (1881-1892), gérant de la banque De Trincaud Latour-Soula.
- Alfred Gourmel (1885-1898), banquier à Libourne.
- G. Letanneur (1913-), chef de la maison de banque locale Veuve P.A. Letanneur.

Activités commerciales et industrielles diverses

- Alfred Daney (1892-1911), patron de la maison Daney, créée en 1847 (négoce de fromages).
- Philippe Rödel (1898-1907), patron de la firme de conserves alimentaires Rödel, créée en 1834.
- Paul Magne (1912-1930), directeur de la maison Magne (commerce de morue).
- Pierre Desse (1932-1967), patron de la société Desse Frères (construction métallique).
- René Magne (1940-1951), directeur de la maison Magne

Le bois

- Paul Duboscq (1943-1970), chef de la maison Duboscq Frères, président du Syndicat des fournisseurs de bois aux mines.

La structure de ce Conseil ne prouve pas seulement l'enracinement de la maison dans le milieu des entreprises girondin ; elle consacre aussi la pleine réussite d'une banque désormais flambeau du capitalisme du

---

[18] Cf. Paul Butel (dir.), *Histoire de la Chambre de commerce et d'industrie de Bordeaux, Bordeaux*, 1988. Alphonse Denis ajoute à ses fonctions bordelaises celles que lui procure son activité indochinoise : président de la Chambre de commerce de Saïgon, etc., mais surtout membre du Comité de l'Union coloniale française, vice-président de la Société géographique de Bordeaux.

Port de la Lune : l'établissement maigrichon et parfois incertain des années 1880-1890 est devenu un pilier de l'économie locale. Son Conseil s'ajoute donc aux multiples lieux de la sociabilité de la bourgeoisie bordelaise, comme le constate la Banque de France qui note en 1912 qu'elle « jouit d'un excellent crédit. Presque tous les membres de son Conseil font partie de la Chambre de commerce et du Conseil de la succursale de la Banque de France », car (en 1909) son Conseil est « composé des personnalités les plus en vue du monde des affaires de Bordeaux, parmi elles quatre administrateurs de la succursale », « des personnalités très riches et très honorables » (1920)[19]. Accéder au Conseil de la Bordelaise est une source de crédit pour celle-ci et en même temps un nouveau *must* sur la Place, d'autant plus que la rémunération de cette fonction est plantureuse : chaque administrateur a droit à des jetons de présence et au partage d'un dixième des bénéfices (nets, après distribution d'un premier dividende aux actionnaires correspondant à un intérêt de 4 % sur le capital). Ce statut de « club des affaires » – partagé il est vrai avec la banque Soula, quand celle-ci devient société anonyme – en fait la banque des « familles », où se pressent les fondateurs ou héritiers des lignées familiales des maisons de négoce ; le Conseil, parfois, voit lui aussi se succéder les héritiers, comme pour les Guestier ou les Maurel. Le cumul des fonctions ou anciennes fonctions devient usuel : conseil municipal de Bordeaux, Chambre de commerce, Tribunal de commerce, Conseil de la Bordelaise.

Plusieurs administrateurs de la Bordelaise président d'ailleurs la Chambre de commerce : Gabriel Faure en 1899-1902, Edmond Besse en 1903-1908, Pascal Buhan en 1909-1910, Daniel Guestier en 1911-1914 et René Magne en 1944-1945. La banque abrite aussi deux maires de Bordeaux : Alfred Daney, négociant d'envergure moyenne promu par ses pairs au tribunal de commerce (en 1882) et à la Chambre de commerce (1872-1884), appelé ensuite comme administrateur de la succursale de la Banque de France et de la Bordelaise, où il est présent de 1892 à 1911 et devient même vice-président en 1899 ; il est adjoint au maire en 1871-1884, maire en 1884-1888, en 1892-1896 et 1904-1908. Adrien Baysselance, ancien ingénieur spécialiste des ports, haut fonctionnaire à Bordeaux en 1871-1877, est récompensé lors de sa retraite par un siège dans les deux grands conseils : la municipalité – adjoint en 1878-1884, maire en 1888-1892 – et la banque, où il figure de 1892 à sa mort en 1908.

Ces administrateurs habitent dans les « beaux quartiers » de Bordeaux ; ils détiennent souvent une résidence dans la campagne

---

[19] En 1919, Edmond Besse, Alphonse Denis, Daniel Dollfus, Daniel Guestier sont administrateurs de la succursale de la Banque de France à Bordeaux.

proche (une « chartreuse ») ou « sur le Bassin » (d'Arcachon), voire quelque « château » qui scelle leur renommée. Ils animent les multiples clubs, associations culturelles, sportives, équestres[20] et philanthropiques, les bonnes œuvres[21], qui tissent les liens de la sociabilité bourgeoise, mais aussi suscitent la reconnaissance par la société de qualités de dynamisme et d'efficacité que la réussite des affaires ne suffit point à procurer. La banque voit son crédit et les opportunités d'affaires s'accroître de cette intimité avec les notabilités économiques de la Place et la haute bourgeoisie. Elle fait de plus en plus figure d'« établissement de Place », de « banque de la Place », surtout quand Samazeuilh et De Trincaud Latour-Soula s'effacent au sein de sociétés anonymes intégrées à des banques parisiennes.

D'ailleurs, en son sein, dès sa fondation, on l'a vu, s'étaient rejoints, toutes armes déposées, les divers animateurs des batailles sur l'avenir du commerce : un protectionniste pur (Tandonnet), des libre-échangistes avérés (Lopès-Dubec) et des protectionnistes modérés (Chalès). De même, on voit se côtoyer les conservateurs légitimistes Chalès et Johnston et le républicain « opportuniste » de centre-gauche Daney, élu au conseil d'administration en 1892, pourtant battu aux élections municipales de 1896 par une coalition entre légitimistes et républicains d'extrême gauche, avant que, il est vrai, il s'orientât vers la droite républicaine, ce qui l'incite à rassembler tous les conservateurs et modérés pour conquérir à nouveau la mairie en 1904 : son séjour à la Bordelaise ne l'a-t-il pas peu à peu détourné de la gauche ?

---

[20] En particulier les courses et l'élevage de chevaux. « À cause des courses qui auront lieu jeudi prochain, le conseil décide que la prochaine réunion aura lieu le mercredi », procès-verbal du conseil d'administration du 12 avril 1894. Le Club bordelais, qui existe depuis 1840 en face du Siège de la Bordelaise sous le péristyle du Grand Théâtre, a en effet fondé dès 1846, pour les courses de plat, la Société d'encouragement du Club bordelais, une société de courses présidée au début du XXe siècle par Daniel Guestier qui possède une grosse écurie de chevaux de courses. Le New Club, qui siège au 52 cours du Chapeau Rouge, tout près de la Bordelaise, avait créé la Société du steeple chase, pour les courses d'obstacles données à l'hippodrome du Bouscat.

[21] Alphonse Beylard, membre de la Chambre de commerce en 1875-1887, juge au Tribunal de commerce, administrateur de la Succursale de la Banque de France depuis 1875, est de surcroît administrateur des Hospices civils. « Toute sa vie fut faite de travail et de services rendus au bien public et aux déshérités de la fortune », précise l'*Annuaire du Tout-Sud-Ouest* illustré de 1904, Bordeaux, éditions Féret.

378   *Le Sud-Ouest Economique.*

FORGES ET CHANTIERS DE LA GIRONDE

Le paquebot *"MASSILIA"* (15.360 t. j. b.) dans la cale sèche de 203 m. de long appartenant à la Société

CONSTRUCTION ET RÉPARATION
DE NAVIRES DE COMMERCE ET DE GUERRE
DE TOUTES DIMENSIONS

Téléphone: ANJOU 72-13   16, boulevard Malesherbes — PARIS (VIIIe)   Télégrammes: Girochantig 123 - Paris

Chantiers et Ateliers à BORDEAUX, 125, quai de Brazza.

CHAPITRE IX

Les talents des banquiers face aux risques

La Société bordelaise entre l'ardeur et le risque

Ainsi bien insérée dans le monde des affaires girondin, la Société bordelaise est consacrée « banque de proximité », voire « banque maison » de nombreuses entreprises. Mais elle aurait pu céder au péché banal de toute banque très proche de ses clients : elle aurait pu se laisser aveugler par des liens de fidélité trop étroits, par les relations de sociabilité qui auraient pu susciter des connivences ou du moins quelque laxisme dans le suivi des risques bancaires. Il faut donc déterminer si le capital de savoir-faire de la banque lui a permis de résister à cette tentation, dont les résultats funestes ont fini trop souvent par emporter d'autres banques de la place bordelaise (Piganeau dans les années 1890, Samazeuilh en 1913) ou tant de banques locales.

Alors qu'elle était partie tête baissée dans son initiation aux affaires bancaires dans les années 1880, la Société bordelaise s'était heurtée aux déboires suscités par une prise de risques hardie et par les aléas de la Grande Dépression. Heureusement, elle se trouve emportée par le renouveau de l'expansion girondine et accède à la consécration : elle s'est taillé une clientèle variée et large ; elle obtient le soutien de nombre de belles maisons de la Place. Même si elle est largement la « banque de l'eau et du vin », du port, du bois et du sucre, la richesse de ses activités et son enracinement local permettent de conclure qu'elle porte désormais bien son nom de *Société bordelaise de crédit industriel et commercial*. C'est un modèle achevé de « banque locale », active et prospère, au service de la communauté des affaires girondine, avec des métiers spécifiques : en banque de dépôts, elle recueille des dépôts et procure aux épargnants des opportunités de placements en valeurs mobilières ; en « banque des entreprises », elle oriente son activité de banque commerciale de crédit vers la satisfaction des besoins des sociétés : elle gère leur portefeuille d'effets de commerce et le mouvement de leur compte courant, accorde des crédits à terme proche (escompte banal, escompte de warrants, découvert ou facilité de caisse, crédit de campagne ou saisonnier). Elle a réussi à se constituer un fonds de commerce solide et diversifié, ce qui lui fournit l'occasion d'engranger des profits, mais ce qui peut aussi lui susciter des inquiétudes, puisque son sort est lié à celui des firmes clientes : ses « engagements » sont aussi des « risques en cours », qui peuvent être mis en péril par les aléas de la gestion de certains patrons et surtout par les soubresauts de la conjoncture, en particulier quand surgit la dépression des années 1930.

1. La vigilance du banquier

La poussée des affaires de la Bordelaise débouche sur l'accroissement des créances, donc sur une prise de risque plus vive. Certes, la banque, échaudée par ses déboires de la Grande Dépression de la fin du XIXe siècle, dispose d'une « culture de vigilance » qui peut l'inciter à porter un regard lucide sur les opérations proposées et sur le bilan de ses clients. Mais un obstacle se dresse à ce propos, à cause de la rareté des bilans puisque nombre de firmes bordelaises de l'époque restent des sociétés familiales et livrent peu de précisions sur leurs comptes. Heureusement, les « gros risques » sont encourus avec des entreprises (huileries, les grands négociants d'Afrique) qui prennent le statut de société anonyme et fournissent sinon leurs livres de comptes du moins des bilans annuels, quelles que soient la qualité et la véracité de ceux-ci. L'époque échappe encore aux règles comptables strictes mises en place après 1945, à la collecte de statistiques financières suscitée en particulier par la Banque de France et les lois bancaires. Le banquier doit user de son flair pour détecter les crevasses que recouvre le brillant des affaires ; pour contourner le « secret des affaires » qui domine, surtout au sein d'un patronat familial, voire d'un patriciat imbu de ses prérogatives : le « crédit personnel », fondé sur une appréciation du capital social, entrepreneurial et patrimonial des clients, domine plus que le « crédit réel », appuyé sur des statistiques.

Dans l'entre-deux-guerres, les banques n'utilisent pas encore – sauf vis-à-vis des firmes d'Afrique subsaharienne pour les avals auprès de la BAO et des huileries – le système du pool qui, sous la houlette d'un chef de file, répartit les crédits de la communauté bancaire à une entreprise, ce qui permet à chacun de connaître les engagements de celle-ci vis-à-vis de ses banquiers, qui partagent de surcroît certaines informations essentielles :

> Un grand nombre de signatures des effets sont engagés chez différents comptes courants en même temps de sorte qu'il y a entre les banquiers et leurs clients une solidarité qui présente [...] un côté avantageux, par le fait que les risques de la Banque de France sont divisés, et un côté dangereux, en ce sens que le banquier escompteur d'une signature, engagée à son insu dans différentes autres maisons de crédit, ne connaît plus exactement les affaires, la position de son client et ne sait plus le retenir à temps dans ses spéculations ou dans ses entreprises [. Mais,] lorsqu'il s'agit de comptes importants,

les banquiers ne regrettent point une division allégeant les risques de cha-cun. Au besoin même, ils la provoquent.[1]

La Bordelaise doit veiller à estimer les engagements de ses clients auprès d'autres banques, par exemple en mesurant le rapport entre leur chiffre d'affaires et l'escompte qu'ils sollicitent chez elle.

On saisit dès lors l'atout que détient la banque locale. Comme elle est intimement liée aux familles du cru, comme ses administrateurs en sont issus, comme ses dirigeants les fréquentent au travers de multiples rencontres extrabancaires – clubs, en particulier l'Union Club, courses et sports (tennis, golf, polo), sociétés philanthropiques, culturelles ou mondaines, bridge, cérémonies et fêtes familiales –, elle a accès à une connaissance immédiate du patronat. Autant qu'en dépouillant les comptes, elle peut se faire une idée de la façon dont une cliente est dirigée en scrutant la personnalité de son animateur, en lorgnant son genre de vie : est-il dépensier, économe, etc. ? Elle est à l'écoute du mouvement des affaires : qui paye en retard chez tel ou tel négociant ? qui a acheté de gros stocks ? qui a reçu des cargaisons déchargées des navires amarrés sur les quais tout proches du Siège ? Parfois, le banquier musarde dans les bars proches du Grand Théâtre, où se tiennent des marchés informels qui réunissent des négociants en bois : il glane ainsi quelques données sur l'état du marché. Tout cela constitue un apport d'informations qui l'aident à mieux connaître la vie quotidienne de ses clientes, ce qui ne l'empêche pas d'éplucher ses bilans. Le banquier local ne juge pas de ses risques seulement « sur dossier », comme peut le faire la direction d'une grande banque de dépôts dont les décisions sont centralisées à Paris. Il juge « l'honorabilité », la « surface », « l'allant » du client.

Un informateur essentiel sur la Place est le directeur de la succursale de la Banque de France, épaulé par son propre conseil d'administration. Il peut refuser de réescompter le papier quand il juge sa qualité insuffi-sante ou quand il se méfie de la solvabilité du tiré, du débiteur. Certes, ses dossiers que l'historien lit aujourd'hui restent confidentiels, mais il discute avec les banquiers de la santé de leurs clients et de la valeur des effets qu'ils lui présentent au réescompte. Or il redoute la tendance du négoce girondin à constituer des stocks en espérant la hausse des prix et le bond des ventes – « Les principales marchandises achetées à crédit telles que les vins, les bois des Landes, du Nord, les merrains, les ré-sines, et les divers produits du Sénégal, ne sont pas d'une vente rapide, elles immobilisent beaucoup de capitaux, et font constamment courir de

---

[1] Rapport de l'Inspection de la Banque de France à la succursale de Bordeaux du 15 avril 1886.

gros risques dès que les stocks pèsent trop sur le marché »[2] – et la volatilité d'une Place où aux crédits bancaires, au réescompte de la Banque centrale s'ajoute le placement de papier auprès des « capitalistes », ce qui amplifie le risque de repli du crédit en cas de crise de confiance, et donc celui de défaillances de firmes trop endettées. Il confie ses craintes à la Bordelaise, ainsi prévenue des menaces pesant sur ses risques.

> On sait combien aventuriers sont, en général, les commerçants bordelais et combien leurs opérations et leurs tirages ont besoin d'être surveillés […]. Le commerce bordelais détient d'ailleurs d'importants stocks, constitués à des prix élevés, et nombre de maisons, parmi les plus notoires, ne se maintiennent que grâce à la fortune acquise, ou à l'appui qu'elles trouvent auprès de quelques établissements, CCF, Bordelaise, BNC, qui remplissent encore, dans une certaine mesure, l'office de banquiers locaux.[3]

Quelle que soit la richesse de l'information obtenue, l'appréciation du risque bancaire reste une question d'« appréciation » intuitive. Faut-il renouveler une avance ? l'augmenter, d'autant plus que la tentation est grande de devenir ce qu'on appelle une banque « facile » tant l'économie bordelaise a soif de crédits ? Faut-il faire preuve de fermeté ou de souplesse ? La Bordelaise n'échappe pas à la contradiction de toute banque, qui doit accroître son volume de crédits pour épaissir les revenus procurés par les intérêts des comptes débiteurs tout en freinant la dérive des prêts pour éviter que naisse une disparité entre l'engagement dans une firme et la capacité financière de celle-ci, ce que résume le Conseil en 1886 : « Tout en maintenant dans des limites modérées les facilités de crédit que vous nous avez permis d'accorder à nos clients, elle n'en a pas moins contribué puissamment au développement de nos relations. » En sus des précautions qu'elle prend, la banque s'entoure de « garanties réelles ». Si elle pratique modérément les avances sur titres, elle recourt fréquemment aux warrants sur stocks de vins ou de marchandises ; encore faut-il que le débiteur respecte honnêtement le stock qui sert de gage au warrant : La visite aux Magasins généraux a permis de constater que sur cent fûts d'eau de vie servant de gage à un warrant de 90 000 francs escompté par la Société bordelaise et dont MM. X Frères sont les principaux obligés, trois fûts étaient vides », rapport de l'Inspection de la Banque de France à la succursale de Bordeaux du 24 janvier 1913. Lors de la faillite d'une petite maison en février 1914, on s'aperçoit que 62 des 70 barriques servant de gage à un

---

[2] Rapport de l'Inspection de la Banque de France à la succursale de Bordeaux du 13 décembre 1909.

[3] Rapport de l'Inspection de la Banque de France à la succursale de Bordeaux du 6 août 1923.

warrant agricole ont disparu. Plus habituel est la prise d'une hypothèque sur les biens du débiteur. Les registres de la banque regorgent de telles opérations à partir de la Belle Époque, qu'elles portent sur les immeubles urbains ou ruraux des emprunteurs, sur leurs magasins, chais ou usines, ou sur leurs propriétés viticoles. Il faut enregistrer la constitution de l'hypothèque, puis la mainlevée : le conseil d'administration se transforme en chambre d'enregistrement quasi notariale, où défile l'énumération des parcelles de terrain en cause.

2. La Société bordelaise « collée » dans de mauvais risques

Pourtant, malgré le discernement des dirigeants, leurs contacts immédiats voire intimes avec nombre d'affaires de la Place, et les précautions prises pour border les risques, la Société bordelaise se trouve confrontée à de « mauvais risques », à une immobilisation de ses créances, quand des clientes deviennent défaillantes : elle est « collée » dans des crédits « gelés ». Parfois, la banque subit les retombées d'une crise propre à une société, dont elle n'a pu entrevoir les difficultés. Le drame éclate quand sa confiance est trahie, quand l'honorabilité qui justifiait son soutien s'avère déficiente. Le banquier local travaille sans qu'il soit possible de conduire des « analyses de bilan » systématiques ; souvent même, le client se refuse à fournir un bilan ; ou il établit des comptes si flous, avec des postes si compacts, qu'on ne peut guère se livrer qu'à des supputations hypothétiques mal éclairées par des précisions trop générales sur les perspectives d'évolution de la société ; ou, enfin, il livre plusieurs versions différentes du bilan à ses divers banquiers et à la banque centrale. Tout crédit est en partie un crédit personnel, accordé moins à l'entreprise qu'à son animateur, *intuitu personae*, sur la base de son crédit, de la confiance qu'il suscite. C'est encore un lien d'homme à homme, qui repose donc sur un contrat moral implicite, sur la parole. Comme la Société bordelaise vit largement des affaires que lui apportent les liens entretenus par ses administrateurs, grâce à leur entregent, à leurs réseaux de clients, de commandités, de familles, elle repose sur les informations et les garanties intellectuelles ou morales qu'ils lui procurent. Aussi dépend-elle sensiblement de leur propre stature, de la qualité de leurs propres relations et patronages, ce qui explique la mise en cause immédiate de l'administrateur qui avait cautionné moralement des clients devenus douteux.

Une tradition d'honnêteté s'est érigée sur la Place, qui est désormais respectée ; elle remonte aux toutes premières années de la banque : ainsi, en 1887, son administrateur Adolphe Labadie avait dû démissionner quand on avait appris que la firme dont il était commanditaire était compromise dans du papier de cavalerie : l'administrateur n'était pas en cause personnellement, mais comme la banque entretenait des rapports

« de parole » avec ses clients, elle était en droit d'espérer que ses administrateurs fussent eux-mêmes en relations avec des hommes et des maisons de parole. Un second retrait était intervenu en 1897, quand la grosse maison d'armement et de négoce J.H. Tandonnet Frères s'était vue confrontée à de graves difficultés financières et n'avait pu, en particulier, rembourser une dette de 362 000 francs à l'égard de la Société bordelaise – pour laquelle cette créance représentait alors 1/18 de ses crédits. La sanction morale avait été immédiate : Paul Tandonnet avait dû s'abstenir de siéger au Conseil de la banque, puis il ne s'était pas présenté pas à la réélection en 1898.

Cependant, le sens de l'honneur des affaires explique que la communauté de la famille Tandonnet et du négoce girondin se soit mobilisée pour préserver le crédit familial et surtout éviter que le malaise de la Place ne se transformât en krach, que la banque fût secouée, comme l'avait été peu après Piganeau. Les fils de Paul et Maurice Tandonnet – les deux fils de Jean-Hippolyte Tandonnet, fils du fondateur de la maison vers 1790 – avaient souscrit au profit de la Bordelaise une police d'assurances de 200 000 francs sur la tête de Pierre Tandonnet, ce qui avait permis à la banque d'avancer 200 000 francs sur cette police à Pierre Tandonnet (un officier) qui atténuait d'autant le compte débiteur de la maison, estimé à 362 000 francs, tandis que Paul Tandonnet avait fourni 21 000 francs par lui-même. Les membres du conseil d'administration de la Bordelaise décidèrent alors de prouver leur solidarité envers leur confrère, la Place et leur banque en réglant 126 000 francs sur la dette Tandonnet – 9 000 francs chacun, « à titre de contribution volontaire et gracieuse », à prélever sur leurs jetons de présence et leur part sur les bénéfices : voilà l'honneur en affaires ! Ils se sentaient moralement solidaires de l'honorabilité de leur collègue. La banque prit aussi une hypothèque de 55 000 francs sur les propriétés des Tandonnet à Saint-Médard-en-Jalles. Mais cela ne suffit pas à sauver la firme Tandonnet, qui chuta en 1901, car elle avait trop immobilisé d'argent dans la commandite de commerçants en gros au Sénégal et se retrouvait de surcroît prise dans les déboires des maisons Gaspard Devès et Justin Devès.

Plus banale encore est l'immobilisation de créances sous l'effet des récessions récurrentes qui ponctuent l'histoire du capitalisme marchand. Le port subit ainsi le contre-choc de pincement conjoncturel de 1908-1909 ; puis de 1911-1913 : les maisons sénégalaises perdent alors de l'argent sur les arachides, « les négociants de Bordeaux sont surchargés de marchandises (produits résineux) et ils mettront longtemps à amortir leurs comptes débiteurs très élevés en banque ». C'est alors que la maison Buhan s'effondre, engluée dans le surendettement de Pascal Buhan I, submergé de traites qu'il ne peut solder en 1911. Il doit liquider une bonne part de ses actifs, particulier sa branche Armement maritime et son comptoir en Casamance, cédés à Soller, une firme de Hambourg, rachetée en 1912 par Calvé-Delft. « Le passif de cette maison est considérable, et on se demande si Pascal Buhan arrivera jamais à l'éteindre. On lui connaît 1,5 million de dettes, dont 0,6 chez Samazeuilh et 0,6 à la Bordelaise. »[4] Pascal Buhan a en particulier émis des traites en faveur de sa firme au nom de la Participation gommes, association de vente de gommes créée en 1868 par Maurel & Prom et Buhan & Teisseire ; il doit rembourser l'argent dû à cette Participation, en sus des dettes de sa firme. Celle-ci est le fruit de l'association entre son père, Joseph Buhan, créateur de la maison en 1854, lui-même et sa sœur, Mme Teisseire. Ce n'est qu'en 1916 que, grâce à un héritage familial, Pascal Buhan I parvient à solder sa dette sur la Place. Mais les relations entre la banque et sa firme demeurent excellentes, dans la mesure où celle-ci redresse la barre et renoue avec la santé financière : son fils Pascal Buhan II accède d'ailleurs à son Conseil dans l'entre-deux-guerres.

Plus grave pour les finances de la banque sont les conséquences de la Première Guerre mondiale. À cause du moratoire officiel imposé à la récupération des créances (25,8 millions de francs sont ainsi gelés) et de l'ébranlement des flux commerciaux girondins, elle se retrouve « prise » dans l'immobilisation de ses prêts − alors qu'elle se refuse à geler les dépôts de ses clients. À ce gel s'ajoutent les difficultés financières de plusieurs firmes. Dès l'exercice 1916, elle doit renouer avec la constitution d'amples provisions, comme dans les années 1880 : elles atteignent 321 000 francs. Son vice-président Lagarde, le véritable patron dans les années 1913-1919, bataille sur le front du contentieux, qu'il supervise encore en 1920-1921. Beaucoup de litiges surviennent autour des créances moratoriées quand la banque tente de récupérer un argent auprès de débiteurs à l'évidence solvables. Il négocie de nombreux règlements transactionnels, qui débouchent sur le paiement échelonné des dettes et, souvent sur un abandon des intérêts dus. La Société bordelaise se trouve ainsi « collée » dans l'insolvabilité des Forges & fonderies d'Aquitaine (à Mérignac), dont elle finit par se trouver quasiment propriétaire, ce qui l'amène à se démener pour dénicher des repreneurs pour les actifs, mais l'affaire dure jusqu'en 1939. De même, elle obtient la mise en liquidation des Forges de la Seine en 1917 ; la mise en vente des actifs lui permet de récupérer 1,8 million en 1918-1919. Heureusement, la prospérité des années 1920 éponge les pertes et elle est pain bénit pour la banque, qui ne subit aucune défaillance d'envergure. C'est

---

[4] Rapport de l'Inspection de la Banque de France à la succursale de Bordeaux du 11 février 1911. Pascal Buhan I a présidé le Tribunal de commerce et (en 1909-1910) la Chambre de commerce. C'est son fils Pascal Buhan II qui dirige la société ensuite et devient administrateur de la Bordelaise.

le signe qu'une gestion efficace permet de concilier croissance des crédits et maîtrise des risques.

3. La Société bordelaise et la crise des années 1930

La Société bordelaise se trouve confrontée à la tourmente qui secoue le monde bancaire en 1930, quand une « panique » incite les déposants à retirer leurs fonds, avant que le calme se rétablisse assez vite grâce, en particulier, au soutien de la Banque de France à la Place :

> La situation de place, toujours délicate en raison des grandes facilités de crédit offertes aux principales maisons par les diverses banques ou établissements financiers, de la large utilisation des comptes débiteurs multiples, qui tendent en certains cas à perdre leur caractère temporaire pour devenir de véritables commandites par leur permanence – la mise en difficulté des Établissements Ballande en a fourni la preuve récente, à la suite d'immobilisations industrielles réalisées au moyen de simples découverts – et de l'inexistence de portefeuilles-titres proportionnés à l'importance des entreprises – les capitalistes bordelais préférant, selon une vieille coutume locale, employer leurs disponibilités à l'achat de papier de mobilisation qu'ils gardent en pension pendant quelques mois – s'est trouvée subitement aggravée en novembre 1930 par des événements particuliers. L'ambiance locale, déjà émotionnée par l'annonce des défaillances bancaires ou boursières survenues à Paris et dans le Nord de la France, mais peu touchée par la répercussion de ces événements pénibles, se transforme subitement en un véritable affolement de la part du public, à la suite de la fuite ou de l'arrestation de plusieurs notaires et agents de change en déconfiture – on parlait d'environ 100 millions de pertes. Les déposants se précipitèrent vers les divers établissements financiers pour opérer des retraits de fonds et de titres, provoquant de la part des banques des demandes de gros virements à leurs sièges, et des présentations massives d'escompte. Ce mouvement de panique, renforcé par les besoins normaux de la fin de mois, fut vite dépassé grâce aux paiements effectués à guichets ouverts.[5]

À cette alerte succèdent les déboires supportés par ses clients pendant la dépression des années 1930. Les récoltes manquent d'ampleur, tant en Afrique, où les campagnes d'arachides de 1929 et 1930 sont insuffisantes, qu'en Gironde où les vendanges sont modestes au début des années 1930. Plus grave est ensuite la contraction des débouchés : les exportations des vins fins, des poteaux de mines et des produits résineux vers l'Europe du Nord sont freinées par les tensions monétaires et douanières, tandis que les huileries marseillaises qui traitent des oléagineux d'Inde raflent des marchés à leurs concurrentes bordelaises. Les cours s'effondrent pour l'ensemble des denrées traitées par Bordeaux

---

[5]   Rapport de l'Inspection de la Banque de France à la succursale de Bordeaux, 1932.

(arachides, cacao, café, vins, morues, rhum), tandis que la viticulture souffre longtemps, avec la constitution d'énormes stocks par les viticulteurs en 1934-1936. Tous les clients de la Société bordelaise éprouvent des difficultés. Les huileries, en particulier, subissent en 1930 le contrecoup de la dépréciation de leurs stocks et des pertes sensibles, ce qui rend leur dette moins élastique. Paradoxalement, cette Place de réputation spéculative connaît plutôt moins de défaillances qu'ailleurs, ce qui évite toute inquiétude de krach à la Société bordelaise, satisfaite d'avoir bordé ses risques au mieux. Elle doit déployer de la patience pour récupérer son argent, l'essentiel étant pour le banquier d'espérer récupérer sa mise, le capital prêté, fût-ce au prix de délais, d'ailleurs générateurs d'intérêts dont on peut négocier ensuite le paiement. Heureusement, le plus souvent, les actifs de ses clients sont solides, malgré la chute des prix, et nombre de sociétés compriment leur train de vie, comme Denis Frères en 1934, qui se réorganise profondément pour éponger sa dette bancaire. Plusieurs clients importants demandent ainsi des moratoires sur leur dette, mais parviennent à alléger leur situation au bout de quelques semestres, car la banque ne peut abandonner à un sort désastreux des partenaires fidèles, anciens et renommés. La maison Nathaniel Johnston & fils obtient en 1933 de régler sa dette, garantie par un nantissement de stocks de vins, de 653 000 francs sur cinq ans. Le solde débiteur de 525 000 francs de Schröder & Schyler s'immobilise aussi en janvier 1935, mais la firme obtient un étalement à l'amiable sur trois ans, comme la Société bordelaise de conserves alimentaires en 1935, sur dix-huit mois (pour 345 000 francs).

Pourtant, la clientèle de la banque ne n'enlise pas seulement dans la langueur de la dépression. Elle est parfois entaillée par des chutes dramatiques, car « il est toujours téméraire de juger sur des apparences, surtout à Bordeaux où, l'expérience l'a trop souvent prouvé, des façades brillantes subsistent jusqu'à la fin qui dissimulent des organismes irrémédiablement atteints »[6]. La chute la plus tonitruante est celle de la Compagnie générale des rhums, consortium de vente fondé en novembre 1929 par les grandes firmes de la Place et liquidé en avril-mai 1931, en laissant un « drapeau » à la Société bordelaise de 2,5 millions d'avances sur marchandises et de 2,8 millions d'encours d'escompte d'effets tirés sur lui par ses fondateurs-fournisseurs. Aussi, quand l'effondrement des cours des alcools déprécie les stocks et ouvre une disparité inquiétante entre eux et les crédits qu'ils gageaient, les banques demandent leur remboursement auprès des maisons actionnaires de la CGR qui avaient apporté leur caution aux emprunts. L'ensemble du monde du rhum est donc ébranlé, car les sociétés ne parviennent pas à

---

[6] *Ibidem*, juillet 1932.

faire face à ces échéances, d'autant plus que les gages se sont encore dévalorisés. C'est le choc, avec la faillite d'une dizaine de maisons : Turpin & Chailloux, Colin, Rhum Saint-Georges, la grosse firme Feuillatte. La chute de Faure frères en mai 1931 est un bouleversement car cette « ancienne et importante maison [était gérée par des] associés riches et honorables (disposant d'un) bon crédit », et deux Faure avaient été entre 1880 et 1918 administrateurs de la Société bordelaise, ainsi prise de court subitement par l'ébranlement d'un pan essentiel de son fonds de commerce. De surcroît, l'une de ses clientes importantes – Edmond Besse a été administrateur de la banque en 1896-1922 –, Besse-Cabrol-Neveux, gérée par André et Joseph Besse, tombe aussi (avec un passif de 26 millions en 1934) : la banque se retrouve avec une créance d'1,7 million en 1932. Heureusement, Bardinet résiste, mais, après avoir réussi à solder sa dette[7], subit deux millions de pertes comptables en 1930-1931 et doit être réorganisée. Toutefois, la banque doit considérer l'essentiel de ses créances sur les maisons de rhum comme perdues, les trois quarts pour Besse, même si la liquidation de celle-ci, achevée en juillet 1939, permet d'en récupérer une modeste partie. Au-delà de cette secousse[8], la Société bordelaise se retrouve fort actionnaire d'une plantation de canne et sucrerie antillaise, Beauport : en effet, Besse – également commissionnaire en sucre pour des ventes en métropole – était créancière de cette firme ; les liquidateurs distribuent alors des actions de Beauport aux banquiers, ce qui fait de la Société bordelaise une propriétaire exotique...

Un second choc frappe la prestigieuse maison Ballande, étranglée par une crise financière, quand elle peine à mobiliser une masse d'effets sur sa filiale Calédonia et doit rembourser cette dette à court terme alors que cet argent avait été immobilisé en investissements. Le pool des créanciers, conduit par la Banque de l'Indochine, organise des concordats amiables en juin 1932 et en juillet 1935, qui permettent des suppressions et des abattements d'intérêts, des remises de dettes ; le second prévoit ainsi le remboursement sur six ans à partir de 1942. La maison est sauvée mais perd de son prestige et surtout de son envergure. Par chance, ce krach touche moins la Bordelaise – peu engagée, pour 300 000 francs – que Soula, dont André Ballande présidait le conseil d'administration ; et, fort d'une fortune de quelque 150 millions de francs en 1929, il parvient à désintéresser en quelques années l'essentiel

---

[7] Un montant de 10,5 millions, complétés par 6,7 millions d'avances irrécupérables à la CGR.

[8] Cf. H. Bonin, « Les élites provinciales entre position et déconfiture : la crise des grandes familles girondines dans les années 1930 », in Jean Mondot & Philippe Loupès (dir.), *Provinciales. Hommages à Anne-Marie Cocula*, Tome I, Pessac, Presses universitaires de Bordeaux, 2009, p. 525-554.

de ses créanciers au cours de la liquidation de ses principales affaires. Toutefois, la banque doit supporter l'immobilisation de sa créance, comme lors du krach de deux maisons sénégalaises : Devès & Chaumet, qui chute en 1935 et bénéficie d'un concordat en mai 1937 avec 1,3 million envers la Bordelaise, et surtout Martre & Vézia, liquidée en avril 1936 avec une dette de 401 000 francs envers celle-ci, qui n'espère en récupérer qu'un dixième et en déjà provisionné 228 000 francs : toutes les deux laissent une « ardoise » importante à la banque.

Si la Bordelaise ne semble pas perdre d'argent dans la fermeture des maisons clientes qu'étaient les conserveries alimentaires Dandicolle & Gaudin en 1935 et Rödel en 1937, elle se retrouve prise, aux côtés de Soula et de Barclays, dans la crise de Latrille qui doit liquider ses stocks avec pertes en 1932 pour régler ses découverts en banque, puis s'effondre en mai 1936, laissant chez la Bordelaise une « ardoise » de 715 000 francs, par chance garantis par une caution de *La Petite Gironde* et par un stock de vins, chance que la banque n'obtient pas avec l'eau des sources thermales de la Société immobilière et fermière des eaux minérales de Dax, qui ne parvient pas à rembourser une dette engloutie dans de vastes investissements hôteliers que la crise empêche de rentabiliser. Dans toutes ces affaires, il faut constituer d'amples provisions pour comptes litigieux, récupérables sur plusieurs semestres ou années, voire irrécouvrables pour « amortir les pertes ». Pour les seules années 1934-1937, un montant de 5,4 millions est atteint, et la banque estime à une dizaine de millions de francs les provisions constituées en 1931-1937.

Forte de ces précautions, la Société bordelaise ne ressent pas de crise de trésorerie et résiste à la tourmente : « Affaires en régression, mais situation toujours très forte. Liquidité immédiate de 100 %. Réserves toujours accrues », juge la Banque de France en 1934. Elle n'a pas besoin d'être fortement épaulée par le réescompte de la Banque de France, qui alimente la Place en liquidités en 1930-1932 quand la conjoncture se renverse et contraint les banques à allonger leurs crédits et à se refinancer auprès de la banque centrale. La banque éprouve son seul émoi quand la conjoncture s'est améliorée en 1938 : en effet, des déposants troublés par la crise diplomatique de septembre, autour de la question tchécoslovaque, retirent leur argent ; mais, appuyée par la Banque de France, confiante dans la santé de la maison juste secouée par les retombées psychologiques de la crise diplomatique, elle repousse ce coup du sort, car sa santé est intrinsèquement satisfaisante.

Cela est dû à une tactique d'extrême prudence de la banque, qui a tiré la morale de ses déboires de la Grande Dépression des années 1880 ; dès 1931, elle perd toute illusion en une reprise rapide et conduit une politique vigilante, que renforce le tempérament de Philippe Chalès, banquier « classique », d'un tout autre tempérament, par exemple, qu'Albert Soula. On peut même lui reprocher parfois de se contenter de maîtriser son fonds de commerce sans chercher à obtenir de nouvelles affaires : « Conserve toujours une trésorerie large et une liquidité totale. Pourrait, avec les moyens dont elle dispose, développer sensiblement ses opérations. Jalouse de sa clientèle, et lui prêtant tout le concours dont elle a besoin, la direction n'a pas, jusqu'à présent, cherché à la développer. »[9] Cela peut lui faire perdre une part des opérations de certains clients, comme Descas qui emprunte 1,5 million à la BNCI pour solder ses comptes chez les autres banquiers, dont les 325 000 francs de découvert à la Société bordelaise en 1935.

La banque sait néanmoins marquer sa fidélité à ses clients traditionnels, ceux qui appartiennent au cercle de ses amis intimes, à sa mouvance d'affaires. C'est à cette époque que, aux relations d'affaires cordiales, elle ajoute un lien de sympathie chaleureuse, d'où la reconnaissance qu'entretiennent désormais envers elle les familles dont elle a soutenu les efforts de redressement. En effet, elle sait se montrer patiente envers certaines firmes qui subissent des échéances difficiles, tolérer l'étalement des remboursements, accepter des rééchelonnements à l'amiable qui évitent le dépôt de bilan, considéré à l'époque comme honteux. Ainsi agit-elle par exemple à l'égard de Bardinet, de Schröder & Schyler ou de Ballande. Elle est dure envers les clients aventureux ou lointains, mais se montre souple envers les fidèles et intimes, comme quand elle prolonge ou augmente ses crédits à Peyrissac en novembre 1936 pour près de deux millions de francs. Elle consolide donc dans les années 1930 sa réputation de banque locale efficace et proche des maisons amies.

Pourtant, la banque subit l'épreuve de la dépression, car aux pertes et provisions imposées par les défaillances de certains clients s'ajoute le manque à gagner suscité par la crise : dès 1931, le mouvement d'affaires décline de 29 % et les profits bruts de 19 %. Mais elle évite toute griserie et prend précaution sur précaution : « Tous les comptes douteux sont intégralement amortis et aux 9,2 millions de réserves apparentes s'ajoutent 6 millions de provisions pour risques éventuels, inclus dans le poste Comptes créditeurs. »[10] Les réserves officielles atteignent en 1934 une dizaine de millions, les deux tiers du capital. La communauté bancaire se ressaisit et met fin à la concurrence débridée qui gonflait les

---

[9]   Rapport de l'Inspection de la Banque de France à la succursale de Bordeaux du 25 mai 1936. « Nous nous sommes attachés, malgré la persistance de la crise, à maintenir notre fidèle clientèle les facilités qu'elle était habituée à trouver auprès de nous », rapport annuel du conseil d'administration du 25 mars 1933.

[10] Rapport de l'Inspection de la Banque de France à la succursale de Bordeaux de juillet 1932.

opérations, mais amplifiait les risques, en jouant désormais le jeu de la transparence sur les crédits qu'elle accorde à leurs clients communs. Cet art de louvoyer entre les écueils de la dépression permet à la Société bordelaise d'échapper à toute menace de krach, à la différence de nombre de maisons provinciales. Aussi est-elle en position de profiter des frémissements de reprise économique qui entraînent la Place en 1937-1939, avec la reprise des courants d'exportation vers les pays anglo-saxons et le redémarrage des opérations africaines.

4. Le succès financier de la Société bordelaise

La Société bordelaise résiste aux crises de la Place et à la concurrence : elle ne s'effondre pas comme Lafargue et Piganeau, elle ne se fait pas racheter comme Lafargue (par le CNEP), Samazeuilh (*in fine*, par la BNC) ou De Trincaud Latour-Soula (par le CCF). Elle fête gaillardement son cinquantenaire en 1930, qu'elle célèbre par la publication d'une « plaquette » mettant en valeur ses métiers et la croissance de ses opérations.

Au cours de ce demi-siècle d'activité, la Société s'est développée avec une continuité digne d'être signalée et a résisté aux crises locales ou générales qui ont surgi de temps à autre pendant cette longue période. La confiance qu'elle a su inspirer à sa clientèle n'a jamais été altérée.[11]

Le Conseil regrette de penser qu'il ne verra pas la magnifique situation à laquelle la Société sera parvenue lors de son centenaire si les traditions actuelles de confiance réciproque du Conseil, du personnel, des actionnaires et des clients, ainsi que de prudence dans la progression des dividendes qui ont fait jusqu'ici la force de la Société bordelaise se maintiennent et se consolident [...]. Grâce à ce précieux appui [du CIC], grâce aux habitudes de prudence qui ont été la règle de la maison et aux mesures de prévoyance qui ont toujours été approuvées dans les assemblées générales, la Société bordelaise peut envisager l'avenir avec pleine confiance.[12]

Aussi la banque organise-t-elle un grand banquet, le samedi 21 juin 1930 dans les salons d'un restaurateur avec tout le personnel actif et les retraités. Chaque retraité reçoit une allocation de mille francs, et la Caisse de prévoyance une somme supplémentaire de 50 000 francs.

Cette confiance en soi est-elle justifiée ? Il est indéniable que les affaires de la banque ont connu un fort développement. Son bilan quintuple entre 1908 et 1928, et oscille entre 110 et 120 millions de francs au tournant des années 1930. Même en francs constants, le gain est sensible, avec presque un doublement de l'activité entre 1900 et 1919,

---

[11] Rapport du conseil d'administration du 22 mars 1930.
[12] Plaquette de 1930.

jusqu'à un demi-milliard de francs actuels. Par contre, les années 1920-1930 voient ce bilan plafonner : en francs courants, il double, mais en francs constants, il se stabilise autour de 250 millions de francs actuels. La rentabilité de la Société bordelaise s'affiche triomphante. Une première évaluation, sur la base du bilan, indique que, malgré le repli des années 1913-1919 qui entaille une belle stabilité autour de 3,5-4 %, une progression se dessine jusqu'à un sommet entre 4 et 6 % dans les années 1920, la dépression imposant ensuite une relative modération. L'analyse du rapport de l'argent investi dans les fonds propres de la banque confirme cette impression : la Société bordelaise est une banque locale plantureuse, qui dégage une bonne profitabilité dans les années 1920 (entre 10 et 14 %), avant un repli dans la première moitié des années 1930 autour de 4 à 8 %, ce qui reste correct en période de crise. La prudence s'avère payante : le renouvellement des pertes des années 1880 a été évité ; la stratégie en faveur de la banque d'escompte et la sélectivité de la clientèle des avances ou découvert procurent de bons bénéfices, tandis qu'une croissance excessive des frais généraux est enrayée, du seul fait de l'existence d'un seul siège, de la modestie des effectifs et du nombre modéré de comptes-clientèle.

C'est pourquoi les actionnaires se réjouissent de percevoir des dividendes substantiels, même si la banque conduit une politique exigeante de mise en réserve d'une forte fraction des bénéfices distribuables, en particulier entre 1924 et 1930 quand elle cherche à étayer la croissance de son activité : alors que le capital grimpe 6,875 millions en 1919 à 15 millions en 1935, les réserves enflent de 2,540 millions à 10,5 millions, soit le même gain de 8 millions environ. En acceptant de mêler des francs assis sur des valeurs monétaires différentes, on constate simplement que, de 1913 à 1935, les actionnaires ont apporté à la banque 10 millions d'argent frais sous forme d'actions et − volontairement par la prime d'émission ou de façon indirecte par la non-distribution de bénéfices disponibles – 9,2 millions d'argent mis en réserve, alors que la distribution de dividendes leur a rapporté 22 millions. La banque a ainsi redistribué à ses actionnaires tout l'argent qu'ils lui avaient confié, ce qui correspond presque à un amortissement de leur avance initiale : à un franc souscrit ou mis en réserve répond un franc de dividende.

Le CIC rechigne peut-être à procurer beaucoup de capitaux dans les années 1920 – il se défausse même d'une partie de son stock d'actions pour se faire des liquidités – et il préfère que les fonds propres augmentent grâce aux réserves – avec une hausse des capitaux propres de 9,7 millions en 1920 à 25,5 millions en 1935 (de 8 à 16 millions d'euros). Mais cet actionnaire dominant peut se satisfaire de l'évolution favorable de la Société bordelaise dont la profitabilité est une qualité essentielle, ce qui l'incite à y injecter de l'argent en 1924-1928. Il est d'autant plus comblé que l'éclatement de la crise ne perturbe pas la bonne santé de la banque. Certes, celle-ci réduit le dividende (1,2 million chaque année en 1931-1935), mais les bénéfices nets restent substantiels : jamais la Société bordelaise n'a été menacée par le krach qui secoue la profession bancaire en 1931-1935 et jamais sa capacité à dégager des profits amples n'a été ébranlée. Cette résistance aux secousses conjoncturelles est bien la première exigence à laquelle une entreprise doit répondre, si elle veut envisager de devenir centenaire !

Deuxième conclusion

La Société bordelaise, banque locale robuste

La Société bordelaise représente vraiment un « joyau » de banque locale. Dire qu'elle est devenue en soixante ans d'existence « la banque du vin, de l'huile et de l'eau » est plaisant, mais proche de la réalité, si l'on y ajoute le bois et si l'on comprend par « banque de l'eau » le financement des échanges animés par un négoce portuaire à l'apogée de son histoire, malgré les quelques secousses qui ébranlent certaines maisons. Grâce à son conseil d'administration qui réunit quelques-uns des plus grands noms de la Place, grâce à ses dirigeants parmi lesquels la famille Chalès entretient des liens intimes avec le patriciat girondin, grâce au patronage de son parrain parisien, le Crédit industriel et commercial, elle est parvenue à séduire toute une clientèle de bonnes maisons de Bordeaux, en une osmose parfaite entre la banque locale et son milieu économique. Elles lui procurent d'amples mouvements d'escompte, d'épais comptes courants créditeurs et se plaisent à accueillir ses crédits de campagne, mais aussi ses avances et découverts, surtout quand les trésoreries se tendent.

Voilà une banque locale bien enracinée dans son terroir, fière de sa réussite, d'ailleurs récompensée par des profits plantureux, qui alimentent une distribution de copieux dividendes et facilitent aussi la consolidation des fonds propres. « La liquidité dépasse 97 %, et l'action, au nominal de 500 francs, vaut le double. C'est une belle situation », conclut la Banque de France en 1938, tandis qu'une inspection du CIC au Siège en 1932 met en valeur sa remarquable liquidité en 1931-1932, puisque disponibilités et exigibilités s'équilibrent presque entre 60 et 70 millions de francs. Aussi la Société bordelaise échappe-t-elle à toute menace de krach, alors que 400 consœurs s'effondrent en France en 1931-1935. Belle clientèle, « beau papier », liquidité, profitabilité, tout fait d'elle un modèle de banque locale, patronnée par les notabilités de la Place, qui lui insufflent en particulier ce qui fait la force de son Crédit : les relations de parole et de fidélité, clés de son honorabilité.

Deux interrogations surgissent cependant qui viennent troubler cette sérénité. La première est soutenue par des indices concernant la politique de crédit de la Société bordelaise, ses « emplois ». Certes, elle est « toujours dirigée suivant les mêmes traditions de prudence par Philippe Chalès », relève la Banque de France en 1938. Une question apparaît alors : est-ce que cette vigilance quant à la distribution de crédit ne débouche par sur une certaine rétention ? Est-ce que les affaires de la banque n'ont pas manqué quelque peu d'élasticité ? Est-ce que l'obsession de la liquidité n'a pas en particulier freiné l'offre de crédit quand on s'aperçoit que ceux-ci se sont stabilisés à deux paliers, à la Belle Époque puis dans les années 1920 et même, exprimés en francs constants, régressent dans l'après-guerre ? La fondation de la banque Soula en 1924 avec le patronage de maisons par ailleurs clientes de la Société bordelaise et le vif essor des crédits accordés par cette concurrente prouve l'insatisfaction diffuse qui régnait sur la Place. La banque locale et les grands établissements parisiens leur semblaient trop privilégier le court terme, l'escompte, avec d'ailleurs la bénédiction de la banque centrale. Doit-on en conclure que la Société bordelaise manque des fonds propres qui lui auraient permis d'adosser une politique de crédit plus vigoureuse, sinon audacieuse ? Soula est dotée tout de suite de plus de moyens d'action, qui lui procurent plus de mobilité. D'autre part, la profitabilité de la Société bordelaise est forte, mais c'est qu'elle s'exprime par rapport à des capitaux propres somme toute légers. La Place, les maisons qui apportaient leur patronage et le CIC ont-ils vraiment doté la banque d'un capital suffisant ? Les mises en réserve n'auraient-elles pas pu être plus amples, peut-être au détriment des dividendes ?

La seconde interrogation porte sur l'envergure de la Société bordelaise. Elle brasse en 1929 un premier maximum de 89 millions de dépôts, réduits à 67 millions en 1935 (43 millions d'euros pour ces deux années). Elle anime un portefeuille d'escompte de 82 millions en 1928 et de 56 millions en 1935 (39 et 36 millions d'euros). Elle accorde un record de 29 millions de crédits moyens en 1933 (16 millions d'euros). Après un demi-siècle d'existence et avec de tels patronages et parrainage, elle semble bien manquer d'envergure, brider ses ambitions. Par rapport à ses consœurs lyonnaise et marseillaise, elle reste modeste. C'est la nature même de la Société bordelaise qui est en jeu : cette banque locale cantonne ses activités dans une stricte aire géographique, dès lors qu'elle ne dispose que de son seul siège social.

Certes, elle exerce un rayonnement certain sur toute la Gironde et le nord des Landes. Mais elle se refuse à devenir une « banque à guichets ». Or même la Société lyonnaise, qui marque sa volonté de rester fidèle comme elle à son terroir, ouvre des agences dans toute l'agglomération lyonnaise, en guichets de proximité, et monte même deux antennes à Villefranche-sur-Saône et Saint-Étienne, avec le souci d'aller démarcher « l'épargne dormante » pour les « opérations capitalistes » et les dépôts. Sur Bordeaux, d'ailleurs, les grandes banques de dépôts ouvrent des agences : le Crédit lyonnais cours Portal en 1911 et cours Victor Hugo en 1911 ; la Société générale aux Chartrons en 1907, cours d'Alsace-Lorraine en 1908 et cours de la Marne en 1925. Dans le même temps, elles partent à la conquête de la Gironde : le Crédit lyonnais à Libourne (1891), Langon (1923, où il reprend une maison d'escompte), Arcachon (1928), le Crédit du Nord à Langon, Cadillac, Saint-André-de-Cubzac, Podensac, Bourg, Cavignac, Langoiran. Et, en absorbant la Banque de Bordeaux, le CCF récupère un réseau déjà substantiel, tandis que Soula repart à l'assaut de l'argent thésaurisé en essaimant à son tour dans la région.

Comment persévérer dans ce confinement, certes prestigieux étant donné le site du cours du Chapeau Rouge, mais néfaste à terme, puisque la banque rate des opportunités de collecte de dépôts, qui lui auraient permis de soutenir plus encore son escompte ? Elle aurait pu surtout amplifier ses opérations de placement de valeurs mobilières, peut-être même envisager de solliciter des dépôts stables, de moyenne échéance, voire d'émettre des bons de caisse sur un à cinq ans, pour étayer une distribution de crédits moyens moins bridée. D'ailleurs, lors d'un entretien entre un dirigeant du CIC et Léon-Dufour, en 1931, une prise de conscience de ces limites apparaît :

> M. Léon-Dufour me dit que M. Chalès s'inquiète de voir certains gros clients quitter la Société bordelaise, notamment parce qu'ils ont des agences de grands établissements de crédit plus près d'eux que le Siège de la Bordelaise. Je lui réponds que cela ne m'étonne pas et que je n'ai jamais compris que la Société bordelaise n'ouvre même pas de bureaux dans les principaux quartiers de Bordeaux, n'ait pas créé de succursales dans la Gironde et dans les départements voisins. Léon-Dufour ajoute que la Bordelaise se rend compte de son isolement et qu'au moment où le CIC a fondé la Société toulousaine, il pensait qu'on aurait pu créer une petite société englobant la Bordelaise et la Toulousaine et qui aurait pu s'appeler par exemple Société méridionale du CIC. Je lui réponds que si la Société bordelaise reste confinée à Bordeaux, la Société toulousaine tendra vraisemblablement à se diversifier dans le Midi et même dans la direction de Bordeaux, comme à Montauban.[1]

Les hommes d'affaires de Bordeaux sont pourtant dynamiques et ont une conception mondialiste de l'économie. Mais peut-être qu'ils n'imaginent guère qu'il y ait suffisamment de matière à activité dans le champ géographique intermédiaire entre le monde et le port de la Lune ou les Chartrons. Ce serait comme la vision d'une économie portuaire de « clairière », cernée par une forêt et une vigne, mais sans qu'on s'intéresse au potentiel de développement des « bourgades » alentours, des départements voisins, réunis dans un sorte d'ostracisme, voire de dédain. On parcourt les environs pour rejoindre ses exploitations

---

[1] Compte rendu d'un entretien entre Deschamps et Léon-Dufour du 21 août 1931 (archives du CIC à Paris et Houilles).

viticoles, ses résidences campagnardes ou balnéaires, mais on ne se soucie guère de cet hinterland. Au fond, la Société bordelaise est une banque locale au service d'une économie mondialiste, mais n'envisage pas de devenir une banque régionale, alors même que fleurit dans le premier tiers du XXe siècle une littérature régionaliste qui en appelle à la constitution de banques régionales puissantes, telle que la Société marseillaise de crédit, qui rayonne dans l'ensemble de la Provence et du Languedoc, et pousse même jusqu'à Toulouse.

Tableau 2. Évolution du bilan de la Société bordelaise de CIC de 1880 à 1913 (en millions de francs)

	Porte-feuille-effets (escompte)	Crédits plutôt durables (reports, avances sur garantie, crédits sur garantie ; comptes courants débiteurs)	Comptes courants créditeurs (dépôts)	Fonds propres	Dividende distribué	Bénéfice net	Bilan
1880	4,659	1,983	4,480	5,099	0,120	135	22,553
1881	2,917	5,701	3,375	5,079	0,160	365	25,435
1882	4,994	3,394	3,945	5,087	0,160	184	24,950
1883	6,075	3,836	4,727	5,058	0,200	237	15,970
1884	4,638	3,597	3,107	5,051	0,160	240	14,386
1885	4,724	5,638	4,333	5,143	0,200	300	11,596
1886	4,526	7,297	4,631	5,192	0,200	266	13,480
1887	6,826	5,193	6,208	5,286	0,200	293	13,377
1888	5,078	6,748	5,654	5,376	0,225	327	13,445
1889	5,324	6,780	6,407	5,498	0,225	362	13,699
1890	7,140	7,140	7,557	5,630	0,225	371	15,414
1891	6,661	6,661	6,086	5,707	0,225	312	14,218
1892	5,540	6,849	5,647	5,812	0,250	370	13,885
1893	5,239	6,820	5,728	5,873	0,250	321	13,655
1894	6,236	6,029	6,401	5,913	0,200	243	13,590
1895	5,232	6,774	5,995	5,688	0,150	174	13,413
1896	4,465	8,057	5,570	5,795	0,150	183	13,784
1897	4,960	7,600	6,026	5,715	0,175	210	14,346
1898	4,694	7,428	5,571	5,729	0,200	240	13,658
1899	4,560	8,207	6,414	5,769	0,200	270	15,352
1900	4,327	8,645	5,406	5,821	0,225	278	14,969
1901	5,020	7,445	6,389	5,867	0,225	298	14,227
1902	5,748	8,911	6,491	5,902	0,225	286	15,143
1903	5,502	7,940	7,372	5,924	0,225	0,534	15,140
1904	5,429	7,959	7,582	5,899	0,225	0,555	15,238
1905	7,745	8,990	9,495	5,938	0,250	0,596	18,151
1906	8,068	9,432	10,003	5,999	0,250	0,644	18,920
1907	6,190	10,501	9,053	6,046	0,250	0,673	19,964
1908	7,519	10,411	10,854	6,091	0,250	0,658	20,210
1909	8,485	10,427	10,686	6,132	0,275	0,711	20,855
1910	9,149	11,550	11,589	6,168	0,275	0,744	22,951
1911	9,363	9,318	11,347	6,204	0,275	0,791	20,398
1912	9,897	9,985	12,297	6,246	0,300	0,839	21,463
1913	11,808	13,080	12,803	14,388 8,763[2]	0,300	0,895	32,649

---

[2] 5,625 millions ne sont pas versés.

181

**Tableau 3. Évolution du bilan de la Société bordelaise de CIC
de 1880 à 1913 (en millions de francs)**

	Porte-feuille-effets (escompte)	Crédits plutôt durables (reports, avances sur garantie, crédits sur garantie ; comptes courants débiteurs)	Comptes courants créditeurs (dépôts)	Fonds propres	Dividende distribué	Bénéfice net	Bilan
1914	9,544	7,314	12,607	14,533 8,908	0,275	0,819	27,924
1915	15,058	7,123	16,874	14,530 8,905	0,337	0,886	32,225
1916	22,094	7,908	25,015	14,655 9,030	0,400	0,940	40,802
1917	30,327	8,374	35,369	14,758 9,133	0,400	0,969	51,706
Chiffres arrondis							
1918	45	9,5	51	14,5	0,525	1	68,987
1919	51	16	72	14,5	0,650	2	89,716
1920	34	17	49	14,5	0,775	2	69,239
1921	28	19	43	15,5	0,775	2,4	63,548
1922	37	18	50	15,5	0,719	2,2	70,244
1923	39	15	48	15,5	0,719	2,4	71,400
1924	40	23	54	15,5	0,844	3	81,591
1925	59	17	70	16,5	0,909	3,45	96,639
1926	55	19	76	16,5	1,253	4,5	105,485
1927	67	21	80	17,5	1,346	5,4	112,096
1928	82	16	89	21	1,486	5,5	119,591
1929	65	30	82	22	1,650	5,9	117,853
1930	66	24	75	23	1,650	6,2	110,016
1931	57	24	66	24	1,2	5	98,682
1932	66	26	78	24	1,2	4,8	112,543
1933	66	31	83	25	1,2	4,5	120,712
1934	58	27	72	25	1,2	4,3	108,733
1935	56	21	67	25	1,2	4,2	100,468
Le bilan bondit grâce à l'absorption de la Société toulousaine de CIC							
1936	105	59	57	30,5	1,2	1,4	213,920
1937	117	68	194	30,6	1,8	2,4	248,091
1938	142	65	215	36,7	1,8	5,1	275,301
1939	195	75	293	38,2	1,8	6,6	354,392
1940	516	84	648	40	1,8	8,1	716,913

TROISIÈME PARTIE

L'EXPANSION D'UNE BANQUE RÉGIONALE (1936-1991)

Au tournant des années 1940, la Société bordelaise de CIC, qui était jusqu'alors une banque locale prospère, change de dimension. Elle se métamorphose en banque régionale et voit ses affaires se développer jusqu'à Bayonne, Pau, Tarbes et Montpellier. Sa clientèle d'affaires en est enrichie, mais elle subit des mutations profondes sous l'effet d'une évolution sensible de l'économie méridionale. Enfin, elle tente de diversifier ses métiers, d'acquérir de nouveaux savoir-faire. En une quarantaine d'années, la maison vit donc des changements énormes : est-ce la preuve de son dynamisme et de son succès ? Au-delà du récit, de la constitution d'un stock de connaissances utiles sur la métamorphose d'une banque locale en banque régionale, il s'agit de réfléchir sur des choix stratégiques : quels métiers exerce une banque régionale ? Quel type de banque régionale a été adopté ? Sur quelles bases géographiques, sociologiques, économiques cette banque s'est-elle développée ? En quoi, finalement, la Société bordelaise a bien assumé sa vocation de banque régionale ?

Au-delà de ces réflexions sur une étape de l'histoire bancaire régionale, une question surgit : la Bordelaise a-t-elle gagné son pari de 1936-1942, a-t-elle tiré parti de ses nouvelles dimension et nature pour devenir une banque puissante et profitable ? Sur des bases élargies, a-t-elle acquis un rayonnement de banque régionale au sein du Sud-Ouest ? C'est ainsi sa combativité commerciale qu'il faudrait reconstituer : a-t-elle su garder et surtout renouveler et enrichir sa clientèle ? Sa réussite s'estime enfin dans sa capacité de résistance face à la concurrence des grandes banques nationales, donc par l'évaluation de son poids sur les différentes places où elle agit.

CHAPITRE X

La naissance d'une banque régionale (1936-1942)

Depuis son origine, la Société bordelaise avait affirmé sa vocation de banque locale rayonnant à partir d'un seul siège parmi sa clientèle de bonnes maisons et de bourgeois aisés. Certes, elle semblait manquer de ressources, de surface financière pour nourrir suffisamment de papier par elle-même, de capacité de placement de valeurs mobilières auprès des épargnants. Mais elle se satisfaisait pleinement de cette situation de « notable » de la banque, et se refusait à la « course au volume » conduite par les agences des grands établissements de crédit parisiens. Soudain, en une demi-douzaine d'années, la dimension géographique de la banque est bouleversée : du cours du Chapeau Rouge, elle s'étend aux confins du grand Sud-Ouest.

1. La Société bordelaise devient toulousaine (1936-1937)

L'opportunité en est fournie par une réflexion sur le destin de la Société toulousaine, que le CIC souhaite confier à la Bordelaise. Le krach bancaire de 1931-1932 ouvre indirectement la voie à l'extension du rayon d'activité de la Bordelaise. En effet, plusieurs grandes banques de dépôts s'effondrent sous le poids de leurs immobilisations et sous le choc d'une ruée massive de leurs déposants. En une étape essentielle pour l'expansion de son groupe, le CIC, soucieux d'accentuer sa présence en province, apparaît alors comme l'établissement idoine pour reprendre les actifs sains des banques interrégionales sapées par la crise, d'autant plus que l'état, à la veille des élections législatives de 1932, se réjouit d'une telle initiative qui apaise clients et déposants. Le CIC établit ainsi son contrôle sur la Société nancéienne en difficulté ; il partage entre celle-ci et la Société alsacienne – qui devient le CIAL – le réseau de la grosse Banque d'Alsace-Lorraine liquidée. Enfin, il reprend en juin 1931 les guichets de la Banque privée Paris, Lyon, Marseille, qui s'était étendue selon un arc joignant la capitale à Toulouse, mais qui, après une croissance fabuleuse, se retrouve compromise par une gestion hasardeuse. La Société lyonnaise de dépôts vit alors une mutation considérable, car elle hérite du réseau de la Banque privée dans la vallée du Rhône et en Provence. Restait à loger les agences de la Banque privée en Languedoc et Lauragais, ses succursales de Béziers, Montpellier et

Toulouse et leurs guichets. Le CIC les regroupe le 4 juin 1931 dans la filiale qu'il crée spécialement à cet effet, la Société toulousaine de CIC, en une nouvelle excroissance provinciale de son groupe : elle est riche de 32 guichets permanents et de 40 bureaux périodiques, renforcés par les trois guichets (Béziers, Pézenas, Saint-Chinian) de la banque Roque, de Béziers, reprise en décembre 1932, et elle s'appuie sur environ 410 salariés.

Hélas, la survie de cette jeune banque s'avère délicate : son fonds de commerce, amoindri par la crise, par l'effondrement de l'économie viticole de l'Hérault, des Pyrénées-Orientales et de l'Aude, par la suspicion des épargnants, ne paraît pas susceptible de rentabiliser ses frais de fonctionnement, malgré la fermeture de sièges trop faibles : Lézignan, Cahors, Mazamet, puis, en 1936, Narbonne, Perpignan, Sète. La Toulousaine a certes peu à peu apuré ses comptes litigieux en 1932-1936, en y consacrant toutes ses rentrées bénéficiaires. Mais sa collecte de dépôts est en régression tant les épargnants se méfient d'une banque qui leur semble trop fragile et qui, de surcroît, a sa direction à Paris, loin de son terroir. Ses frais de gestion sont trop élevés car chaque succursale dispose de ses services comptables ; une réorganisation est engagée sous l'égide de son président et patron du CIC, Edmond Lebée, avec deux « centraux comptables », à Toulouse et à Béziers. Des agences subissent un déficit chronique : Perpignan, Sète, Pézenas, Bagnères-de-Bigorre ; d'autres sont mal équipées et mal situées par rapport aux flux de chalandise.

Une solution expéditive pour tailler dans les coûts de gestion pousserait à fermer nombre de guichets et à licencier du personnel ; or l'État ne souhaite pas inquiéter encore plus les épargnants à la veille des élections de 1936, alors que le krach bancaire persiste avec vigueur sur nombre de places. Au tournant de 1936, le CIC était resté plutôt attentiste quant au destin de sa jeune filiale ; il la dirigeait depuis Paris même, avec pour objectif de border au maximum les dépenses, d'organiser la rentrée des créances, d'apurer les comptes en y consacrant tous les excédents d'exploitation, tout en laissant le réseau collecter des dépôts et placer des valeurs mobilières. Mais des effectifs trop abondants par rapport au mouvement d'affaires pèsent sur les comptes, surtout après les hausses de salaires imposées en été 1936 par le Front populaire, qui bouleversent le sort d'une banque déjà éprouvée. Le CIC en vient à envisager la liquidation de la Toulousaine pour n'en conserver que les agences dépendant de Toulouse, Tarbes et Carcassonne, donc en abandonnant la zone viticole ! Il définit une solution de repli en songeant à proposer à la Société bordelaise la tutelle de la Toulousaine, la réunion des deux banques ; cela permettrait de comprimer les frais généraux en concentrant les

Services administratifs sur Bordeaux et de supprimer une direction générale trop dispendieuse pour une maison en crise.

Les témoignages oraux concordent pour reconnaître que la Société bordelaise a cédé sans aucun enthousiasme aux inclinations de son actionnaire majoritaire. Comme elle est une banque locale adossée à une clientèle de bonnes maisons qui dégage des profits plantureux, elle craint de s'agréger une clientèle de gagne-petit et de supporter des coûts de gestion nuisibles à sa rentabilité. Chalès aurait été inquiet de cette décision qu'il n'aurait pu vraiment discuter avec le parrain de la banque. Il doit pourtant se résigner : « Il expose que la limitation de l'activité de la Société à la seule place de Bordeaux ne paraît plus correspondre aux tendances générales de l'évolution bancaire et qu'il y aurait intérêt à adjoindre à l'activité traditionnelle de la société un réseau de succursales et d'agences couvrant les régions agricoles voisines. »[1] Même si elle ne se soucie guère du mouvement de fond de l'histoire bancaire vers la concentration et si elle ne se sent pas l'âme d'une banque du « gros rouge » languedocien, la Bordelaise absorbe la Toulousaine le 1er janvier 1937, avec effet comptable rétroactif au 1er janvier 1936, après des négociations menées tambour battant en novembre-décembre 1936.

« Notre société se trouve maintenant disposer de moyens d'action plus puissants, et nous sommes persuadés que nos agences ayant dans leur rayon d'action des régions agricoles nous permettront une division plus grande de nos risques et développeront notre force de ment »[2] : la Bordelaise se convainc des avantages de l'absorption de la Toulousaine. Celle-ci est d'autant plus intéressante qu'elle avait repris la maison toulousaine Klehe créée par Richard Klehe en 1849 ; elle avait été cédée au Crédit français en 1920, puis reprise par la Banque privée ; mais elle s'était beaucoup développée dans les années 1910-1920, car un Klehe en avait gardé la direction, ce qui avait permis le maintien de son capital de relations. La Bordelaise entend donc diversifier ses emplois en compensant les risques du crédit au négoce par les avances au monde rural et à l'économie des bourgades industrieuses du Sud-Ouest garonnais : un vivier de petites et moyennes entreprises y animent certains pôles industriels, comme la chapellerie de l'Aude, les métiers de la laine ici ou là, la mécanique et la métallurgie du piémont des Pyrénées. Une ample réserve de clientèle d'escompte est ainsi transmise par la Toulousaine, en particulier sur Toulouse, où elle peut tirer parti du fonds de commerce de Klehe, dont la « réussite tient pour une large part à la personnalité des directeurs, très toulousains, qui, aux yeux de beaucoup,

---

[1]   Procès-verbal du conseil d'administration du 1er décembre 1936.
[2]   Rapport annuel du conseil d'administration du 30 avril 1937.

représentent encore la banque Klehe »[3], c'est-à-dire Jules Amilhau et André Péridier, « qui connaissent particulièrement bien la place et se montrent toujours prudents et actifs »[4]. L'apport de cette succursale est donc positif, car elle « développe ses affaires et ses profits »[5]. Le plus délicat semble l'intégration d'un personnel qui dispose de mentalités et d'habitudes différentes de celles de la Bordelaise car il a acquis au fil des ans une solide indépendance vis-à-vis d'un propriétaire et d'une direction lointains. Ce phénomène a été aggravé par la division de ce réseau en groupes autonomes, en autant de petits fiefs, par les changements de dirigeants qui ont avantagé les cadres dotés de permanence : leur cohésion est d'autant plus aiguë que nombre d'entre eux ont été nommés dans l'immédiat après-guerre par Richard Klehe : c'est le cas en particulier d'Amilhau, directeur régional de Toulouse, qui supervise le réseau de guichets dépendant de Toulouse, et de Péridié, directeur de la succursale de Toulouse.

Bien que l'héritage manque de brillant, il permet à la Société bordelaise de changer de dimension, selon une mutation identique à celle vécue par le CIAL et la Société lyonnaise de dépôts en 1931-1932 : de grosse « banque locale », elle se transforme en « banque régionale », tant par son réseau que par l'envergure de ses opérations. Malgré ses difficultés, la Toulousaine représente du « volume », avec une collecte de dépôts double de celle de son repreneur et des crédits équivalents. La force relative de la Toulousaine est sa capacité à drainer l'épargne, avec une tranche épaisse de dépôts à terme et surtout un bon savoir-faire dans le placement de valeurs mobilières. Aussi les comptes de la Société bordelaise effectuent-ils un bond considérable, avec un doublement : le bilan enfle de 100 à 214 millions de francs entre 1935 et 1936, les dépôts de 67 à 155 millions, les crédits de 81 à 157 millions de francs. Même en francs constants, les gains sont respectivement de 97 %, 115 % et 80 %. Il s'y ajoute un patrimoine substantiel, par le biais d'une filiale, la Société immobilière Languedoc-Pyrénées, qui possède plusieurs des immeubles d'exploitation. Toutefois, les bénéfices de la banque absorbée sont faibles, de nombreuses poches de déficit grèvent les comptes, trop de débits litigieux doivent être apurés ; même si une partie de la trésorerie courante était alimentée par des avances du CIC, les fonds propres sont bien maigres, avec une petite huitaine de millions de francs (pour un capital de 20 millions nominal) face aux 25 millions de la Bordelaise.

---

[3] Rapport de l'Inspection de la Banque de France à la succursale de Toulouse du 21 avril 1933.

[4] *Ibidem*, 3 janvier 1935.

[5] *Ibidem*, 29 janvier 1939.

Par cette absorption, cette dernière réalise en fait les desseins des animateurs saint-simoniens de la révolution bancaire de la seconde moitié du XIXe siècle, qui aspiraient à la démocratisation du crédit et de l'épargne, à la mobilisation de l'épargne thésaurisée et dormante, bref, à la banque de masse. Alors que les dirigeants de la Société bordelaise l'avaient cantonnée dans une fonction de grosse « banque locale », le hasard de la crise et la volonté du CIC lui permettent de se transformer en « banque régionale » : pour elle comme pour la Société lyonnaise de dépôts, la seconde révolution bancaire s'est déroulée en deux étapes, d'une banque limitée à une place à une banque rayonnant sur plusieurs départements, agissant sur plusieurs places. Dorénavant, au même titre que la Société marseillaise de crédit et que les établissements du groupe du CIC, elle est consacrée partenaire significatif de l'économie bancaire provinciale. Ainsi quitte-t-elle sa « clairière » originelle. Consacrée « banque régionale », elle part, en une aventure stimulante, cheminer vers les contrées toulousaines et méditerranéennes, et prendre pied parmi une clientèle nouvelle, source potentielle d'abondantes opportunités d'affaires.

2. La Société bordelaise à Bayonne : la reprise de Gommès (1941)

Tandis que la guerre économique darwinienne entre firmes amène la Société bordelaise solide à absorber une Toulousaine vacillante, c'est la Guerre qui lui donne l'occasion de glisser vers la côte Atlantique, en reprenant « la très honorable banque Jules Gommès qui, pendant près d'un siècle, exerça dans tout le Pays basque une féconde et sage activité »[6]. Cette maison de Bayonne était animée par la famille Gommès, appuyée sur des notables de son terroir, gros actionnaires et déposants. Le punch d'Armand Gommès et de son gendre André Frois explique l'essor de sa maison qui s'est constitué une clientèle large et diversifiée dans ce qu'on peut considérer comme son bastion basque, même si elle côtoie de petites banques locales et les agences des établissements parisiens[7]. Elle renforce ses moyens d'action lorsqu'elle élargit son

---

[6] Rapport annuel du conseil d'administration du 30 avril 1942.

[7] Christophe Lastécouères, « Apogée et destin d'un territoire bancaire : les banques locales et la Banque de France face aux mutations du système de crédit dans la région bayonnaise (1848-1930) », thèse Uniersité de Paris 10-Nanterre, 2001. C. Lastécouères, *Les feux de la banque. Oligarchie et pouvoir financier dans le Sud-Ouest (1848-1941)*, Paris, CTHS, 2006. C. Lastécouères, « Le financement bancaire d'une économie régionale : le cas du Sud-Ouest (1880-1914) », in Olivier Feiertag & Michel Margairaz (dir.), *Politiques et pratiques des banques d'émission en Europe (XVIIe-XXe siècles). Le bicentenaire de la Banque de France dans la perspective de l'identité monétaire européenne*, Paris, Albin Michel, 2003, p. 223-245.

capital (à dix millions) en devenant société anonyme en 1930 et accueille des « parrains » parisiens, comme le CCF, toujours désireux de nouer des liens avec des petites banques provinciales susceptibles d'être rachetées un jour ou de devenir ses correspondants intimes, accompagné par des maisons de Haute Banque, Lehideux et la banque d'affaires Lazard et ses actionnaires (André Lazard, David Weill). Cependant, des partenaires régionaux viennent l'épauler, comme Soula – avec certainement les mêmes motivations que le CCF – et Duboscq Frères, toujours à l'affût de placements financiers judicieux propres à étayer leurs activités, ou Eschenauer, épaulés par des industriels basques et landais.

Si Gommès dispose d'une large clientèle industrielle et commerciale dans son terroir, elle hésite quant à son avenir. La crise a révélé des prises de risques parfois excessives et donc des immobilisations de créances lourdes à porter. Toutefois, la vigueur de la maison la fait résister à ces déboires, les bénéfices des années 1935-1938 permettant d'éponger les comptes litigieux : la Banque de France constate en 1939 que cet apurement fait de Gommès une banque saine, donc un parti séduisant. On cherche à la marier puisqu'un doute essentiel entoure la succession d'Armand Gommès, dont l'âge devient un handicap certain, non seulement pour le dynamisme de la société qui a pu s'amoindrir dans les années 1930, mais surtout pour le crédit de sa maison. Comme on s'interroge sur le sort de son capital lors de la retraite ou du décès de son animateur, celui-ci est tenté en 1939 par une intégration au sein de la BNCI qui mène un programme soutenu de reprise de banques locales. Pourtant, le tempérament d'Armand Gommès lui fait rejeter l'idée de perdre les rênes de sa maison, que ses petits-fils ont pourtant désertée à cause du poids de son autorité.

Finalement, c'est l'histoire politique qui vient bousculer l'histoire bancaire. L'État vichyste conduit en effet une politique antisémite qui l'amène à « aryaniser » les sociétés dont le capital et les dirigeants étaient israélites. Or la famille Gommès appartient à ce rameau vigoureux d'hommes d'affaires juifs bayonnais ; de surcroît, une partie de ses partenaires parisiens (les familles de Lazard) sont eux-mêmes israélites. La banque se voit touchée par la loi antisémite puisque Gommès et son gendre possèdent 72 % du capital, et d'autres israélites (les descendants

---

C. Lastécouères, « L'émergence des banques à l'allemande en Aquitaine dans les années 1930 : un anachronisme ? », in Michel Lescure & Alain Plessis (dir.), *Les banques locales et régionales en Europe au XXe siècle*, Paris, Albin Michel, 2004.
C. Lastécouères, « Jules Gommès ou la troisième signature d'une région. La plus grande banque locale de Bayonne face à l'installation des sociétés de crédit (années 1880-1914) », in Michel Lescure & Alain Plessis (dir.), *Banques locales et banques régionales en France au XIXe siècle*, Paris, Albin Michel, Mission historique de la Banque de France, 1999, p. 81-126.

de la famille, les Lazard) 17,5 %. Comme les actionnaires « aryens » – terme employé par les actes juridiques de l'époque[8] – n'en détiennent que 10,6 %, les Gommès doivent chercher sur-le-champ un repreneur, qui ne peut être Soula, elle-même alors en repli financier.

Finalement, c'est la Société bordelaise qui est contactée. Certes, la pression des événements réduit la marge de manœuvre des Gommès, contraints de vendre, mais les négociations leur laissent le choix entre plusieurs solutions pour l'évaluation du prix d'un établissement qui n'est donc pas bradé et pour le paiement. La Bordelaise rachète les actions à 575 francs l'une, pour 2,88 millions et le fonds de commerce pour 750 000 francs. Pourtant, à la Libération, il est bien évident que les Gommès sont en droit de récupérer leur banque puisque la législation vichyste antisémite est annulée en avril 1945 ; d'autre part, la participation de la Bordelaise à cette opération d'aryanisation est scrutée par les autorités judiciaires, mais elles concluent que la négociation avec les Gommès s'est effectuée sans pressions léonines et que l'affaire a été réalisée en tenant compte des intérêts patrimoniaux des Gommès – sans tenir compte de l'environnement géopolitique. Mais, l'âge aidant, Armand Gommès ne souhaite pas récupérer sa banque et il se contente d'en renégocier le prix de vente : en août 1945, celui-ci est porté à 4,4 millions, avec une hausse d'un cinquième du prix initial, tandis que la veuve de son gendre vend à la Société bordelaise l'immeuble de l'agence de Bayonne dont elle était restée propriétaire.

Au-delà de ces péripéties, la Bordelaise hérite d'un fonds de commerce intéressant qui lui permet de prendre pied en Pays basque. Certes, les faiblesses de Gommès résidaient dans sa faible surface financière puisque les dépôts courants avaient chuté pendant la crise de la première moitié des années 1930 ; seuls restaient les dépôts de gros clients ou actionnaires, ce qui la rendait dépendante de leur propre destin et ce qui lui imposait de recourir à un fort réescompte auprès de la Banque de France ; mais la Bordelaise vient apporter ses réserves financières, son crédit et celui du CIC aux opérations des agences ainsi reprises. Les avantages que lui procure cette absorption sont évidents : elle dispose d'agences à Bayonne et Saint-Jean-de-Luz, rattachées directement à sa succursale de Bordeaux : de Tarbes et Pau, héritées de la Toulousaine, elle élargit son implantation dans le piémont pyrénéen et intègre les quelque 700 comptes-clients de Gommès. Elle récupère une large base d'emplois dans le fief basque de celle-ci ; si l'on observe les comptes de Gommès au début des années 1930, avant le repli de la dépression, on se surprend à constater la vigueur de ses opérations de crédits moyens, qui constituent la moitié du volume accordé par la Bordelaise à ses propres

---

[8]   Dossier de reprise de la banque Gommès, archives de la Bordelaise, mai 1941.

clients, alors que son bilan est sept fois supérieur à celui de sa future partenaire.

3. La Société bordelaise essaime autour de Bordeaux

Après avoir acquis une stature de banque régionale et s'être implantée en Lauragais et Toulousain, en Languedoc et dans le piémont pyrénéen, la Société bordelaise se voit incitée à consolider sa base girondine. L'occasion lui est ainsi offerte de reprendre les opérations de deux banques du groupe CIC qui abandonnent le Sud-Ouest. Pendant la Première Guerre mondiale, l'occupation du Nord par l'Allemagne avait imposé à la banque Dupont de s'implanter à Paris et aussi d'ouvrir une agence à Bordeaux, pour essayer de capter la clientèle repliée sur ce qui pouvait alors sembler quelque temps la capitale de repli d'un pays envahi. Malgré le redressement militaire, Dupont avait maintenu son agence qui avait réussi à capter une clientèle, toujours prompte à tirer parti de la concurrence. En 1950, la Bordelaise hérite du fonds de commerce de cette agence et de ses dix-huit salariés, quand la rationalité incite Dupont à se cantonner dans son Nord originel. Semblablement, elle récupère les affaires périgourdines du CIAL en avril 1941 : cette autre banque du groupe CIC avait fui la ligne du front en 1940 et s'était repliée en partie à Périgueux, en y ouvrant une agence ; puis la stabilisation due à l'armistice rend ce transfert inutile et elle la cède à sa consœur.

L'étape essentielle a été cependant franchie par la Bordelaise dès 1942 : alors qu'elle avait subi la concurrence aiguë que lui imposait la banque Soula depuis 1924, elle l'absorbe en s'octroyant un quasi-monopole de la banque non mutualiste et non parisienne en Gironde. Soula était une banque locale de même nature que la Bordelaise, dotée d'une clientèle limitée (avec 2 200 comptes en 1938-1940), mais comportant des maisons renommées dans les mêmes branches d'activités, dont certains dirigeants sont aussi ses actionnaires. Sa clientèle recoupe parfois celle de la Bordelaise, dans le vin, le rhum, le cacao ; certaines différences apparaissent, car elle est moins proche du monde des Landes, mais mieux implantée dans les affaires exotiques : outre l'import-export du Sénégal, elle est liée au négoce du bois d'Afrique et au commerce malgache ; elle dispose de clients spécifiques dans l'industrie et les services girondins. La percée de Soula avait été rapide et vive, grâce au patronage d'administrateurs prestigieux – André Ballande, Marc Blanchy, Georges Barrès, président de la Chambre de commerce et du Port autonome de Bordeaux, Abel Delor, Édouard Bardinet, Fernand Ginestet, Henri Touton, Roger Touton, François Vézia, président du Syndicat des intérêts sénégalais à Bordeaux, Henri Vézia, Pierre Delmas, Jean Le Tanneur – de la firme girondine Saint-Marc-Barrès, qui fabrique des produits de lessives à partir du pin landais –, grâce à des fonds propres épais et au dynamisme d'A. Soula. Elle disposait de l'appui de plusieurs banques parisiennes, ainsi que la Banque transatlantique qui, tournée vers l'outre-mer étranger, avait pris une participation dans le capital de Soula lors de son augmentation de capital en 1929 destinée à lui procurer des liquidités.

La mort d'Albert Soula en janvier 1930 n'avait pas suspendu cet essor, maintenu par à une direction efficace. Pourtant, la banque traverse mal la dépression des années 1930 ; elle subit une grave crise en 1930-1931, quand de gros clients s'effondrent et immobilisent des créances importantes : Ballande, Devès & Chaumet, Martre & Vézia, puis les rhumiers entraînés dans la déconfiture de la Compagnie générale du rhum ; elle se trouve « collée » avec des créances litigieuses difficilement recouvrables. Elle parvient à résister en 1930 à une ruée de ses déposants grâce à l'appui de la Banque de France et de quelques banques parisiennes qui lui procurent de l'argent frais. Elle connaît ensuite la stagnation : l'atonie de l'économie girondine conduit à paralyser Soula qui ne pouvait amortir ses capitaux abondants et ses frais importants que si la croissance procurait des revenus substantiels ; engluée dans de mauvaises affaires sans que de bonnes opérations ne prennent le relais, elle perd toute élasticité. Créée pour assumer la fonction de banque locale dynamique, pleine d'allant, prenant des risques, conçue un peu comme l'anti-Bordelaise, que l'on jugeait trop prudente ou mal équipée en fonds propres, Soula se retrouve coincée entre la dépression, de mauvaises créances et un suréquipement en réseau et effectifs ; elle dispose de trop d'argent face à des courants d'affaires amenuisés. Elle diminue donc son capital en 1930-1935, puis, en 1939, par une réduction massive quand les actionnaires sacrifient une partie de leur avoir pour apurer les comptes litigieux ; elle comprime son réseau d'agences et, avec l'amenuisement de ses dépôts, elle se voit dépassée par sa concurrente à partir de 1935. La fringante frégate qui tirait des bords au large en narguant le brick Société bordelaise rentre au port et, en 1938-1940, fait figure de simple bac, avec une « vie médiocre et anémiante »[9] : la banque se contente de récupérer ses créances moratoriées, de pratiquer un escompte banal et accumule des liquidités.

Les administrateurs de Soula prennent conscience de cette langueur : comme sa fonction de banque anti-Bordelaise s'est émoussée, faut-il encore maintenir une douzaine de millions dans un outil dont la mission s'avère finalement inutile ? Ne joue-t-il pas double emploi avec sa rivale ? C'est alors que la Société bordelaise propose l'absorption de Soula, en avril 1942. Chalès semble sûr d'obtenir le soutien des administrateurs

---

[9] Rapport de l'Inspection de la Banque de France à la succursale de Bordeaux du 22 mai 1936.

de celle-ci qui, depuis la crise de 1930-1931, en étaient devenus aussi de forts actionnaires et qui devaient pester contre l'effondrement du cours de leurs titres ou contre la disparition des tantièmes depuis 1930 et des dividendes depuis 1934. Ils ont pu penser de surcroît que le sort qui était réservé à un gros actionnaire de la banque était source d'incertitude ; en effet, la Banque transatlantique était animée par des Israélites, ce qui la soumettait à la loi vichyste d'aryanisation : un risque surgissait de voir une part substantielle du capital de Soula tomber en des mains incertaines. Heureusement, c'est le CIC qui, en 1941, reprend la Transatlantique[10] ; mais il dispose alors d'une influence indéniable et a dû inciter Chalès à réaliser le rapprochement sans tarder, puisqu'il est précisé que celui-ci s'est effectué « sur l'initiative d'un important actionnaire de la banque Soula »[11], qui ne peut être que la Transatlantique, donc le CIC.

Cela expliquerait la rapidité que Chalès déploie pour discuter en juillet 1942 avec certains administrateurs – surtout Abel Delor et Pierre Delmas –, pour négocier avec le Comité d'organisation de la profession bancaire l'obtention des autorisations nécessaires. Le Conseil de Soula et une assemblée générale ratifient l'accord avec la Société bordelaise, d'autant plus vite qu'un coup dur intervient : ayant eu vent du projet de fusion et sans même tenir compte qu'elle n'était pas encore décidée, le préfet de région réquisitionne le siège social de Soula pour y installer les services de la Police régionale du Sud-Ouest, l'Intendance régionale de police ; la banque doit évacuer d'urgence ses stocks de titres des coffres de la Conservation et ses archives, tandis que ses clients doivent vider leurs coffres personnels. La fusion intervient le 27 octobre 1942, avec effet rétroactif au 1er janvier ; la Société bordelaise rétribue l'apport de Soula en titres, grâce à une augmentation de son capital de 50 à 57,143 millions de francs. Ce coût semble faible, mais la maison hérite de 16,8 millions de comptes litigieux et d'une clientèle somme toute ambiguë, avec un portefeuille de bonnes maisons, mais aussi quelques centaines de PME peu appréciées cours du Chapeau Rouge où l'on juge leur santé financière aléatoire.

Pourtant, l'héritage transmis par la banque Soula constitue un relatif élargissement de sa clientèle bordelaise, avec nombre de maisons tournées vers le négoce et l'outre-mer : « Les sphères d'influence respectives se compléteront fort heureusement », constate la Bordelaise en 1942. Cela accentue la fidélité de celle-ci à sa propre tradition, et elle crée d'ailleurs un comité de quatre conseillers d'escompte ouvert à quatre anciens administrateurs de Soula, Pierre Delmas, Jean Le Tanneur, Henri Vézia et Maurice Delor, fils d'Abel, « dont l'attitude envers la

---

[10] Cf. la plaquette du centenaire : *Banque Transatlantique, 1881-1981.*
[11] Rapport annuel du conseil d'administration de la Bordelaise du 18 mars 1942.

Société bordelaise a été irréprochable lors de la fusion »[12] : ainsi, les réseaux de relations de la banque absorbée peuvent-ils être mobilisés, puisque ce quarteron siège au comité consultatif bordelais de la banque, qui examine les dossiers de crédits.

La Bordelaise, avec l'apport de Soula comme avec celui de la Toulousaine, se retrouve banquier de centaines de firmes moyennes et petites, ce qui accentue l'inflexion stratégique esquissée en 1936 vers la banque régionale, d'autant plus qu'elle reprend à Soula son réseau de huit agences en Gironde ou à ses confins.

Cette concentration, conforme à la politique de prudent développement de notre Maison, a sensiblement élargi nos moyens d'action et notre force de placement, en nous assurant notamment des bureaux de quartier à Bordeaux et des agences ou bureaux sur des places du département de la Gironde où nous ne possédions pas encore de guichets.[13]

En plus du bel hôtel Nairac sur le cours de Verdun, elle récupère des guichets cours d'Alsace-Lorraine, aux nouveaux abattoirs et à La Bastide, ainsi que huit bureaux dans des bourgades proches[14]. Certes, avec la crise, ce mini-réseau manque de tonus et de rentabilité, mais il complète bien le réseau amené par la Toulousaine, puisqu'il permet à la Société bordelaise de sortir de sa « clairière » de Bordeaux et de partir à la conquête de l'aire d'influence de cette ville elle-même.

*

De la banque locale à la banque régionale

En une demi-douzaine d'années, la Société bordelaise rompt avec son passé de banque locale bordelaise et change de nature : elle devient une banque régionale, forte d'un réseau plutôt ramifié et enrichi des fonds de commerce transmis par les trois banques absorbées. À cet épanouissement géographique et commercial, elle peut ajouter une satisfaction qui flatte sa fierté : elle sort victorieuse du match qui l'a opposée à sa rivale Soula, paralysée par la crise et finalement contrainte à la disparition.

---

[12] Procès-verbal du conseil d'administration du 16 septembre 1942.

[13] Rapport annuel du conseil d'administration de la Bordelaise du 29 juillet 1942.

[14] Blaye, Libourne, Saint-André-de-Cubzac, Bourg-sur-Gironde, Cavignac, Montpont, Castillon et, en Dordogne, La Roche-Chalais. Les guichets de Dax, Marmande, Sainte-Foy-La-Grande et Paris ont été fermés en 1933-1935.

CHAPITRE XI

Une nouvelle architecture de gestion

La Société bordelaise sort des années 1936-1942 métamorphosée puisqu'elle est devenue une banque régionale, voire plurirégionale. Ses dirigeants doivent donc assimiler rapidement les méthodes de gestion de ce qui est devenu une grosse entreprise. Comment le Siège du 42 cours du Chapeau Rouge a-t-il vécu ce qui, pour une banque locale, constituait une révolution ? A-t-il fallu changer les méthodes de direction et de supervision de la maison ? Comment s'est effectué le passage d'une société plutôt familiale à l'entreprise de taille moyenne-grande ? A-t-on dû bouleverser la structure de direction et d'impulsion de la banque ?

1. Des contraintes externes

Remarquons que les patrons de la Bordelaise ne sont plus vraiment libres de leurs mouvements : leur action s'inscrit dans un cadre pesant, imposé par des centres de décision extérieurs ; l'ère du libéralisme est terminée. Même si, à l'échelle de l'histoire de la banque, ce sont des péripéties, les contraintes subies pendant la Seconde Guerre sont inter-venues juste au moment où elle connaissait sa mue. Ces années 1940-1944 ne sont pas toutes sombres pourtant, puisque, sans lien direct avec le conflit (pour Soula) ou à cause de « l'aryanisation » (pour Gommès), elle a élargi le champ de son activité. Mais, au-delà du manque à gagner causé par les difficultés de ses clients dans de nombreuses branches d'activités, ce sont surtout les contraintes de l'Occupation qui entravent la Bordelaise.

Tout d'abord, la ligne de démarcation divise en 1940-1942 sa zone de rayonnement, ce qui la contraint à mettre sur pied des circuits complexes pour transmettre le courrier et les pièces administratives ou comptables, grâce à l'aide d'un petit banquier de La Réole, Grangey, qui sert de plaque tournante à ces échanges. Les agences de Pau et de Périgueux, dépendant de la succursale de Bordeaux, doivent être rattachées *de facto* à celle de Toulouse. Plus dramatiques sont les menaces qui pèsent sur son personnel : certains de ses salariés sont prisonniers de guerre en Allemagne (dont Bertrand Blanchy, rapatrié en 1943) ; le directeur Robert Wantz doit se mettre au vert en mars 1943 car cet Alsacien risque d'être recruté de force dans la *Wehrmacht* ; dès avril 1943, vingt-six employés sont requis par le STO, soit vers l'Allemagne soit pour des chantiers en France ; certains délaissent la banque pendant quelque temps pour éviter d'être ainsi mobilisés. L'état de santé du personnel en poste se détériore, ce qui explique un fort absentéisme et un moindre rendement, alors même que ces réquisitions de salariés et l'intégration des banques absorbées contraignent à un surcroît de travail. Cependant, la Bordelaise ne subit pas directement les effets de la guerre, au-delà de la réquisition de l'ancien Siège de Soula – prolongée d'ailleurs jusqu'au début des années 1950 –, des problèmes humains évoqués ou de l'octroi d'allocations aux prisonniers de guerre, au personnel pour lui permettre de faire face aux mauvaises conditions de vie et aux sinistrés. Les seules occasions d'être impliquée immédiatement dans le conflit interviennent en 1944, avec l'utilisation de ses véhicules par les FFI dans plusieurs villes et un « emprunt » de 200 000 francs qu'elle doit accepter pour quelques semaines au profit des FFI de Tarbes, ou avec l'arrestation par la Résistance d'un directeur d'agence soupçonné de s'être personnellement compromis pendant l'Occupation. La banque sort intacte de ces années difficiles, qui lui ont imposé un rythme de vie modeste et une suspension des décisions qui auraient permis de répondre aux exigences de rénovation et d'impulsion qu'elle ressentait pour son réseau.

À ces entraves passagères succède une perte durable d'indépendance. Paradoxalement, ce n'est pas son actionnaire principal qui s'est avéré pesant. En effet, si le CIC maintient sa vigilance et si ses représentants au Conseil expriment leur influence, en particulier par le biais d'Edmond Lebée, président à la fois de la Bordelaise et du CIC, ces parrains laissent une large autonomie à leur filleule dans les années 1940-1960 : Philippe Chalès et son adjoint Bertrand Blanchy sont alors les véritables maîtres des choix de la banque, même s'ils doivent assumer les conséquences de la reprise quelque peu forcée de la Toulousaine et de Soula. Les grandes « figures » du CIC se succèdent au Conseil de la Bordelaise[1]. Par son soutien des firmes agissant en Afrique subsaharienne et en Indochine, elle apparaît un peu comme le complément de deux établissements que le CIC contrôle, la Banque commerciale du Maroc et de la Banque transatlantique, pour affirmer le rayonnement du groupe outre-mer. D'ailleurs, la présence au Conseil en 1943-1954 de Jacques Georges-Picot, qui est le fils d'un ancien directeur général du

---

[1] Ainsi, Henri Thélier est administrateur de la Société Bordelaise pendant trente ans jusqu'en 1945, Henri de Montplanet de 1920 à 1944 ; Edmond Lebée, président du CIC, siège en 1936-1972 ; Dominique Chatillon, directeur général puis en 1977 président du CIC, siège en 1975-1982 ; Jean Roquerbe, directeur puis directeur général du CIC à partir de 1952 ; Raymond Belin, directeur au CIC à partir de 1954.

CIC et président de la Bordelaise, mais surtout un dirigeant important de la Compagnie universelle du canal maritime de Suez, en est un signe.

En revanche, la tutelle du CIC s'exprime avec quelque netteté à partir des années 1970 quand le CIC se sent tenaillé par la concurrence des grandes banques rivales, il juge que la Bordelaise devrait défendre les couleurs du groupe avec plus de panache et de dynamisme. C'est alors qu'il suggère une prise d'initiatives plus forte dans les métiers de la « banque de guichets » et que, en particulier au tournant des années 1970, il l'incite à élargir son réseau et sa clientèle de particuliers. Plusieurs témoins indiquent qu'il se serait impatienté devant les réticences de la banque à infléchir sa stratégie et ses « coutumes », à promouvoir des cadres dirigeants plus aptes à comprendre les nécessités de la « banque moderne » ou moins subordonnés aux mentalités jusque-là dominantes en son sein malgré leurs aspirations. On peut en trouver une confirmation dans le « parachutage » de Jacques Houdouin comme directeur général en 1975, dans l'influence de Roquerbe au Conseil où il devient vice-président en janvier 1972 en véritable *missi dominici* de l'actionnaire clé, voire dans le choix en 1978 comme président de la Bordelaise de l'industriel Louis Nebout, proche des milieux « modernistes » girondins.

La réorganisation des équipes dirigeantes au tournant des années 1980 – étudiée plus loin – et la multiplication des contacts formels entre les responsables des grands départements de toutes les banques du groupe, en particulier pour la modernisation de l'Exploitation – un comité d'exploitation est créé au niveau du groupe en 1975 –, la politique commerciale ou l'informatisation, marquent l'intensification de la fonction de tutelle du CIC et son désir d'harmonisation des décisions au sein du groupe. Une ultime étape intervient après la nationalisation, quand les équipes de direction successives conçoivent d'heureux desseins de réorganisation et de modernisation du groupe : la Bordelaise s'ouvre encore plus largement aux vents parisiens. Mais les hésitations au sommet du groupe – succession des patrons entre 1982 et 1989 ; changement d'actionnaire majoritaire : Suez, État, GAN ; méandres des réflexions sur les stratégies et les structures du groupe – parviennent alors à préserver l'autonomie de la banque, dont les patrons, vers 1986-1990, disposent d'une marge de manœuvre ample, bien que limitée par la situation financière de la maison.

C'est en fait la Puissance publique qui est apparu pendant longtemps comme le tuteur réel de la Bordelaise. En effet, sans qu'elle soit touchée par la nationalisation de la Libération puisque le groupe du CIC en est exclu, elle découvre l'interventionnisme qui s'est mis en place de façon définitive en France, en rupture complète avec le libéralisme qui constituait l'environnement de la profession. Désormais, elle subit une tutelle stricte du Conseil national de crédit institué en 1945 et surtout de la Banque de France, consacrée dans de véritables missions de banque centrale et de banque des banques lors de sa nationalisation, tandis que le ministère des Finances exerce un suivi attentif de l'activité bancaire. La direction de la banque girondine – dotée en 1946 du statut officiel de « banque de dépôts » – n'est donc plus libre de ses décisions. Ce sont avant tout ses « emplois » qui doivent s'insérer dans la « politique du crédit » officielle, imposée par des textes réglementaires. Les banques doivent épauler le Budget de l'État en se voyant imposer à partir de 1948 la souscription de quantités minimales de bons du Trésor ; mais il s'agit surtout de lutter contre l'inflation, dans les années 1945-1948 – par exemple, une directive de février 1947 lui impose de réduire de 20 % ses crédits dans certaines branches –, en 1950-1952 ou en 1957-1958. Malgré ses démarches fréquentes, la banque est victime alors du plafonnement de ses possibilités de réescompte à la Banque de France, qui vise à comprimer l'offre de crédit bancaire :

> Nous ne saurions cacher à nos actionnaires les graves conséquences qu'ont pour les banques régionales les sévères restrictions de crédit imposées par les pouvoirs publics. N'ayant pas la possibilité de compenser d'une région à l'autre les besoins variables suivant les époques des commerces et des industries, ces établissements sentent plus lourdement que d'autres le poids de ces mesures auxquelles ils ne peuvent se plier sans dommages pour leur fonds de commerce. Cette situation s'est aggravée depuis que la hausse des matières premières et des salaires a augmenté les besoins de fonds de roulement de notre clientèle.[2]

> Nos opérations commerciales restent étroitement soumises à la politique du Conseil national du crédit. De nouvelles restrictions à l'expansion des crédits bancaires, décidées en février 1958, limitaient ceux-ci à la moyenne des niveaux atteints fin septembre et fin décembre 1957, avec toutefois une faible marge en faveur des crédits à l'exportation. En avril 1958, la Banque de France aggravait les pénalités appliquées aux dépassements des plafonds de réescompte.[3]

« Nos opérations commerciales restent étroitement soumises à la politique du Conseil national du crédit », note-t-elle en 1959 quand il lui impose des « plafonds de réescompte ». Le desserrement du crédit en 1960-1962 est éphémère puisque la maîtrise des prix et de la croissance relance la tactique de contrôle du crédit. Celle-ci débouche, entre 1969 et 1984, sur « l'encadrement du crédit », avec des normes de progression contraignantes et le système des « réserves obligatoires » et des

---

[2] Rapport du conseil d'administration du 25 avril 1951. « Nous avons dû concilier, non sans peine, la discipline qui nous est ainsi imposée avec la nécessité de répondre aux besoins de nos clients », *ibidem*, 12 mai 1952.

[3] *Ibidem*, 25 avril 1959.

pénalités financières que constitue la nécessité d'acheter le droit de prêter au-delà des montants imposés : la capacité de la Bordelaise de distribuer du crédit mêle ainsi le « métier » traditionnel et le respect de ces règles strictes et nombreuses. Elle doit aussi assurer une transparence de ses comptes : à partir de 1942, elle doit conformer ceux-ci à des règles nationales uniformes ; puis, à partir de 1945, elle doit transmettre d'amples informations sur ses activités et ses crédits pour aider la Banque centrale à mieux suivre la conjoncture et les opérations des banques.

Une seconde contrainte s'instaure, avec la mise en place d'un système interprofessionnel. Pendant le régime de Vichy, les projets d'organisation de la profession bancaire esquissés pendant les années 1930 aboutissent. La loi de 1941, reprise par celle de 1945, institue un Comité d'organisation des banques et une Association professionnelle des banques, qui subsiste seule en 1945. Cet organisme devient le cœur des décisions touchant aux « conditions » – les tarifs des divers dépôts et crédits, qui figurent dans le *Recueil des conditions bancaires*, géré par la Banque de France – et à la politique sociale. Désormais, bien que la Bordelaise ait tempêté contre ce projet en mars 1941 en refusant d'appliquer les accords sur les taux d'intérêt servis aux dépôts et n'ait dû s'incliner qu'après une mise en demeure du délégué général de l'Association professionnelle des banques, les « ententes » sont donc institutionnalisées en règles contraignantes mais explicites. Cette perte relative d'indépendance est accentuée par l'effacement de l'individualisme bancaire au profit du montage de « pools » où tous les banquiers d'une entreprise figurent pour se répartir les « crédits consortiaux » qu'ils lui accordent. Enfin, une convention collective interbancaire, négociée à Paris, fixe depuis 1952 les augmentations salariales et détermine la classification et la carrière du personnel. La marge de manœuvre des dirigeants de la Bordelaise a été réduite par l'interventionnisme public et par l'organisation professionnelle interbancaire ; un cadre s'impose dorénavant à leurs décisions. Mais ils restent maîtres de leur politique commerciale, du choix des hommes et des clients. Même si « l'économie administrée » connaît des avancées fortes, c'est sur leur savoir-faire, sur leur talent, que repose la prospérité et le destin de la banque.

2. Une direction renforcée mais homogène

Face aux bourrasques de la guerre et aux vicissitudes de l'interventionnisme des Finances publiques, la maison préserve sa tradition, sa fidélité à l'équipe en place depuis les années 1930 : Philippe Chalès reste la clé de voûte de la Bordelaise et il renforce sa position officielle en son sein. Certes, alors qu'il était administrateur-délégué depuis 1935, il doit quitter le Conseil en décembre 1940 quand s'applique une nouvelle législation sur la direction des sociétés qui prévoit une séparation entre la responsabilité des administrateurs et celle des dirigeants. Parce que Lebée ne souhaite pas devenir P-DG de la banque et se satisfait de la présidence qu'il exerce au nom du CIC, Chalès devient directeur général, épaulé par Marcel Lorent et Armand Guérin ; comme avant, deux comités de direction consultatifs examinent les demandes de crédit à Bordeaux et à Paris. Chalès rentre à nouveau au Conseil en 1952 et y est consacré vice-président-directeur général en 1958, même si le CIC garde la présidence. Bien qu'il prenne sa retraite de son poste de directeur général en décembre 1961 après 42 ans d'activité dans la maison, il reste vice-président, membre du comité consultatif des crédits et suppléant du président : sa tutelle morale s'exerce encore cours du Chapeau Rouge.

« Très grand travailleur passionné de sa maison », Chalès marque la vie de la banque de son tempérament, qui mêle le souci d'une extrême prudence, le sens d'une gestion économe en hommes et en moyens, le maintien ferme de la cohésion de cadres. Symbolisée par un goût aigu du secret des affaires qui l'incite à ne pas discuter fréquemment des comptes globaux de la maison, son autorité, parfois solennelle, impressionnante même lors des réunions, s'exerce sans partage, en une juxtaposition de rapports bilatéraux avec les cadres dirigeants, dont il sait cependant repérer et mettre en valeur les qualités, en particulier par une vive capacité d'écoute et d'observation, et par une politique constante de promotion interne. Certes, le renom de Chalès reste cantonné dans le monde des affaires feutré de la Place, parce qu'il ne cède à aucune vanité qui le pousserait en avant, ou parce que son caractère, sinon ses fonctions, l'incite à une réserve qui lui fait préférer l'exercice des responsabilités gestionnaires (à la Bordelaise et chez Maurel & Prom) à l'occupation du devant de la scène. Mais l'influence de Chalès, grand personnage de la Place est alors à son apogée : « C'était le "patron", le grand banquier privé de Bordeaux, qui avait fait ses preuves dans les années 1930. »[4] La banque connaît un rayonnement considérable dans l'économie locale ; lui-même, dans les années 1950, est élu par le monde des affaires au sein du bureau qui anime la Chambre de commerce. Pour plusieurs familles du patriciat girondin, il joue le rôle d'un conseiller pour la gestion de leur patrimoine et exerce une certaine « autorité morale »[5]. Bref, au sein de la banque, Chalès fait un peu figure de « Commandeur ».

---

[4] Témoignage recueilli auprès d'un ancien dirigeant de la banque.
[5] *Ibidem.*

**Philippe Chalès, directeur général de la Société bordelaise de CIC
(1941-1961)**

Il s'appuie de plus en plus sur son neveu Bertrand Blanchy, qui bénéficie d'une ascension sans accélération particulière, respectueuse des pouvoirs de Chalès mais aussi préoccupé du soin de ne pas froisser les autres hauts responsables. Entré à la Bordelaise en 1933, promu secrétaire général de la succursale de Bordeaux en 1937, il s'initie aux affaires du cœur de la banque, car il peut superviser tous les échanges de correspondance. Chargé du suivi des engagements et de l'escompte, il se forme aux activités clés de la maison. Comme il s'avère un excellent « banquier », au sens « classique » du terme, c'est-à-dire un bon gestionnaire des affaires administratives et comptables, et fort de son talent à monter et instruire des dossiers de crédits, à lire les bilans et à conduire des opérations de crédit, il bénéficie de promotions successives, avec d'abord le poste de directeur central en 1953, cumulé avec celui de directeur de la succursale de Bordeaux – la plus importante de la banque. Comme l'avait été Guérin jusqu'en 1948, il devient l'adjoint immédiat de Chalès, épaulé par un nouveau secrétaire général, Roland Monnereau ; puis, dès janvier 1954, il obtient le titre de directeur général adjoint.

La retraite de Chalès lui ouvre la direction générale en janvier 1962, avec l'appui de quatre adjoints directs : Marcel Lorent, directeur, Robert Wantz, directeur en 1962 puis directeur général adjoint en 1966, Roland Monnereau, directeur et secrétaire général, et Gérard Cruse, inspecteur général. Après que B. Blanchy ait vu lui aussi son pouvoir consacré par un siège au Conseil en décembre 1965, il renoue avec les pratiques initiales de la banque lorsque le CIC le promeut à la présidence de la banque en janvier 1972, à la retraite de Lebée. Il dispose alors d'une influence large puisque Lebée et Chalès quittent tous deux le Conseil : le CIC aurait souhaité que ce banquier d'expérience, longtemps mûri dans l'ombre de son mentor[6], s'épanouisse désormais avec les pleins pouvoirs pour lancer la maison dans une politique d'expansion désirée par l'actionnaire parisien. C'est donc lui qui tient les rênes de la banque jusqu'en décembre 1977 : dès octobre, il annonce sa retraite, après une quarantaine d'années de carrière dans la maison, et laisse la présidence à Louis Nebout. Dix ans directeur général, cinq ans président, Blanchy a évidemment marqué de son empreinte la gestion de la banque dans ces années clés, même si, dans les trois dernières années (1975-1977), il a dû partager le pouvoir avec Jacques Houdouin. C'est lui qui a été confronté aux tensions vécues par les entreprises du grand Sud-Ouest face à la croissance des Trente Glorieuses puis à la Crise ; épaulé par R. Wantz, directeur général en 1972-1975, et Jean Compeyrot, directeur de l'exploitation, il a fait franchir à la banque le cap de la « banque de masse »[7]. Bon gestionnaire des opérations de banque, riche de son

---

[6]   Et quasiment père adoptif spirituel de Blanchy, dont le père avait été tué pendant la Première Guerre, d'autant plus que lui-même n'avait pas de descendance directe.

[7]   Et non son successeur à la direction générale Jacques Houdouin, comme le rapportent de façon erronée plusieurs témoins. La grande période de création de guichets de quartier se place bien entre 1967 et 1974, donc avant l'arrivée de Houdouin, qui ne peut passer pour le bouc-émissaire de ce choix stratégique ; par contre, Houdouin a stimulé ces guichets pour qu'ils accroissent leur clientèle de particuliers, en une seconde étape du passage à la « banque de masse », ce qui a nécessité une seconde vague d'embauche.

capital de relations sur la Place – dues à la famille, aux amis de jeunesse et d'école, au tennis, aux affaires –, fort d'une autorité parfois impatiente, il a été au cœur des décisions pendant une quinzaine d'années, en un exercice du pouvoir d'une durée semblable à celle de Tastet et Léon-Dufour.

3. L'intégration des équipes de la Société toulousaine et de Soula

Toutefois, avec l'absorption de la Société toulousaine, l'administration de la Société bordelaise ne peut plus reposer sur une poignée d'hommes. Aussi, derrière Chalès et Bertrand Blanchy, se constitue un état-major étoffé et ramifié. Alors qu'elle menait une « vie de famille » avec une structure administrative légère, on institue une « Administration centrale qui sera chargée d'assurer la direction générale de la Société et qui aura les pouvoirs les plus étendus pour la direction des succursales »[8]. Chalès est épaulé par Guérin, directeur central et directeur de la succursale de Bordeaux, tandis que Lorent, inspecteur général, s'occupe du réseau. Dès 1937, c'est une vingtaine de cadres supérieurs (directeurs, fondés de pouvoirs, chefs de services) qui sont ainsi rassemblés, tant à Bordeaux (Siège et succursale) que dans les trois groupes extérieurs (directions régionales et succursales), et presque soixante-dix cadres et gradés au total. L'intégration de Soula s'accompagne d'un amalgame entre les cadres en place et les treize venus de cette maison, soit à la tête de guichets, soit à la succursale de Bordeaux (avec Émile Philibert comme directeur adjoint et Marcel Beaugrand comme sous-directeur). Le groupe du CIC procure des cadres, dont plusieurs repliés d'Alsace, qui sont affectés à la supervision du réseau. À la Libération, la Bordelaise est riche d'une quarantaine de cadres, mais elle reste une petite maison puisque les trois quarts de ceux-ci œuvrent sur le terrain à la tête des agences ; le Siège bordelais n'en compte qu'une dizaine dont la moitié à la succursale. La mutation des structures de la banque n'a donc pas suscité de révolution dans sa gestion directoriale ; le Siège n'est pas devenu une « tête » hypertrophiée !

---

[8]   Procès-verbal du conseil d'administration du 23 décembre 1936.

La direction de la Société bordelaise en 1937

Direction de la banque

administrateur-délégué : Chalès

directeur central : Guérin

secrétariat général : Jacques Lamey

directeur des services administratifs

directeur du secrétariat de la direction

Succursale de Bordeaux

directeur : Armand Guérin

directeur-adjoint : Jacques Lamey

Secrétaire général : Bertrand Blanchy, chargé des relations, de la surveillance des risques d'escompte et des engagements généraux de la succursale

Directeurs des succursales de Toulouse, Tarbes et Béziers-Montpellier

Avec le développement de la banque, l'administration centrale s'est étoffée peu à peu, avec la constitution d'une équipe renouvelée au fil des ans et le renforcement des services (Central Changes, Central Comptabilité, Intérêts particuliers, Personnel). En fait, même dans les années 1960-1970, c'est un noyau d'une dizaine de responsables qui maintient la cohésion de la maison, et une petite quarantaine de hauts cadres la dirigent, soit au Siège, soit dans les trois succursales et groupes régionaux, soit dans les grandes agences.

L'évolution des fonctions de direction évolue peu à peu, de façon classique, au fur et à mesure que des responsables partent en retraite. Armand Guérin en 1948, récompensé par un siège au Conseil ; André Péridier, directeur de la succursale de Toulouse, en 1948 ; Hontaas, directeur de l'agence de Blaye de Soula, devenu directeur régional du groupe de Béziers-Montpellier avant sa retraite en 1961 ; François Desarnauts qui, de la direction de l'agence de Tarbes en 1937, était devenu directeur régional du groupe de Toulouse en 1948, part en 1963 ; Maurice Albafouille, directeur régional de Toulouse en 1964 ou Fernand Guerrier, directeur de la succursale de Béziers en 1968 : les hommes hérités de la Toulousaine et promus dans les années 1930-1940 s'effacent. Le jeu des promotions facilite la circulation et la promotion par des réactions en chaîne[9] et l'ascension des jeunes recrues : une nouvelle génération prend peu à peu les rênes de la maison.

---

[9] Comme en juin 1963 : François Desarnauts prend sa retraite de la direction régionale du groupe de Toulouse ; Maurice Albafouille, directeur de la succursale de Toulouse, le remplace. Il est lui-même remplacé par Paul de Viguerie, directeur de l'agence de Montauban, que remplace Yves Montet, directeur de l'agence de Moissac, remplacé par Antoine Mirallez, fondé de pouvoirs à l'agence de Montauban.

La direction de la banque en octobre 1967

Edmond Lebée président

Philippe Chalès vice-président

Bertrand Blanchy directeur général

Administration centrale

  Robert Wantz, directeur général adjoint

  Roland Monnereau, directeur et secrétaire général

  Gérard Cruse, inspecteur général

  Maurice Vareille, sous-directeur

Succursale de Bordeaux

  Jean Compeyrot, directeur

  Paul Masmontet de Fonpeyrine, directeur adoint

  Jean Mounissens et Henri Bentéjac, sous-directeurs

  direction régionale de Béziers : Guy Lemaignen

  succursale de Béziers : Fernand Guerrier

  direction régionale de Toulouse : Hubert Chanut

  succursale de Toulouse : Paul de Viguerie

Tandis que des jeunes se forment directement dans les agences (comme fondés de pouvoirs et directeurs adjoints), d'autres s'initient à la diversité des métiers bancaires sous la houlette de Blanchy qui les forme au sein de son secrétariat : là, on ouvre et on dépouille tout le courrier, on discute de son contenu et on répartit éventuellement dans les services ; c'est un centre de formation efficace avant que, dans le cadre de leur « tour de banque », ces débutants ne passent au sein des différents services. En bénéficient ainsi Henri Bentéjac, Guy Lemaignen, Jean Compeyrot, Hubert Chanut ou Gérard Cruse. Ces « mousquetaires de la Bordelaise » – c'est nous qui les nommons ainsi – deviennent le vivier où puisent Chalès et Blanchy pour donner à la banque une cohésion dans la gestion administrative et financière. Jean Compeyrot est envoyé faire ses classes à la direction de l'agence de Carcassonne ; sa réussite incite Chalès à le promouvoir au Siège comme directeur adjoint de la succursale de Bordeaux en 1958, puis directeur en 1960, à la place de Blanchy, qui se consacre désormais à ses tâches de numéro 2 de la maison.

De même, H. Chanut est envoyé à la direction de la succursale de Béziers en 1960, puis devient rapidement directeur régional du groupe de Béziers-Montpellier en 1961, avant la direction régionale de Toulouse en 1967 qu'il conserve jusqu'en 1980. G. Lemaignen à la tête de l'agence de Montpellier en 1960, devient directeur régional à Béziers en 1967, puis directeur de la succursale de Toulouse en 1976 avant de diriger la région Midi-Pyrénées en 1980-1986. Henri Bentéjac passe de la direction de l'agence de Castres à la sous-direction de la succursale de Bordeaux en 1965, puis à des postes de direction au Siège. Gérard Cruse entre comme stagiaire à l'Inspection en 1947, avant de devenir directeur en 1949, puis inspecteur (principal, général) chargé de la supervision du fonctionnement administratif de la maison, en successeur de Lorent, comme Inspecteur général puis directeur, jusqu'à sa retraite en 1980, date à laquelle d'ailleurs partent à la fois Cruse, Chanut et Monnereau. Un amalgame s'effectue donc entre des cadres sortis du rang, comme H. Bentéjac[10], Gérard Anglade – comptable devenu directeur régional –, Robert Jérôme – employé à la comptabilité devenu secrétaire général en 1983 – et des diplômés du Supérieur, les uns issus des grandes familles bordelaises, comme Cruse[11], les autres appartenant aux classes moyennes[12]. La promotion de Blanchy à la présidence en 1972 renforce l'efficacité de cet amalgame, avec la promotion de Wantz à la direction générale et de Monnereau, mais aussi avec la consécration de la génération d'après-guerre, puisque Compeyrot et Cruse deviennent directeurs, donc aux troisième et quatrième rangs dans les responsabilités de la maison.

4. Une direction confrontée à des incertitudes

« Le représentant du comité d'entreprise croit devoir informer le Conseil de l'inquiétude ressentie par les cadres de la succursale de Bordeaux en apprenant la future arrivée d'un cadre supérieur venant de l'extérieur »[13] : ainsi, en 1973 éclate un débat qui se prolonge jusqu'en 1990. La Bordelaise est-elle suffisamment riche en cadres de haut niveau pour réussir les mutations bancaires des années 1970-1980 ? Dispose-t-elle d'un vivier assez riche et large où puiser les cadres nécessaires à son expansion désormais rapide ? Si, en juin 1970, l'arrivée, comme sous-directeur à la direction générale, de Pierre Doménéghetti, directeur de succursale au CIC parisien, n'a pas soulevé

---

[10] Son père avait été chef du Portefeuille à la Bordelaise, son oncle sous-chef de la Caisse à Bordeaux, et lui-même a grimpé tous les échelons de la carrière administrative, tant sur le terrain qu'au Siège.

[11] Gérard Cruse est le fils de Christian Cruse, dirigeant de la maison de négoce de vins Cruse et administrateur de la Bordelaise, lui-même petit-fils de Hermann Cruse. Comme son frère aîné Roger Cruse est promis à la direction de la maison familiale, il préfère mener une carrière par lui-même, et choisit cette banque proche de sa famille comme champ d'activité, après ses études de droit et à HEC en 1940-1942.

[12] Ainsi, Monnereau est licencié en droit et a un DES d'économie politique et droit ; Chanut est licencié en lettres et docteur en droit. Comme Cruse, Masmontet de Fonpeyrine et Albafouille (venu de la Toulousaine) sont d'anciens élèves de HEC.

[13] Procès-verbal du conseil d'administration du 19 septembre 1973.

de vagues, celle d'André Normand comme directeur en janvier 1974, chargé des Services centraux, puis celle de Jacques Houdouin comme directeur général en juin 1975, ont pu susciter des réticences : le premier était un ancien directeur central à la Banque commerciale du Maroc, appartenant au groupe du CIC ; le second vient de la banque Scalbert, où il était DGA chargé de l'exploitation ; il est promu administrateur en 1980 et garde sa direction générale jusqu'en 1982. Même si un cadre dirigeant comme Compeyrot aurait pu succéder à Wantz, qui prend sa retraite de directeur général en 1975, la Bordelaise doit s'incliner devant les desiderata du CIC. Le hasard lui impose de recaser des cadres au sein de sa confédération, et il en profite d'autant plus qu'il aurait pensé que sa filiale ne se montrait pas assez dynamique dans l'extension de l'enseigne du groupe dans le Sud-Ouest ; et qu'il aurait rencontré une certaine déception devant ce qu'il aurait jugé être l'insuffisante mobilité stratégique de Blanchy et de son équipe de « mousquetaires », envers laquelle le propriétaire majoritaire n'entretient nul lien de particulière proximité. À l'heure du mot d'ordre de la croissance à-tout-va qui domine la profession, le CIC aurait souhaité une gestion moins « classique » et plus audacieuse.

Le « parachutage » de dirigeants venus d'autres régions était-il la meilleure solution ? Alors que la maison avait été riche d'un amalgame réussi entre « sortis du rang » et diplômés du Supérieur (avec des diplômes de valeur : IEP, HEC, licence en droit), nombre de témoins s'interrogent, dans les années 1980, sur la capacité de la banque à renouveler son vivier de cadres potentiels de haut niveau, à séduire de jeunes recrues des bonnes filières de formation régionale (IEP, Sup de Co, etc.). Si Chalès et Blanchy avaient réussi à rassembler des « mousquetaires » au lendemain de la guerre, est-ce que cette politique a été renouvelée avec suffisamment de vigilance ? Y a-t-il eu une stratégie d'embauche et de promotion tournée vers l'exercice des hautes fonctions des années 1970-1980 ? Le style des relations humaines entre la direction suprême et les cadres a-t-il été assez valorisant pour des jeunes peu habitués aux coutumes feutrées d'une maison au pouvoir concentré entre les mains du « Commandeur » Chalès ou de son adjoint, puis aux tensions parfois suscitées par un directeur général peu au fait des réflexions managériales sur la « direction participative aux objectifs » – dont c'était pourtant la mode dans les années 1960-1970 – ou sur la motivation des cadres, et qui a pu se méfier de jeunes diplômés trop impatients à qui il souhaitait faire acquérir une expérience sur le terrain par une promotion lente, comme cela avait été la tradition pour sa propre génération et comme cela semblait nécessaire pour acquérir les savoir-faire du métier de banquier.

L'image de marque de la banque, la qualité des métiers et fonctions financières, bancaires ou commerciales, le niveau des rémunérations, les perspectives d'avancement, ont-ils été assez vigoureux pour séduire des recrues de haut de gamme ? A-t-on cherché finalement à reconstituer un vivier de futurs dirigeants au niveau d'une jeune génération de recrues ? Ce sont autant de questions qui ne peuvent trouver de réponse ferme dans la mesure où il serait délicat d'évaluer une telle politique pour une période aussi proche et sur la base de témoignages contradictoires. Toutefois, il est patent qu'une vingtaine de jeunes recrues ont été recrutées dans les années 1960-1970 et que la plupart ont déserté la Bordelaise assez vite, faute de s'y épanouir, d'autant plus que les dirigeants conservaient, à tort ou à raison, le souvenir de carrières où les débuts étaient humbles et l'ascension mesurée. Dans les années 1980, seuls sont restés de cette époque Maurice Bernard, responsable des Engagements, et Pierre Roubignac, Inspecteur général.

L'inquiétude exprimée devant le « parachutage » n'est peut-être pas justifiée puisqu'un amalgame correct s'institue entre les hommes : Houdouin, Doménéghetti – promu directeur adjoint en 1977 – et Compeyrot œuvrent de concert, celui-ci restant l'homme clé de la politique des crédits. La promotion des cadres de la banque reste assurée, par des mouvements récurrents, en particulier à la tête du réseau, comme en 1976[14] et en 1980[15]. Seule, par conséquent, une poignée de postes, limités aux fonctions suprêmes, échappe à la coutume de la promotion interne. Pourtant, si la réorganisation de la direction qui suit le départ de Blanchy respecte l'amalgame entre les hommes, puisque l'équipe de celui-ci est maintenue[16], si Compeyrot est consacré patron des affaires bancaires, de l'exploitation et est même promu DGA en 1979, Normand a la responsabilité de l'organisation et de l'administration, et un responsable recruté à l'extérieur, Bernard Comte, prend en charge en 1978 la gestion du personnel : les fonctions administratives et humaines, jugées alors les clés du redressement, sont assumées, comme la direction générale, par des cadres qui ne sont pas issus de la maison, car on

---

[14] Quand G. Lemaignen prend la tête de la succursale de Toulouse et que Gérard Anglade le remplace à la tête de celle de Montpellier-Béziers, en laissant la direction de la succursale de Béziers – où il était depuis 1969 – au directeur de l'agence de Montauban, Louis Vinas.

[15] En 1980, G. Lemaignen remplace H. Chanut à la tête de la région Midi-Pyrénées ; son successeur à la tête de la succursale de Toulouse est le directeur régional Languedoc-Roussillon, lui-même remplacé par le directeur de l'agence de Montauban.

[16] Roland Monnereau directeur central, Jean Compeyrot directeur de l'exploitation, Gérard Cruse directeur du contrôle général, André Normand directeur des services centraux et de l'organisation, Marcel Labuchelle chef des services contentieux.

ressent le besoin de compenser les faiblesses de la pyramide des cadres[17] du tournant des années 1970.

Une question surgit donc : à la retraite des « figures » de la maison depuis les années 1940, une « relève » est-elle prête ? Wantz est parti en 1975, Blanchy en 1978 ; G. Cruse, R. Monnereau, H. Chanut, entrés respectivement en 1947, 1941 et 1944, partent en 1980 ; or il semble bien qu'une génération manquait à la banque, celle des 40-50 ans, disponible pour la succession ; il a bien fallu renouveler le vivier de cadres, redessiner une pyramide des âges et des compétences pour ces fonctions de décision, en étoffant en particulier les strates de cadres de 35-50 ans, diplômés et/ou dotés d'une forte expérience professionnelle[18].

5. Une succession d'équipes dirigeantes et d'inflexions stratégiques

C'est par conséquent une équipe dirigeante affaiblie en quantité et en qualité qui est confrontée à la crise économique du grand Sud-Ouest et à la crise de la banque elle-même à partir de 1978. Quelles que soient les péripéties – nationalisation, changements récurrents des actionnaires dominants et des patrons –, tous les dirigeants ont dû apporter leur réponse à une même question : comment rendre la banque plus efficace pour résister au marasme et plus combative pour repartir à la conquête de parts du marché ?

Dès qu'il assume la présidence, Nebout proclame l'urgence et la nécessité d'une politique « énergique » pour enrayer la dérive des comptes ; mais la nationalisation lui coupe l'herbe sous les pieds. C'est au nouvel administrateur-général choisi en février 1982 par la gauche puis nommé P-DG en juillet 1982, Louis-Pierre Blanc, qu'il revient de dresser un état des lieux dramatique, comme lors des séances du Conseil du 3 novembre 1982 ou du 2 novembre 1983 : « Les résultats des exercices 1982 et 1983 devant absorber près de la moitié de l'augmentation de capital, la Société bordelaise apparaît comme une entreprise sinistrée. » Il veut engager la banque dans une mobilisation intense. Son

---

[17] « J. Compeyrot rappelle qu'un vivier de diplômés de l'enseignement supérieur avait été constitué qui permettait, après un stage, de pourvoir les postes de responsabilité. Cependant, le développement rapide de la profession bancaire dans les années 1960-1970 a entraîné un départ massif de ces diplômés qui n'ont pas été remplacés. Il en est résulté une accentuation de la promotion par le rang et l'absence dans les effectifs de la Société d'une génération », procès-verbal du conseil d'administration du 13 février 1984.

[18] C'est que, en 1984, 70 % des cadres sont autodidactes, 70 % ont eu la Société bordelaise comme premier et unique employeur et 40 % ont plus de 25 ans d'ancienneté. « Un rééquilibrage au niveau des cadres s'opérera par l'embauche de diplômés bac+4 », procès-verbal du conseil d'administration du 19 novembre 1984.

style de gestion tranche avec le souci de discrétion, voire de secret, des années 1950-1970, puisque le conseil d'administration devient un forum où sont exposées avec précision les réflexions de la banque sur son destin, en véritable « lieu de discussion et d'élaboration des grandes décisions relatives au fonctionnement et au développement de la société ». Il est vrai que, désormais, les patrons de la Bordelaise ne bénéficient plus guère des structures de rencontre informelles (grandes familles, clubs, etc.) propres à un *establishment* girondin. Un type de direction plus « managériale », plus ouverte, se met en place, d'autant plus que, en ces années d'inquiétude marquées par quelques tensions sociales. Un délégué du personnel « fait part du climat de culpabilisation et de déception régnant actuellement au sein du personnel à la suite de l'échec de précédentes réformes à l'occasion desquelles un effort lui avait été demandé, de la démobilisation d'une grande partie du personnel à la suite des bruits de licenciement, voire de dépôt de bilan de la Société bordelaise ». Cela conduit le directeur général du CIC à réagir car il « s'étonne des états d'âme du personnel. Les actionnaires ayant fait la preuve de leur foi dans le développement de la Bordelaise, un grand effort de mobilisation du personnel doit être entrepris afin de contribuer au succès de cette œuvre importante de redressement »[19]. Comme dans les autres banques, tant régionales que parisiennes, un large dialogue collectif est alors bien la seule arme pour empêcher la paralysie des initiatives, voire des démissions ; il exprime aussi les tâtonnements face aux difficultés de la maison et le désir de dégager un apprentissage consensuel des solutions envisageables.

Le CIC et l'État obtiennent de la banque la définition de ses objectifs, par un « plan de redressement », signé en juin 1983, et par une « convention » solennelle, qui vise surtout au retour de la profitabilité et au progrès de la productivité[20], car une étude approfondie a révélé les « malaises structurels profonds » (mars 1983). L'essentiel est bien le « plan d'entreprise » que met au point la direction en décembre 1983, car il est la « charte » de la bataille pour la survie engagée alors[21], avec l'appui ferme du groupe CIC. La pérennité des difficultés financières de

---

[19] Procès-verbal du conseil d'administration du 13 juin 1983, qui confirme celui du 25 avril 1983, faisant état du « sentiment de flottement que le personnel peut déceler dans l'absence de décision et d'information sur la politique de développement à mettre en place, [d'où des] bruits divers actuellement en circulation au sein du personnel ».

[20] « Les orientations [...] sont caractérisées par : le développement de l'action commerciale ; la réorganisation en profondeur des services généraux », procès-verbal du conseil d'administration du 13 juin 1983.

[21] Le plan d'entreprise insiste sur six programmes d'action : la politique commerciale, l'organisation, l'amélioration et la restructuration du réseau, la refonte des traitements, la maîtrise des frais généraux, le gestion du personnel.

la maison, due en particulier à l'accentuation de la concurrence, à l'encadrement du crédit et surtout à la crise du grand Sud-Ouest, incite à remettre sur le métier l'analyse des faiblesses de la banque et des voies de son redressement, par le biais d'enquêtes de conseils-ès-stratégie, de multiples réunions des cadres et des dirigeants et des séances d'un conseil d'administration devenu un forum de discussions approfondies, où l'on discute d'un second plan d'entreprise destiné à « préciser l'identité de l'entreprise et à définir la politique à mener dans les années à venir » (mai 1986). Dénonçant « des croissances mal maîtrisées », la direction des années 1982-1986 infléchit sensiblement la stratégie de la Société bordelaise, en un délicat équilibre entre l'admission d'une nécessaire réhabilitation de certaines traditions – avec comme objectifs les entreprises à caractère régional et le recentrage de la clientèle de particuliers – et l'adaptation aux mutations de la profession : « Ce retour aux sources doit s'effectuer avec un regard tourné vers l'an 2000 » (mai 1986).

Paradoxalement, tandis qu'on réfléchit sur l'avenir, l'Histoire reprend de son importance, puisqu'« il s'agit de restructurer la Société bordelaise autour de son passé », déclare-t-on en 1987. Il faut renouer avec les « métiers » qui constituent le capital immatériel de la banque, sans sombrer dans l'immobilisme, « avec deux impératifs : gagner de l'argent grâce à la gestion de patrimoine et la clientèle de sociétés ; ne pas en perdre avec la banque de contact »[22].

Il s'agit de dégager mieux que par le passé les problèmes spécifiques posés par chaque type d'activité. Cela conduira à un réaménagement tant au niveau de la direction générale que du réseau et à une orientation de la formation dans certaines directions bien déterminées […]. On doit arriver à préciser le contenu de chacune de ces activités, à fixer les responsabilités pour passer à un niveau supérieur adapté aux exigences de la banque de demain.[23]

Face à la décomposition de ses finances et de son fonds de commerce doit s'exprimer « le refus de la dérive »[24], donc la recomposition de la stratégie de la maison, de ses choix sociologiques, géographiques et économiques : quelle clientèle de particuliers ? quel réseau ? quelle clientèle d'entreprises ? quels services bancaires et financiers ? Comment définir la « banque régionale » des années 1990, ses métiers, son image de marque, sa stratégie ?

Ces méditations sont suspendues pendant quelque dix-huit mois, car la victoire électorale de la droite, le vote de la loi de dénationalisation –

---

[22] Procès-verbal du conseil d'administration du 22 septembre 1986.

[23] *Ibidem.*

[24] Nous renvoyons au livre essentiel de : Hervé de Carmoy, *Stratégie bancaire. Le refus de la dérive*, Paris, Presses universitaires de France, 1988.

qui touche le groupe CIC pour la réorganisation des directions, bien que lui-même ne soit pas privatisé –, le transfert de la majorité du capital du CIC de la Compagnie de Suez au GAN et la réorganisation des structures de tête du CIC provoquent une incertitude sur le choix des hommes. Si L.-P. Blanc reste officiellement en place jusqu'en septembre 1987, il ne se sent plus la légitimité lui permettant d'exercer de responsabilités réelles après février 1987.

Cette vacance de plusieurs mois est comblée quand Bruno Moschetto, banquier d'expérience – il a appartenu à la Banque de l'Union européenne, à la *Saudi Bank* et à la Société centrale de banque, une petite filiale de la Société générale –, est nommé P-DG de la Société bordelaise en octobre 1987. Concentrant désormais l'essentiel des pouvoirs, s'appuyant, sans directeur général, sur l'équipe constituée par son prédécesseur, il entend agir vite, par tempérament et surtout pour court-circuiter le risque que constitue la fragilité financière et commerciale de la maison. En fait, dès octobre 1987, le programme d'action médité en 1985-1986 est repris, même si ses modalités de mise au point ne s'effectuent pas avec le souci d'un large dialogue comme avant : il veut convaincre par l'action, tout en redonnant du lustre au rayonnement institutionnel de la banque, par exemple par sa propre élection à la Chambre de commerce et d'industrie de Bordeaux. Au maintien des objectifs de rationalisation du réseau et de renouvellement de la clientèle s'ajoutent cependant quatre changements clés : il souhaite relancer l'extension du réseau, mais en privilégiant une clientèle « haut de gamme », en développant les métiers bancaires neufs et « pointus », en promouvant des succursales de bonne taille et munies de moyens amples ; il entend installer la Bordelaise sur Paris pour y accompagner certes les grosses affaires du Sud-Ouest mais aussi pour y détecter des opportunités de crédits, en particulier internationaux. Alors que L.-P. Blanc avait rejeté l'idée d'une réduction profonde des effectifs de la banque, par fidélité aux principes de la majorité politique d'alors et par volonté de mobiliser le personnel sans le traumatiser par des menaces de licenciements, B. Moschetto convainc la banque de sa nécessité, mais en souhaitant éviter tout soubresaut et en la réalisant par le simple effet des départs à la retraite et des démissions spontanées, par la redistribution des cadres entre le Siège et les équipes sur le terrain et par la création de nouvelles agences.

En raison du retour au pouvoir de la gauche et du changement de gouvernement, nombre de dirigeants d'entreprises publiques sont remplacés ou permutés. Ainsi, Jean de La Chauvinière, banquier expérimenté, quitte la présidence de la Banque régionale de l'Ouest, filiale du CIC dans le val de Loire, pour celle de la Bordelaise, où il succède en juin 1989 à B. Moschetto qui n'aura gardé la présidence que dix-huit mois.

À partir de septembre 1989, le P-DG est épaulé par un codirecteur général, François-Xavier Bordeaux, issu du cabinet du ministre des Finances Pierre Bérégovoy[25], et enrichit l'équipe de dirigeants, désormais étoffée. Le principe du redéveloppement de la banque est maintenu et l'action reprend pour asseoir son renouveau. Après l'approfondisse ment de la réflexion sur le destin de la maison et les méthodes à appliquer pour son renouveau, des modifications de politique apparaissent toutefois ; des choix sont déterminés en 1989-1990, qui prennent corps dans un « plan à trois ans » (1991-1993).

La Société bordelaise entend alors mieux affirmer sa vocation de banque régionale, ce qui conduit à écarter la prospection d'affaires parisiennes et la quête d'opérations et crédits internationaux sur Paris, sans lien avec la clientèle régionale. La politique de « proximité », par l'ouverture d'agences plus légères et le renforcement de leurs compétences, doit permettre un enracinement dans le terroir naturel de la banque. Le savoir-faire doit être accentué, avec une plus grande rigueur encore dans les engagements de crédits, plus de « mordant » dans la démarche commerciale, et, enfin, une offre de produits d'épargne, de services bancaires et d'ingénierie financière plus à même de couvrir les désirs de la clientèle des familles et des entreprises. Il faut que la Société bordelaise, qui se veut concilier les talents de la « banque universelle » et de la « banque régionale » puisse satisfaire celle-ci en maîtrisant suffisamment les métiers techniques et récents de la banque : gestion de patrimoine et d'épargne, gestion de trésorerie, couverture des taux de change, montages de crédits et ingénierie financière, etc., en profitant par exemple des facilités procurées par la télétransmission pour intervenir sur les marchés de l'argent : chaque agence, appuyée sur le Siège, doit bénéficier de cette « déconcentration de l'intelligence ». Cette réussite doit s'appuyer sur un groupe CIC dont la réorganisation s'intensifie en vue d'obtenir de meilleures efficacité et image de marque[26].

---

[25] Il est aussi, par ailleurs, chef de file des socialistes bordelais au conseil municipal de Bordeaux, depuis les élections municipales de 1989 et pour quelques semestres.

[26] Le CIC et son réseau parisien ont été séparés en 1984, par la création d'une banque régionale, le CIC-Île de France et d'une holding, la Compagnie financière du CIC, contrôlant les onze banques régionales, dont le capital lui a été entièrement transmis par l'État en 1987. Elle « a la charge d'assurer le financement des établissements qu'elle regroupe, de contrôler leurs budgets, plans et ratios, et de fixer les normes de rentabilité. Elle met en œuvre les opérations communes en matière de communication, de gestion de personnel, d'élaboration de produits, d'accès à la clientèle et de moyens de production – notamment en informatique – pour améliorer, en fin de compte, la productivité de ce tout », rapport annuel pour 1989. Puis, en 1991, la Compagnie financière du CIC, la Banque de l'union européenne, intégrée au groupe après la nationalisation, et le CIC-Union européenne-international – qui a rassemblé les implantations étrangères du CIC et de la BUE – se regroupent dans une entité, la

6. Une certaine continuité dans la recherche d'une organisation optimale

Tous les dirigeants successifs ont tâtonné pour discerner la meilleure organisation administrative, sélectionner les meilleurs hommes, et tenter de vaincre la morosité démobilisatrice. On pense d'abord que l'organisation de la banque est défectueuse ; aussi restructure-t-on souvent les services, en particulier par le biais de réaménagements immobiliers : en 1979, la banque acquiert une annexe cours de Gourgue, près de la place des Quinconces, où s'installe une direction du réseau bordelais, tandis qu'un département Étranger est transféré rue Esprit des Lois. Puis, en 1987, on décide de regrouper nombre de services – secrétariat général, Engagements, opérations financières – dans un bâtiment quai Louis XVIII où se mêlent le prestige de ce qui est l'ancien Siège de la maison de négoce Delmas et la modernité de l'architecture intérieure et des méthodes de gestionnaires « dans le vent » ; enfin, l'immeuble du cours de Verdun subit plusieurs restructurations propres à en faire le centre nerveux de l'informatique de la société. Dès qu'il a acquis la maîtrise des affaires de la banque, L.-P. Blanc songe aussitôt à une « réorganisation en profondeur des services généraux, en particulier celle des services centraux qui seront regroupés en trois grands départements : comptabilité, informatique et organisation, traitements bancaires » (1983). Sont ainsi mises en place de nouvelles structures : secrétaire général, relations humaines et sociales, contrôle général et Inspection bancaire, services communs, organisation et informatique, traitements bancaires, engagements, développement, Étranger.

Plusieurs ajustements en 1983-1985 visent à améliorer les départements Développement et Engagements, tandis qu'une structure d'action financière est établie, confiée en 1985 à P. Doménéghetti ; en 1987, une huitaine de directions sont en action : Inspection générale, Personnel et budget, Traitement et informatique, Exploitation, Affaires financières et les trois directions régionales, jusqu'à leur suppression en 1989. Finalement, en 1989-1990, la priorité donnée aux opérations bancaires, à leur développement et à leur suivi, amène à concevoir trois directions opérationnelles : la direction de la gestion des opérations bancaires (avec Jacques Père), la direction de l'exploitation (avec Norbert Charasch) et

---

Compagnie financière de CIC & de l'Union européenne, destinée à s'affirmer comme une réelle « tête de groupe » en le munissant d'une image de marque plus nette, en fédérant les politiques des filiales régionales et en assurant une harmonisation de certains choix, tout en assumant des missions d'ingénierie financière, tandis que les activités bancaires de l'ex-BUE sont regroupées dans une nouvelle BUE, appelée à devenir une banque dotée d'un savoir-faire dans les métiers les plus pointus et apte à les mettre au service des établissements du groupe.

la direction des affaires internationales et de la trésorerie (avec Jean-Marie Selvine). Elles s'appuient sur deux directions fonctionnelles : le secrétariat général, qui englobe le contrôle de gestion (avec Patrick Ducom), et la direction des ressources humaines (avec Bernard Comte).

Les dirigeants ont aussi enrichi le potentiel d'encadrement de la banque, à partir de 1983, puisque dès la réorganisation des services, L.-P. Blanc déclare que « les postes informatique et organisation, engagements, seront confiés à des personnes venant de l'extérieur » (1983), tandis qu'un administrateur patron d'une autre banque du groupe « souligne l'intérêt de l'arrivée de cadres apporteurs de nouvelles idées et techniques ». À une équipe issue de la banque, avec Normand, directeur central, et Compeyrot directeur général adjoint en 1982 s'ajoute un dirigeant venu de l'extérieur, Jean-Stanislas Parrot, qui prend en charge l'exploitation (juin 1983) puis qui devient DGA et enfin directeur général délégué, avec aussi la direction du département Développement en mai 1985 ; derrière L.-B. Blanc, J. Compeyrot, J.-S. Parrot et A. Normand, un secrétaire général, Robert Jérôme, un directeur, chargé du développement, Doménéghetti, et sept directeurs adjoints constituent l'équipe du Siège en 1983. D'autres dirigeants confirmés sont intégrés, comme Jacques Père, cadre dans une grande banque nationale puis dans une banque spécialisée, qui vient à la Bordelaise diriger la région Aquitaine pendant deux ans avant d'être promu directeur au Siège et chargé des Engagements, puis en 1989 directeur central, chargé de la direction de la gestion et des opérations bancaires. Au sommet, plusieurs recrutements ont ainsi élargi le cercle des décideurs, soit pour assumer des fonctions récemment créées, soit pour étoffer les équipes ou leur apporter un sang neuf, avec « une volonté de passer du jus dans la société, qui avait un potentiel, une bonne image de marque, mais où c'était un peu le ron-ron »[27].

Une stratégie d'embauche de jeunes recrues s'esquisse peu à peu quand les disponibilités budgétaires la rendent possible et quand on peut surmonter le handicap constitué par l'image de marque de la maison, ambiguë en raison même de ses difficultés financières. Mais les départs à la retraite – accentués en 1984-1986 par un plan d'incitation à la retraite à 60 ans qui élague fortement le personnel d'encadrement, avec, en particulier, le départ de quatre dirigeants –, l'ouverture de postes dans des départements en essor ou les bouleversements des structures permettent d'offrir des « profils de carrière » plus conformes aux attentes des candidats – qu'on ose aussi désormais prospecter sur le marché par des petites annonces. Une politique cohérente d'appel à des diplômés sta-

---

[27] Témoignage d'un ancien dirigeant de la banque.

giaires est définie ainsi en 1988, base d'un renouveau d'une stratégie de recrutement[28].

Poursuivant la politique qui avait été entamée en 1984, la Bordelaise s'est attachée la collaboration de nouveaux cades venus de l'extérieur pour pallier les déséquilibres encore importants de la pyramide des âges et des compétences. C'est ainsi que l'exercice 1985 a vu l'arrivée d'un directeur de groupe, d'un directeur du développement et de six directeurs d'agences. »[29]

Plusieurs cadres rejoignent la banque après avoir acquis une expérience dans d'autres établissements, comme N. Charasch, muni d'un diplôme du Centre de formation supérieure bancaire, entré en 1985 comme directeur régional Midi-Pyrénées, promu Inspecteur général puis directeur de l'exploitation, tandis que, en 1983-1985, une vague de recrues provenant de banques du groupe CIC, soucieux de renforcer sa filiale girondine. Toutefois, la Société bordelaise maintient sa tradition de promotion interne et d'amalgame entre les équipes, par la sélection d'exploitants dynamiques, qu'elle place à la tête de départements ou d'agences afin qu'ils participent eux aussi à la reconquête des marchés : plusieurs directeurs d'agence des années 1990 sont ainsi des autodidactes, entrés jeunes à la banque et ayant complété leur expérience en suivant les cycles de formation de la profession et ceux de la maison elle-même.

*

Le saut d'une banque de notables autonome à un levier d'une politique nationale

Les aléas de l'Histoire ont pesé sur la gestion de la Société bordelaise : la guerre, les contraintes étatiques, les va-et-vient politico-bancaires des années 1982-1989 ont délimité la marge de manœuvre des dirigeants, voire imposé le changement de ceux-ci. En fait, pendant longtemps, la banque conserve sa sérénité et la fidélité à une direction et un style de gestion traditionnels, avec Chalès et Blanchy. C'est l'acuité de la concurrence et de la crise qui ronge les finances de la maison qui incite le CIC à interrompre ce « splendide isolement » au tournant des

---

[28] Une douzaine d'étudiants viennent découvrir la Bordelaise, avec deux mois de stage d'initiation à la banque, puis quatre mois de formation au centre de la profession bancaire, avant un stage de six mois de mise en pratique à la banque. Une dizaine sont titularisés en été 1989 et donc intégrés à la banque. Un symbole de cette volonté d'ouverture pourrait être l'entrée de Christian Labadie en 1986 : au départ à la retraite de cette « figure » historique qu'était G. Lemaignen, C. Labadie, sorti d'une ESCAE et de l'IEP de Toulouse, est promu à 39 ans directeur régional du Languedoc-Roussillon, même s'il quitte ensuite la maison en 1990.

[29] Rapport annuel du conseil d'administration du 26 mai 1986.

années 1970 ; il recourt à un certain interventionnisme pour insuffler une dynamique nouvelle, trop tard, peut-être, et sans assez de doigté. Quoi qu'il en soit, la nationalisation et l'alternance politique suscitent un renouvellement accéléré des patrons de la Société bordelaise.

Pourtant, malgré les idéologies, les tempéraments et la formation professionnelle, ceux-ci sont animés du même objectif : redresser les finances de la banque, donc lutter contre l'érosion des profits d'exploitation ; prôner la productivité, élaguer ou réorienter le personnel, réorganiser les structures pour les rendre plus efficaces, amplifier l'informatisation de l'exploitation. Cependant, tout en étant ainsi sur la défensive, ils tentent de mobiliser des équipes renouvelées pour la reconquête commerciale, la reconstitution du fonds de commerce, ce qui suppose une redéfinition de la stratégie de la Société bordelaise et une recomposition de ses « métiers ». C'est d'abord la conception du réseau qui est au cœur des réflexions car il constitue le levier essentiel du redressement commercial et financier de la maison.

CHAPITRE XII

La conception stratégique et la gestion du réseau

Le changement de nature de la Société bordelaise lui impose de maîtriser désormais le métier de gestionnaire d'un réseau ramifié, d'affûter cet outil neuf pour elle pour le rendre efficace et rentable dans une stratégie de développement de son fonds de commerce bancaire. De banque régionale, est-elle devenue par surcroît une « banque à guichets » ? Quels publics a t-elle visés par ce réseau ? Quels ont été ses objectifs de présence sur les diverses places du grand Sud-Ouest ?

1. Rationalisation et rentabilité du réseau

Chalès est d'abord confronté à la tâche de rendre rentable le nouvel organisme constitué en 1936-1942, selon une stratégie ferme, dénuée d'états d'âme, qui vise à comprimer les frais de fonctionnement, donc à alléger le personnel. L'essentiel des réformes suppose de mettre à mal les fiefs hérités de la Banque privée. Trois directeurs régnaient sur les fiefs lointains, les « groupes » de Béziers-Montpellier, Tarbes et Toulouse. Or chacun d'eux était structuré lui-même en une petite entreprise autonome, avec ses propres services et une abondance de cadres qui n'était pas dans la tradition de parcimonie de la banque. Cette décentralisation était utile à une époque où les relations ferroviaires étaient longues entre chaque département et où le réseau routier du Sud-Ouest ne permettait pas des déplacements automobiles rapides ; mais elle coûtait cher en personnel et nuisait à la cohésion de la maison, car nombre de directeurs locaux conduisaient leur agence un peu à leur gré et mettaient du temps à admettre l'autorité du Siège bordelais. Dans les années 1930-1950, les groupes hérités de la Toulousaine dévorent donc des frais généraux, alors que leur activité n'est pas riche en succès financiers. Pour entretenir leur fonds de commerce, les gérants doivent « ratisser large », ce qui les conduit à des immobilisations de fonds excessives, car l'enlisement dans la dépression économique freine la récupération des créances.

Chalès doit agir avec doigté, car il faut préserver le fonds de commerce et ne pas effaroucher la clientèle en lui ôtant soudainement ses interlocuteurs traditionnels. Par chance, au souci d'économies de Chalès s'ajoute la compétence managériale de Lorent ; cet autodidacte, entré

221

dans la profession à 16 ans, vient du CIAL où, en tant qu'inspecteur, il avait acquis l'expérience de la conduite d'un réseau de guichets. La structure de la Société bordelaise devient en effet bicéphale, la banque marche sur deux jambes et doit s'efforcer d'enrayer la gangrène du déficit qui a gagné l'une d'elles : une succursale de Bordeaux, conduite par Guérin, gère désormais le fonds de commerce traditionnel, tandis que Lorent devient Inspecteur général, directeur général des succursales non girondines : on peut penser qu'il a été la clé de voûte de la gestion du réseau, qu'il a admirablement conduite. Le groupe de Tarbes est la première cible : son directeur est invité à une retraite précipitée dès 1937 ; le groupe lui-même est démantelé, la succursale est transformée en agence dépendant de Toulouse comme celle de Bagnères, tandis que celle de Pau est rattachée directement à la succursale de Bordeaux ; des sous-agences sont également déclassées en simples bureaux. Dans l'après-guerre, on reprend la rentabilisation du réseau, sous la houlette de Lorent inspecteur général, puis directeur des agences ; il est épaulé par Charles Bayle, inspecteur général adjoint, et par Robert Wantz. En 1940, le CIAL – en zone allemande – envoie deux de ses inspecteurs à la Bordelaise, dont Wantz, qui devient inspecteur des agences. Comme dans les grandes banques, la mission d'inspection s'avère essentielle pour maintenir la cohésion administrative de la société ; avec Bayle et Wantz, tous deux inspecteurs généraux adjoints au tournant des années 1950, puis, quand Wantz mène son ascension au Siège, avec Cruse, elle s'exerce avec vigilance sur un réseau qui ne subit pas de réelle secousse, sauf en de rares occasions.

L'inspecteur Lorent mène une action rigoureuse grâce à la mise au point de comptes de gestion[1] par guichet assez précurseurs pour l'époque et grâce à une forte présence sur le terrain par des voyages hebdomadaires. Un vaste mouvement de directeurs est conçu en 1946 pour stimuler le dynamisme et briser des habitudes néfastes. Les jeunes recrues, les « mousquetaires », sont envoyées faire leurs classes à la tête d'une agence ; ils y introduisent le respect de l'autorité du Siège, des méthodes administratives plus affinées et surtout ils assainissent le portefeuille de clients et éliminent sans états d'âme les crédits dangereux qu'une trop forte intimité de leurs prédécesseurs avec le monde des affaires local avait contribué à gonfler. Ainsi, Compeyrot descend comme sous-directeur à Pau, puis comme directeur à Carcassonne pendant trois ans, où il doit liquider beaucoup de dossiers contentieux alimentés par la crise du négoce du vin et de la chapellerie. Au début des années 1950, Lorent s'attaque à la succursale de Béziers dont la crise du négoce

---

[1] Des « comptes rendus de résultats » par trimestre pour chaque agence, avant même qu'existe la comptabilité analytique.

révèle la fragilité : là encore, un élagage drastique des comptes supprime beaucoup de risques dangereux, avec une contraction vigoureuse des engagements qui permet d'enrayer une dérive révélée par l'affaire Vinogel, quand une importante maison de négoce de « gros rouge » s'effondre, victime de l'évolution du marché et d'une gestion aléatoire.

À ces mesures apportant vigilance et cohésion s'ajoute la compression d'un outil qu'on juge surdimensionné car nombre de bureaux ont une exploitation déficitaire. Il ne faut pas oublier que les pouvoirs publics incitent à la contraction des réseaux des guichets, dont on pense qu'ils alimentent une course aux crédits qui serait source d'inflation. Le Conseil national du crédit non seulement bloque les ouvertures, mais, en 1947, négocie avec les banques l'amenuisement de la concurrence sur chaque place par des fermetures réciproques de bureaux. La Bordelaise allège cette menace sur Bordeaux grâce à la réquisition de l'ex-siège de Soula qui la prive d'une agence ; mais elle doit envisager des fermetures. Devant l'intensité de la compétition sur Périgueux, « des perspectives d'avenir peu encourageantes »[2] et le déficit de son agence, elle la ferme en 1947. La sous-agence de Lunel est close en 1948, ainsi que plusieurs bureaux périodiques ; on réduit aussi les effectifs des guichets subsistant : ceux du groupe de Béziers se contractent ainsi de 134 en 1948 à 109 en 1951. Les effets du suréquipement et des hausses salariales y sont aggravés par le déclin de l'économie languedocienne, éprouvée par le marasme du monde du vin au tournant des années 1950 ; on juge alors que le groupe de Béziers n'est plus viable : tandis que son directeur Guerrier part à la retraite en 1953, le service comptable est fermé et transféré sur Bordeaux en 1954. Une nouvelle logique s'impose, celle de la centralisation au siège central des structures administratives et comptables jusqu'alors réparties entre les groupes. C'est le cas pour les opérations du service des titres : un Central coupons est ouvert à Bordeaux en 1953, qui centralise le traitement des coupons et toutes les opérations annexes des divers services titres des succursales et agences.

L'organisation de la banque reste alors stable pendant deux décennies. Comme le groupe de Bordeaux – devenu le groupe Aquitaine en 1975 – est tout proche de la direction générale, il est animé directement par une succursale, au rayon d'action important puisqu'il couvre toute la bordure atlantique, de Blaye à Bayonne et Pau. Puis une dissociation intervient en 1975-1976, avec l'institution d'un groupe des guichets de Bordeaux qui s'occupe des agences et guichets de l'agglomération bordelaise, tant ceux-ci se sont multipliés. Les deux autres groupes – Béziers-Montpellier et Toulouse, devenus Languedoc-

---

[2] Procès-verbal du conseil d'administration du 26 avril 1946.

Roussillon et Midi-Pyrénées en 1975 – sont chapeautés à la fois par une succursale chargée de l'exploitation elle-même dans la ville la plus importante du groupe et par une antenne de la direction générale, la direction régionale : elle s'occupe de la supervision des cadres, de la bonne marche d'ensemble du réseau, de l'attribution des crédits en dessous d'un certain montant tout en s'assurant que les consignes de la direction sont bien appliquées. Ce n'est qu'en avril 1989 que sont supprimés les derniers éléments de la structure pyramidale créée lors de l'intégration de la Toulousaine ; les directions régionales disparaissent ; elles sont jugées des entités dispendieuses, sécrétant par elles-mêmes des champs de compétence excessifs. À une époque où les moyens de communication permettent une liaison immédiate avec le Siège, l'existence de relais n'apparaît guère nécessaire, d'autant plus que, depuis une quinzaine d'années, la direction générale – au sein de laquelle deux directeurs régionaux sont promus – entend œuvrer à l'échelle du grand Sud-Ouest, sans plus se cantonner dans l'animation de la seule place girondine au sein d'une banque longtemps cloisonnée.

2. La densification du réseau : une première esquisse

S'il s'avère nécessaire de comprimer les dépenses imposées par l'incorporation des réseaux de la Toulousaine et de Soula, de rationaliser les structures administratives et comptables, est-ce à dire que Chalès se contente de limiter les dégâts, de contenir le manque à gagner procuré par ce réseau d'une cinquantaine de guichets plaqué sur une Bordelaise réticente à absorber l'ex-Toulousaine ? qu'une vision négative domine, qui ferait de la banque la propriétaire frileuse de guichets qu'elle renie-rait dans son subconscient ? La réponse est partagée : il est évident qu'elle doit vivre toute une initiation à ce nouveau métier de banque à guichets, qu'elle doit découvrir l'économie des contrées où elle s'implante, ce qui suscite des états d'âme devant la consommation de frais généraux et la multiplicité des comptes de catégorie moyenne. Au-delà de la simple rationalisation visant à dégager des gains de producti-vité, la rationalité l'incite à renforcer son réseau pour lui donner plus de cohésion. Elle entend accompagner la croissance de certaines zones d'achalandage, soit que certaines places offrent des opportunités favo-rables pour séduire une clientèle de sociétés, soit que certains quartiers urbains connaissent un essor démographique susceptible de lui ouvrir une forte clientèle d'épargnants et de commerçants.

Le réseau existant dans les années 1940 répond à deux logiques. La Bordelaise est la banque des nœuds d'échanges commerciaux ; chaque agence est l'outil de la place marchande où elle est établie. Il est signifi-catif de comparer la carte de ce réseau bancaire et celle du réseau de la Compagnie du Midi qui a longtemps assuré les transports ferroviaires dans le Sud-ouest : les agences héritées de la Banque privée et de la Toulousaine sont placées dans nombre de localités où une gare joue un rôle important dans les échanges de cette époque, quand la route et l'automobile n'étaient pas encore des instruments essentiels. Une seconde logique est l'accompagnement de l'activité industrielle, source d'affaires alléchante pour une banque. La reprise de la banque Soula a permis à la Bordelaise de s'implanter finement dans les échanges commerciaux et viticoles du nord de la Gironde ; les agences de Blaye, Libourne, Bourg-sur-Gironde et Saint-André-de-Cubzac sont les joyaux de ce legs. La Toulousaine a transmis ses bases dans les zones industrielles et viticoles des rives méditerranéennes, ses pôles du Piémont pyrénéen et son fief toulousain, avec une huitaine d'agences et une quinzaine de bureaux périodiques. Gommès, enfin, a donné accès aux affaires du Pays basque. Cette double logique explique la répartition des agences de la Bordelaise à l'orée des années 1950, comme elle apparaît avec évidence sur la carte présentée par la banque en 1951, avec des indications précisant les activités dominantes dans le « pays » de chaque agence.

Loin de se vouloir une « banque à tout faire », la Bordelaise est la banque des comptes gros ou moyens, ses agences sont des outils au service des entrepreneurs, qu'ils soient individuels, qu'ils agissent dans le cadre de PME ou de sociétés importantes. Dans les agglomérations elles-mêmes, elles sont au cœur de quartiers riches en activités commerciales ou industrielles, comme les bureaux bordelais hérités de Soula : celui de La Bastide, sur la rive droite de la Garonne, zone alors fortement industrialisée, ou celui du cours d'Alsace, tout près du négoce de gros et demi-gros de la confection ou des pièces mécaniques et électriques. Dans l'après-guerre, la banque se contente de parfaire le réseau existant sur quelques places-centres essentielles, « dans les villes où nous possédons des agences prospères » : à partir de 1948, elle y achète les immeubles des guichets et elle les rénove.

Le véritable démarrage de l'extension du réseau respecte cette logique. Quand la banque s'installer au cœur des plates-formes industrielles en plein boum grâce aux hydrocarbures et à la pétrochimie : en 1958-1959, elle ouvre des guichets à Pardies, dans la région où le gaz de Lacq a surgi, et à Ambès, à l'orée de la Gironde, près d'un site hérissé des colonnes du raffinage pétrolier et de la chimie. Autour de Pau et de Lacq, de nouveaux quartiers de cadres et techniciens se créent, propices à la collecte d'épargne, tandis que s'installent des firmes sous-traitantes et commerciales, sources d'opérations de crédit. Tandis que l'agence de Pau est transférée en 1964 dans un local moderne, « devant le développement démographique de la ville de Pau et la création à la périphérie de la ville de nouveaux quartiers résidentiels, il semblerait opportun de prévoir l'ouverture d'un bureau de quartier », qui ouvre avenue

Mermoz en 1964 ; puis le bureau de Lannemezan, transformé en agence, est transféré dans un local plus vaste en 1967 « en raison de l'importance des opérations traitées sur cette place ».

Dans l'agglomération bordelaise, la banque se soucie dès 1961-1962 de l'essor de nouveaux quartiers : elle s'installe dans la commune-champignon de Talence, en banlieue-sud dès 1962. À Bordeaux même, elle ouvre en 1963 son agence du cours Counord, près de la place Ravezies tout près des zones d'activités des Aubiers, de la gare Saint-Louis, de Bordeaux-Nord, riches en firmes de négoce de vins, de commerce et de PMI. Elle transfère son agence du quartier de La Bastide dans un local neuf, avant de s'introduire en 1964-1965 dans le quartier Saint-Augustin et dans la grand-rue commerçante du Bouscat, en proche banlieue. Montpellier-Celleneuve ouvre aussi en 1965, avant que Toulouse n'exige des bureaux de quartier en 1959 (Patte d'Oie) et 1960 (Minimes). Une logique solide sert donc de charpente à ce réseau, tourné vers une clientèle non plus huppée, limitée aux bonnes maisons des Chartrons, mais élargie à l'ensemble des entreprises de toute taille et aux entrepreneurs individuels, en particulier les commerçants.

Désormais « banque à guichets », la Bordelaise n'est pas devenue une « banque de masse » captant tous les groupes sociaux. Elle reste une banque au service des producteurs, des firmes et entrepreneurs individuels, donc des « professionnels ». Souvent, ses agences respectent d'ailleurs l'apparence d'une banque « fermée » au public, protégée par d'amples barreaux métalliques, ou, parfois, sont installées dans de grosses maisons cossues, comme celle de Tarbes ou de Blaye. De « huppée », la Bordelaise serait devenue « cossue », mais avec un sérieux élargissement sociologique de sa clientèle – sans pour autant évoluer encore vers « la banque de masse ». La tactique de Chalès a consisté à consolider le réseau existant, à l'élaguer des bureaux aléatoires, à le rapiécer de quelques unités indispensables ; pourtant, les mailles en restent lâches ; de multiples villes et quartiers sont délaissées : entre la carte de 1951 et celles de 1961 et 1967, aucun changement significatif n'apparaît, mis à part Pardies, Toulouse et Ambès. Les lacunes du réseau de la « banque cossue » n'ont pas été comblées ; nombre de clientèles potentielles respectant cette exigence de fidélité au « métier » restent délaissées par une Bordelaise qui ne daigne pas revenir à Périgueux, glisser jusqu'à Bergerac, rouvrir les guichets de Sainte-Foy-La Grande, Marmande et Dax, fermés par Soula en 1933-1934. Il faudrait pénétrer dans les Landes, le Lot-et-Garonne ou les Pyrénées-Orientales – où la Toulousaine avait fermé Perpignan. Sans être malthusienne, la conception du réseau semble plutôt statique.

La Bordelaise se sent tenaillée par une concurrence aiguë qui profite de la libéralisation de l'ouverture de bureaux par les lois Debré-Haberer de 1966-1967 : c'est la « course aux guichets » dans toute la France, quand chaque banque se doit de créer une agence dans toute ville ou quartier, ce qui fait doubler le nombre d'agences entre 1965 et 1975 : « Il paraît nécessaire, en raison de l'essor de l'agglomération toulousaine, d'ouvrir, comme nos confrères, d'autres bureaux de quartier », constate le Conseil en décembre 1965. La Bordelaise réagit d'autant plus que le CIC pousse à la roue, soucieux de voir son enseigne diffusée comme celle de ses confrères. Elle vit ce tournant historique en 1968-1974, dans quatre agglomérations qui sont le champ de ce déploiement de force : Bordeaux, Toulouse et Pau, mais aussi Montpellier dont l'apparition comme métropole en expansion n'est pas dédaignée par la banque, tout de suite présente. Dès 1970, l'aire bordelaise accueille une douzaine de sièges ; Toulouse une demi-douzaine, Pau trois et Montpellier quatre. À elles quatre, ces agglomérations rassemblent 24 des 68 guichets de la Bordelaise, soit 35 %.

Les zones favorables à l'essor des opérations bancaires sont détectées et voient donc fleurir des agences CIC, en un boum des « bureaux de quartier » : la Bordelaise vise certes les commerçants et entrepreneurs individuels qui y sont actifs, mais elle entend désormais contacter l'ensemble des populations que l'urbanisation et la société de consommation attirent dans les quartiers neufs du grand Sud-Ouest. Elle lorgne aussi vers l'épargne populaire et petite-bourgeoise, tout en songeant fortement aux disponibilités des nouvelles classes moyennes salariées qui percent dans les années 1960-1970. Cette croissance à tout va semble une réussite puisque l'enseigne CIC flotte dans tous les quartiers en expansion des quatre agglomérations de son aire de rayonnement, dans des grosses villes où la banque était déjà installée ou bien dans quelques villes moyennes en essor. En 1981, la Bordelaise se retrouve forte de 67 sièges et semble avoir renoué avec la mobilité de la banque régionale.

3. Une banque de dépôts robuste

La possession d'un tel réseau a bouleversé le commerce d'argent qu'effectuait la Bordelaise. Dès 1937, la masse de ses dépôts avait doublé, mais c'était sous le seul effet de l'absorption des agences de la Toulousaine, et, dans les années 1940-1950, la banque reste fidèle à sa politique de collecte prioritaire de dépôts que provoque le mouvement des comptes courants créditeurs des firmes de toute taille, entrepreneurs individuels et commerçants de sa clientèle, tandis qu'elle choie l'épargne personnelle de ces patrons et des familles des bourgeoisies aisées des places où elle est désormais installée, au-delà de ses réseaux traditionnels bordelais. La politique reste classique : il faut drainer un volume suffisant de dépôts pour alimenter les emplois à court terme, dans le strict respect de la liquidité. Le gonflement de la circulation fiduciaire, l'essor de l'économie à partir de 1954 lui procurent des dépôts qui lui assurent une agréable « aisance de trésorerie » et lui évitent de se refinancer sur le marché de l'argent à court terme pour nourrir son portefeuille d'effets commerciaux. Elle n'a pas vocation à être une banque de dépôts de masse ; ses dépôts ne sont qu'une ressource vite employée en crédit court aux entreprises. L'expansion économique secrète des disponibilités que les entreprises place à la Bordelaise ; elle les emploie à son tour en crédits d'escompte. Quand la conjoncture devient morose, les firmes puisent dans leurs liquidités pour éponger leurs dettes, allongent d'abord leur escompte puis réduisent leur besoin de crédit. C'est un processus récurrent et classique, qui fait des dépôts un rouage dans les relations entre la banque et les patrons clients.

Soudain, en 1967-1968, quand s'engage la révolution de la bancarisation des ménages, la Bordelaise passe de la « réclame » traditionnelle (affiches, cendriers) à la publicité et au marketing. À partir de février et octobre 1967, le CIC l'entraîne dans les campagnes de publicité nationales lancées pour valoriser l'enseigne du groupe : l'objectif est bien « l'action de promotion destinée au développement des comptes créditeurs »[3], dans le cadre de la politique menée par les pouvoirs publics et la profession bancaire qui vise à la « bancarisation » des ménages, à l'ouverture par chaque foyer d'un compte en banque. À l'origine, la Bordelaise semble plutôt réticente devant une stratégie qui inciterait à séduire les maigres filets de l'épargne des couches petites et moyennes bourgeoises, voire populaires, en particulier la collecte de l'épargne-logement, introduite en 1965 par la législation. « C'était une mode ; on se disait : les autres le font et risquent de prendre la clientèle. C'était une réaction de contre-offensive. »[4] « On suivait ce qui se passait sur la place, on tâchait de suivre le mouvement »[5] : les mentalités et coutumes de la banque sont bouleversées, peut-être par suivisme, sinon panurgisme.

Le CIC pousse à la roue car il vit une grave crise d'identité en se sentant bousculé par les grandes banques revitalisées par des équipes dynamiques : il semble alors nécessaire de partir à la conquête des ménages, de devenir une « banque de masse ». Un comité d'exploitation national tient des séminaires de sensibilisation des responsables des banques du groupe dans la seconde moitié des années 1970 pour les inciter à intensifier le démarchage des familles et l'offre de crédits. Des

---

[3]   Procès-verbal du conseil d'administration du 18 janvier 1967.

[4]   Témoignage d'un dirigeant de la Bordelaise recueilli en 1990.

[5]   *Ibidem.*

groupes cibles sont déterminés ; à l'heure du « marketing sectoriel »[6], des thèmes et méthodes de campagne commerciale définis pour mieux les séduire : les jeunes en 1978-1979, les cadres et professions libérales de 40-60 ans en 1979, etc. La « banque de masse » semble alors la clé de la réussite ; ses consœurs du groupe CIC houspillent la Bordelaise en se targuant de leur propre dynamisme lors des séances du comité d'exploitation et en prônant des objectifs de croissance à tout va et une priorité au « quantitatif » ; il faut aussi rentabiliser les guichets et le personnel qui y travaille en « faisant du chiffre », en développant le chiffre d'affaires. Puis le changement de cap imposé par l'air du temps, la perception de la concurrence et les désirs du CIC conduisent à fixer comme cible cette épargne sinon populaire, du moins moyenne.

La banque lance donc les produits d'épargne banals de l'époque – plans et comptes d'épargne-logement, livrets d'épargne bancaires – et ceux mis au point par le groupe CIC, associés à des formules de crédits familiaux – crédits personnels, crédits à la consommation, et surtout crédits immobiliers. La clientèle visée est bien le grand-public, qui commence à l'époque à « domicilier ses salaires » sur un compte bancaire, ce qui leur procure un vivier dont elles peuvent mobiliser l'épargne. Lors d'une relance de la prospection en 1975, la Bordelaise privilégie certes, pour les premiers contacts, « une clientèle sélectionnée de particuliers : clients anciens et connus, utilisateurs de plusieurs services, catégories professionnelles moyennes et élevées »[7] ; mais il s'agit bien des classes petites et moyennes bourgeoises puisqu'elle déclare qu'on doit viser les clients dont les salaires sont supérieurs à 1 500 francs, ce qui indique son désir de « ratisser large ». Les années 1975-1976 sont au cœur de cette action de promotion des produits de placement de la banque, avec une mobilisation récurrente du réseau. Elle se mobilise en une « politique volontariste »[8] pour que le nombre de ses comptes-particuliers s'accroisse de 10 % entre octobre 1977 et décembre 1978, sur la base, en particulier, du « produit d'appel » qu'est le *Créditmatic*, des crédits immobiliers et de la promotion en faveur de l'usage des chéquiers.

Cette nouvelle stratégie est un succès puisque la masse de dépôts collectés par la Bordelaise s'accroît fortement : exprimée en valeur constante, elle quadruple entre 1960 et 1978 (de 187 à 749 millions d'euros actuels), selon trois étapes successives qui marquent chacune le franchissement d'un palier : 1960-1964, avec la première extension du réseau ; 1966-1971, avec la course aux guichets et aux clients ; 1972-

---

6   Expression employée lors d'une réunion de ce comité d'exploitation.

7   Circulaire de la direction générale du 25 juillet 1975.

8   Jean Compeyrot, réunion du comité d'exploitation du CIC du 24 février 1978.

1978/79, avec l'intensification des campagnes commerciales. les dépôts des particuliers franchissent le cap des 94 millions d'euros actuels en 1975, date à laquelle ils rejoignent les dépôts des entreprises et clients professionnels ; en mars 1978, le Conseil[9] indique qu'ils pèsent 517 millions d'alors, soit 224 millions d'euros actuels.

En février 1975, la banque accueille presque 84 000 comptes de particuliers, ce qui n'en fait certes pas un mastodonte comme ses consœurs parisiennes, mais ce qui constitue une révolution dans son mode de vie. Sans être devenue une « banque populaire », elle n'est plus une banque « cossue ». Les comptes à vue des particuliers représentent presque un quart de ses ressources en 1980-1981, un peu au-dessus de ceux des entreprises ; avec l'ensemble de leurs comptes d'épargne, les familles fournissent un peu moins de la moitié des dépôts collectés par la Bordelaise en 1971-1974, entre 50 et 60 % en 1975-1980, puis les deux tiers dans la première moitié des années 1980. Comme ses consœurs, elle a bien compris le tournant que constitue l'élévation du niveau de vie moyen, en accueillant non seulement les liquidités courantes des familles, mais aussi leur stock d'épargne croissant : cela explique le bond des comptes d'épargne dans la première moitié des années 1970. Dès lors, une bonne part des emplois s'oriente vers les particuliers, qui, au tournant des années 1980, consomment le tiers des crédits accordés, surtout pour l'habitat (un gros quart des crédits totaux en 1980-1981), au lieu d'un cinquième au milieu des années 1970.

4. Les exigences fonctionnelles d'une banque de masse

La Société bordelaise est devenue une banque des ménages, en deux étapes : le lancement d'un réseau de bureaux de quartiers en 1967-1974, puis, sous l'impulsion de Houdouin, la conduite politique dynamique de collecte de dépôts et de distribution de crédits, en particulier de crédits immobiliers à taux fixe. Métamorphosée en banque régionale à guichets, elle se trouve confrontée aux exigences de la gestion d'une entreprise d'une dimension large, pratiquant la « banque de masse ».

La possession d'un grand réseau débouche sur la constitution d'un patrimoine substantiel car la banque a hérité de la Banque privée les immeubles de la Société foncière Languedoc-Pyrénées devenue en 1977 la Société immobilière et financière Aquitaine-Pyrénées et elle a acquis les immeubles de plusieurs agences prospères. Il lui a fallu entretenir et moderniser ce parc immobilier, tant pour maintenir sa valeur que pour l'adapter aux conditions d'exploitation, ce qui a exigé un effort continu d'investissement. Au prix d'un ample effort conduit entre 1975 et 1981,

---

[9] Procès-verbal du conseil d'administration du 18 mai 1978.

elle s'est ainsi dotée d'un patrimoine, moderne, du moins correspondant aux goûts et modes de l'époque. Cependant, il fallait muscler le cœur de ce réseau car le Siège du cours du Chapeau Rouge qui suffisait à une banque locale s'avère étriqué pour une banque régionale à guichets. Par chance, elle parvient en 1942-1955 à récupérer les locaux de ses locataires dans l'immeuble mitoyen acquis en 1927 ; le Siège est agrandi et modernisé en 1957-1960, avant qu'une seconde vague de travaux le rénove et l'adapte en 1977-1978. Lorsque la Police évacue l'hôtel Soula du cours de Verdun en 1951-1952, la banque le consacre à des services administratifs transférés dès 1953-1954 et à l'accueil de son service de mécanographie puis d'informatique. L'explosion des services contraint à acquérir d'autres locaux, d'où un Siège éclaté en trois localisations : cours du Chapeau Rouge, cours de Verdun et quai Louis XVIII.

La dilatation du réseau et des effectifs de la Bordelaise fournit une occasion rêvée de mettre en pratique les préceptes conçus dans l'entre-deux-guerres de la rationalisation et de l'organisation du travail bancaire, appuyées sur sa mécanisation et son automatisation. Elle avait déjà esquissé celles-ci avant-guerre, mais la multiplication des opérations de traitement comptable impose la montée en puissance du parc de machines. Un effort est mené en 1947-1948 pour rééquiper à nouveau la succursale toulousaine et enrichir le parc de machines comptables à additionner ou multiples, à tenir les comptes courants, à tenir des positions, à confectionner des échelles d'intérêts. Lors d'une troisième vague d'investissements en 1950-1952, la banque bénéficie même du Plan Marshall : en effet, en 1949, elle reçoit un crédit de plus de 10 000 dollars pour importer des « machines mécanographiques *Burroughs* à gros rendement ». Elle est prête techniquement à supporter l'accroissement des tâches imposé par le bond du réseau et la reprise des affaires. Les trois salles de mécanographie deviennent un rouage clé de la maison. C'est l'ère de l'organisation rationnelle et de la mécanographie : en 1951, la banque confie à IBM le soin d'organiser un fichier de tous ses comptes-titres et un système permettant le traitement annuel de leurs mouvements. Un quatrième programme d'équipement, en 1953, vise à munir en machines comptables les services du portefeuille (pour le traitement des effets de commerce) des succursales et les agences.

En 1957-1958 apparaissent ce qu'on appelle alors les « équipements mécanographiques à cartes perforées » *Bull*, les ancêtres immédiats des ordinateurs électromécaniques. Un monde nouveau a surgi dans la banque, avec les mécanographes sur machines comptables *Burroughs*, les perforatrices et vérificatrices sur matériel *Bull* pour la saisie des données sur les cartes perforées, et les opérateurs sur les grosses machines comptables. On centralise à Bordeaux le traitement des opérations comptables de la société, et le service de la comptabilité de Toulouse disparaît. Un second tournant est pris en 1965 quand est installé le premier ordinateur, un *Burroughs*, mastodonte qui est vite dépassé et remplacé dès 1970 par l'ordinateur électronique *Burroughs 500*. Nombre de machines de gestion comptables sont modernisées dans les succursales bordelaise et toulousaine et au service du portefeuille.

La banque entre dans l'ère de l'informatique : on réfléchit à un réseau interne de télétraitement des opérations ; des liaisons téléphoniques renforcées partiraient d'un ordinateur central *Burroughs 2700* pour irriguer les agences équipées en terminaux et imprimantes ; on éviterait ainsi les doubles saisies, dans les agences et au Siège ; on réduirait les erreurs et on accélérerait les traitements, puisque les données seraient transmises « en temps réel » et les positions des comptes établies au fur et à mesure. Peu à peu, à partir de 1974-1976 se déploie le plan informatique décidé en juillet 1974. Les agences et les services du Siège sont reliés au central informatique, à la puissance gonflée, localisé dans ce qui devient une annexe essentielle du Siège, dans l'hôtel du cours de Verdun : le premier pan de ce réseau entre en fonctions dans le groupe d'agences de Bordeaux en 1974-1975 ; l'agence de Montpellier est reliée en janvier 1979. Il s'y ajoute en 1974 la participation de la Bordelaise au réseau national de télétraitement Credintrans que monte le CIC, pour relier les banques entre elles, à partir de 1976, pour mettre en commun et harmoniser les méthodes informatiques. En 1978-1979, ce premier système de télétraitement est opérationnel et semble suffire aux énormes flux de données et volumes d'opérations sécrétées par la nature de « banque de masse » qu'a acquise la Bordelaise. La révolution de la « télématique » est achevée en 1983 quand l'aménagement du centre est complété, ce qui permet le passage en traitement informatisé de nouvelles opérations comptables en 1983-1984 ou l'augmentation de la vitesse et de la capacité d'absorption du système.

L'expansion du volume des opérations de la banque tend à plusieurs reprises à saturer les équipements disponibles et la Bordelaise n'échappe pas à la remise en question de son système télématique par les mutations techniques. Un second plan informatique est engagé en 1983-1987, lui-même bouleversé dans la seconde moitié des années 1980 quand il faut remodeler les structures du matériel et introduire des logiciels permettant de faire face aux défis de l'accélération des flux et calculs. L'ensemble du système télématique est donc remodelé pendant une demi-douzaine d'années à partir de 1984-1985, avec un rééquipement des agences qui sont pourvues de terminaux et de micro-ordinateurs : 300 sont ainsi prévus. Au-delà de l'énorme travail de réorganisation des procédures administratives et comptables, cela bouleverse le cycle des opérations, désormais tenues par l'employé lui-même et transmises aussitôt (en ligne) au serveur central, tandis que les guichets peuvent eux-mêmes utiliser l'outil informatique et des banques de données pour définir les produits et montages qu'ils proposent aux clients. Une nouvelle étape est engagée en 1988-1990 quand les progiciels doivent encore être affinés et les matériels unifiés et gonflés, tant les besoins deviennent pressants et imposent une refonte rapide ; l'unité centrale subit cependant un vieillissement technique prématuré et une surcharge évidente, ce qui incite à une réflexion sur une ultime modernisation de l'équipement de la banque, engagée en 1990.

5. Les exigences humaines d'une moyenne entreprise bancaire

La croissance du réseau a bouleversé le mode de vie de la Société bordelaise en lui imposant deux mutations successives : un premier changement de dimension lors de la reprise des trois banques en 1937-1942, qui lui fait grossir ses effectifs par inclusion du personnel des établissements absorbés ; un second changement d'échelle en 1967-1974 quand l'essor du réseau déclenche une forte vague de recrutement. C'en est bien fini de la « vie de famille » de la banque locale ! Elle doit acquérir des habitudes nouvelles, intensifier l'apprentissage, déjà un peu esquissé au tournant des années 1930, des talents de la gestion administrative. Certes, elle s'efforce de comprimer ses effectifs – qui s'élèvent à 556 agents en décembre 1947 – par un resserrement du réseau, et par un élagage vigoureux réalisé en janvier-avril 1948, quand une trentaine de salariés de plus de 62 ans sont mis à la retraite. Il lui reste un demi-millier de salariés à superviser : elle découvre, au lendemain de la guerre, les contraintes de la gestion d'un corps social élargi, car elle n'est guère maîtresse de sa politique salariale, à cause de l'établissement d'une échelle nationale des classifications, du contrôle étatique des salaires jusqu'en 1950 et de l'institution (en 1952) de la convention collective commune à toute la profession bancaire. Chalès donne la priorité à leur compression des frais généraux dans ces années 1947-1955, d'où une stabilisation des dépenses de personnel autour des deux tiers du bénéfice d'exploitation.

Au-delà des secousses sociales communes à toute la profession, l'ambiance ne semble pas s'être détériorée au sein de la Bordelaise. Certes, l'intimité familiale qui régnait au Siège s'est effritée, avec l'éclatement des centres d'exploitation. Mais une certaine cohésion est maintenue, par plusieurs mesures sociales qui améliorent les conditions de dialogue et de vie. Les dirigeants conservent surtout une marge de manœuvre par la distribution de certains avantages financiers, les gratifications de fin d'année et de bilan ou prime de bilan. Un contrat de participation est signé en décembre 1969, qui institutionnalise une

« participation aux fruits de l'expansion », par le versement d'une partie des bénéfices sur des comptes d'épargne regroupés dans le fonds commun de placement Socbor Intéressement. La Bordelaise passe de la philanthropie à la contractualisation, comme le suggère la conclusion d'un « accord d'entreprise » en novembre 1973 : la banque et le comité d'entreprise s'entendent sur l'évolution des rémunérations et des qualifications pour l'année 1974.

Cependant, cette gestion sans aspérités ne semble plus suffire, comme le révèle la grande grève nationale du printemps 1974, à laquelle le personnel de la Bordelaise participe activement : l'ampleur des revendications « quantitatives » – finalement satisfaites en partie par l'accord professionnel conclu alors – ne doit pas dissimuler le malaise « qualitatif » profond qui ronge les employés, « gradés » et cadres petits et moyens : comment motiver un personnel accaparé par des tâches administratives souvent répétitives, par le traitement de « papier », alors même que la rentabilisation du réseau exigerait une diversification de ses fonctions ? La stratégie de « banque de masse » a débouché sur un gonflement substantiel du personnel de la banque ; des vagues d'embauche amples se sont succédé dans les années 1960-1970, avec une quarantaine de recrues en moyenne chaque année, le record se situant en 1970-1974. Cela paraît peu, mais la Bordelaise n'a qu'une taille moyenne et ses effectifs tournaient autour du demi-millier dans les années 1940-1950.

Tout à coup, à son échelle, c'est l'explosion puisque le flux d'entrée porte sur 680 personnes entre 1962 et 1979 en dix-huit ans et qu'un maximum de quelque 970 salariés est enregistré à la fin de 1980 et 1982, soit un doublement depuis le début des années 1950. Le monde classique, voire bon enfant, des employés de banque d'une maison « familiale » a été remplacé par une pyramide d'agents d'un nouveau type. Ce sont des employés de base pour une moitié, ou des « gradés » (des employés supérieurs, du niveau de l'agent de maîtrise) pour les deux cinquièmes ; ils sont jeunes et ont peu d'ancienneté ; et, pour presque une moitié, ce sont des femmes. Aussi la banque doit-elle s'engager sur la voie de la négociation collective permanente, dans le cadre d'accords d'entreprise quelque peu rigides. C'est le cas de celui de 1975, qui est conclu au niveau du Cic ; il engage le groupe dans une progression des revenus désormais codifiée autour de la préservation des « avantages acquis » – alors que la santé financière de plusieurs banques du groupe se détériore –, mais il est destiné à répercuter les conventions signées au niveau national de l'Afb et à multiplier de façon légitime les garanties offertes à un personnel d'autant plus impatient que son âge et sa structure l'incitent à la revendication et à l'amélioration de ses revenus. Les réformes et la progression des avantages sociaux s'affirment dans les années 1970-1980, ce qui a pour effet d'accentuer les frais généraux d'autant plus que le seul jeu de la progression en âge des salariés en promeut de plus en plus dans la catégorie des « gradés ».

Lorsque la banque endure ses difficultés financières, elle est confrontée à la nécessité de corseter ses frais généraux, puisque les dépenses de personnel pèsent de plus en plus lourd. Alors qu'elle s'engage sur cette voie, la nationalisation et la nomination du président Blanc imposent une stratégie sociale incompatible avec la compression des effectifs, au nom de la lutte légitime contre le chômage. Celle-ci s'exprime par la signature d'un « contrat de solidarité » en 1982-1984 : tandis que des salariés sont incités à prendre une retraite anticipée, des jeunes sont embauchés pour les remplacer, d'autant plus que la direction entend relancer l'activité de la banque et accentue plus encore le recrutement. Puis les dirigeants successifs s'efforcent de diminuer le nombre des salariés, surtout en ne remplaçant pas nombre d'employés et gradés partis à la retraite, tandis qu'on incite à la mobilité entre agences et services pour dégager des postes inutiles et atténuer le risque de devoir licencier du personnel ; l'introduction du travail partiel rencontre aussi un certain succès. Le nombre de salariés décline peu à peu, de son record de 970 en 1982 à 871 au début de 1990, soit d'un dixième : l'on choisit donc une stratégie de redéploiement en douceur. Elle ne peut réussir néanmoins que si le personnel est convaincu de l'intérêt de la mobilité de poste, de service, d'agence et de qualification, et si la combativité commerciale de la maison nourrit un volume d'affaires permettant de faire vivre de tels effectifs.

Au-delà des questions salariales et de la gestion d'un « stock » d'effectifs, la politique sociale doit définir de nouveaux objectifs. On attend désormais du personnel une mobilisation au profit de l'amélioration des services rendus à la clientèle, une contribution meilleure aux profits de chaque agence et à l'efficacité de chaque structure administrative. Il lui faut une certaine motivation, la conscience de son association au rétablissement et au redéveloppement de la banque. Une meilleure qualification est requise, par la promotion interne, des reclassifications au travers d'une redéfinition des fonctions, le recyclage et la « requalification ». C'est pourquoi est engagée une politique de formation professionnelle : des « séminaires », des cours techniques, des cycles de formation interne assurent l'enrichissement et le renouvellement des savoirs et savoir-faire de salariés. Cet effort est précisé à partir de 1977 avec la méthode du « plan annuel de formation » : le premier est mis en place pour l'année 1977 et est suivi par des plans de plus en plus affinés. Cette exigence de diversification de la politique sociale explique la création en novembre 1977 d'une direction des relations humaines et sociales, confiée à un spécialiste confirmé, Bernard Comte.

Quand s'accélèrent encore les mutations de la profession et quand s'intensifie le redéveloppement de la Bordelaise, on prend conscience des difficultés structurelles qui peuvent freiner leur mise en œuvre : le personnel risque de manquer de souplesse d'adaptation aux exigences qualitatives du renouveau, tant « le niveau de formation de base et le niveau professionnel sont limités par rapport à d'importants besoins de technicité (nouvelles formes de crédits) et à une vaste mutation technologique »[10]. Trop de cadres sont sans diplômes et munis d'une expérience limitée à cause d'une stabilité dans leur emploi et dans leur poste ; trop de gradés et d'employés sont juste titulaires de qualifications modestes. Or, quand on souhaite revitaliser la politique commerciale des agences, on ressent une « inquiétude au niveau des hommes, dans la mesure où la Bordelaise est pauvre en cadres capables de diriger des agences difficiles et d'une manière générale ne dispose plus de réserves »[11].

Comme dans toutes les banques, on dessine un plan de formation, précisé en 1984-1985, qui vise à requalifier le personnel, à élever son niveau de formation initiale, à former les salariés en place, en permettant leur ascension et leur adaptation aux mutations, puisque « le métier de banquier devient de plus en plus complexe et évolutif ». Au personnel qui accepte de se remettre en question, on propose de glisser des tâches peu qualifiantes, voire répétitives, de la gestion de « papier » administratif, à l'exploitation commerciale, au conseil aux clients et à la prospection. Chaque directeur d'agence devient quelque peu l'animateur d'une officine de recyclage, nécessaire pour éviter les licenciements et surtout pour redonner du tonus au réseau, regonflé par le transfert de salariés du Siège et surtout des directions régionales vers « le terrain ».

Les seuils d'embauche sont relevés : après un recrutement de masse pour une banque de masse, on décide un recrutement sélectif, au moins au niveau du baccalauréat pour les employés et gradés, et, pour les cadres, avec un diplôme correspondant à quatre années d'études supérieures. La gestion salariale elle-même commence, dans les années 1980, à surmonter certains « automatismes » – même si son action s'inscrit dans le cadre de la convention collective nationale de l'Association française des banques ; l'accord d'entreprise de 1975 est dénoncé partiellement en 1983. On ajoute à l'évolution codifiée des avantages accordés selon l'engagement dans l'effort de redéveloppement, par une « individualisation » de certaines augmentations ou

---

[10] Rapport au conseil d'administration du 19 novembre 1984.
[11] Procès-verbal du conseil d'administration du 20 mai 1985.

primes, en sus de l'avancement procuré par les promotions. Une volonté s'affirme donc pour un effort étalé sur une demi-douzaine d'années ; sans être spectaculaire, cette action multiplie avec efficacité les opportunités de recyclage et d'enrichissement ; dans les années 1980, lcs sommes consacrées à la formation ont vu doubler leur poids, de 2 à 4 % de la masse salariale.

*

L'acclimatation à la Société bordelaise d'un « management moderne »

Alors que la Bordelaise a été confrontée à une mutation profonde de sa nature quand son réseau et ses effectifs se sont sensiblement développés en une quinzaine d'années, ce dessein apparaît comme un complément essentiel de la remotivation commerciale des cadres, de la mobilisation du personnel autour du projet visant à obtenir une cohésion plus vigoureuse au service de la réussite de la maison. Elle repose sur sa capacité d'adaptation, dont les premiers signes apparaissent d'ailleurs au tournant des années 1980 ; elle est la clé du dynamisme qu'on veut insuffler au réseau dont on a entre-temps redéfini la stratégie.

CHAPITRE XIII

Le renouveau de la banque des particuliers

La prise de conscience des exigences humaines et matérielles qu'impose la gestion d'un réseau de « banque de masse » explique pourquoi une réflexion s'engage sur la stratégie que doit conduire la Société bordelaise quant au développement de son réseau. L'efficacité du personnel a besoin de mots d'ordre clairs et, surtout, que soient définis les champs d'activité et les fonctions vers lesquels la banque régionale doit orienter des qualifications enrichies et remodelées.

1. L'évolution sociologique de la clientèle de la Société bordelaise

La question clé est claire : faut-il continuer à développer la « banque de détail, de masse », ou privilégier une banque de « clientèle choisie » ? Le meilleur exemple en est l'agence ouverte dans le centre commercial du nord de l'agglomération bordelaise, à Lormont-Quatre Pavillons (1975), ou celle ouverte dans le centre commercial de Floirac (1974) : la banque s'y contente finalement de traiter des opérations banales, distribue des petites coupures, traite des remises de chèques, entretient une masse de comptes de faible montant et mouvement. Elle y assure un service public, la circulation et la distribution des moyens de paiement, en « banque de guichet » banale, sans que ces bureaux puissent servir de leviers à la collecte d'une épargne épaisse, au placement de copieuses lignes de valeurs mobilières ou d'abondants produits d'épargne. C'est pourquoi elle ferme ces guichets et les transfère dès 1979 dans d'autres quartiers, le premier dans un autre quartier de Lormont, le second à Cenon.

Une interrogation stratégique surgit donc : la Bordelaise doit-elle multiplier ce type d'agences ? Or elle est confrontée à l'offensive des grands établissements parisiens, rejoints dans cette course à la bancarisation des ménages petits bourgeois et populaires par les structures décentralisées de la Banque populaire et surtout du Crédit agricole[1], voire

---

[1] Cf. Hubert Bonin, *Un siècle de Crédit agricole mutuel en Lot-et-Garonne*, Bordeaux, Crédit agricole d'Aquitaine, 2002. *Un siècle de Crédit agricole mutuel en Gironde*, Bordeaux, Crédit agricole d'Aquitaine, 2002. Stéphane Boyer et Charles Latterrade,

certaines Caisses d'épargne désengourdies. La Bordelaise est-elle de taille à résister à ces mastodontes, alors qu'elle pâtit au tournant des années 1980 d'une image de marque terne auprès d'un public sans passion pour une banque au réseau lacunaire dépendant d'un groupe CIC déstructuré et sans impact réel dans l'opinion comme les « géants » agressifs de la profession ?

De plus, la Bordelaise s'est engagée seulement en 1968-1970, avec un peu de retard – et avec parfois de la réticence face aux impatiences du CIC – dans cette stratégie de croissance rapide. Elle devrait mettre les bouchées doubles pour apposer son enseigne dans toutes les zones de chalandise importantes et espérer voir son réseau rejoindre en notoriété et disponibilité ceux de ses rivales dans toutes les agglomérations du grand Sud-Ouest. En choisissant cette politique, elle agirait sur le modèle de la Banque régionale de l'Ain, du groupe CIC, qui, dès les années 1960-1970, a quadrillé son département de guichets et s'y affirme comme l'un des leaders : cette banque dispose d'un personnel aussi important que celui de la Société bordelaise alors qu'elle ne travaille que dans un seul département, tandis que quatre banques régionales du type de la Bordelaise (Scalbert-Dupont, Nancéienne-Varin-Bernier, Crédit industriel de l'Ouest, CIAL) mobilisent au moins trois fois plus de salariés, voire, pour la Lyonnaise, cinq fois plus. Mais les difficultés financières de la maison constituent un obstacle farouche à une politique d'extension et de densification du réseau, qui supposerait de gros investissements immobiliers et mobiliers, ainsi qu'une embauche soutenue d'employés. Tout concourt à remettre en cause la stratégie ambiguë conduite dans les années 1968-1980.

Au manque d'argent s'ajoute surtout la méditation sur la nature même de la banque, sur sa « culture » : elle est confrontée à l'hypothèse du rejet de la banque de masse, où elle est moins forte que ses consœurs, et « se recentrer » sur son métier originel, la « banque à clientèle choisie ». À vrai dire, ces réflexions stratégiques et ce recentrage semblent autant le fruit de décisions au coup par coup des dirigeants successifs que la conclusion d'une méditation structurée et durable ; au fil des années 1980, ils prennent corps insensiblement, jusqu'à ce qu'on définisse une stratégie plus ferme. La Bordelaise, « plus faite pour la banque relationnelle que pour les traitements de masse »[2] serait incitée à viser une « clientèle choisie », celle des entreprises dont elle souhaite accueillir les dépôts et le mouvement de compte ; celle de leurs patrons et cadres dont la capacité d'épargne est riche en potentiel de placements ;

Un siècle de Crédit agricole du Sud-Ouest, Bordeaux, Crédit agricole d'Aquitaine, 2002.

[2] Procès-verbal du conseil d'administration du 21 juillet 1986.

celle, enfin, des bourgeoisies aisées et moyennes, promues en cibles privilégiées de l'action commerciale.

Il ne s'agit pas de revenir à la banque d'avant 1937, cantonnée dans les seules « bonnes maisons » et les seules « bourgeoisies bonnes et aisées » : l'ouverture sociologique, la démocratisation relative sont réelles, vers les PME – ce qu'on appelait la « clientèle de second ordre » dans l'entre-deux-guerres – et les classes moyennes. À l'évidence, la Bordelaise ne peut s'affirmer comme une « banque populaire », non par élitisme borné, mais parce qu'une telle prétention serait incompatible avec sa capacité financière et humaine, mais surtout avec le savoir-faire, les « métiers » d'une banque dotée d'une spécificité évidente. Cette stratégie s'accompagne de nuances sensibles selon les directions : en 1987-1989, l'on aurait souhaité privilégier une « banque cossue », appuyée sur des sièges judicieusement répartis sur des places clés, mais d'une envergure apte à traiter la majorité des opérations intéressant les professionnels et les épargnants aisés. Depuis 1989, plus dans la ligne caressée par la maison mère CIC, on entend plutôt voir essaimer la banque avec plus de guichets, mais d'une taille et d'un équipement moins étendus, plus ouverts vers les classes moyennes ; l'accent est alors mis sur la prospection de ce marché de particuliers, pour regonfler les ressources à la mesure d'emplois en essor et pour bien placer les produits d'épargne proposés par la banque.

Cette stratégie plus claire est étayée par la prise de conscience de la dérive des frais généraux, qui incite à une contraction de la « banque de masse ». Or, sur les quelque 65 000 comptes de la banque en 1986, les deux tiers ne présentent guère d'avantages pour elle parce que leur solde créditeur est maigre et qu'ils ne sont accompagnés d'aucun compte d'épargne ou de crédit, alors que la maison conserve les 20 000 comptes intéressants d'une clientèle ancienne et fidèle : là encore, on constate un hiatus entre deux conceptions de la Bordelaise, en une contradiction perçue dans les années 1980. En une première étape, on a élagué la clientèle, en un changement de cap sensible par rapport à la politique des années 1960-1970. Dans la mesure où chaque agence doit devenir une sorte de « centre de profit », ses dirigeants doivent isoler les comptes qui coûtent de l'argent à la banque, c'est-à-dire qui ne lui procurent aucune occasion de profit, par la perception soit d'intérêts sur des lignes de crédits, soit de commissions sur des opérations financières. Une campagne de réanimation des comptes sans mouvement et de fermeture des « comptes dormants » amène la clôture de plusieurs milliers de comptes-clients en 1981-1982.

La Bordelaise a souhaité ensuite élargir son vivier de clients ; si elle rejette la course au volume et à la clientèle, elle souhaite néanmoins se tailler une base large de clients intéressants, qu'elle puisse suivre et courtiser avec attention. Elle veut surtout rajeunir son portefeuille-clients, dans la mesure où plusieurs strates épaisses de clients fidèles appartiennent à des classes d'âge supérieures à 50-60 ans ; ils représentent la tradition des relations de confiance entretenues sur chaque place par la maison ; jadis, la Bordelaise était une « banque de standing », une institution, où les « familles » et épargnants aisés, souvent parrainés pour être admis à ouvrir un compte, venaient louer un coffre, déposer leurs valeurs à la banque qui gérait une grosse activité de conservation de titres – restée importante jusqu'à la fin des années 1980, jusqu'à la dématérialisation complète des titres – ou placer de l'argent à terme. Ce profil démographique prend forme aussi au gré des incertitudes de la fin des années 1970 et des années 1980, quand la Bordelaise subit les contraintes de l'encadrement du crédit et choisit de brider en priorité l'essor de la clientèle de particuliers en freinant la distribution des crédits immobiliers, pourtant seuls à même alors de séduire les jeunes familles en cours d'installation. Au tournant des années 1990, on cherche à prospecter une clientèle de 25-50 ans, plus susceptible d'être séduite par l'offre de crédits pour améliorer son cadre de vie. Si elle rejette la « banque de masse », la Bordelaise reste donc une banque ouverte sur un moyen-grand public, c'est-à-dire une clientèle « choisie », pour être choyée.

2. Des guichets plus proches des particuliers

Encore faut-il que les objectifs soient réalisés et les produits d'épargne placés. C'est pourquoi la Bordelaise s'astreint, au tournant des années 1990, à un *aggiornamento* de son mode de vie : la ligne définie en 1989-1990 constitue une inflexion sensible de la stratégie de la maison. Au sommet, la direction générale exprime par de multiples réunions et directives son désir de stimuler le réseau, et elle lui fournit les moyens de son action en promouvant, au sein de la direction de l'exploitation, un département Particuliers confié à un spécialiste de la banque des ménages, recruté en 1989 dans un établissement concurrent, Claude Marie, tandis qu'une cellule marketing et promotion de produits assure le relais avec la direction financière.

Le rééquilibrage sociologique et le redéploiement géographique seraient insuffisants à redresser la Bordelaise si celle-ci ne pouvait compter sur des sièges dynamiques. Or un tiers des agences réalise en 1985 les deux tiers du chiffre d'affaires de la banque, qui repose sur une pyramide à la pointe renversée. Selon un rapport interne de la maison en 1986,

> les guichets peuvent se répertorier en trois catégories : les agences complètes capables de traiter toutes les opérations avec la clientèle de sociétés et de particuliers. Elles sont une dizaine (Bordeaux, Toulouse, Montpellier,

Pau, Bayonne, Montauban, Castres, Béziers, etc.) disposant d'un potentiel qu'il convient de bien exploiter ; la remise sur pied de certaines nécessite un travail sur mesure. Ensuite les agences de style « banque populaire d'autrefois », ayant une clientèle de petites entreprises, d'artisans et de particuliers, générant beaucoup d'écritures (Bagnères-de-Bigorre, Lannemezan, St-André-de-Cubzac, Bédarieux, Marseillan, Blaye, etc.) ; elles se traînent un peu mais paraissent viables. Enfin, deux douzaines de guichets représentant des agences ou anciens bureaux de faible taille ; bien que largement déficitaires et la plupart en situation de sous-emplois, ils recueillent beaucoup de dépôts et leur nombre comptes est trop faible ; la relance de ces guichets passe par la formation et la reconversion de leur directeur afin d'assurer un fonctionnement correct et non déficitaire.[3]

Aux antennes administratives engluées dans la circulation et la gestion des moyens de paiement doivent par conséquent se substituer des agences à la fonction commerciale revigorée et stimulée de surcroît par la nouvelle direction de l'exploitation mise en place en 1989. Les directeurs et leurs adjoints sont consacrés chefs des commandos destinés à récupérer des parts de marché et enrayer l'érosion du fonds de commerce. Désormais moins accaparés par les tâches administratives et même adossés à des banques de données efficaces grâce à la télématique, épaulés par un recrutement et une requalification intenses, ils doivent redonner de l'allant commercial au réseau. Aux guichets banalisés succèdent donc des agences revalorisées ; ainsi, en 1984-1985, la plupart des bureaux de quartier sont transformés en agences et leurs effectifs renforcés, en autant de têtes de pont de la reconquête de clientèle. À partir de ces mêmes années, des procédures budgétaires décentralisées déterminent mieux les responsabilités des agences, pour gérer leurs crédits, alléger leurs frais, etc., ce qui fait d'elles des « centres de profits ». Un plan d'action commercial est précisé au niveau de chaque agence, à partir de 1984.

Certes, « la reconversion des agents administratifs en agents commerciaux est de nature à poser un problème délicat », mais « de nombreux jeunes sont ouverts aux questions de l'exploitation et désireux d'y accéder »[4]. Les agences sont renforcées en personnel venant de services administratifs, des agences lourdes sont réorganisées et enrichies par la création de postes de chargés de clientèles entreprises et particuliers. « Le point important consiste dans la recherche de directeurs d'agence de qualité et compétents », d'où des promotions, des recrutements, pour essayer de rendre plus efficaces certaines agences considérées comme assoupies. Les directeurs d'agence et leurs adjoints constituent le fer de

---

[3] Procès-verbal du conseil d'administration du 20 janvier 1986.
[4] Procès-verbal du conseil d'administration du 13 juin 1983.

lance de la reconquête. Nombre d'entre eux sont mutés ou embauchés – souvent après une expérience dans des banques à guichets – pour prendre en charge ce nouvel élan. Appuyés sur les équipes du Siège, ils ont entrepris de mobiliser le personnel des guichets, de lui faire assumer la « fonction commerciale » qui est la clé du redéveloppement du fonds de commerce.

Il faut convaincre le public potentiel que la Bordelaise n'est plus une banque huppée ou seulement une banque des entreprises, et qu'elle est capable d'offrir toute une gamme de produits intéressants et d'assurer une fonction de conseil pour la mise en valeur de l'épargne et du patrimoine de ces clients. Deux armes sont utilisées pour exprimer cette offensive. Les agences sont dotées de « chargés de clientèle » plus nombreux, souvent des salariés dégagés de tâches administratives et orientés vers « le terrain » ; souvent même, des responsables du guichet exercent une fraction de leur activité en participant à cette action commerciale. La réorganisation de la vie des agences fournit la seconde arme : en effet, à la fin des années 1980 et surtout à partir du printemps 1990, on lance la politique de « l'attribution » – utilisée par nombre de consœurs depuis les années 1980 ; l'ensemble du portefeuille de clients est réparti entre les dirigeants de l'agence et les chargés de clientèle ; chacun d'eux gère donc entre quelques dizaines et quelques centaines de dossiers. À l'Agence centrale de Bordeaux, cours du Chapeau Rouge, une dizaine de chargés de clientèle animés par Serge Marmillon se partagent les quelque 4 000 comptes de particuliers, tandis que, dans l'agence bordelaise de Saint-Augustin, tournée essentiellement vers ce marché, cinq responsables suivent environ 870 comptes de dépôts et d'épargne – dont, d'ailleurs, le plus gros compte de toute la banque.

Le chargé de clientèle assure la fonction classique de « suivi du compte », mais il doit lui ajouter la fonction commerciale. Le client est informé par courrier qu'on lui attribue un responsable direct de son compte, chargé d'être son interlocuteur à la banque ; puis celui-ci doit prendre contact avec lui, et, peu à peu, au fil des démarches et entretiens, discerner ses besoins, présenter des conseils, avant de mettre en valeur les crédits et les produits d'épargne de la maison. Une politique ferme de « fidélisation » est ainsi engagée par le biais de ce suivi régulier, qui privilégie une présence systématique auprès du client car il faut entretenir la clientèle existante et l'empêcher qu'elle soit captée par la concurrente.

Tout en courtisant les clients déjà en compte, les agences doivent séduire les « prospects », les jeunes ménages en mal de crédits, les ménages mûrs disposant d'une bonne capacité d'épargne, les professions libérales aspirant à des opérations bancaires développées : « Il s'agit d'homogénéiser la clientèle traditionnelle moyen et haut de gamme et celle provenant de l'ouverture des bureaux dans les années 1970 »[5], de capter « une clientèle de particuliers sélectionnés, notamment les jeunes futurs cadres de la région »[6]. Chaque directeur doit donc faire évoluer les mentalités et coutumes d'une maison trop repliée sur elle-même, inciter les chargés de clientèle à « sortir » de l'agence pour démarcher leur quartier. Pour développer « une clientèle moyen et haut de gamme », on vise parmi les chefs d'entreprise et les entrepreneurs individuels, mais aussi au sein des cadres des sociétés clientes, que l'on prospecte par exemple en s'aidant des fichiers de ces dernières, lorsqu'elles consentent à les fournir ; les agences scrutent les adhésions aux clubs de leur ville ou peuvent disposer du fichier-adresses d'associations dont elles parrainent des manifestations culturelles ; elles s'appuient sur un dépouillement judicieux des annuaires téléphoniques et professionnels, et des remises par les commerçants des chèques de leurs clients, grâce auxquels l'on peut réunir des indices utiles, selon l'établissement où ceux-ci ont déjà un compte-chèques ou la rue où ils habitent, etc. Le bouche-à-oreille joue enfin beaucoup au sein des bourgeoisies moyennes, en particulier des professions libérales, quand des clients satisfaits de ses services se font les démarcheurs de la banque.

3. Vers la banque de conseil

La réussite de cette stratégie ne peut jaillir que du talent à capter une clientèle suffisamment aisée pour ajouter au simple « maniement de l'argent », des moyens de paiement, un réel « commerce de l'argent ». Si la Bordelaise n'est pas une banque d'affaires spécialisée dans la gestion des fortunes élevées, une maison de Haute Banque, elle doit accentuer sa force en « opérations capitalistes », devenues plus prosaïquement les placements de valeurs mobilières. Une ultime étape du redéveloppement de la banque des particuliers passe par la mise en valeur du stock de clients : on ne veut plus seulement gérer des flux de moyens de paiement, mais « fidéliser » le client, en l'incitant à profiter de toute la palette de services bancaires disponibles. Cela englobe certes les outils de paiement et, surtout, les aides à la consommation – découvert plus facile, crédits – et au logement, mais cela comporte de plus en plus des produits d'épargne, de gestion de patrimoine, de retraite et d'assurance. Gonfler les emplois lucratifs et améliorer le compte d'exploitation des agences vont de pair, surtout quand le mot d'ordre est la rentabilisation des guichets. Il faut donc essayer de transformer une bonne part des comptes « de base », des simples comptes-chèques en comptes actifs en incitant leurs titulaires à recourir aux services

---

[5]   Procès-verbal du conseil d'administration du 1er décembre 1986.

[6]   Plaquette de la banque, 1989.

financiers de la Bordelaise : en « travaillant » sa clientèle, celle-ci développe le métier de « banque de conseil ».

Le placement des épargnes moyennes est prôné pour initier la clientèle au savoir-faire de la maison et l'orienter ensuite vers la gestion patrimoniale. En 1983, seuls 18 % des clients utilisent un crédit de la Bordelaise et 12 % disposent d'un portefeuille-titres. Elle doit renouer avec sa tradition, quelque peu effacée au fil des temps. En effet, l'héritage de la « banque locale » et celui de la Toulousaine lui avaient procuré une coutume « capitaliste » qui avait eu tendance à s'effilocher au fil des années 1960-1970, bien qu'elle eût gardé un département de gestion mobilière, un service titres efficace. Mais on peut s'interroger sur sa mise en valeur dans les années 1960-1980 car, au-delà de la gestion matérielle des opérations mobilières de ses clients, on peut mettre en doute la capacité de la banque à assumer le métier de conseil en gestion d'épargne et de patrimoine, faute d'un équipement du Siège et des agences en conseillers en nombre et savoir-faire suffisants ; à l'époque, on se souciait surtout de proposer des obligations, des bons du Trésor, ou des placements en comptes d'épargne ou bons de caisse, voire en bons anonymes.

Il faut attendre la diversification de la gamme des placements pour voir renaître une telle activité financière : avec des banques du groupe CIC et des assureurs, la Bordelaise participe, au tournant des années 1970, à la création de plusieurs SICAV et d'Intersem, chargée de gérer des fonds communs de placement. Elle éperonne son réseau pour qu'il développe la prospection et le placement de valeurs mobilières, source de commissions intéressantes, ou de bons de caisse, qui étayent ses ressources stables. La reprise de la Bourse permet d'augmenter le placement d'actions, de parts de SICAV et de fonds communs de placements ou de SCPI (sociétés civiles de placement immobilier), dont celles du CIC, les *Sélectipierre*. L'aspect fonctionnel du services titres laisse place à l'affirmation d'un nouveau « métier », le conseil en gestion financière : « Les responsables-titres doivent voir leurs responsabilités élargies et couvrir de façon plus globale le marché des particuliers, qu'il s'agisse de collecte de fonds ou de gestion de patrimoine. Il faut casser le « ghetto des titres » dans lesquels ils sont actuellement enfermés, situation qui enlève presque tout intérêt à leur tâche. »[7] Ce n'est qu'en 1977 que le CIC se soucie de cette exigence en créant *Credinservice*, destiné à soutenir les initiatives de gestion patrimoniale des banques filiales.

Dans les années 1980, la Bordelaise engage un recentrage stratégique qui vise à choyer les clients dotés d'une bonne capacité d'épargne. Alors que ses dirigeants assuraient la mise en valeur des fonds de quelques

---

[7] Séminaire du comité d'exploitation du groupe CIC du 28 octobre 1976.

gros clients et plaçaient des produits d'épargne somme toute banals dans le cadre de la « banque de masse », une nouvelle stratégie s'esquisse : trop peu de ses 84 000 clients en 1975 détiennent un portefeuille-titres. L'un des objectifs du redressement est la « sélection de la clientèle », pour trouver des emplois intéressants et percevoir des commissions de placement et de gestion abondantes. La cible est constituée par les 10 600 clients de 1985 dont l'actif financier global s'élève à 1,5 milliard de francs. Il faut définir une stratégie claire, ce qui est retardé par la suspicion initiale dans laquelle la gauche tient la gestion de fortune au lendemain de sa victoire, ce qui explique en partie que, « en dépit de l'explosion boursière en 1984, la Bordelaise est en retard sur les autres banques [...]. Le réseau n'a pas été sensibilisé en 1982-1983 sur l'importance des produits financiers et n'a pas reçu de motivation suffisante dans ce domaine »[8]. La nécessité d'épauler la « sortie de crise » en revitalisant le marché financier devient ensuite un objectif clé ; la quête de fonctions rentables incite la banque à s'orienter vers une telle activité. Le symbole en est en 1984 la création d'une direction financière : elle est chargée de concevoir la mise en œuvre de la prospection de clientèle et des produits à lui offrir, et de veiller, en particulier par le biais d'une agence spécialisée instituée au sein de chaque direction régionale – avant la suppression de celles-ci en 1989 –, à la mise en place dans les agences d'antennes développant cette offre.

Chaque guichet doit donc devenir une « supérette financière » où l'épargnant moyen ou aisé peut choisir les outils de valorisation de ses fonds et est incité à confier à la banque l'animation de son épargne, en particulier par le biais des « comptes gérés ». Des lignes de produits sont définies en 1986 ; une politique de renouvellement de la clientèle est lancée auprès des clients épargnants non détenteurs de titres, en analysant leur capacité d'épargne : des messages d'information leur sont envoyés, qui présentent la palette de services et produits à leur disposition. On choie les clients disposant de portefeuilles importants, grâce à la création d'une division Gestion boursière au sein de la direction financière : la banque affine désormais sa fonction de « conseil » : de 120 clients qui lui ont accordé en 1985 un mandat de gestion de leur portefeuille, le nombre s'élève à 310 en 1986 (pour 210 millions de francs), tandis que celui des clients qui entretiennent à la Bordelaise un compte-titres atteint 11 200 en 1985 et 15 000 en 1987 ; elle assure la conservation de 2,4 milliards de francs en 1988, au lieu de 550 millions en 1979.

Loin de pousser à la croissance à tout va de la banque de masse à guichets, la Bordelaise affirme une « stratégie de recentrage » et choisit de privilégier désormais l'offre de produits mieux « ciblés », la qualité

---

8   Procès-verbal du conseil d'administration du 19 novembre 1984.

du conseil, l'acquisition et la valorisation d'une compétence spécifique, tournée parfois vers des « niches » qui peuvent symboliser son savoir-faire. Sa réussite passe par l'épanouissement de ces nouvelles mentalités commerciales et par l'attraction exercée par une offre de produits mêlant crédit et épargne, ainsi que l'assurance. L'expression de « supérette financière »[9] dénote la logique d'une stratégie – ni boutique de luxe pour bourgeois huppés, ni supermarché à clientèle populaire – et surtout le souci de privilégier une démarche commerciale, marquée par l'objectif de « vendre » des services financiers et non plus seulement de gérer des moyens de paiement ou de collecter des dépôts.

« Vivez au rythme de votre patrimoine » devient un slogan de la banque. Cela explique l'enrichissement de l'offre de produits d'épargne, avec d'abord toute la gamme de SICAV et de fonds communs de placement du groupe CIC, propres à satisfaire la variété des goûts personnels de la clientèle. Des actions psychologiques viennent fournir au public des signes de cette métamorphose : le lancement en 1987 d'une SICAV détenant des titres d'entreprises régionales, *Francic Régions*, marque la volonté du groupe CIC de proclamer sa vocation ; plus symbolique encore est la conception en 1989-1990 des deux entités propres à la Société bordelaise : *SB Sécurité* (une SICAV de trésorerie), *SB Croissance* (en liaison avec le groupe CIC) ou *SB Gestion* (un fonds commun de placement créé en décembre 1989). « En étant capables de "fabriquer" nous-mêmes et de mettre sur le marché des produits diversifiés, nous démontrons notre aptitude. »[10] Le fer de lance de la reconquête de la clientèle épargnante est souvent le « *Compte patrimoine* » ; il juxtapose dans un même contrat plusieurs types de produits bancaires et financiers ; le client peut placer ses liquidités, par le biais de plusieurs fonds, spécialisés chacun dans un type d'investissement : plus de rendement, plus de sécurité ou plus de risque, plus de disponibilité immédiate, etc. Les agences distribuent désormais de surcroît des produits de prévoyance et d'épargne ; leur essor est envisagé avec l'établissement de liens entre le CIC et son propriétaire d'alors, le GAN : une filiale commune, Socapi, est chargée de distribuer des produits d'assurance-vie ou des bons de capitalisation ; au niveau de la Bordelaise, des accords de coopération réciproque sont conclus en 1989 avec le GAN, la banque commençant à proposer des produits d'assurance, les assureurs des comptes d'épargne et de crédit. L'image de marque de la banque elle-même évolue : la direction financière, les campagnes d'information, la mise à niveau et la motivation des agences forment la base de cette mutation.

---

[9] Procès-verbal du conseil d'administration du 6 avril 1987.
[10] Journal interne *Trait d'union*, n° 1, avril 1990.

Pour que cette stratégie s'épanouisse, il faut motiver et former le personnel des agences, une fois que l'informatisation l'a dégagé des vicissitudes administratives et lui donne accès à des procédures rapides d'évaluation des systèmes de crédits grâce à des banques de données reliées aux micro-ordinateurs des guichets. La banque doit sans cesse recycler les dirigeants d'agence, les chargés de clientèle et démarcheurs, par des stages fréquents et des réunions d'information. Il faut aussi mettre à leur disposition une gamme de conseils financiers, des portefeuilles-types adaptés à chaque type d'épargnants, et assurer un contact rapide et simple avec les spécialistes du Siège, de la direction, financière. On mesure l'effort de recyclage et de requalification qui a été nécessaire avant que le réseau ait pu devenir le levier de ce nouveau métier de « banque de conseil ».

4. Vers une stratégie géographique cohérente

L'ambition de la Bordelaise de croître en tant que banque des entreprises et des classes moyennes se heurte de surcroît aux insuffisances de son rayonnement géographique. Un potentiel de croissance existe au sein de son réseau, dont les animateurs peuvent être stimulés ; mais l'essor ne peut devenir vigoureux que s'il est porté par un rayonnement régional véritable. L'implantation de la banque révèle d'énormes lacunes : elle est absente de beaucoup de villes moyennes où existent des gisements de PME et de bourgeoisies moyennes, surtout dans un grand Sud-Ouest[11] dont l'économie est forte de la juxtaposition de « pays », de terroirs et donc de « bourgades-capitales ». Or le réseau de la banque a délaissé les villes moyennes en 1968-1980, même si les guichets existants sont rénovés, transférés ou érigés en bureaux permanents, et si certaines ouvertures ont eu lieu en 1970-1977 dans quelques villes intéressantes. Toutes les bourgades d'un Sud-Ouest sans grande industrie ne constituent pas des marchés amples, d'autant plus que la Bordelaise a pu être marquée par le souvenir des déficits subis dans les agences abandonnées par la Toulousaine et par Soula en 1933-1934, puis par elle-même en 1947-1948. Comme elle était absente de nombreuses places, une bonne part de la clientèle a été captée par le Crédit agricole, pour l'agroalimentaire, ou les Banques populaires, pour le petit commerce, l'artisanat et les PME.

---

[11] Cf. Joseph Lajugie, *Les villes moyennes*, Paris, Cujas, 1974. Claude Lacour, « La croissance urbaine en Aquitaine », *Économie et Humanisme*, Numéro spécial : *Regards sur l'Aquitaine et réflexions sur le problème régional*, n° 230, juillet 1976. Claude Lacour & S. Puissant, « Analyse urbaine et aménagement du territoire en Aquitaine : cohérence d'ensemble renforcée ou éclatement spatial généralisé ? », in Pierre Delfaud & Claude Lacour (dir.), *L'Aquitaine face à la crise*, Institut d'économie régionale du Sud-Ouest, Bordeaux, Éditions Bière, 1985.

Cependant, la Bordelaise est devenue en 1937-1942 une banque de comptes moyens et de villes moyennes ; négliger les opportunités d'affaires dans de tels fiefs des entrepreneurs moyens semble dénoter une faille conceptuelle dans la stratégie du réseau. Ce peut être aussi sa renommée qui est en cause, dès lors que son enseigne est ignorée dans la moitié de son terroir géographique : comment construire une réputation de banque régionale au service des entrepreneurs individuels et moyens sans chercher à se faire connaître d'eux dans toute la région et dans tous leurs bassins d'activité ? Comment bénéficier du bouche-à-oreille qui appuie le crédit d'une banque si, au sein des fédérations profession-nelles, des foires et autres lieux de rencontre des producteurs et distri-buteurs, la Bordelaise ne peut compter sur la mise en valeur de son savoir-faire d'un département à l'autre, d'une place à l'autre, par essai-mage de son renom ? Son réseau est plus le fruit de hasards historiques, des absorptions successives réalisées par la banque, d'une juxtaposition d'initiatives fragmentaires que d'une stratégie délibérée.

Affublée d'une combativité ragaillardie et d'une stratégie cohérente, la Bordelaise conçoit une nouvelle étape du développement de son réseau. Il lui faut partir à l'assaut de places où ses consœurs ont déjà édifié des bastions, occupé des parts de marché, réparti les tranches des pools de crédits, séduit les épargnants intéressants : la bataille s'annonce farouche. C'est aussi rompre le *gentlemen's agreement* qui laissait chaque banque locale ou régionale régner sur son fief : c'est porter le fer dans les Landes contre Pelletier, en Limousin contre Tarneaud ou pour-suivre la lutte contre Courtois en Toulousain. Pourtant, désormais, la banque ne se résigne plus au repli et au déclin.

Les Landes paraissent un champ d'action alléchant pour la Bor-delaise. Plutôt que de créer une agence *ex nihilo* sur la place de Dax qui semble alors inexpugnable, elle choisit de récupérer la clientèle d'une maison déjà existante, la banque locale Hirigoyen, petite maison créée à Saint-Vincent-de-Tyrosse en 1854, animée par la famille Hirigoyen, implantée aussi dans l'industrie de la chaussure depuis 1904. La Borde-laise négocie avec Hirigoyen en 1976-1977 ; après une prise de décision en 1977, elle en prend le contrôle en 1979. Cette banque modeste ap-porte sa clientèle de déposants et de firmes, et surtout un embryon de réseau landais, avec cinq guichets : Saint-Vincent-de-Tyrosse, Cap-breton et les trois bureaux de Labenne, Seignosse-le-Penon et Vieux-Boucau.

La Bordelaise vise ensuite l'Agenais en pleine expansion avec la modernisation de son agriculture dans l'après-guerre, le boum des coopératives et la percée de l'industrie agroalimentaire, tandis qu'y perce l'industrie pharmaceutique. Mais, outre le poids du Crédit agri-cole, la vie bancaire y est dominée par la BNCI puis par la BNP, qui a repris dans les années 1950 la banque Guilhot, la banque locale la plus active alors dans le Lot-et-Garonne et le Gers. Sur cette place en expansion, rayonnant de surcroît sur une partie du Gers, la Bordelaise trouve un petit levier pour s'y propulser : elle s'entend avec les héritiers de la famille Guilhot pour reprendre la Société agenaise de banque et de crédit, qu'ils avaient conservée après avoir, dans les années 1950, cédé à la BNCI leur maison principale. Cette SABC jadis spécialisée, depuis sa création en 1936 sous le nom de Société agenaise d'avals et de crédit, dans le financement à terme de l'achat d'automobiles, est achetée par la Bordelaise en 1979-1980. Devenue sa filiale, cette Agenaise récupère l'agence de Moissac de la Bordelaise, munie ainsi de deux têtes de pont en Agenais, à Agen et à Moissac, propices à l'élargissement d'une clientèle encore limitée à 3 200 comptes en 1988.

Une nouvelle tactique est adoptée au tournant des années 1980, quand la banque renonce à cette « croissance externe » jugée trop coûteuse. Les déboires de la filiale Hirigoyen en 1983 – dus à une trop grande facilité dans l'octroi des crédits – incitent à délaisser la stratégie d'essaimage par création de filiales départementales. Hirigoyen, devenue entre-temps la Société landaise, doit, après la démission de ses dirigeants familiaux, être assainie en 1988-1989, puis céder ses guichets et sa clientèle à sa maison mère en 1990. Bien qu'en bonne santé, les guichets de l'Agenaise sont eux aussi destinés à être intégrés dans le réseau de la Bordelaise. L'essor du réseau passe par la création d'agences portant l'enseigne de la Bordelaise elle-même : le souci de vivifier son image de marque et son renom – révélé par la préparation d'un bureau juste en face de la gare de Bordeaux-Saint-Jean, pour accueillir les voyageurs du TGV-Atlantique – fait renoncer à la multiplication de sous-enseignes. Des bourgades sont ainsi sélectionnées, après des études de marché, pour rendre plus dense le maillage du réseau : des succursales ouvrent donc dans les Landes (Dax en 1990), dans les contrées méditerranéennes (Sète et Perpignan en 1990), dans le bassin de la Garonne (Auch, 1990 ; Marmande, 1991).

La Bordelaise choisit de planter son enseigne dans des départements qui ne figuraient pas dans son aire de rayonnement traditionnel. Comme Brive est au cœur de flux touchant le grand Sud-Ouest, elle vient s'y implanter en 1989, d'autant plus que le groupe CIC est faiblement présent en Limousin – où domine la banque Tarneaud – tandis qu'elle vient démarcher le marché aveyronnais en ouvrant une agence à Rodez en 1990. À l'inverse, une sélectivité vigilante se dessine pour déterminer la profitabilité des agences. La reconquête régionale suppose des moyens financiers larges, ce qui exige d'éliminer certains guichets dont les résultats aléatoires ne semblent pas pouvoir être améliorés, d'où des suppressions de guichets en 1986-1988, surtout « les agences de proximité implantées dans des secteurs pauvres en entreprises ». Au bout du compte, la banque dispose de 51 agences à la fin de 1989 et tend vers un potentiel d'une soixantaine d'agences au tournant de 1991.

*

La Société bordelaise, la banque à réseau du grand Sud-Ouest

L'histoire du réseau de la Société bordelaise est certes sans grand pittoresque et même aride, mais elle est révélatrice des choix stratégiques profonds de la banque. Héritant d'agences qui font d'elle une banque régionale, elle se contente d'entretenir ce réseau en en comprimant les frais de gestion, comme si cette maison girondine rechignait à endosser la tunique du grand Sud-Ouest. Puis elle s'engage soudain, pendant une dizaine d'années, dans une croissance à tout va, multiplie les bureaux de quartier et tend à devenir une « banque des ménages ». Elle est alors confrontée à des difficultés graves, qui résultent des surcoûts de fonctionnement d'un tel réseau. Au fond, c'est avec des méthodes de « banque locale » qu'elle se trouve projetée dans la « banque de masse », d'où des difficultés à maîtriser les risques et surtout les coûts d'exploitation. Cette dérive financière survient au mauvais moment, en pleine crise de son autre métier, la banque des entreprises, et surtout alors que la concurrence s'est avivée de la part des grandes banques nationales et du Crédit agricole, tous lancés dans la « course aux guichets ». Il s'avère que la clientèle captée par la Bordelaise n'est guère rentable face aux énormes frais de gestion qu'elle a suscités : gonflement du personnel et des investissements informatiques. Cette stratégie est une réussite quantitative, mais un échec financier relatif. Aussi la Bordelaise décide-t-elle peu à peu une inflexion stratégique radicale : elle délaisse la « banque de masse » ; tout en souhaitant rester une « banque de contact », elle s'oriente vers une clientèle rajeunie ; elle vise certes les classes supérieures, mais surtout les couches moyennes dynamiques, aptes à bénéficier de ses services bancaires et financiers, comme son nouveau service de gestion de patrimoine, et de tirer parti du métier dont la maison s'est dotée, la « banque de conseil ». Elle maintient son métier d'origine, la « banque des entreprises » : dans cette perspective, elle doit réorienter l'implantation de ses agences, remodeler le maillage de son réseau, afin de pouvoir séduire l'ensemble des sociétés sur toutes les places du grand Sud-Ouest. On comprend donc qu'il faille avant tout évaluer la réussite de la Bordelaise dans l'exercice de son métier de « banque des entreprises ».

CHAPITRE XIV

Un second âge d'or de la banque d'entreprise

Le changement de dimension et de nature de la Société bordelaise, devenue banque régionale à guichets, n'a pas manqué de bouleverser la structure géographique, professionnelle et sociologique de sa clientèle d'entreprises. Jusqu'alors cantonnée dans quelques centaines de maisons girondines de bon aloi, elle s'ouvre à la multitude des PME du grand Sud-Ouest. Pendant presque trois décennies, son fonds de commerce cumule les maisons huppées traditionnelles et un vivier de PME méridionales, en un nouvel âge d'or.

1. La Société bordelaise banque du Midi

La Société bordelaise hérite des activités de la Toulousaine, bien implantée dans le terroir toulousain, pyrénéen et languedocien, d'autant plus que la Banque privée avait repris sur Toulouse la grosse banque locale Klehe et son capital de relations, avec un fonds de commerce riche et diversifié. Le boum de l'industrialisation des années 1914-1925 s'y est dissipé, avec souvent un repli brutal, source de désillusions ; mais l'agglomération toulousaine a conservé plusieurs bases industrielles, dans l'agroalimentaire, le cuir, le textile, aux côtés des branches et firmes implantées depuis Paris. Et, surtout c'est une place commerciale régionale active, « le centre d'approvisionnement et d'attraction d'une dizaine de départements »[1], le cœur d'une région agricole. Ce n'est pas là du commerce « noble », tourné vers l'Afrique subsaharienne ou les vins fins : « Le commerce toulousain, né des besoins locaux, resté à l'écart du grand trafic, et ainsi limité au demi-gros et au détail, ne s'adresse qu'à la clientèle régionale. »[2] Sur Toulouse et Montauban, la structure du portefeuille d'escompte de la Toulousaine puis de la Bordelaise reflète en 1931-1946 celle de l'économie locale, avec quelques secteurs dominants : la bonneterie, l'habillement, la confection ; l'industrie de la chaussure ; l'industrie alimentaire, dont la minoterie, les pâtes alimentaires, les cafés, les conserveries ; la distribution de détail et de gros : alimentation ou épicerie en gros, papeterie en gros, fournitures

---

[1] Rapport de l'Inspection de la Banque de France à la succursale de Toulouse du 21 avril 1933.

[2] *Ibidem*, 3 janvier 1935.

automobiles, garages, « droguerie », tissus en gros, commerce de grains, cafés en gros, vieux métaux, quincaillerie, huiles et essences, cuirs et peaux, « grands magasins » traditionnels, commerce alimentaire, etc. Mais une telle activité ne donne pas l'impression de « lustre » comme en Gironde : car l'on ne note pas de grandes familles, de patriciat, de noms réputés et seules émergent quelques maisons plus connues sur la place.

Fallait-il que la Bordelaise regrettât de s'être installée dans l'ensemble du bassin de la Garonne ? Si ses dirigeants le pensaient quelque peu à la fin des années 1930, s'ils éprouvaient quelque méfiance devant le potentiel de développement de régions qui leur semblaient surtout agricoles, sans les grands courants d'échanges et de crédits du port bordelais, la banque doit constater que ce grand Sud-Ouest rénove son économie, par une métamorphose de sa richesse clé, l'agroalimentaire. Partout, les banquiers notent la vigoureuse modernisation des exploitations agricoles, au profit de la céréaliculture du maïs, des cultures maraîchères et de l'arboriculture, en particulier grâce à l'irrigation. La Bordelaise ne peut se substituer au Crédit agricole, qui affirme sa domination dans ce secteur, mais elle profite de son implantation sur certaines places pour capter dès la fin des années 1950 les flux commerciaux sécrétés par ces gisements de « pétrole vert », ainsi avec ses agences de Montauban, de Moissac ou de Castelsarrasin.

De 1936 aux années 1960, la maison préserve le legs de la Toulousaine et de Gommès, leur clientèle de PME dispersée à travers le Midi dans les divers petits pôles industriels. Ainsi, Castres et son rayon (comme à Labastide) lui apportent une clientèle dans le textile, avec la bonneterie ou le tissage de cardés et la draperie, les plumes et duvets, et la mercerie en gros. Elle entretient une clientèle sur Mazamet, pour les laines et peaux du délainage ; Carcassonne est la place bancaire des industriels de la chapellerie et du textile de l'Aude ; à Montauban, des clients sans grande surface fabriquent l'un des chapeaux de paille, l'autre des pâtes alimentaires. Dans tout le Midi garonnais ou pyrénéen, l'essentiel de la clientèle est constitué de petites et moyennes entreprises sans renom véritable au-delà de la bourgade qui accueille leur activité. Même si à Toulouse le nom de Calas est connu depuis Voltaire, il est seulement en 1937 celui d'un client produisant des « fafiots », c'est-à-dire de chaussures. Seule la marque *Job* émerge parmi cette clientèle, puisque la Bordelaise partage avec le Crédit lyonnais les crédits à ce fabricant de papier à cigarettes toulousain. Un peu partout ont essaimé des usines familiales de confection ou de tricotage, qu'on retrouve dans chaque agence de la banque, comme Etchepare à Toulouse, encore cliente dans les années 1990.

Ces activités sont surtout des industries de consommation : le grand Sud-Ouest connaît l'illusion d'une prospérité sans égale, grâce à la percée, à l'orée des années 1960, de la société de consommation qui dilate leurs ventes, en autant de bonnes affaires pour la banque. Un bon exemple en est l'entreprise Joseph Mas qui fabrique des meubles : lancée en 1958 elle devient, avec 700 salariés, le second employeur de Bézicrs en 1968 et est le client-phare de l'agence de la Bordelaise dans cette cité. Cette gamme de clientèle industrielle est complétée par de petites firmes de mécanique et de transformation métallurgique, de fabrication de matériel agricole et par quelques îlots de grande industrie, au hasard des initiatives des fondateurs ou des opportunités procurées par des traditions et des nœuds de communication, comme ce client de l'agence de Moissac qu'est la Compagnie française des métaux (puis Tréfimétaux) à Castelsarrasin. Le fleuron de la clientèle régionale semble alors les Établissements Soulé, à Bagnères-de-Bigorre, qui est une importante société de fabrication de matériel de transport ferro-viaire, de construction mécanique et électrique[3], symbole de la métallur-gie pyrénéenne, branche active aussi à Tarbes, tandis que, sur Toulouse, la banque bénéficie du compte d'une usine des Papeteries de Navarre.

Jusqu'alors ouverte surtout à l'économie atlantique, la Bordelaise prend pied sur les rivages méditerranéens, où la vigne règne. Aussi ses agences de Montpellier, Frontignan, Carcassonne et Béziers regorgent-elles d'une clientèle de négociants en vins, en vins de liqueurs, en gros ou à la commission. Tout cela sent le « gros rouge » avec lequel jusqu'à présent la Bordelaise évitait toute promiscuité – même si chacun savait que, sur Bordeaux, tant que des règles strictes n'ont pas été définies pour les coupages, on créait d'excellents vins par mélanges entre vins girondins et vins algériens titrés. Bien que la viticulture soit ébranlée par la crise et les exploitants étranglés par les difficultés financières, la banque devient autant celle du « gros rouge » – avec des maisons travaillant parfois à cheval sur le Languedoc et l'Algérie – que celle des vins fins. Elle dispose par elle-même d'une clientèle de propriétaires-récoltants, petits ou importants, comme Alban d'Andoque de Seriège, à Ouveilhan. S'y ajoutent des sociétés fournisseurs de la viticulture et de l'agriculture et, là aussi, du commerce de gros et détail, de transports automobiles et de l'hôtellerie. Cette clientèle comporte peu d'industries, sauf en quelques îlots, si l'on met à part la clientèle de la Compagnie des Salins du Midi, qui mêle sels et vins et surtout celle du premier employeur de Béziers au tournant des années 1970, la firme de BTP Astre. Dans l'après-guerre, bien que la viticulture courante du Languedoc semble rongée par l'endémie de la surproduction, elle entre-tient des volumes d'affaires substantiels qui procurent à la Bordelaise

---

[3] Soulé, créée en 1862, a plus de 800 salariés en 1972, pour un chiffre d'affaires de 58 millions de francs.

des mouvements de comptes animés, surtout grâce aux négociants en gros, tandis que de gros clients sont préservés.

Dans l'extrême Sud-Ouest, la Bordelaise hérite des excellents réseaux de la banque Gommès, qui est une « maison toujours activement conduite, qui garde sa prépondérance dans la région, et qui reste en relations d'affaires avec une nombreuse clientèle, composée en partie des principales firmes commerciales et industrielles »[4]. Les forestiers des Landes travaillent avec la place bayonnaise en sus de celles de Bordeaux et Dax : on retrouve d'ailleurs les Duboscq pour certaines de leurs firmes ou partenaires, accompagnés par des sociétés de produits résineux et des négociants en bois et poteaux de mines, exportés par le port bayonnais : le volume de papier entre les propriétaires sylviculteurs sur les négociants en bois et parquets de Bayonne constitue un gros volume dans les années 1950. L'originalité basque et béarnaise – par exemple à Hasparren, Salies-de-Béarn, Bayonne ou Mauléon – est l'industrie de la chaussure, de la sandale et de l'espadrille, au sein de laquelle Gommès entretenait un réseau de clients dense, entretenu par les agences de Bayonne et de Pau de la Bordelaise : elle reste active dans le soutien des cuirs et peaux. L'agriculture lui amène les affaires de commerçants en grains et de minotiers, comme le gros minotier et importateur de céréales Larrau, important client et débiteur à Peyrehorade.

L'agroalimentaire[5] procure quelques comptes, avec la chocolaterie Rozan à Oloron-Sainte-Marie, la grosse laiterie Graciet qui couvrait une partie des Landes et du Pays basque. Les deux ports sont actifs dans l'après-guerre : Bayonne profite de l'essor du piémont pyrénéen et de la modernisation de ses équipements. Saint-Jean-de-Luz et Ciboure voient la pêche se développer dans les années 1950-1960, en particulier au large de l'Afrique noire et du Maroc, ce qui stimule l'essor des armements maritimes et des conserveries qui demandent des crédits saisonniers à leurs banquiers. Comme sur toute place enfin, l'héritage de Gommès comporte des sociétés de négoce d'alimentation, de vins et de droguerie, des firmes de travaux publics, de matériaux de construction, de combustibles, de tuileries et d'installations sanitaires, des entreprises de transports, tandis que des hôteliers diversifient encore la clientèle de la banque.

---

[4]   Rapport de l'inspection de la Banque de France à la succursale de Bayonne du 19 mai 1930.

[5]   Cf. H. Bonin, « L'industrie agroalimentaire du grand Sud-Ouest (19e-20e siècles). Un renversement historique du positionnement dans les flux économiques », in Jacques Marseille (dir.), *Les industries agroalimentaires en France. Histoire & performances*, Paris, Le Monde Éditions, 1997, p. 121-160.

2. La prospérité de la banque d'entreprise

Lorsque l'économie de guerre et de reconstruction laisse place à l'expansion des Trente Glorieuses[6], la banque connaît une prospérité qui fait de cette période son second âge d'or après les années 1900-1930, car ces activités nouvelles pour elle ne peuvent dissimuler les joyaux qu'elle conserve, puisqu'elle reste la banque du vin, du bois, de l'huile et du port et continue à dominer la place[7] jusqu'au milieu des années 1960.

La Bordelaise jouit de la clientèle stable du monde du vin girondin. Celui-ci n'est pas exempt de difficultés puisqu'il connaît lui aussi des bouffées de langueur au sortir de la dépression des années 1930 et, surtout, subit les graves gelées de 1956-1957 qui font chuter les récoltes de moitié. De part et d'autre de cette crise, ce sont entre quatre à six millions d'hectolitres de vins qui sont en jeu, avec des mutations profondes, comme la mise en bouteille au château qui rééquilibre les intérêts entre exploitants et négociants, et comme la nouvelle et forte poussée des exportations dans les années 1960-1970, qui brassent environ 600 à 700 millions de francs en 1972-1973. On retrouve des maisons classiques que la Bordelaise soutient vivement[8]. Sans leur banque, les négociants – comme Delor, Cruse, Ginestet[9] ou Barton & Guestier – ne pourraient faire face à leurs débours récurrents. Avec 1 190 millions de francs de crédits – dont 203 millions de découverts –, le négoce des vins bénéficie en 1951 de 22 % des risques déclarés par la Bordelaise, il est vrai dans toute l'aire d'activité de la banque, mais avec une bonne moitié en Gironde. Là, elle entretient une clientèle de toute taille et réputation, avec des maisons renommées, comme Schröder & Schyler, et d'autres de moindre envergure ou plus récentes, comme Lemaire. Elle consolide ses relations privilégiées avec les rhumiers, où domine Bardinet, qui tient un gros tiers du marché français.

---

[6] Cf. H. Bonin (dir.), *Cinquante ans en Aquitaine (1945-1995). Bilans & prospective*, Bordeaux, L'Horizon chimérique, 1995.

[7] H. Bonin, « La place bancaire de Bordeaux en 1945-1954 : consolidation, reconstruction et modernisation », in Hubert Bonin, Sylvie Guillaume & Bernard Lachaise (dir.), *Bordeaux et la Gironde pendant la Reconstruction (1945-1954)*, Pessac, Publications de la Maison des sciences de l'homme d'Aquitaine, 1997, p. 157-180.

[8] Cf. H. Bonin, « Coffres & barriques. Banque et vins en Gironde (1900-1960) », in Claudine Le Gars & Philippe Roudié (dir.), *Des vignobles & des vins à travers le monde*, Presses universitaires de Bordeaux, collection Grappes & millésimes, 1996, p. 79-96.

[9] Cf. H. Bonin, « The Ginestet case study. Internationalisation as a way to renew Bordeaux wine economy's entreprise spirit (1978-2000) » (avec C. Delpeuch), in H. Bonin *et al.* (dir.), *Transnational Companies (19th-20th Centuries)*, Paris, PLAGE, 2002.

Dès que la Métropole renoue ses relations commerciales avec la Côte d'Afrique, la prospérité de Bordeaux renaît : la production d'arachides reprend dépasse le record de 1937. À cette distribution de pouvoir d'achat en Afrique subsaharienne, qui attise l'approvisionnement en marchandises par le biais des bureaux d'achat bordelais, s'ajoute une forte mise en valeur par les pouvoirs publics dans le cadre du Plan d'équipement de la France d'outre-mer et avec le soutien du Plan Marshall, ce qui accentue les débouchés pour les biens d'équipement distribués par les firmes de négoce. Celles-ci vivent leur ultime âge d'or, gorgées d'affaires et d'oléagineux – africains ou étrangers –, bien épaulées par un appareil bancaire diversifié et ramifié, tant en AOF qu'en Métropole. La Bordelaise dilate donc ses opérations de cautions et avals auprès de la BIAO mais aussi ses crédits directs aux maisons bordelaises pour leurs achats de marchandises ; c'est pour elle une activité classique, dont seul le volume se retrouve fortement gonflé.

Les grandes maisons de la place restent ses clientes fidèles dans les années 1950-1960 ; les noms phares de l'outre-mer lointain persistent, comme Denis frères et leur Compagnie franco-indochinoise, Ballande ou Faure frères, tandis que la banque réussit à avoir – parmi d'autres banques –comme cliente la firme d'armement et transit portuaire Delmas-Vieljeux, qui effectue une percée dans cet après-guerre. Bastions de la prospérité coloniale à l'entrée du port, la Grande Huilerie bordelaise et les Huileries Maurel & Prom[10] triturent à elles deux un cinquième de la production française à la fin des années 1950 : ce sont donc de grosses usines, qui dévorent d'amples crédits saisonniers et même les deux plus importants clients de la Bordelaise dans ces années, avec au minimum deux à quatre centaines de millions de crédits et de découverts : la Grande Huilerie bordelaise reçoit ainsi 1 005 millions de crédits en 1950 de ses quatre banquiers, dont un quart accordé par la banque.

L'engagement de la Bordelaise dans le financement des économies portuaires est plus ferme encore parce qu'elle travaille désormais à la fois sur Bayonne et sur Bordeaux, qui renoue avec une histoire glorieuse puisque son trafic s'accentue avec la poussée des importations pétrolières. Elle reste au cœur du financement de l'import-export, du négoce et des industries liées au port. Elle est ainsi proche des importateurs de bois, des importateurs et distributeurs de combustibles, d'abord les charbons, puis les hydrocarbures. Puisque Bordeaux maintient longtemps sa fonction de plaque tournante des denrées exotiques, la banque épaule ces négociants, en particulier pour les cacaos,

---

[10] Paul Terrasson, *L'industrie huilière en France et en Aquitaine de 1945 à 1993. Rappel des origines*, Bordeaux, La Mémoire de Bordeaux, 1996.

les cafés, la vanille, les poivres. Elle garde enfin la clientèle des armateurs-morutiers-sécheurs de morue capte celle des armateurs au long cours (comme les Pêcheries de Bordeaux-Bassens) et glane celle des sociétés de services portuaires.

Elle conserve un vivier de clients dans l'exploitation forestière et le négoce des bois, soit par son agence de Bayonne, soit surtout par Bordeaux, antenne portuaire des Landes, pour les exportations de bois de diverses natures. Outre l'importation des « bois du Nord » (pour la tonnellerie) et du liège, la région traite de plus en plus des bois africains, qui servent à la fabrication de panneaux et contreplaqués, ce qui élargit la clientèle de la banque et les liens avec le monde d'Afrique subsaharienne. Mais elle sait aussi accompagner la formidable reconversion de la forêt landaise vers l'alimentation en matière première de l'industrie papetière, puisque nombre des grandes sociétés figurent parmi les bénéficiaires de ses crédits. Malgré la concurrence, elle maintient ses liens avec nombre de PME sans renom, mais qui constituent l'essentiel de son fonds de commerce, d'autant plus que Soula lui a procuré une clientèle de petits commerçants, de négociants en biens de consommation, de petits industriels, comme les morutiers. De même que dans la zone d'activité de l'ex-Toulousaine, ce sont souvent des firmes de distribution de détail ou de gros, stimulées par la première vague de croissance de la société de consommation. De bons exemples en sont le petit groupe des Bourdos[11], dans l'ameublement, l'habillement et les carburants dans les années 1970 à Bordeaux et Toulouse, la firme de négoce de mercerie en gros Labatut, fournisseur de la bonneterie, représentative à l'origine du commerce grossiste du cours d'Alsace-Lorraine à Bordeaux. S'y sont ajoutées nombre d'entreprises de distribution alimentaire de taille moyenne ou des garages.

Cependant, la Bordelaise tire parti de la vigueur de l'industrie dans l'agglomération bordelaise, qui est une réalité indéniable malgré la légende de la sous-industrialisation girondine[12]. Dans le portefeuille des

---

[11] Gaston Bourdos dirige deux moyennes surfaces : À *la grosse cloche*, magasin de vêtements, blanc, literie, meubles, cours Victor Hugo, ainsi que les *Établissements Bourdos* : ameublement, décoration. Yves Bourdos dirige le Crédit du Sud-Ouest Crédiso qui pratique la vente à tempérament pour les clients des deux magasins, par escompte de chaînes d'effets à 36 mois. Yves Bourdos est, au début des années 1970, administrateur de la Compagnie méridionale d'imprimerie et d'arts graphiques et de *La Dépêche et Le Petit Toulousain*, dont il apporte la clientèle à la Bordelaise. La famille anime aussi une firme de distribution de carburants, les Carburants du Sud-Ouest.

[12] Pour apprécier l'ampleur de cette industrie – il est vrai souvent balayée dans les années 1970-1980 –, nous renvoyons une seconde fois à la thèse du géographe Jean Dumas, *Les activités industrielles dans la Communauté urbaine de Bordeaux*, Bordeaux, 1980.

encours de la banque, on retrouve la majorité des branches de l'époque, avec quelques symboles de cette diversité économique. Elle est ainsi proche des Tanneries bordelaises & de la Gironde réunies, de plusieurs fabricants de chaussures. Elle dispose de comptes dans la chimie ; dans la métallurgie, avec l'usine locale de Carnaud ; dans le travail des matériaux, avec les Fonderies & émailleries Brocas à Villenave-d'Ornon ou la verrerie Domec. Par Pierre Delmas, elle recueille les affaires de l'Union française d'impression & Laffont réunies, une grosse imprimerie de Bordeaux. Elle maintient son capital de relations dans l'alimentation, avec les Grands Moulins de Bordeaux, la biscuiterie Olibet ou Louit, Cabannier. Enfin, elle se veut la banque des entrepreneurs de BTP : avec Desse à Floirac, elle participe à l'essor d'une vigoureuse maison de construction métallique, et Carde lui reste fidèle. Elle sait accompagner de ses crédits la croissance des Chantiers modernes qu'un patron dynamique, Hubert Touya, transforme en grande entreprise de rayonnement mondial. Ainsi, tandis que l'économie girondine retrouve son dynamisme dans les années 1950 et l'assoit sur une diversification de ses branches, le portefeuille de crédits de la Bordelaise reflète cette expansion, par la variété de la clientèle qui fréquente la maison : elle n'est pas seulement la banque du vin, de l'Afrique subsaharienne, de l'huile ou du bois ; elle tire bien parti de la richesse du terroir où elle est enracinée.

3. Des affinités et des réseaux traditionnels

La Société bordelaise est devenue une banque des entreprises du grand Sud-Ouest, ce qui signifie la banque tant des maisons cossues « disposant d'un standing élevé », d'une « bonne signature », que d'une multitude de PME. Certes, elle privilégie les clientes huppées : « On vivait comme des banquiers particuliers sur une dizaine de gros clients, ce qui nous procurait une situation très fructueuse, avec les maisons sénégalaises, les huileries, les vins où nous avions une position très forte, et Bardinet qui était un fief de la Bordelaise » (un dirigeant). En 1954, un noyau de vingt firmes reçoit d'elle des crédits supérieurs à 50 millions de francs, avec 35 % des encours de risques à ce moment-là, pour un montant de 2 302 millions (42 millions d'euros actuels), et 65 firmes recueillent plus de vingt millions de crédits ou de dix millions de découverts. En 1978, avec un total de 219 millions de francs (95 millions d'euros actuels), les cinq plus gros crédits accordés par la banque vont encore à Bardinet, à Barton & Guestier-Chemineaud, aux papetiers Cellulose du Pin et Papeteries de Gascogne, rejoints par les Chantiers modernes. Le groupe des Chantiers modernes, avec sa filiale Chantiers d'Aquitaine et la firme associée Moter, devient même le premier client des crédits de la banque au tournant des années 1980.

Pourtant, l'existence de ces clients importants impose à la Bordelaise d'élargir sa clientèle aux PME et de la choyer ; en effet, une banque de dépôts doit équilibrer ses larges encours par une saine division des risques ; cette banque régionale asseoit ses affaires sur le monde des PME où elle trouve à alimenter son volant d'escompte puisqu'elle est d'abord une banque d'escompte, soucieuse de répartir ses risques et de maintenir sa liquidité. Cela ne veut pas dire d'ailleurs accueillir une clientèle défraîchie, puisque ces « affaires de petite et moyenne importance » sont souvent saines. Ainsi, gros comptes et PME sont complémentaires dans la vie quotidienne de la banque régionale.

Nombre d'entrepreneurs sortis du rang à la force du poignet étaient fiers de se voir admis parmi sa clientèle : « Si vous ouvrez un compte à la Société bordelaise, c'est une consécration. Elle avait l'aura d'une banque privée ; c'était un peu la bague au doigt. »[13] Aux yeux de l'opinion girondine, elle est le banquier des entreprises familiales prestigieuses, et la composition de son Conseil en est un symbole. Paradoxalement, alors que la Société bordelaise a changé de dimension, de nature même en s'ouvrant au grand Sud-Ouest et au monde des PME du piémont pyrénéen, du bassin garonnais et des rives occidentales de la Méditerranée, elle a conservé un état d'esprit qui lui fait privilégier les grands noms de sa tradition, le cercle intime et fidèle des maisons huppées du Port de la Lune, sans guère d'ouverture ni sociologique ni géographique aux économies qui constituent une bonne part de son fonds de commerce d'après-guerre. La constitution de son conseil d'administration le prouve, car elle est une réplique des années 1900-1930, avec un simple renouvellement des générations : « La plupart des administrateurs appartiennent aux grands milieux d'affaires bordelais. Ils ont généralement une réputation bien assise. »[14]. On y retrouve les maisons et familles proches de la banque depuis le tournant du XXᵉ siècle, même s'y se sont ajoutées celles qui avaient suivi Soula dans les années 1920 et celles qui se sont agrégées aux réseaux de la Bordelaise après son absorption.

Au-delà des symboles de ses activités de crédit, la composition du Conseil procure à la banque une insertion dans un monde des affaires qui connaît lui aussi un ultime âge d'or dans les années 1950-1960.

---

[13] Témoignages de deux dirigeants de la banque.

[14] Rapport de l'Inspection de la Banque de France à la succursale de Bordeaux du 5 janvier 1953.

Un conseil d'administration de renom

La banque reste la banque du port, de l'outre-mer prestigieux et exotique :

- Paul Maurel, de Maurel frères, (1919-1942) est remplacé par son fils Jean Maurel (1942-1964), tandis que Philippe Chalès reste président de Maurel & Prom.

- À Étienne Denis (1928-1950) succède en 1950 son frère Maxime Denis (1950-1971), « suivant une tradition qui nous est particulièrement chère. Ainsi seront maintenus les liens qui unissent, depuis tant d'années, la maison Denis frères et la Société bordelaise », puisqu'Alphonse Denis était entré au Conseil en 1909.

- Henri Vézia (1959-1968), Pierre Delmas (1958-1978) et André Ballande (1971-1980), président des Établissements Ballande, complètent ce cercle des négociants d'outre-mer.

- Christian Cruse (1928-1971) représente le monde des vins, tout comme Daniel Guestier (1931-1960) : avec son père (1885-1928), la maison Barton & Guestier a été présente au Conseil pendant 72 ans. Maurice Delor (1961-1973) et Dominique Bardinet (1971-1982), président de Bardinet, maintiennent cette présence des vins, rhums et spiritueux.

- La présence de Pierre Desse (1931-1967) symbolise l'essor de l'industrie moderne, toujours représentée par un patron, comme c'est le cas avec Jean-Claude Arnaud (1971-1981), président jusqu'en 1977 de La Cellulose du Pin (papeterie).

- René Magne (de la firme morutière Magne) (1939-1951) marque la présence de la banque dans l'activité portuaire.

- Paul Duboscq (1943-1970), de la maison Duboscq Frères, est président de la société des Usines de Beauport (sucre, rhum), du syndicat des fournisseurs de bois aux mines, et gendre du négociant Jean Segrestaa.

Étienne et Maxime Denis, gérants de Denis Frères, sont des partenaires essentiels, par leur rayonnement et leur rôle de conseil. Les liens avec Pierre Delmas dépassent eux aussi les opérations banales, car ce négociant est devenu un homme d'affaires riche en relations – il est vice-président de la Grande Huilerie bordelaise – et en initiatives industrielles en Gironde, ce qui élargit les opportunités de crédit pour le banquier. C'est une communauté des affaires où, par sympathie, des administrateurs de la banque sont de surcroît administrateurs d'autres entreprises girondines, elles aussi clientes de la banque. Louis Nebout entre au Conseil de Bordeaux Oléagineux, comme Chalès est président de Maurel & Prom et administrateur de Ballande ; chez Desse, dans les années 1970, se retrouvent au Conseil Blanchy, Delmas et Nebout, tandis que Desse lui-même est vice-président de la Bordelaise en 1940-1967.

La banque obtient dans cet après-guerre la consécration suprême, par l'accès de son patron Chalès à la Chambre de commerce, où il figure parmi les quinze dirigeants élus en 1949 : il en reste membre jusqu'en 1956 et en est aussi « secrétaire », soit le numéro 3 ou 4 dans la hiérarchie des responsabilités. La banque est au cœur de ce patriciat d'affaires qui entend guider l'avenir économique de la Cité. Déjà, son administrateur René Magne avait présidé la Chambre en 1944-1945 ; puis, surtout, son vice-président Pierre Desse en est promu président en 1950-1957 ; Pierre Delmas, entré au conseil en 1958, devient vice-président de la Chambre en 1958-1965 et lui aussi président en 1965. Jean Maurel et, après lui, Dominique Bardinet fréquentent le Conseil de la banque et celui de la Chambre de commerce. Enfin, les deux présidences se confondent quand Nebout, dirigeant salarié de la raffinerie ELF-ERAP du Bec d'Ambès, administrateur de la banque depuis 1973, élu membre de la Chambre depuis 1961 et son président en 1974-1976, également président en 1976 du Comité économique et social de la région Aquitaine et du Port autonome de Bordeaux, vice-président de Bordeaux-Oléagineux, accède à la vice-présidence en 1977 puis à la présidence de la Société bordelaise en 1978.

Le recrutement comme administrateur de Jean Geffré (1968-1981) est lui aussi un symbole de l'intimité entre la banque et l'Establishment girondin, puisque c'est un dirigeant salarié de longue date des organisations patronales bordelaises : à ses fonctions de directeur de la Société pour la défense et le développement du commerce et de l'industrie de Bordeaux et de la Fédération maritime du port de Bordeaux en 1945-1971, il ajoute celles de directeur de la Confédération patronale girondine en 1945-1952 et de délégué de l'Union patronale d'Aquitaine en 1964-1974. Porte-parole des groupes d'intérêts locaux, porte-voix même par le biais du journal *La Défense* qu'il dirige en 1945-1978, il renforce l'impression que la Bordelaise a parachevé dans les années 1960 son insertion dans l'establishment économique – à la veille de l'écroulement de celui-ci. Si l'on scrute l'actionnariat de la Bordelaise en 1973, on s'aperçoit que, au-delà des actions dont la loi impose la détention aux administrateurs, nombre de « familles » girondines ont souscrit des parts parfois appréciables du capital de ce qui est devenu « leur banque » : les familles Ballande, Denis, Blanchy et Chalès, Desse, Armann, Sargos, Vézia, Cruse, Merman, Faure, Schyler, Masmontet, Journu, Descas, Delor, Luze, Lawton, Guestier, et plusieurs autres moins connues possèdent et représentent des blocs substantiels d'actions : 26 noms girondins détiennent presque 20 000 droits de vote.

Bien qu'ils soient très minoritaires face au CIC, ils ont valeur de symbole, par cette association intime de la banque et des maisons de la place, en un ultime flamboiement de solidarité avant la crise ou le déclin qui va en frapper certaines, ou avant la crise qui va ébranler la banque elle aussi, à partir de 1978, et avant la nationalisation de 1982 qui va rompre ce lien de sympathie et de tradition. « Le CIC nous faisait confiance parce que nous avions beaucoup de relations […]. Nous avions notre famille et nos amis, sur la place, c'était énorme. J'étais président de l'Union Club, c'était le Monde, on voyait des gens. On avait un Conseil avec des membres très influents, c'était un flot de relations. »[15] La banque régionale possède quelques traits de la banque d'affaires, qui « est un réseau d'influence, fonctionnant d'ailleurs à double sens, où les relations humaines, les souvenirs, les habitudes jouent un rôle qu'il est difficile de doser »[16]. Pourtant, quelques noms apparaissent, qui indiquent la volonté de la Bordelaise d'élargir le cercle de ses relations, de ne pas se cantonner dans le patriciat girondin. L'ouverture géographique s'effectue par l'accès au Conseil d'Alban d'Andoque de Sériège en 1970 (jusqu'en 1975) : ce grand propriétaire exploitant, client dès 1937 grâce au legs de la Toulousaine, symbolise la « banque du vin méditerranéen ». L'ouverture sociologique aux PME se réalise par la consécration d'un « parvenu » du commerce, avec (en 1968-1981) le gros commerçant Yves Bourdos.

*

Un enracinement renouvelé pour une banque plurirégionale

On peut sans hésiter parler d'un second âge d'or pour la Société bordelaise pendant les années 1950-1960, car l'après-guerre est pour elle riche en affaires, tant la place girondine prospère au gré des succès de ses maisons de négoce et de l'huilerie traditionnelles et des entreprises industrielles qui accompagnent la croissance des Trente Glorieuses. La banque régionale rayonne désormais dans le grand Sud-Ouest, qui lui ouvre la clientèle d'une myriade active de PME industrielles ou tertiaires et des pôles industrieux des vallées du sud du Massif central ou des contreforts pyrénéens. Grâce à cette dualité – négoce et industrie girondins, PME du bassin garonnais et des rives méditerranéennes –, la Bordelaise engrange des mouvements de crédits et s'affirme comme une banque solide, patronnée par les plus grands noms de sa place, en une intimité qui scelle son insertion dans les cercles d'un patriciat alors à son ultime apogée.

---

[15] Propos d'un ancien dirigeant éminent de la Société Bordelaise, Bertrand Blanchy.

[16] Jacques de Fouchier, président de Paribas, dans *L'Expansion* de septembre 1971.

CHAPITRE XV

La banque confrontée à la crise de son environnement économique

L'élan de l'expansion et la prospérité globale de l'économie du grand Sud-Ouest ont stimulé les affaires de la Société bordelaise. Cependant, même dans les années 1950-1970, elle se heurte à l'élagage brutal de certains pans de sa clientèle quand des activités s'effondrent dans des secousses graves. Puis la Grande Crise des années 1974-1994 ronge la base de ses affaires et elle est dès lors confrontée aux défis posés le destin incertain du grand Sud-Ouest : son fonds de commerce n'est-il pas menacé par la contraction d'un capitalisme méridional qui résiste mal aux contraintes de la concurrence et de la crise ? Après « l'âge d'or », c'est un peu le « pot au noir ».

1. Le monde des PME confronté à la compétition interrégionale

En même temps que la croissance stimule de nombreuses branches de l'économie du grand Sud-Ouest, elle modifie les cadres au sein desquels s'effectue cet essor. La reprise de l'expansion après les années malthusiennes de dépression et d'Occupation, puis la disparition de l'économie de rareté qui avait stimulé quelque peu artificiellement certains secteurs de production et de distribution, l'affirmation enfin de rythmes soutenus quand se déploient les Trente Glorieuses soumettent certaines activités à des tensions intenses : elles doivent affronter le décloisonnement interrégional – avec la percée de l'automobile et donc des transports routiers, source de désenclavement –, la concurrence qui bouscule les barèmes de prix et les rentes de situation, ainsi que la conception de nouveaux circuits de distribution. Après l'euphorie de la Reconstruction et des marges bénéficiaires souvent plantureuses, c'est parfois, au tournant des années 1950, le temps des désillusions. Nombre d'entreprises semblaient penser que la prospérité allait permettre de tout recommencer comme avant, de renouer avec la Belle Époque des années 1900-1930. La banque tient une solide part de marché dans les années 1950, tant sur Bordeaux, avec un petit cinquième environ des encours de crédits, que sur Béziers, tandis que, sur nombre de places où étaient implantées la Toulousaine et Gommès, elle bénéficie de leur legs. Or il s'avère que ce nouvel « âge d'or » du Sud-Ouest et de Bordeaux est d'une fragilité redoutable. En effet, la banque voit une partie de ce fonds de commerce s'effriter sous le choc de la concurrence, qui révèle la faible capacité de résistance de nombreuses firmes clientes.

Le socle méditerranéen de la Bordelaise est rongé par la crise de la viticulture, qui replonge dans le marasme des prix imposé par la surproduction de vins courants languedociens et algériens : malgré les procédures de soutien des cours (arrachage de vignes, distillation), la mévente, la lourdeur des prix et des stocks excessifs sapent la prospérité dont la Reconstruction avait donné l'illusion. Les années 1950-1960 sont, dans le Midi viticole, une période de dépression qui pèse sur les revenus et les disponibilités des viticulteurs souvent endettés et qui entaille les perspectives de croissance d'un réseau, puisqu'il perd de sa substance en mouvements de comptes et en collecte d'épargne, tout en pâtissant de l'immobilisation de multiples créances. Celles-ci sont souvent le fait de maisons de négoce, de « pinardiers », qui s'écroulent à cause de fautes de gestion, de sur-stockages spéculatifs et surtout de la contraction du marché après l'euphorie de la Libération. Les années 1950 sont une chronique des faillites de négociants languedociens, en particulier avec la récession de 1953-1954.

La vedette de cette catastrophe est la firme Vinogel, au sein d'un mini-groupe de firmes à cheval sur le Languedoc et l'Afrique du Nord, qui s'effondre en 1954-1955, tandis que nombre de ses clients eux-mêmes chutent, ce qui compromet les effets escomptés par la Bordelaise et dilate encore ses immobilisations. Elle en sort consacrée première créancière, avec 108 millions de francs, ce qui n'a pas été sans laisser ensuite de trace sur le comportement extrêmement prudent de la banque vis-à-vis des affaires languedociennes, tant le « krach Vinogel » a ému ses dirigeants, choqués de la perte encourue, puisque le remboursement partiel se termine en 1969 avec un solde non réglé de quelques millions de francs. Peu à peu, dans les années 1960-1970, tant en Languedoc qu'en Gironde, nombre d'entreprises « champignons » qui avaient profité des difficultés de la guerre ou de l'immédiat après-guerre pour développer leurs ventes de vins courants s'effacent devant une concurrence qui pousse à la concentration autour de firmes gérées au plus près et à l'élimination de celles qui conservent un grand train de vie. Nombre de négociants ne parviennent pas à accompagner la métamorphose de la distribution, quand les « cavistes » – les petits commerçants vendeurs de vins, souvent en vrac – perdent leur fonction traditionnelle d'intermédiaire au profit des ventes en bouteilles par les « grandes surfaces ».

Photo Port autonome.

LE PORT AUTONOME DE BORDEAUX

69

Alors que la Bordelaise bénéficiait d'une large clientèle dans la distribution grâce aux apports de Soula et de la Toulousaine, l'effritement des rentes de situation du commerce à partir du milieu des années 1950, le choc de la concurrence, les mutations des pratiques d'achat avec la diffusion de l'automobile et l'essor de formes nouvelles de distribution bousculent la profession. C'est donc dans les années 1950-1960 un florilège de fermetures qui entaillent la base de la banque. La récession générale de 1953-1954 sonne en effet le glas de la reprise facile de l'après-guerre et est le premier choc qui secoue les PME conduites sans vigilance. Parmi la clientèle de la banque, les négociants de matériaux souffrent, comme nombre de sociétés de distribution alimentaire en gros qui s'effondrent, victimes de la percée des grandes surfaces. Les distributeurs d'appareils ménagers concessionnaires d'une marque subissent une hécatombe dans les années 1969-1972 car ils sont submergés par la concentration de la production et à la métamorphose des méthodes de distribution de masse.

Face à cet environnement morose, les récessions incitent désormais les banques à resserrer leurs crédits par prudence, car chacune est un nouveau coup de boutoir porté aux PME régionales, en une accélération dramatique de ce mouvement profond qui tend à éliminer les moins résistantes, en une « crise d'adaptation »[1]. Les branches industrielles les moins solides s'effritent au fur et à mesure que ces sociétés disparaissent, en particulier dans le bâtiment, la chaussure, le travail du bois, la fabrication de matériel agricole, etc., le mouvement s'accélérant, comme dans toute la France, dans les années 1960. Derrière ces péripéties, c'est le tissu industriel du grand Sud-Ouest qui se déchiquette, en une formidable mutation économique[2]. Elle bouleverse le fonds de commerce de la Société bordelaise, de plus en plus consciente de ces soubresauts.

Le socle industriel du réseau de l'ex-Toulousaine est miné par ces crises structurelles, imperceptibles d'ailleurs tant elles frappent successivement, au fil des années, au hasard des erreurs et des défaillances des patrons locaux, une myriade de firmes sans renom national. Seule la bourgade en cause en subit les graves conséquences sociales suscitées par la suppression de quelques dizaines ou centaines d'emplois. L'agence de Carcassonne de la Bordelaise voit disparaître sa clientèle de fabricants de chapeaux de la vallée de l'Aude. Celle de Castres s'inquiète du destin des usines textiles de son terroir, tant le délainage de Mazamet ou la draperie et la bonneterie du Tarn s'affaiblissent. Partout, des firmes agroalimentaires disparaissent quand elles perdent leur chasse-gardée ouverte à la compétition nationale, en particulier des minoteries englouties dans la poussée des groupes meuniers, des fabricants de biscottes ou des laiteries confrontées à celle des coopératives, comme Graciet en 1968. Les agences de Pau et Bayonne pâtissent de la crise de l'industrie de la tannerie, de la chaussure et de l'espadrille du piémont pyrénéen, avec des défaillances de firmes dès les années 1960 ;

---

[1]   Rapport annuel du conseil d'administration du 26 avril 1962.

[2]   Cf. Jean Dumas, « Les transformations industrielles : espoirs et inquiétudes », in Joseph Lajugie (dir.), *L'Aquitaine. Vingt-cinq ans d'évolution économique et sociale, 1950-1975*, Bordeaux, Institut d'économie régionale du Sud-Ouest, Éditions Bière, 1977.

la grosse firme Biarritz Shoes disparaît en 1971 avec une grosse « ardoise » à la banque. L'essor fulgurant du fabricant de meubles Mas à Béziers débouche sur un krach rapide dès 1969, et nombre de petites firmes clientes dans le meuble, la construction métallique et les travaux publics ont le même sort.

Sur Bordeaux enfin, plusieurs fleurons de la fabrication de biens de consommation sont ruinés les uns après les autres : les dossiers du contentieux s'accumulent à la banque, devenue caisse de résonance de la crise historique d'une économie soumise aux effets de la concurrence nationale et bientôt mondiale, d'autant plus pernicieux qu'ils s'étalent sur une vingtaine d'années, sans grand impact psychologique. L'industrie de la chaussure en est ainsi victime, précédée par les Tanneries de la Gironde liquidées en 1955. L'activité agroalimentaire souffre aussi, comme l'indiquent le moratoire consenti à Louit en 1950 par ses banquiers, dont la Bordelaise, puis sa dissolution en 1957, et surtout le malaise du biscuitier talençais Olibet en 1971-1973, avant son dépôt de bilan en 1974.

2. La fin d'un pan d'histoire économique prestigieuse

Tandis qu'est rongé de manière insidieuse le fonds de commerce de PME et de moyennes-grosses entreprises de la Bordelaise, ce sont les clients prestigieux, anciens, qui lui sont arrachés par l'Histoire, et surtout un important mouvement d'affaires. La crise du bois landais est marquée par l'amenuisement progressif des ventes de poteaux de mines et de produits résineux : les débouchés des premiers se contractent avec le repli charbonnier français et la diffusion de nouvelles méthodes d'étayage ; les seconds subissent la concurrence des importations et surtout des produits chimiques, qui supplantent les sous-produits de la gemme. Le fonds de commerce des PME landaises se disperse, sans secousse particulière, d'ailleurs, à partir de la fin des années 1950. Nombre de clients de la banque qui animaient l'importation de bois et l'exportation de bois de mine sont éprouvés par les mutations de ces échanges et un déclin provoqué par le retrait ou le décès de leur animateur ou fondateur : leur effacement ôte à la Bordelaise des courants d'affaires substantiels, puisqu'elle avait l'habitude d'offrir des crédits de campagne correspondant à la valeur de cargaisons de navire entières.

Plus dramatique pour son rayonnement, un choc secoue l'économie portuaire[3], avec le repli de l'économie impériale. Dès les années 1950,

---

[3] Cf. H. Bonin & Olivier Pétré-Grenouilleau, « Deindustrialisation and reindustrialisation : the case of Bordeaux and Nantes », in Franco Amatori, Andrea Colli & Nicola Crepas (dir.), *Deindustrialisation & Reindustrialisation in 20th Century Europe*, Milan, FrancoAngeli, 1999, p. 233-262.

Denis frères doit abandonner le Tonkin, avant une reconversion vers l'Afrique subsaharienne et des activités parisiennes et asiatiques. La crise des échanges avec la Côte d'Afrique est plus lourde de conséquences pour la banque ; peu à peu, des maisons s'avèrent incapables de résister à l'africanisation du commerce de détail, à la concurrence de grosses firmes d'envergure nationale. Nombre d'entre elles disparaissent ou se cantonnent dans quelques activités qui les maintiennent à un niveau modeste, tandis que Peyrissac et Chavanel sont rachetées par Optorg en 1955 et 1966, avant la fermeture du bureau d'achat bordelais en 1968. À partir de la crise conjoncturelle de 1953-1954, servant de révélateur aux défis qui surgissent, les maisons d'Afrique voient « leur situation s'alourdir » et entament un déclin réalisé en une dizaine d'années. La disparition du commerce des Produits avec l'étatisation de la collecte des récoltes (en 1961 au Sénégal), puis le passage à l'indépendance qui soulève l'inquiétude des firmes quant à l'avenir de leur implantation et au rapatriement des profits, sont autant de causes de la contraction des activités.

Or aucune société girondine n'a réussi sa reconversion ni vers une stature solide multinationale en Afrique subsaharienne, ni vers de nouvelles bases métropolitaines, comme le réussit la CFAO marseillaise : la meilleure clientèle de la Bordelaise s'effiloche donc. Sous la houlette d'un Philippe Chalès sans imagination stratégique, Maurel & Prom se déleste de presque tous ses comptoirs (sauf en Gambie) et devient une société de portefeuille gérant à la petite semaine des capitaux investis en valeurs mobilières. Si Devès & Chaumet rachète Vézia en 1977, ce n'est plus qu'une toute petite société, même si les enseignes restent entourées d'un prestige attaché à ce qui devient la légende d'un passé glorieux. La Bordelaise perd son vivier impérial ; ainsi, depuis 1963, elle a pour instruction de ne plus prendre de risques avec Devès & Chaumet, qui n'est plus qu'un client mineur ; Faure frères, orientée vers l'Océan indien, dépose son bilan en 1960. À partir de 1962 la banque se contente de suivre la liquidation des intérêts immobiliers de Maurel frères sur la Côte, en créancier modeste, derrière les grands banques parisiennes ; seule la vente des actions Lesieur héritées de la cession de l'huilerie permet de solder les dettes d'une firme, pourtant si vigoureuse jadis au Sénégal et si proche aussi de la banque, mais déchue, engoncée dans des pertes et dans un endettement bancaire dévorant le capital, et condamnée à vivoter jusqu'en 1971. Pour le banquier, les affaires de la Côte passent dans le domaine du contentieux, comme pour Soucail, dont la créance moratoriée de 1958 n'est remboursée qu'en 1972. Les effets de ce repli sont plus pernicieux encore puisque, en amont, c'est l'hinterland garonnais qui est atteint : « Nombre de petites et moyennes industries qui avaient en Afrique du Nord et en Afrique noire une importante clientèle voient diminuer constamment les commandes provenant de ces pays. »[4]

Le tocsin sonne aussi pour les huileries bordelaises, qui résistent mal aux usines de trituration installées en Afrique même, puis à la concentration de la production. Unilever renforce son poids en 1951 en ajoutant l'Huilerie franco-coloniale à l'ex-Calvé ; la Grande Huilerie bordelaise parvient à s'intégrer en 1962 dans un groupe national, Unipol, où les intérêts marseillais s'avèrent vite dominants, avant la reprise par Lesieur en 1969-1978 ; l'huilerie des Maurel finit par s'accorder en 1957 par Lesieur pour la vente de ses huiles, avant son rachat final en 1959-1963. Leur destin s'inscrit dans la stratégie d'entreprises nationales ou européennes, ce qui explique qu'une seule usine, Lesieur, survive finalement, au bord du bassin à flot de Bacalan. La Bordelaise voit les comptes des huileries s'orienter vers une gestion parisienne, puis disparaître avec la fermeture des usines elles-mêmes. La mort de ces activités africaines et huilières ampute la banque d'un énorme flux d'argent, d'opportunités de crédits, de commissions sur avals et de mouvements de comptes, alors que les huileries figuraient parmi ses premiers clients et constituaient parfois jusqu'à un cinquième des engagements d'escompte de la maison : c'est un manque à gagner appréciable, même si la banque est sortie de cette branche progressivement, sans aucun déboire en contentieux.

Aucune firme girondine spécialiste du négoce des denrées exotiques ne parvient à s'extraire de son terroir pour acquérir une dimension nationale ou internationale. Bordeaux voit s'effacer sa fonction de plaque tournante européenne importante. Les gros négociants de produits exotiques perdent peu à peu leur assise, en particulier dans les années 1950. Il est vrai que la place est secouée en 1953 par la défaillance de la société Touton, ébranlée par une spéculation haussière qui l'a incitée à un surstockage en un pari perdu en 1954-1955 quand les cours s'abaissent sous l'effet de la récession mondiale. Désormais, même si elle rembourse sa dette bancaire en 1956-1960 et redémarre vite à partir de 1956, la firme ne récupère pas son envergure ni son aura antérieures, car les acheteurs français de cacao se sont tournés vers d'autres villes et fournisseurs, tandis que ses consœurs dans le cacao, les cafés ou la vanille perdent pied. Plusieurs torréfacteurs clients de la banque disparaissent, incapables de résister à l'industrialisation et à la concurrence.

Le coup de grâce est donné par la récession de 1974-1975, qui punit toutes les firmes qui s'étaient laissé griser par la croissance rapide de 1968-1973 ; le grand Sud-Ouest s'enlise ensuite dans la langueur de la dépression des années 1974-1987. Alors que les restructurations discrètes

---

[4]   Rapport annuel du conseil d'administration du 26 avril 1962.

des années des Trente Glorieuses avaient élagué une clientèle le plus souvent sans renommée – sauf quelques firmes-phares comme Olibet ou Louit –, ce sont des fleurons de son fonds de commerce qui sont atteints[5] par ce vaste mouvement d'élagage des points faibles et de « déprise industrielle ».

De façon symbolique pour l'économie girondine, le choc ébranle le monde du vin qui, depuis les années 1930, avait vécu sereinement, mis à part quelques négociants fragiles pendant la récession de 1954. La folie mégalomaniaque des distributeurs et négociants de vins fins porte les cours à des niveaux effarants au début des années 1970 ; puis leur repli condamne les porteurs de stocks excessifs, coincés entre les annulations des commandes des donneurs d'ordres et les contrats conclus avec les viticulteurs, d'autant plus que ceux-ci, par l'essor de la mise en bouteille sur l'exploitation elle-même, prennent une place plus importante au sein des circuits de vente au tournant des années 1970. Des maisons de négoce huppées ne peuvent résister à cette catastrophe financière, et la Bordelaise se voit engluée dans les crédits qu'elle a accordés, comme toute la communauté bancaire, à certains de ses clients, même si d'autres firmes, comme Schröder & Schyler, Calvet ou Mähler-Besse, clientes de la banque, ont su rester sages, par prudence ou parce que leur surface financière insuffisante les incitait à éviter toute prétention. Tandis que certaines firmes disparaissent, des négociations ardues et la mise en vente d'actifs immobiliers, fonciers et viticoles substantiels permettent aux maisons « prises » dans la crise en 1975-1976 de dénouer leurs dettes. Pourtant, l'honneur sauf, Cruse et Ginestet doivent perdre leur indépendance et être rachetées. Heureusement, la crise est bien moins grave que celle des rhums en 1930-1932, et la banque récupère vite ses avances de fonds, tandis que la place ne subit pas de krach global.

En revanche, à cause de la Grande Crise, plusieurs entreprises qui avaient connu dynamisme, succès et renommée sont englouties dans le raz de marée de la crise. Le biscuitier Olibet moribond achève en 1974 sa carrière centenaire et son usine, reprise par une petite firme, ferme en 1983, tout comme celles des fabricants de chaussures Chabrat et Souillac. Le client important qu'était le morutier Pêcheries de Bordeaux-Bassens supporte mal l'intensification de la concurrence transatlantique, malgré son effort remarquable de modernisation ; d'ailleurs, la pêche et l'industrie de la morue disparaissent presque de Gironde. L'alternance

---

[5] Cf. Luc Rauscent, « Crise et mutations dans le complexe sylvicole aquitains (1975-1983) » ; Jean Dumas & Robert Pierron, « L'activité industrielle : du déséquilibre sectoriel à la dépendance du tertiaire » ; Maurice Goze, « La métropole bordelaise dans la crise économique », in Pierre Delfaud & Claude Lacour (dir.), *L'Aquitaine face à la crise*, Bordeaux, Institut d'économie régionale du Sud-Ouest, Éditions Bière, 1985.

du repli des commandes publiques en 1969-1970 et d'une croissance aiguë avait rendu fragiles les sociétés de construction et du bâtiment ; la dépression les emporte. C'est ainsi que tombe l'entreprise réputée Desse ; à la mort des deux frères fondateurs, qui étaient devenus des notabilités locales, puisque Pierre était président de la Chambre de commerce et vice-président de la Bordelaise jusqu'à son décès en 1967, elle subit la contraction générale du BTP et la disparition en 1978 de son patron dynamique, Henri Delattre et elle s'effondre en 1982-1985. Elle a été précédée par Carde, autre symbole de la seconde industrialisation depuis l'orée du siècle, en dépôt de bilan depuis mars 1974. Sur Béziers, c'est la grosse firme de BTP Astre qui trébuche en 1976, suivie en 1980 par Fiorio.

La papeterie elle-même n'échappe au marasme dans les années 1980 quand la surproduction et la compétition mondiales brisent les cours de la pâte à papier et quand les difficultés structurelles de certaines firmes sont alors révélées ; la banque est ainsi engagée en 1980 dans le Groupement européen de la cellulose, par le biais de la Cellulose d'Aquitaine, cliente de l'agence de Saint-Gaudens. Heureusement, le redressement de la branche et les efforts de productivité des deux grosses clientes (les groupes Gascogne et Saint-Gobain) allègent les inquiétudes. Mais l'industrie du bois prend le relais, quand, à la fin des années 1980, on s'aperçoit de la dispersion des firmes landaises et de l'intensification de la concurrence ; certaines sont ébranlées (Flamand Saint-Isidore en 1989) tandis que s'esquissent les regroupements indispensables. Enfin, si certains espoirs de redémarrage qui avaient été entretenus pour certaines sociétés vacillantes sont parfois confirmés, d'autres sont souvent déçus dans les années 1980, surtout quand la hausse des taux d'intérêt et la récession, vers 1982-1985, aggravent les difficultés d'exploitation des firmes fragiles ; c'est ainsi que la verrerie Domec s'affaisse en 1987 après plusieurs soubresauts, accompagnée par plusieurs PME sur lesquelles la banque conservait des créances plus ou moins gelées.

3. Les aléas de la banque de crédit aux entreprises

L'expérience et le savoir-faire de ses dirigeants parviennent à contenir les attaques des crises conjoncturelles ou structurelles ; ils ont pu réduire ses engagements dans des firmes fragiles ou menacées. Pourtant, la solidarité des pools bancaires freine le désengagement des établissements devenus peu ou prou solidaires, ce qui réduit la mobilité d'une maison désormais dépendante des décisions des « chefs de file » de ces pools. Elle a dû accorder une confiance peut-être excessive à des clients à qui la liait une intimité historique, alors que leurs comptes réels ou certaines de leurs initiatives spéculatives ou commerciales auraient pu être sources d'inquiétude. Quel que soit le talent des banquiers, l'ampleur de la vague de défaillances dans les années 1974-1982 a bousculé les diverses équipes de la Bordelaise qui voyait s'effondrer des pans de son fonds de commerce. Plusieurs tableaux permettent de percevoir l'évolution sensible du contenu des activités économiques de la maison de CIC entre les années 1950 et le tournant des années 1990, d'autant plus qu'une bonne part de sa clientèle de banque d'entreprise est constituée de PME, particulièrement fragiles devant les secousses des récessions et de la Grande Crise : une recomposition sectorielle reflète les mutations en profondeur du tissu économique des divers bassins économiques de l'aire de rayonnement de la maison.

Tableau 4. Répartition (en pourcentage) des encours de crédits de la Société bordelaise en septembre 1954, par type d'activité économique

Négoce des vins et spiritueux	17
industrie des corps gras	10,3
Négoce des denrées d'origine coloniale ou exotique	6,5
Fabrication de chaussures	4,4
BTP	4,4
Papier-carton	3,6
Scierie, travail mécanique du bois, fabrication de meubles	2,7
Industries agroalimentaires diverses	2,7
Négoce de produits chimiques et pharmaceutiques	2,3
Caoutchouc	2

Tableau 5. Répartition (en pourcentage) des autorisations de crédits de la Société bordelaise en novembre 1981, par type d'activité économique

Négoce des vins et spiritueux	10,65
Btp	9,17
Textile, habillement	4,91
Agroalimentaire	4,36
Négoce du bois	3,84
Métallurgie, mécanique	3,65
Papier	3,47
Négoce de denrées alimentaires	3,40
Exploitation forestière	3,24
Transit maritime	1,81
Transporteurs	1,77
Négoce de matériaux de construction	1,56
Négoce d'automobiles	1,32
Viticulteurs	0,78
Médecins	0,26

**Tableau 6. Répartition (en pourcentage) des encours de crédits
de la Société bordelaise en 1989, par type d'activité économique**

Commerce	27,3
BTP	10,2
Divers services	7,1
Agroalimentaire	6
Transports	4,6
Promotion immobilière	4,3
Chimie, pharmacie	4,3
Bois	3,9
Textile, cuirs	3,8
Métallurgie, mécanique	3,7
Electronique	1
Arts graphiques	0,6

**Tableau 7. Répartition des 147 plus gros clients de la Société bordelaise
au premier trimestre 1990, par taille du chiffre d'affaires (en francs)**

Supérieur à un million	12
entre 500 000 et un million	12
200 000 à 500 000	33
100 000 à 200 000	36
10 000 à 100 000	54

**Tableau 8. Répartition des engagements de la Société bordelaise
en septembre 1990 (en millions de francs)**

Sociétés dont le chiffre d'affaires est supérieur à 200 millions de francs	165,2
Sociétés dont le chiffre d'affaires est inférieur à 200 millions de francs	859,8
Entrepreneurs individuels	225,2
Particuliers	558,8
Total	1833,8

Aussi la banque doit-elle, au travers de ces vagues successives de destruction du tissu économique méridional, développer son service Contentieux, constituer des provisions pour comptes litigieux – le stock de créances contentieuses s'élève à 200 millions de francs en 1987 –, puis amortir des créances irrécouvrables afin d'éponger quelques dizaines de sinistres lourds et, à plusieurs reprises, assainir en profondeur un portefeuille de créances chargé de petites entreprises fragiles, qui trébuchent ou disparaissent.

Tandis que la Bordelaise voit ses secteurs de base s'effriter, certaines de ses agences sont secouées quand elles voient leurs meilleurs clients trébucher, comme celle de Béziers avec la chute de Joseph Mas. Après la disparition de la chapellerie, active dans la bourgade de Caussade, l'agence de Montauban voit les rebonds de la crise des années 1980 enlever deux gros comptes, un industriel de l'habillement sportswear et son premier client, un fabricant de sièges en plastique. Or, quand la banque perd un client ancien, elle abandonne des « conditions » intéressantes : c'est que celui-ci, au fil des ans, avait accepté des taux parfois supérieurs à ceux qu'il aurait trouvés ailleurs, car il appréciait la qualité des services que lui rendait l'agence et surtout pouvait lui être reconnaissant de son soutien dans les moments difficiles. Les clients nouveaux que la banque doit démarcher pour reconstituer son fonds de commerce doivent être séduits par des « conditions » alléchantes, moins rentables pour le banquier, d'autant plus que toutes les banques concurrentes tentent de se l'arracher ou d'obtenir une part plus grande au sein de son pool. Les diverses crises, conjoncturelles et structurelles, qui secouent le grand Sud-Ouest sont donc lourdement préjudiciables pour la Bordelaise : elle y perd une substance commerciale et des revenus abondants ; elle en subit les conséquences sur ses comptes contentieux ; enfin, elles débouchent sur un manque à gagner important. De tous côtés, sa rentabilité est agressée, ce qui explique une bonne part des déficits constatés pendant cinq années : en 1978, en 1982, 1983, 1988 et 1989.

*

L'ébranlement des bases territoriales d'une banque trop régionale

Dès les années 1950-1970, sur plusieurs places du Sud-Ouest, des firmes sont englouties par une mauvaise gestion mais surtout par le déclin de leur branche ou activité ; la croissance est sélective, qui raye les sociétés peu aptes à résister aux mutations structurelles ; aussi la Bordelaise voit-elle plusieurs bastions de ses affaires perdre de leur force, en particulier le « gros rouge » languedocien et, peu à peu, le négoce africain et les huileries girondines. La crise de l'économie vinicole girondine du milieu des années 1970 ébranle l'assise d'une clientèle classique dans le négoce, mais aussi dans la grande propriété. C'est surtout la Grande Crise qui balaye les bases de sa clientèle et frappe plusieurs branches industrielles historiquement fortes dans l'agglomération girondine et dans de nombreuses bourgades du Sud-Ouest. Face aux défis des bouleversements de l'économie méridionale, la banque régionale a t-elle pu déployer suffisamment de vigueur pour résister à ces chocs ?

CHAPITRE XIV

La capacité de résistance de la banque régionale (dans les années 1950-1970)

Est-ce à dire que la Société bordelaise a fini par vivre dans un désert économique ou un cimetière d'entreprises ? N'oublions pas que – dans le seul rayon de Bordeaux, il est vrai – sa clientèle d'entreprises ne comportait en 1953 que 383 sociétés[1] : cette base était relativement étroite et un rétrécissement excessif pouvait saper sa solidité. Or des pans entiers de son fonds de commerce sont balayés, ce qui contribue à tarir plusieurs sources d'affaires. Ce serait oublier que, dans les années 1950-1970, des pôles de prospérité résistent vaillamment aux coups de boutoir des crises conjoncturelles et structurelles. Si ces dernières re-définissent la place de cette économie au sein d'une division européenne du travail, elles suscitent en retour l'affirmation de branches et d'entreprises qui sont autant d'opportunités d'affaires nouvelles pour la banque régionale. Encore fallait-il que celle-ci montrât des aptitudes à accompagner le développement des forces vives du grand Sud-Ouest, à affirmer ses qualités et sa spécificité.

1. Les talents de la banque régionale

La banque régionale dispose d'une taille lui permettant une meilleure capacité d'écoute des mutations de son environnement, car elle est riche d'une nature originale, faite d'intimité avec les entreprises de ses terroirs. La spécificité de la Société bordelaise s'est maintenue au travers des décennies : elle se considère comme ce qu'on appelle dans la profession une « banque privée », en un mélange subtil entre la banque locale, forte de ses crédits en blanc, la maison de Haute Banque, gestion de fortune en moins, la banque d'affaires, engagements longs en moins, et la banque d'escompte. Son profil est aussi celui d'une « banque privée » parce ses dirigeants entretiennent encore des relations de personne à personne avec leurs clients, même si la taille des entreprises empêche souvent désormais de maintenir le type de crédits personnels de jadis : tout repose sur la confiance réciproque, sur le capital relationnel. On ne s'interroge pas sur le bien-fondé des choix du client, à qui on accorde

---

[1] Estimation de la Banque de France : nombre de crédits déclarés, 6 janvier 1953.

une confiance entière, sans examiner sa stratégie, ses méthodes : c'est une communauté des affaires et de la « bonne société » girondine. Daniel Guestier, de Barton & Guestier, est administrateur de la Bordelaise ; Blanchy est administrateur de Bardinet, ce qui facilite les contacts informels et l'ouverture de la bourse de la banque. Ainsi, « Chalès préférait peser lui-même ses risques, avec des risques qu'il connaissait. C'étaient des risques difficiles à gérer, car beaucoup de produits sont spéculatifs (denrées, matières premières, vins) »[2]. Ces mentalités expliquent que soient maintenus les rapports financiers classiques, fondés sur l'escompte et sur l'octroi de découverts substantiels mais souples. La banque donne de l'élasticité à la gestion de l'entreprise, surtout en Gironde où l'économie vit longtemps au rythme des crédits saisonniers, des « campagnes » africaines et huilières, des ventes des vins et des bois. Le découvert, la facilité de caisse, le crédit de trésorerie en blanc, le crédit de campagne et toute une palette de prêts sont ainsi les appoints nécessaires des fonds de roulement des firmes clientes, en une complémentarité féconde entre banque et entreprise.

C'est tout l'art du banquier d'accentuer sa part dans ces divers flux, pour accroître le volume de ses activités, de ses ressources et intérêts, d'où des démarches et négociations parfois serrées, qui permettent d'intensifier les liens personnels avec les dirigeants des sociétés, d'apprécier la réalité de l'intimité espérée entre les deux partenaires. Aussi la Bordelaise est-elle fière d'être le « principal banquier » d'une firme importante et renommée, de capter l'essentiel de son mouvement de compte ; l'attribution d'un crédit nourrit celui-ci, les deux vont de pair. D'ailleurs, elle en fait souvent une condition pour l'octroi de ses crédits privilégiés, pour le renouvellement et surtout l'extension rapide et exceptionnelle de ses découverts, pour accepter l'escompte de papier financier. Elle surveille donc le rapport entre le chiffre d'affaires du client et les flux qu'il entretient chez elle, et réagit lorsqu'une disparité choquante indique que ses concurrents ont grignoté sa part. Les dirigeants de la banque, ceux des agences ou du Siège, et de la société se rencontrent donc régulièrement.

Quand fidélité et confiance règnent, la Bordelaise reste la « banque des coups durs » : comme dans les années 1930, elle sait épauler les clients intimes, en particulier en 1947-1949 quand la politique du crédit se fait restrictive et pendant la récession de 1952-1954 qui est rudement ressentie à Bordeaux, par exemple pour la maison Touton, que les banques sauvent malgré ses déboires financiers. Encore en 1973-1977, elle soutient avec constance les clients anciens que la crise ébranle et que les grandes banques souhaitent » exécuter » sans hésitation. Lors de

---

[2] Témoignage d'un ancien dirigeant de la Bordelaise.

« l'affaire Cruse », quand cette maison de négoce de vins vacille dans la crise de spéculation, Blanchy s'affirme ainsi en arbitre influent entre une famille si proche de sa banque et des établissements impatients : c'est lui qui tente d'obtenir des délais quand les échéances se précipitent et de préserver le pouvoir familial dans les projets de réorganisation de la maison de négoce, même si les illusions de ses gestionnaires les conduisent à une rupture avec leurs banquiers. De même, dans « l'affaire Ginestet », quand la maison de négoce est victime de la même crise, elle tente, au nom « des relations très anciennes qui unissent la famille Ginestet à la Bordelaise », de se poser avec doigté en arbitre convaincant entre un patron arc-bouté sur ses positions et des banques impitoyables : « La Bordelaise ne veut en aucun cas apporter son concours à une entreprise qui lui paraîtrait contraire aux intérêts familiaux de ses clients »[3], sans succès d'ailleurs tant les deux parties affirment leur hostilité réciproque.

Dans beaucoup de négociations de contentieux concernant les firmes défaillantes de ces années sombres, la Bordelaise, forte de sa connaissance aiguë de la place, des caractères et compétences, est l'une des plus patientes des banques, bien que, finalement, elle soit obligée de se rallier aux mêmes conclusions que ses consœurs quant au destin de nombre de dossiers. On peut cependant penser que l'effondrement de nombre de clients dans ces années 1970-1980 a sapé la base du métier de « banquier privé », qui a tout simplement perdu la majorité de ses interlocuteurs traditionnels. Dans le même temps d'ailleurs, le renouvellement fréquent des dirigeants de la banque a pu contribuer à accentuer ce desserrement de l'intimité coutumière. Ces méthodes reposant sur la confiance se sont avérées en revanche parfois une source de désillusions : le banquier accordait son crédit, faisait confiance à un client, mais, en de multiples occasions, celui-ci a pu le décevoir, par des opérations financières fragiles, par la tenue de comptes fallacieux.

L'originalité essentielle de la Bordelaise réside en fait dans ses méthodes : confiance et souplesse dans l'exigence de renseignements, ce qui évite au client de ressentir la tutelle d'une bureaucratie bancaire pesante ; élasticité des crédits placés hors des pools, des découverts et facilités de caisse, qui reposent largement sur ce contact immédiat entre le « banquier privé » et le client. La proximité entre les clients et les décideurs est donc essentielle. La relative permanence des cadres de la maison – en agence, dans les directions régionales ou au Siège – leur permet de bien connaître le marché, la place où ils travaillent. Nombre de maisons sont chiches en informations sur leur stratégie, le chiffre d'affaires de leurs diverses activités, leurs comptes mêmes ; elles se

---

[3] Note du 18 avril 1977.

contentent de fiches succinctes, d'appréciations vagues sur leurs stocks et leur passif. Or Chalès, Blanchy et leurs adjoints connaissent intimement les sociétés clientes les plus importantes – tout comme les directeurs en agence. Un témoin a noté que Lamey, l'un des directeurs du Siège de part et d'autre de la guerre, était un remarquable agent de renseignements, « connaissait tout sur tout le monde », ce qui était indispensable à une époque où, finalement, la Bordelaise continuait à accorder du « crédit personnel ». On comprend toute l'importance des liens directs entre le banquier régional et ses clients essentiels, l'utilité des relations hors affaires au sein du patriciat girondin.

Pourtant, la banque régionale est menacée de banalisation par la poussée des procédures administratives : la Banque de France a imposé une « centralisation des risques » en effectuant pour chaque firme l'inventaire des crédits accordés par les diverses banques ; l'introduction du crédit à moyen terme a exigé le montage de dossiers explicites. Le secrétariat de la Bordelaise monte ainsi dans les années 1950 des fichiers de risques, avec des données qui tranchent par rapport à la discrétion coutumière et qui permettent des analyses types de bilans. Cependant, la banque régionale a pu sauvegarder sa spécificité ; en effet, grâce à la déconcentration relative des responsabilités pour les autorisations de crédits, les directeurs de succursale et d'agence peuvent réagir vite pour les petits dossiers. Les grosses lignes de crédit sont accordées sans trop de délai ; or les dirigeants sont plutôt proches de leurs agences et succursales et connaissent assez bien leur terroir : après tout, le stock de sociétés dont ils examinent les demandes n'évolue que peu à peu et il suffit d'actualiser les données de leur dossier. Le comité des engagements, désormais dégagé de la tutelle parisienne depuis l'après-guerre, se réunit souvent, ce qui permet de « boucler » un dossier en moins d'une semaine, parfois même en trois-quatre jours, surtout pour les sommes d'un montant moyen et les prêts classiques. Les grandes banques n'ont commencé à déconcentrer leur processus de décision au sein de délégations régionales que dans la seconde moitié des années 1970, ce qui laisse longtemps à la Bordelaise un avantage significatif par rapport au va-et-vient des dossiers entre Paris et le Sud-Ouest.

2. La Société bordelaise et le régionalisme financier

Devant l'affaiblissement de plusieurs branches économiques du grand Sud-Ouest dans les années 1950-1970, une « banque régionale » aurait dû épauler directement les patrons qui souhaitaient sauver, créer ou développer leur entreprise : cette conception plutôt saint-simonienne ou volontariste fait de la banque un levier du redécollage régional, d'où des débats sur la mission des banques régionales et donc une interrogation sur l'ouverture de la Société bordelaise à ces méditations sur sa fonction stratégique éventuelle. Alors que, dans les années 1950-1960, plusieurs cercles d'influence et de décision s'engagent dans une réflexion sur le « développement régional », sur les carences de l'esprit d'entreprise et la crise de langueur du Sud-Ouest, on aurait pu s'attendre à ce qu'une banque régionale devînt un instrument privilégié de ce mouvement. Or la Bordelaise ne semble pas avoir réellement envisagé de dépasser la conception traditionnelle de son métier ; la campagne de publicité du groupe CIC en 1971 « développant l'idée de puissance nationale et de compétence régionale »[4] est restée une bonne déclaration d'intention. Chalès et Blanchy ne sont pas cités par les témoins parmi les éléments du patronat aquitain qui se sont engagés dans les années 1950-1960 dans les débats sur le destin de l'économie régionale, bien que la banque ait participé au capital et au conseil d'administration du Centre d'expansion de Bordeaux et du Sud-Ouest créé en 1955 – le futur Comité d'expansion Bordeaux-Aquitaine, l'un des leviers de la réflexion de l'équipe Chaban-Delmas. C'est l'effet de leur discrétion, mais aussi d'une conception de la banque, qui reste une banque de circulation de l'argent court, peu préoccupée de « l'argent long », de ce qu'on appelle depuis quelques années le « haut de bilan », le « capital-risque » ou le « capital-développement ».

Néanmoins, une réflexion sur le rôle moteur éventuel de la banque régionale ne peut écarter l'idée que celle-ci aurait pu apporter des réponses spécifiques à la crise d'adaptation que le Sud-Ouest semblait vivre à partir des années 1950. Des témoins estiment que la Bordelaise des années 1950-1970 aurait pu être moins discrète dans les tentatives de revitalisation financière de la région, en particulier lors des négociations visant à constituer un établissement financier régional capable d'étayer les entreprises moyennes en développement et en mal de ressources longues. Or nombre des gros clients de la banque qui s'écroulent dans les années 1968-1980 sont dynamiques, gérés avec une bonne honnêteté comptable, mais ils ont assis leur croissance rapide sur des fonds propres trop réduits, sur des fonds de roulement dépendant trop des crédits bancaires, sur une trésorerie trop étroite. C'est le cas de Souillac, de Desse, d'Olibet – dont « la trésorerie est exsangue » (1972) –, de Carde, de Joseph Mas, etc. Toutefois, lorsque se constitue en 1955-1958 la Société de développement régional Expanso[5], la banque s'assoit au conseil d'administration, souscrit tant au capital qu'au message officiel d'aide au développement régional ; pourtant, elle semble rester plutôt spectatrice et rechigner à suivre certaines augmentations de

---

[4]   Procès-verbal du conseil d'administration du 16 décembre 1970.

[5]   Cf. H. Bonin, Véronique Lassalle-Fossoul & Florence Jaud, *Histoire de la Société de développement régional Expanso-SDR (1957-1995)*, Bordeaux, L'Horizon chimérique, 1997.

capital. Aurait-elle considéré cet organisme comme trop audacieux, comme destiné à mettre de l'argent en péril dans des investissements risqués et trop longs ? En tout cas, il souhaitait immobiliser des fonds par des prêts à long terme et des prises de participations dans des firmes alors que le banquier se maintient dans une stricte fonction de prêteur court.

Des témoins – il est vrai engagés – affirment que la Bordelaise, contrairement, par exemple, à Louis Blanc, de la banque dacquoise Pelletier, second président d'Expanso en 1958, ne se serait pas fait l'apôtre de la complémentarité entre la banque de dépôts et Expanso, sans que, par ailleurs, elle n'ait envisagé de se doter d'un outil semblable. Peut-être aussi craignait-elle que cette SDR ne fût le noyau d'un établissement financier concurrent ? Souhaitait-elle conserver ses relations privilégiées avec les entreprises alors qu'Expanso montait une équipe de démarcheurs auprès des firmes ? Il semble que cette mobilisation financière rebutait la banque, fidèle à ses traditions, à sa prudence, à son fonds de commerce, à ses coutumes. Tout en participant aux instances dirigeantes, au Conseil des SDR, elle pensait certainement que de telles innovations étaient redondantes avec son offre de découverts ou de crédits à moyen terme mobilisables, d'autant plus que, malgré les restructurations sectorielles récurrentes, les Trente Glorieuses assuraient au grand Sud-Ouest une ultime prospérité aux industries de biens de consommation et l'installation d'industries nouvelles. La banque a t-elle inscrit systématiquement les prestations d'Expanso parmi la palette de produits financiers qu'elle offre à ses clients ? L'a t-elle promue auprès de ses clients comme l'ont fait dans les années 1960 les succursales de certaines banques nationales (le CCF et la Société générale) impatientes devant l'inertie aquitaine ? Pourtant, elle ne peut qu'être satisfaite finalement de l'intervention d'une SDR puisqu'elle étaye les ressources longues de certaines firmes clientes, comme Papeteries de Gascogne[6] ou Soulé. Vaille que vaille, les fonds des SDR viennent compléter les crédits bancaires chez plusieurs clients. Parfois, on ne songe au recours à Expanso que quand il est trop tard, quand la SDR ne peut décemment accepter son appui sans mettre en péril son engagement, ce qui se passe pour Souillac en 1980.

La Bordelaise aurait-elle connu elle aussi une « paisible assurance »[7] l'incitant à se complaire dans l'entretien d'un fonds de commerce

---

[6] Casimir Monteil, Jacques Crouau et Pierre Rousset, *Le groupe Gascogne. Une aventure industrielle née de la forêt, 1925-2000*, Bordeaux, Éditions Confluences, 2000 (deux volumes).

[7] Jacques Lagroye, *Chaban-Delmas à Bordeaux. Société et politique*, Paris, Pedone, 1973, p. 31.

traditionnel, voire prestigieux, dont elle ne pressentait pas le destin ? Se serait-elle satisfaite à bon droit de son métier traditionnel ? On pourrait relever un manque d'initiative (donc un manque à gagner ?), d'imagination, dont la Bordelaise n'est guère responsable, car, au fond, presque toutes les banques provinciales ont montré les mêmes lacunes, en particulier celle que, en seconde partie, nous présentions comme une référence, la Société marseillaise de crédit, plutôt assoupie dans les années 1960-1970. C'est la conception stratégique du groupe CIC lui-même qui est en cause au tournant des années 1980, puisque sa vocation, ses fonctions sont amplement débattues par ses dirigeants privés ou publics. Il semble manquer de mobilité, de capacité de réponse aux besoins financiers régionaux, alors même que son originalité est cette structure confédérale de banques provinciales[8].

Le groupe n'offre guère d'équipes ni de structures aptes à épauler la Bordelaise dans une promotion éventuelle des initiatives régionales. L'Union des banques régionales, créée en 1929 pour le crédit à moyen terme, ne rayonne pas de dynamisme et sert d'étai à certains crédits moyens, avec quelques ingénieurs-conseils ; la Bordelaise l'utilise ainsi en 1965 pour aider le laitier Graciet, dont elle est le principal banquier, à moderniser son usine landaise. Aucune équipe ou organisme spécialisé dans le « haut de bilan », le montage d'opérations financières visant à élargir les fonds propres ou les ressources longues des PME n'a été conçu avant la SOPARCIC, créée par le groupe CIC en 1972, et la Compagnie de financement industriel, chargée de s'essayer à l'ingénierie financière, mais leur action n'est pas évoquée dans les documents de la Bordelaise et donc, dans le Sud-Ouest, semble avoir été chétive. C'est que le groupe n'entretient nulle tradition d'ingénierie financière, ce que note le Comité d'exploitation en 1978-1979, quand il se désole de l'absence d'une « structure de groupe » pouvant intervenir en relais des banques régionales. Le rattachement au groupe financier Suez en 1972-1984 n'a d'autre part procuré aucun outil aux banques du CIC puisque aucune « synergie » entre la banque d'affaires et d'entreprise Indosuez et le CIC n'est apparue[9].

Aussi la Bordelaise est-elle livrée à elle-même ; or elle n'a aucune tradition d'action financière. Ses achats de titres se sont toujours cantonnés dans des placements fluides et sans importance, et elle n'a jamais envisagé de prises de participations dans des sociétés du Sud-Ouest. Les seuls paquets d'actions qu'elle a détenus ont été les titres obtenus lors

---

[8] Nous l'avons en particulier analysé, pour les années 1971-1984 dans notre histoire de Suez, alors propriétaire du CIC : *Suez. Du canal à la finance (1857-1987)*, Paris, Economica, 1987.

[9] *Suez, op. cit.*, en particulier p. 494-498.

des règlements de contentieux, quand des firmes défaillantes lui ont cédé des valeurs qui servaient de gage : ce fut le cas avec les rhumiers en 1931 lorsqu'ils en font une grosse actionnaire de la plantation et sucrerie antillaise de Beauport. Banque d'escompte et de découverts avant tout, elle ne conçoit guère d'outrepasser sa fonction : sa prudence viscérale, clé de sa liquidité et de rentabilité, l'y incite. Les pratiques bancaires l'y poussent, car on imagine peu alors que naisse une sorte de « banque d'affaires régionale ». Les coutumes et les règles de la profession dominent alors, dont la Bordelaise n'est en rien responsable. Une telle analyse sur la contribution de la banque au développement régional pêche par un fort anachronisme et, avec quelque prétention intellectuelle, reporte dans le passé de cet après-guerre et des Trente Glorieuses des préoccupations cristallisées surtout dans les années 1980. À l'époque, de par la loi bancaire de 1945, des statuts spécifiques de banque de dépôts, de banque de crédit à moyen terme et de banque d'affaires avaient été précisés ; or la Bordelaise avait choisi celui de banque de dépôts, ce qui limitait sa capacité d'agir en « banque financière » comme le font les grandes banques aujourd'hui, en pratiquant ce qu'on appelle « la banque universelle » ; la loi de 1945 stipule ainsi que les banques de dépôts ne peuvent investir dans des prises de participation dans des entreprises des sommes dépassant certains pourcentages de leur propre capital et de leurs ressources propres.

La banque de dépôts et d'escompte se contente traditionnellement, il est vrai, d'accompagner le mouvement de l'économie. Si des branches vacillent, si des clients commencent à défaillir, le banquier les suit tant qu'ils alimentent des courants d'affaires intéressants, par des mouvements de compte et des occasions de crédit. Dès que le risque s'accentue, il allège son engagement avec doigté, tente parfois de se retirer, mais, on l'a vu, la Bordelaise reste assez fidèle. Quand le drame se noue, elle se retrouve « collée » et son habileté consiste à récupérer un maximum de sa créance, que la firme survive ou qu'elle décède. En aucun cas, elle ne tente d'apparaître comme un « financier », de détecter des repreneurs, de monter un plan de restructuration financière par apport de fonds propres, de s'occuper de la succession de dirigeants décédés ou incompétents. Chef de file chez Desse, entreprise solide qui avait réinvesti ses profits en fonds propres, elle n'a pu enrayer le déclin de la société après la mort des deux frères Desse et surtout avec le repli des débouchés au milieu des années 1980 : elle suit les résultats d'exploitation attentivement, rencontre les dirigeants aisément d'autant plus que trois de ses administrateurs sont au Conseil de la firme, mais son destin industriel la frappe impitoyablement. Aussi, dans toutes ces affaires dramatiques, le pool bancaire se contente d'un rééchelonnement des remboursements, ou, dans l'impossible, de la liquidation des actifs : il ne peut que prendre acte de l'impuissance ou de l'ineptie des dirigeants.

Ce n'est pas la banque qui aurait pu prendre l'initiative de réorganiser l'huilerie bordelaise, même si ses dossiers suivent pas à pas ses insuffisances, par exemple à propos de la Grande Huilerie bordelaise, seconde firme nationale en 1959 : vieillissement des équipements, absence de marque nationale et de vente en bouteilles, faiblesse des fonds propres « pour porter des chiffres d'affaires en expansion » (1957), lourdeur des immobilisations et des stocks, financement bancaire du fonds de roulement, retard des amortissements comptables pour ne pas faire apparaître de déficit, rentabilité faible. La banque provinciale repose sur les initiatives des patrons régionaux. Elle ne peut se substituer à eux lorsque leur esprit d'entreprise s'effrite, lorsqu'ils manquent d'envergure et ne parviennent pas à prendre conscience des mutations des marchés et de la nécessité de quitter la « clairière » bordelaise – un îlot d'entreprises industrielles et tertiaires dans une région sous-industrialisée – pour acquérir une dimension nationale. La crise qui ronge dans les années 1970-1980 nombre de PME surgies dans l'élan de la croissance des années 1950-1960 renouvelle d'ailleurs le mouvement d'effondrement des firmes moyennes héritées de l'avant-guerre.

La Société bordelaise reste une banque « classique » ; c'est son métier et sa réussite, elle n'est pas dirigée par de nouveaux frères Pereire saint-simoniens. Il ne s'agit pas de porter une firme, une branche, une région à bout de bras, de pallier les déficiences des entrepreneurs, structurelles – le « syndrome de la clairière », la vulnérabilité financière[10] – ou ponctuelles. « La parole est aux banquiers », titre *Sud Ouest* en 1980 à propos de Souillac, mais le cas du gros laitier Graciet qui, bien que soutenu par d'amples crédits de l'UBR et d'Expanso en 1960-1965, n'a su résister à l'offensive des coopératives, ou celui de la Grande Huilerie bordelaise, qui, malgré l'étai de crédits du Crédit national[11] et d'Expanso, n'a pu franchir le cap de la grande entreprise nationale, suggère quelle a pu être la position de la banque dès cette époque : il n'était ni dans la vocation ni dans les compétences techniques et légales de la Bordelaise d'être une banque d'affaires régionaliste. L'essentiel de son activité est placé sous l'égide du court terme : le portefeuille-effets, c'est-à-dire l'escompte, et les crédits courts sont la

---

[10] Cf. les analyses du patronat familial conduites par Jacques Lagroye, *Chaban-Delmas à Bordeaux. Société et politique*, Centre d'étude et de recherche sur la vie locale de l'IEP de Bordeaux, Paris, Pedone, 1973, p. 37-48. Voir aussi les pages écrites par Joseph Lajugie dans : *Histoire de Bordeaux au XXe siècle*, Bordeaux, Delmas, 1972.

[11] Cf. Patrick Baubeau, Arnaud Lavit d'Hautefort, Michel Lescure, *Le Crédit national. Histoire publique d'une société privée, 1919-1994*, Paris, JC Lattès, 1994.

base de son activité entre 1936 et le début des années 1970, les placements très liquides mobilisant même entre 10 et 20 % de son actif. Même si elle avait été tentée par une intervention plus financière, en aurait-elle eu la possibilité ? Ne peut-on penser que la Bordelaise a pu souffrir d'un handicap avec une certaine inadaptation de ses moyens financiers aux exigences d'une banque régionale ? Celle-ci, en bonne banque de dépôts, a-t-elle pu dilater suffisamment ses crédits durables ? N'a-t-elle pas été bridée par la nécessité de préserver sa liquidité, de diviser ses risques et d'éviter toute « commandite », c'est-à-dire l'immobilisation prolongée de ses fonds ? Plus délicate est l'appréciation de l'envergure de la Bordelaise face à la dimension géographique de son nouveau champ d'activité : a-t-elle disposé de ressources, d'un stock de fonds propres suffisant ? Le CIC lui a-t-il consenti assez de capital ? La fusion avec la Toulousaine et Soula a dilaté ses fonds propres à la mesure de sa nouvelle envergure, puis, dès 1941-1942, la banque veut être prête pour la reconstruction qui doit suivre la fin de la guerre : comme beaucoup de sociétés à ce moment-là, elle augmente donc sensiblement ses ressources propres en 1941 et 1942, jusqu'à 18 millions d'euros actuels. Pourtant, les fonds propres de la banque se replient au-dessous de la dizaine de millions d'euros actuels entre 1945 et 1960 : l'inflation a rongé à plusieurs reprises la capacité financière de la maison sans que les multiples augmentations de capital (quinze entre 1939 et 1973) aient l'ampleur suffisante pour les regonfler. Même dans les années 1960 d'ailleurs, ils plafonnent juste au-dessus d'une dizaine de millions d'euros actuels. Cependant, si le capital social n'évolue que modestement, la faveur traditionnelle de la banque envers la constitution de réserves abondantes est maintenue ; les réserves extraordinaires dépassent même souvent le capital, comme à la fin des années 1970. On saisit l'importance cruciale de l'affectation aux réserves d'une part substantielle des profits ; la tradition de sagesse de la Bordelaise est respectée et même amplifiée.

Malgré ces efforts, les fonds propres de la Bordelaise ne franchissent pas des seuils significatifs. C'est seulement à partir de 1968 qu'ils, quand Blanchy accentue l'augmentation des réserves, commencent leur ascension vers la vingtaine de millions d'euros actuels, franchi en 1973 grâce à une augmentation de capital, dont les effets sont toutefois aussitôt effacés par la forte inflation des années 1970, ce qui explique le plafonnement des fonds propres autour d'une petite vingtaine de millions d'euros actuels en 1974-1982. Même si ses fonds propres ont quadruplé entre 1948 et 1973 – d'environ 4,5 millions d'euros actuels à une vingtaine de millions –, ce stock reste modeste et l'on conçoit que la Bordelaise était une banque de dépôts consacrée aux crédits assez courts et qu'elle ne pouvait prendre des risques incompatibles avec sa nature.

Quand, à la fin des années 1970, le changement des « règles prudentielles » incite les banques à dilater les fonds propres, quand les pouvoirs
publics les poussent à les gonfler pour mieux couvrir leurs risques et ne
consentent à alléger l'encadrement du crédit qu'en établissant un rapport
entre l'autorisation d'une augmentation des encours de crédits et
l'accroissement du capital bancaire, on ne constate guère de changement
sensible, même si le capital nominal est accru fortement en 1979 et en
1981 : ce ne sont que de petites hausses qui ne modifient en rien la
faiblesse de la capacité d'intervention financière de la Bordelaise.

Elle aurait pu solliciter avec plus d'ardeur le marché financier pour
gonfler ses ressources car, au fil des décennies, l'actionnariat de la Bordelaise a connu une nette évolution. Si le CIC s'est affirmé comme le
parrain de la banque, il a laissé sa part glisser peu à peu, afin de ne
détenir que les cinq sixièmes du capital puis même, dans les années
1970, les deux cinquièmes. Dans le même temps, la répartition des
actionnaires a été bouleversée : alors qu'ils étaient pour l'essentiel
extérieurs à l'Aquitaine en 1880, quand les fondateurs de la banque
avaient du mal à vaincre les hésitations des rentiers du cru, ils sont
largement issus du grand Sud-Ouest en 1973 : une estimation élaborée à
partir des droits de vote recensés lors de l'assemblée générale extraordinaire indique le repli de la région parisienne et du reste de la province,
tandis qu'une quinzaine de départements appartenant au rayon d'action
de la Bordelaise ou limitrophes fournissent un tiers de l'actionnariat ;
l'Hérault, la Haute-Garonne et les Pyrénées-Atlantiques procurent 15 %
des droits de vote issus du grand Sud-Ouest, tandis que la Gironde a
percé avec les deux tiers, complétés par le fonds commun de placement
des salariés de la maison. Ainsi, en un siècle, la Bordelaise s'est dotée
d'un actionnariat régional ; cette évolution est proclamée par le transfert
de la cotation des actions de la banque de la Bourse de Paris à celle de
Bordeaux en décembre 1978.

Cette mutation est le résultat surtout de la confiance tissée dans le
monde des épargnants auprès desquels la banque a pu placer ses propres
titres. On saisit l'opportunité qui s'offrait de faire appel à ce vivier
d'actionnaires du terroir, que leur attachement aurait incités à participer
largement à d'éventuels élargissements du capital. Encore aurait-il fallu
que l'actionnaire majoritaire y consentît, car il aurait dû apporter de
l'argent frais pour maintenir sa part majoritaire, alors que la douzaine de
banques de son groupe sollicitaient toute sa bourse. Rendre le CIC
responsable d'un manque de ressources relève un peu de la facilité ; les
dirigeants de la banque ont pu ressentir quelques insuffisances récurrentes ; mais, s'ils l'avaient voulu, ils auraient certainement pu obtenir
gain de cause auprès des patrons du CIC. La clairvoyance incite à penser
qu'elle n'a pas éprouvé d'asphyxie financière avant le tournant des

années 1980 et qu'elle ne s'est guère souciée d'accroître largement ses fonds propres au-delà d'un minimum nécessaire à la couverture de ses immobilisations et de l'optimum utile à la prévention prudente des aléas conjoncturels, par le biais de l'alimentation des réserves. Au contraire d'une banque d'affaires, une banque de dépôts n'a pas alors besoin de disposer d'un épais matelas de fonds propres.

Elle n'a guère besoin de cet argent, car sa vocation n'est pas de s'immiscer dans la gestion de ses clients : soit elle leur accorde des crédits, soit elle ferme le robinet d'argent. Mais elle se contente de lire les bilans, d'en effectuer une lecture lui permettant de porter un jugement sur la solvabilité du client au moment de la décision et durant la durée prévue du crédit. Le « flair » domine encore pour appuyer une analyse qui est complétée par le jugement que porte le banquier – le directeur de l'agence, puis, au Siège, le responsable des engagements – sur le tempérament et le style de gestion du client, pour éclairer le comité des crédits qui prend la décision ultime, sur la vue du dossier et d'après l'expérience des relations de la banque – mais aussi de la Banque de France réescompteuse – avec cette firme. La banque dispose d'informations fragmentaires sur le destin de la branche dans la région, de la santé profonde de la société, sur l'efficacité de ses usines ou de sa distribution.

Le bilan lui-même n'est qu'un reflet partiel de la situation puisqu'il porte sur l'année précédente et que plusieurs de ses comptes sont susceptibles d'évaluations variables. Plusieurs PME clientes s'effondrent ainsi subitement alors que leurs comptes apparaissaient corrects à la communauté bancaire ; Dans ces cas limites, quel que soit le talent du responsable de l'estimation du bilan, il doit compter sur son flair, car « on ne sait jamais pourquoi une affaire capote. Les banquiers sont les derniers informés. Il est très difficile de voir si un bilan est vrai ou faux ; tous les bilans qu'on vous remettait étaient équilibrés », relève un ancien dirigeant de la banque. Enfin, il serait malséant et hors du domaine de compétence du banquier – en économie libérale décentralisée – de se targuer d'une capacité à évaluer la stratégie de l'entreprise cliente, d'autant plus que si elle avait émis quelques remarques auprès des clients, ceux-ci auraient certainement soldé leur compte. Pour être plus puissante, la Bordelaise aurait dû disposer d'une équipe d'analystes plus nourrie pour scruter les pans récents de l'économie de PME en essor, ou s'appuyer sur des équipes du groupe CIC. Elle aurait pu surtout concevoir une activité de conseil financier, inspirée par les constatations nourries à partir des bilans, de l'état de la trésorerie et du fonds de roulement du client, du respect des échéances. Il eût fallu par conséquent étoffer les équipes et surtout le portefeuille de compétences dans le renouveau du métier de banque d'entreprise.

Dans trop de dossiers de contentieux, la banque a dû se contenter de constater des dérives financières, annonciatrices de défaillances qu'elle ne pouvait enrayer, sauf à suspendre brutalement ses concours à la firme en cause. La qualité de la direction est alors plus la vigilance face aux risques de pertes qu'une stratégie de réorganisation des finances des entreprises clientes :

> On faisait le métier de banquier : on surveillait les risques. Le premier argent qu'on gagne, c'est celui qu'on ne perd pas. Le métier de banquier consistait à surveiller ses risques et à ne pas prendre de culottes. Et quand il y avait une affaire qui ne marchait pas, on cherchait à bien sortir du contentieux, en bon juriste. On surveillait les engagements de très près, le papier, les effets de commerce, de très près ; il y avait des remises d'effets tous les jours. La banque reposait sur deux notions : l'agio et le risque, pour ne pas perdre d'argent.[12]

Plus qu'au métier alors anachronique de « l'ingénierie financière » au profit de la réindustrialisation méridionale, la banque songe au métier classique mais nécessaire de la gestion de ses risques. Sa force se mesure en effet plutôt à son habileté à pressentir les défaillances de ses clients et à l'efficacité de son service du contentieux. Ainsi, Chalès conserve le souvenir des déboires des années 1930 et celui de « l'argent facile » à la Libération, quand il avait réagi vite face à la cascade d'impayés qui avait accompagné la reprise économique ; si la banque résiste à la tourmente de 1952-1955, c'est que, dès 1948-1949, elle ne cède plus à la griserie du crédit à-tout-va. Plus tard, quand elle s'inquiète du sort de certains risques, elle se contente souvent de quelques remarques semblables à celles que formule la succursale de la Banque de France lorsqu'elle s'inquiète du déséquilibre de l'escompte par rapport au chiffre d'affaires ; elle suggère le recours à l'affacturage, à l'assurance-crédit procurée par la SFAC, au crédit-bail mobilier, à la vente des biens personnels du patron pour en investir le produit en capital de la société, etc.

Quand le risque lui semble s'alourdir, elle exige des garanties sur les « biens sociaux » de la firme, des prises d'hypothèque, la caution personnelle des administrateurs de la société cliente, le nantissement à son profit des recettes à percevoir sur des marchés publics, pour les firmes de BTP ; elle peut solliciter un « audit », comme chez Carde en 1973. Elle peut aussi alléger discrètement sa présence au sein du pool, en un repli progressif, et comprimer ses crédits. Elle peut enfin suspendre son crédit, voire abandonner à son sort la firme trop fragile qu'elle n'estime plus digne de son soutien, car elle n'appartient pas au cercle de ses intimes, ou parce que le destin de sa créance est en jeu. On mesure les

---

[12] Témoignage d'un dirigeant de la Bordelaise, 1990.

limites conceptuelles qui limitent la puissance d'action qu'on souhaiterait attribuer à une banque régionale, puisque ses interventions en conseils ne jouent vraiment qu'après le dépôt de bilan d'une société, lorsque le pool bancaire discute de la possibilité de reprise et de démarrage. Quand elle a dû y être confrontée en cas de coups durs, la Bordelaise semble avoir déployé du talent dans la gestion de ses comptes litigieux et irrécouvrables. Son service du contentieux dénote une capacité juridique trapue pour récupérer une partie des sommes en péril, ainsi qu'une certaine habileté à louvoyer entre l'impatience des créanciers bancaires, soucieux d'une liquidation rapide pour « sauver les meubles » et l'expérience des hommes du Contentieux, épaulés par la sagesse de Blanchy, qui discernent souvent avec réussite l'opportunité d'un étalement de la liquidation, propice à une récupération progressive de sommes, d'ailleurs déjà passées en provision.

3. La capacité d'adaptation de la Société bordelaise

C'est donc avec le savoir-faire d'une banque de dépôts que la Bordelaise a tenté de s'adapter à la recomposition de l'économie du grand Sud-Ouest[13]. « Il nous paraît indispensable de développer notre clientèle commerciale au moment où nous constatons une diminution de nos anciennes relations »[14], proclame-t-elle ainsi en 1977. Des questions clés surgissent : la banque régionale a-t-elle bénéficié des courants d'industrialisation qui ont renouvelé le tissu productif ? A-t-elle offert des services financiers affûtés pour soutenir la réindustrialisation par essaimage à partir des pôles dynamiques ? Pour définir des réponses à ces questions, il convient d'évaluer la plasticité de la banque, sa capacité à détecter les marchés qui s'offrent à elle : a-t-elle été assez dynamique, souple ?

Une entrave à son élasticité a pu être sa tradition girondine, puisque, longtemps, elle a semblé être plutôt une juxtaposition de banques locales qu'une véritable banque régionale : la succursale de Bordeaux est longtemps restée un bastion privilégié, fort de sa clientèle de maisons huppées et prospères, tandis que les grosses agences pouvaient, avec un patron dynamique, entretenir et élargir leur fonds de commerce dans leur terroir, en une dichotomie entre le « centre » et une « périphérie » dont les dirigeants se méfiaient tout de même, bien que plusieurs d'entre eux aient disposé d'une bonne connaissance des économies locales puisqu'ils avaient, pour certains, fait leurs classes à la tête d'une agence. Plus pernicieux peut-être pour l'expansion de la banque régionale a été

---

[13] Cf. H. Bonin, « L'Aquitaine du XXᵉ siècle », in Anne-Marie Cocula (dir.), *Aquitaine, 2000 ans d'histoire*, Bordeaux, éditions Sud-Ouest, 2000, p. 113-129.

[14] Note du 2 mars 1977, à propos du dossier Soulé.

son relatif manque d'intimité avec le terroir de l'ex-Toulousaine. Les déboires de la Bordelaise dans le Languedoc, avec l'affaire Vinogel où les bilans qu'on lui avait montrés se sont avérés irréels, l'ont incitée à se méfier de contrées aux pratiques peu rassurantes.

La banque semble avoir été longtemps trop bordelaise pour vraiment développer des relations avec les communautés d'affaires du bassin garonnais et des rives méditerranéennes aussi profondes que celles que les décennies avaient tissées en Gironde, surtout quand de nombreux clients anciens ont disparu et quand les dirigeants régionaux hérités de la Toulousaine ont pris leur retraite. En 1954, le groupe de Bordeaux (de Bordeaux à Bayonne, Pau et Tarbes) portait les sept dixièmes des crédits de la banque, plus à l'aise le long de la façade atlantique que dans le grand Sud-Ouest. On ne peut conclure toutefois à un aveuglement chauvin de la maison. Certes, elle reste souvent absente des zones semi-rurales garonnaises où l'industrie et le négoce agroalimentaire se dilatent au rythme de la rénovation agricole. En revanche, elle sait réagir vite puisqu'elle ouvre une agence à Pardies, des bureaux dans les quartiers en essor de Toulouse et Pau. Nombre de patrons des agences, succursales et directions régionales sont suffisamment dynamiques et expérimentés – ce sont pour certains des « mousquetaires » de la Bordelaise, on l'a vu – pour ne pas laisser en friche leurs marchés. Enfin, elle a transféré la succursale languedocienne de Béziers à Montpellier en 1975, ce qui symbolise le déplacement du cœur des branches dynamiques des rives méditerranéennes, du « gros rouge » au « high tech ».

Le principal obstacle à l'expansion de la banque est la poussée de la concurrence sur les diverses places méridionales, marquée par la banalisation des relations entre le banquier et l'entreprise cliente et par le renouvellement des pratiques financières face aux mutations des besoins des firmes. Certaines sociétés n'aiment pas la Bordelaise qui, comme toute banque, a accumulé au fil des décennies des inimitiés, des différends, en particulier sur les tarifs, les volumes des crédits, etc. Quand la compression des crédits s'est parfois imposée, les dirigeants ont restreint les comptes de certaines firmes, qui, mécontentes, ont pu la quitter pour une consœur ; comme l'exprime un client en 1977 : « Il ne sera pas en peine de trouver d'autres banquiers. » La majorité des entreprises disposent de plusieurs banquiers, par souci de les mettre en compétition et de garder plusieurs fers au feu au cas où des besoins tenaillants de crédit surgiraient. Elles répartissent leurs dépôts, leurs mouvements de comptes, leurs remises d'escompte entre plusieurs établissements : les grandes banques nationales, en particulier, mènent une vive offensive, tandis que perce la Banque populaire du Sud-Ouest. La Bordelaise agit ainsi dans un environnement fortement concurrentiel, ce qu'accentue l'évolution du métier bancaire lui-même et de son environnement a contraint la banque à agir de moins en moins comme une « banque privée ». Beaucoup d'entreprises familiales se développent et, en sociétés anonymes importantes, s'insèrent dans les mécanismes bancaires désormais usuels dans la France de l'après-guerre, avec, en particulier, le système des pools bancaires, des « crédits consortiaux » : derrière une ou plusieurs banques « chefs de file », toutes les banques d'une société se répartissent le prêt qu'elles accordent en commun.

Les maisons sénégalaises et les huileries elles-mêmes s'insèrent dans ce nouveau système. Cela assure la transparence des relations de crédit, par une saine indication des risques encourus par chacune, et une harmonisation des « conditions » bancaires, des taux d'intérêt et délais de remboursement. L'intimité confidentielle entre le banquier et son client se dissipe néanmoins : la banque commerciale de crédit devient quelque peu « administrative » et, en tout cas, nécessite une action en commun avec les collègues, une action collective, en particulier pour l'évaluation du risque et, parfois, pour le contentieux. La Bordelaise s'en réjouit toutefois ; en effet, banque de dépôts de taille moyenne, elle doit diviser ses risques, éviter d'engager trop d'argent dans quelques prêts trop lourds. Le système des pools permet à chaque banquier de répartir ses risques et, pour elle, d'accéder aux « tours de table » que la communauté bancaire constitue. Même si elle n'obtient qu'une tranche modeste du crédit, elle peut figurer parmi les banquiers des entreprises de taille moyenne-grande et grande, sans trop d'inquiétude pour sa liquidité. C'est ainsi qu'une banque régionale comme elle peut devenir le banquier de La Cellulose du Pin, rester celui de Papeteries de Gascogne, accompagner la croissance du négoce des vins fins, rhums et spiritueux girondin, partager les risques des prêts aux firmes fabriquant des biens de consommation. Elle doit néanmoins essayer de figurer parmi les leaders de ces tours de table, parmi les cochefs de file des crédits consortiaux, ce qu'elle réussit chez certains clients. Une part significative de son talent a consisté à résister aux pressions quelque peu impérialistes des grandes banques, qui visent à réduire sa part dans les pools, en particulier dans les années 1940-1950, mais elle est parvenue à desserrer leur étreinte. Pourtant, c'est tout un jeu entre les banques que d'essayer de faire varier leur pourcentage ou d'entrer dans un pool dont elles ne sont pas membres. Par chance, le grossissement des entreprises pendant les Trente Glorieuses dilate leurs besoins financiers, ce qui incite les banques du pool à élargir celui-ci à de nouvelles consœurs pour mieux « diviser les risques » : la Bordelaise peut alors gagner des parts de marché, tout en en perdant peut-être au sein de pools où elle-même était jusqu'alors dominante.

Peut-on penser que, pour mieux résister à cette concurrence et mieux séduire les firmes en essor pendant ces années 1950-1970, la Bordelaise aurait pu affirmer avec plus d'ardeur son offre de produits bancaires, voire mieux l'adapter aux PME anciennes ou nouvelles qui animaient l'économie du grand Sud-Ouest ? S'il est difficile d'apprécier l'adéquation des services financiers de la banque à son environnement, une constatation gêne un peu toutefois puisqu'un bilan établi par le CIC en 1972 indique un moindre dynamisme de la Bordelaise dans la promotion des prêts à moyen et long termes par rapport aux autres banques du groupe. La réponse à une telle interrogation pourrait se trouver dans la confiance de la banque dans ses produits classiques. Si l'escompte est la base de l'activité de cette banque commerciale, elle reste fidèle à une vieille pratique des banques proches des entreprises, le découvert. Une telle forme de « crédit moyen » – renouvelable de six mois en six mois – semble satisfaire les besoins des firmes excédant les simples commodités de trésorerie à court terme. Mais est-ce que ce découvert est suffisant ? Les sociétés clientes aiment bien disposer d'un tel « crédit en blanc », qu'elles utilisent à leur gré, sans que la banque vienne jauger trop avant leurs opérations : elles peuvent gérer en toute autonomie cette « ligne de crédit », qui est souple, puisqu'elles n'en supportent le coût qu'autant qu'elles y recourent et qu'elle est accordée à l'avance pour plusieurs mois.

Ne souhaiteraient-elles pas néanmoins des montages plus stables, des crédits à moyen terme résistant mieux aux sautes conjoncturelles, aux restrictions du crédit ? N'aspireraient-elles pas à des crédits plus standardisés qui leur permettraient d'accéder aux prêts de la banque même si elles ne disposent pas du capital de relations, de l'intimité des maisons huppées et anciennes ? Surtout, le découvert n'est-il pas un produit trop coûteux, par son taux d'intérêt, pour beaucoup de PME jeunes ou en développement ? L'on débouche donc sur le problème essentiel du coût du crédit pour les PME, thème central des réflexions des experts et des pouvoirs publics au tournant des années 1980. Est-ce que la Bordelaise apportait dans ce domaine un « plus » – en fait, ici, un « moins », un moindre coût, de moindres délais d'examen du dossier de prêt ? La banque régionale était-elle plus intéressante pour une PME que l'agence de la grande banque nationale ? Il semble délicat d'ailleurs d'apporter une réponse nette qui permettrait de mieux cerner la contribution de la Bordelaise au renouvellement du tissu productif méridional. On peut se demander seulement si elle a su prendre conscience de la nécessité de varier encore plus sa palette de produits financiers, en offrant aux PME assoiffées de crédit et de ressources longues des formules à moyen terme, du crédit-bail immobilier, du crédit-bail mobilier, par exemple par le biais de la filiale du CIC, Bail Équipement, en dépassant la formule traditionnelle du découvert, même modernisée.

A-t-elle réagi assez vite pour proposer du crédit à moyen terme et a-t-elle donc disposé de suffisamment de ressources à moyen terme pour soutenir une telle offre ? A-t-elle perçu suffisamment vite le tournant pris par la profession bancaire en faveur de la « transformation », du financement de crédits moyens par une part des ressources courtes, en une prise de risque marquant l'association des banques à l'effort d'expansion promu au tournant des années 1970 par les Ve et VIe Plans ? La concurrence des banques nationales et l'évolution du métier ne peuvent que l'avoir incitée à diversifier sa palette de prêts, même s'il est délicat d'apprécier si, dans les années 1970-1980, elle a su préserver sa compétitivité et disposer suffisamment de spécialistes. Cependant, comme l'évolution des techniques bancaires est régulière dans les années 1950-1970, ses « généralistes » du crédit sont parvenus sans aucun doute à assimiler les pratiques nouvelles, ce qui leur permet de satisfaire aux divers besoins des entreprises clientes, comme chez toute grande banque moderne.

Encore fallait-il qu'elle disposât de suffisamment de ressources durables pour s'associer à la diffusion de ces crédits différents du relatif court terme auquel elle était habituée depuis sa fondation. Tant que ses emplois se sont cantonnés dans des durées assez courtes, elle n'a pas eu à trop s'inquiéter de ses ressources, car, en sus des dépôts, le réescompte lui procurait une aisance financière certaine et elle pouvait se procurer des liquidités sur le marché monétaire par l'intermédiaire de maisons de réescompte. Ce serait surtout dans les années 1970-1980 que se poserait à la banque avec acuité le problème des ressources moyennes et longues : un témoin confie qu'elle ressentait un certain manque de fonds propres, qu'« on était trop court, on ne pouvait pas prendre une politique d'investissement sans prendre des risques ». Dans le cadre des pools bancaires, elle doit s'incliner devant les décisions de ses consœurs, car elle ne peut mobiliser suffisamment de ressources pour se substituer éventuellement à elles quand elles adoptent des positions fermes pour l'extension de crédits sollicitée par des clients. Elle aurait pu à ce moment-là souhaiter disposer de plus de mobilité financière pour mieux épauler des firmes proches d'elle, pour dépendre moins du rythme des immobilisations relatives qu'imposaient les défaillances de firmes de plus en plus nombreuses et pour diffuser des « produits » financiers mobilisant plus de ressources durables. Pourtant, si le CIC a pu se montrer chiche en fonds propres, il a facilité dans cette période l'accès au marché financier, en concevant l'organisation de grands emprunts communs à toutes les banques de son groupe ; elles s'en partageaient le montant pour « adosser » leurs crédits moyens aux entreprises que la disparition progressive du réescompte les obligeait à « nourrir » par elles-mêmes.

Le CIC monte deux emprunts de 180 et 220 millions de francs en 1976 et 1977, dont la Bordelaise prend environ 2,7 %, respectivement 5 millions et 6 millions. Aux 35,4 millions de fonds propres, complétés par 17,3 millions de provisions libres, s'ajoutent ainsi 11 millions de ressources longues : c'est un stock de presque 73 millions de ressources stables qui est disponible, ce qui procure une marge de manœuvre suffisante. Celle-ci aurait pu être élargie si elle l'avait souhaité, en demandant une part moins modeste dans ces emprunts collectifs : c'est le cas en 1980 quand elle obtient 8,6 % de l'emprunt groupé de 350 millions ; ainsi rentrent 30 millions en 1980, suivis par 15 millions en 1982 (1,76 % de 850 millions émis par le CIC). Au total, ces emprunts procurent 56 millions de francs à la banque en 1976-1982 (soit environ 15 millions d'euros actuels). Elle aurait pu aussi lancer des emprunts dans son réseau, solliciter en direct l'épargne du grand Sud-Ouest, en affichant son désir de contribuer au développement régional, ou développer ses ressources à terme en amplifiant la collecte de bons et dépôts à échéance éloignée. Elle s'y essaie d'ailleurs en émettant des bons de caisse et en collectant des comptes de dépôts à terme dans les années 1970, lorsque sa stratégie de « banque des familles » vise à drainer une épargne stable.

L'impression rétrospective est que la banque n'a pas vraiment subi de handicap, qu'elle n'a pas ressenti un manque d'argent moyen et long. Un rapprochement entre ses emplois moyens et longs – les découverts, les crédits à moyen terme, les immobilisations – et ses ressources durables – fonds propres, dépôts durables, emprunts – indique l'élasticité de la Bordelaise : quand les premiers s'accroissent, surtout à partir de 1969 pour tripler, en euros constants, jusqu'à 775 millions d'euros actuels en 1976-1977, les secondes bondissent aussi et laissent même « du mou » à la banque puisqu'elles dépassent les 945 millions d'euros actuels en 1974-1977. La banque de dépôts a donc prouvé sa plasticité : quand les coutumes bancaires changent, à partir de la seconde moitié des années 1960 et donnent la part belle à la « transformation », aux engagements à moyen terme, la Bordelaise est capable de s'adapter sans trop de délais et à participer à cette mutation du métier. À partir de 1969-1976, les encours de « crédits moyens » commencent même à dépasser les crédits à court terme et l'escompte, en un changement significatif dans l'histoire de la banque.

Elle participe à la percée des crédits à moyen terme : d'abord, dans les années 1950, ceux qui sont réescomptables à la Banque de France ou au Crédit national, puis, à partir de la fin des années 1960, les non réescomptables, donc financés sur ses propres ressources. Ces crédits d'équipement à moyen et long termes parviennent à constituer la moitié du total des crédits accordés aux entreprises aquitaines au milieu des années 1980. La banque propose un produit spécifique au groupe Cic., l'*Équipmatic*, qui est une forme de crédit à moyen terme pour l'investissement en matériel. Elle affûte son savoir-faire pour l'aide de ses clients exportateurs, avec les diverses formules de crédits à l'exportation, les crédits documentaires, les lignes de découverts en préfinancement pour fabriquer un produit commandé, la mobilisation de traites sur des clients étrangers jusqu'à un an et demi, etc. ; un indice en est son raccordement au réseau de transmission de données financières international SWIFT en 1978. Même si ces techniques lui ont imposé de substituer aux contacts du banquier privé des procédures plus formelles, pour le montage des crédits réescomptables en particulier, pour constituer des dossiers types complets, riches en données sur le bilan et les affaires du client, il est clair que, sous la houlette de Blanchy et de ses « mousquetaires », la Bordelaise a su enrichir sa gamme de produits financiers et résister avantageusement au choc de la concurrence, en captant nombre de firmes développées pendant les Trente Glorieuses. Elle semble bien être parvenue à disposer de tous les outils financiers lui permettant de résister à la concurrence, même si c'est en participant à des crédits consortiaux, à des pools où elle ne figure pas au premier rang.

La Bordelaise disposait donc en général d'autant de talents que ses concurrentes nationales et d'avantages spécifiques dus à sa nature de banque régionale. En a-t-elle profité pour renouveler sans cesse un fonds de commerce qu'ébranlaient les coups de boutoir successifs des récessions et crises sectorielles ? L'exemple des Chantiers modernes fournit la preuve de la capacité de renouveau d'une banque qui ne se complaît pas de son portefeuille-clients traditionnel. Elle profite des opportunités de croissance qui effacent en partie les défaillances de plusieurs branches : la percée de nouvelles activités et de nouveaux pôles dans le cadre d'une économie du grand Sud-Ouest élargie dans les années 1950-1970 par l'implantation ou l'essor de branches modernes. Or, outre l'enrichissement et la consolidation de ses savoir-faire, l'assimilation des nouvelles techniques financières, la banque régionale est forte d'un avantage clé : son intimité avec son milieu économique, une proximité décisionnelle et relationnelle qui peuvent l'épauler dans la reconstitution de son portefeuille de clients. La Bordelaise a donc pu résister aux secousses qui ont ébranlé son fonds de commerce ; elle a accompagné l'évolution de son environnement, en particulier parce qu'elle a su enrichir sa palette de « produits bancaires », diversifier sa gamme de prêts, développer les crédits à moyen terme et les crédits aidant les exportateurs ; elle a réussi sa mutation technique, ce qui a préservé sa compétitivité.

4. La vitalité d'une bonne partie du fonds de commerce

Elle conserve des opportunités d'affaires, car nombre d'entreprises savent résister aux secousses de la concurrence et des récessions. Si le monde du vin subit quelques déboires, il reste une clé de la prospérité girondine et de la banque, qui maintient son fonds de commerce. Le monde du bois, amputé certes de la gemme, des produits résineux et des poteaux de mines, a vécu une renaissance avec le développement intense de la papeterie landaise : Papeteries de Gascogne et Cellulose du Pin sont clientes de la Bordelaise dans ces années 1950-1970. Chez Gascogne, la banque détient un cinquième du pool bancaire en 1980, derrière les chefs de file que sont la Société générale et Pelletier ; les encours des diverses filiales dans le Sud-Ouest du groupe Saint-Gobain atteignent ainsi un montant total de 79,4 millions de crédits en 1976 (41 millions d'euros actuels), ce qui constitue un compte énorme pour la Bordelaise, même si elle n'est pas leur seul banquier. Dans le même temps, le pin trouve d'amples débouchés dans les bois d'œuvre, la fabrication de panneaux, de parquets, caisses, lambris, etc., ce qui a procuré au banquier de nouvelles occasions d'affaires, en particulier auprès du mini-groupe des Duboscq jusqu'à la fin des années 1980.

Le piémont pyrénéen conserve sa tradition industrielle. La banque y dispose d'un client phare, avec Soulé à Bagnères-de-Bigorre. La mise en valeur du gisement de gaz de Lacq a créé un mouvement d'industrialisation entre Lannemezan, Pau et Lacq. Lui succède le renouveau du pôle toulousain, avec la diffusion des industries aérospatiales, et la percée du pôle de Montpellier, portée par des industries de pointe : alors que les bourgades industrieuses héritées de la Toulousaine piétinent, voilà que se dessinent de nouvelles pistes de croissance dans des zones où, jusqu'alors, la Bordelaise se montrait prudente. C'est en particulier après qu'a éclaté la crise que le Languedoc-Roussillon connaît une mutation sensible : entre 1975 et 1982, la croissance de sa population est la plus forte de France, grâce à une forte migration de Français jeunes, qualifiés et actifs, venus d'autres régions, avec une vive percée des fonctions qualifiées et tertiaires. Tandis que déclinent ou augmentent faiblement des villes et cantons traditionnels, d'autres progressent, comme le pôle de Montpellier. Un ample courant d'investissements privés a insufflé un nouveau dynamisme au couloir languedocien[15], ce qui revitalise le sud

---

[15] Cf. *La Lettre M*, n° 76, 25 novembre 1985 ; les études de l'Observatoire régional du changement économique et social de la Faculté de Sciences économiques de Montpellier. C. Verlaque, *L'économie du Languedoc-Roussillon*, Paris, PUF, 1987. Roger Brunet (dir.), *Montpellier Europole*, Montpellier, GIP Reclus, 1989. Une mutation considérable s'est ainsi effectuée par rapport à la situation analysée dans la thèse de géographie de Raymond Dugrand, *Villes et campagnes en Bas-Languedoc*, Paris, PUF, 1963.

de l'un des départements où la Bordelaise est implantée, l'Hérault, tandis que s'effiloche le tissu économique de l'Aude.

La banque a affirmé sa présence dans nombre de sociétés animant les branches dynamiques et elle est parvenue à séduire nombre de sociétés qui symbolisent l'expansion régionale des années 1960-1970, que ce soit dans la papeterie, la mécanique, les travaux publics ou que ce soient des firmes en pointe sur des métiers originaux, comme Ruggieri, à Toulouse (liquides propulsifs pour armements). Aussi son fonds de commerce s'est-il suffisamment renouvelé entre 1954 et 1981 : certaines branches se sont nettement repliées (oléagineux, denrées exotiques, négoce outre-mer), d'autres se sont maintenues (vins et spiritueux, bois, papeterie), tandis que certaines accentuaient leur poids ou perçaient, comme le BTP, l'agroalimentaire, la distribution de matériaux de construction et de véhicules.

Faut-il donc en conclure que la Bordelaise a triomphé des épreuves que lui ont imposées des branches au destin incertain ? Sa force a toujours été sa prudence dans l'appréciation des risques et dans ses engagements : c'est ainsi qu'elle a accumulé des profits plantureux et mieux résisté aux secousses bancaires que ses consœurs girondines. La succession de deux « âges d'or » a pu l'inciter à se satisfaire d'une clientèle, d'un réseau, de comportements qui faisaient alors leurs preuves.

> La Bordelaise paraît gérée suivant les règles de prudence les plus classiques. Sa clientèle est, dans l'ensemble, soigneusement choisie. D'ailleurs, ses dirigeants, de mentalité très bordelaise, très attachés à la réputation de leur ville, comme de leur maison, convaincus du haut standing de l'une et de l'autre, ne sauraient se livrer à des opérations de crédits discutables. Et s'il leur arrive de porter quelques risques un peu lourds, ils le font en connaissance de cause parce qu'il s'agit de grosses affaires, spécifiquement bordelaises, qui restent leurs clientes dans les bons comme dans les mauvais jours.[16]

Cette prudence n'a-t-elle pas eu parfois tendance à freiner le renouvellement du fonds de commerce ? La sagesse dans la prise de risques n'est-elle pas alors devenue timidité ?

C'est un débat de fond dans l'histoire bancaire, car il est délicat de marquer la limite entre audace sage et aveuglement téméraire, si ce n'est *a posteriori* quand les pertes suscitées par de mauvaises créances font comprendre ce qui était courage et ce qui était prétention. Nombre de témoins soulignent l'immobilisme relatif qui a pu marquer les dernières années de gestion d'un Chalès arc-bouté sur l'entretien du fonds de commerce hérité des temps de « splendeur », au point que le CIC lui-

---

[16]   Rapport de l'Inspection de la Banque de France du 5 janvier 1953.

même en aurait été troublé. Cependant, les mêmes témoins soulignent l'utilité des précautions prises par son adjoint puis successeur Blanchy pour louvoyer entre l'effondrement de pans entiers de l'économie méridionale (voire « impériale ») ct le renouvellement de la clientèle. Un fait est surprenant néanmoins : la Bordelaise est l'un des acteurs dominants de la place girondine au tournant des années 1950 et a hérité d'une bonne implantation de la Toulousaine dans le grand Sud-Ouest. Sur Bordeaux seulement, les opérations à la Chambre de compensation indiquent que la Bordelaise assure 20-22 % du mouvement en 1942-1944 et 16 à 18 % en 1945-1946, ce qui indique sa force sur le marché. Or, dans les années 1980, son rang semble avoir fortement décliné, comme si ses rivales lui avaient grignoté des parts de marché, comme si elle avait vu s'effilocher son fonds de commerce sans tandis que ses consœurs captaient les clients neufs.

Peut-on penser que c'est la petite taille de la banque régionale qui l'a empêchée de tirer parti de l'expansion de ses clients dynamiques ? Ce serait d'abord le manque d'envergure internationale du groupe CIC et les limites de la « synergie » entre les banques de cette confédération et les antennes extérieures qui expliquent que, parfois, la Bordelaise a cédé du terrain pour certains crédits à l'exportation à moyen terme et en devises, dans les zones où des consœurs sont bien établies, pour des dossiers dont elles sont spécialistes ou pour les montants qui seraient excessifs pour sa surface financière modeste. C'est le cas pour plusieurs contrats de Desse dans les années 1970-1980, où Paribas, le CCF ou Indosuez sont chefs de file et où la Bordelaise n'a qu'une part modeste ; cela concerne aussi la firme Soulé, quand elle exporte son matériel de chemin de fer. Le jeu normal de la compétition explique que des clients soient partis chez d'autres banquiers, lorsque ceux-ci font des sacrifices pour séduire des firmes ou lorsqu'ils nouent des liens de sympathie avec leurs dirigeants : intimité et complémentarité ne signifient pas monopole. Comme il est naturel, la Bordelaise n'a pas séduit toutes les entreprises de son rayon d'action, car ses rivales se sont elles aussi taillées des bastions.

En tant que banque régionale moyenne, la Bordelaise n'a plus été parfois de taille à porter de gros crédits ou de gros comptes, à assumer de tels risques, en particulier quand des PME sont parties du Sud-Ouest édifier leur avenir national ou international. Elle n'a pu suivre Denis frères dans ses opérations parisiennes, où la Banque de l'Indochine (puis Indosuez) suffisait ; elle ne peut rester le partenaire des Chantiers modernes quand leur patron Hubert Touya, en fait une grande entreprise dans les années 1970. Lorsque des firmes locales passent sous le contrôle de groupes parisiens ou étrangers, elle voit peu à peu sa part s'émietter au sein de leur pool, parce que ceux-ci disposent de leurs propres banquiers, centralisent leurs mouvements bancaires sur leur Siège national ou les orientent vers les banques avec lesquelles ils ont l'habitude de travailler. C'est le cas pour Barton & Guestier après son rachat par une entreprise anglo-saxonne et canadienne : la Bordelaise, qui y était « chef de file » avec presque les trois quarts du compte, a vu s'éroder sa part, jusqu'à ce qu'elle soit reléguée à un rôle modeste par de grandes banques nationales et britanniques. Nombre de grosses sociétés ayant établi des usines dans le Sud-Ouest mais dépendant de sièges sociaux parisiens traitent avec les banques de leur groupe sans songer à recourir à une banque bordelaise.

« Fort bien gérée par Chalès, prudent et avisé, travaille avec une clientèle soigneusement triée et attentivement suivie », constate en 1951 la Banque de France à propos de la Bordelaise, dont elle estime qu'elle occupe le second rang sur Bordeaux derrière le Crédit lyonnais. De la prudence d'un Chalès « habile et expérimenté », on glisse cependant à une stabilité qui paraît à certains pernicieuse : la politique de ses dirigeants paraît dominée par un vif souci de prudence et par le désir d'appliquer aussi près que possible les directives de la Banque de France et du Conseil national du crédit. Au cours de ces quatre dernières années, la Bordelaise s'est appliquée plutôt à maintenir un coefficient de liquidité élevé qu'à développer ses opérations et ses bénéfices par des emplois faciles et rémunérateurs », relève ainsi la banque centrale[17] en 1953 : « Sans être très distancée par les autres banques, la Bordelaise n'occupe plus que la cinquième place dans la distribution du crédit à Bordeaux. » Elle « ne tire pas tout le parti possible de l'abondance de ses disponibilités », alors qu'elle est jugée alors comme regorgeant d'argent. Elle pourrait répondre, qu'elle échappe aux déboires qui, lors de la secousse méridionale de 1952-1955, entaillent les profits de certaines consœurs qui s'étaient laissé griser et doivent amortir d'amples pertes. Mais, quand la prospérité reprend, en 1956, cette politique semble être maintenue : « La politique extrêmement prudente se traduit par une régression du volume des concours qu'elle accorde à sa clientèle. »[18]

Le mot de déclin apparaît même à propos de la Bordelaise au milieu des années 1950 :

Obnubilés par un souci fort louable de prudence, [ses dirigeants] ne conçoivent pas qu'il soit possible d'administrer une banque de dépôts sans une réserve pléthorique de disponibilités. La seule critique que l'on puisse adresser à cette banque est de manquer d'un technicien éprouvé, ayant de l'allant, familiarisé avec les méthodes bancaires modernes, et capable d'épauler effi-

---

[17] Rapport de l'Inspection de la Banque de France à la succursale de Bordeaux du 5 janvier 1953.

[18] *Ibidem*, 30 octobre 1956.

cacement le directeur général. Il apparaît en effet vraisemblable que si la Bordelaise est passée, en quelques années, de la seconde à la cinquième place dans le classement des banques de Bordeaux, cela n'est pas dû seulement aux circonstances, à la puissance des établissements de crédit nationaux ou à la prudence de ses dirigeants ; ce déclin provient sans doute aussi d'une insuffisance de technique.[19]

Le déclin semble irrémédiable puisque la part de marché détenue par la Bordelaise s'est contractée avec ampleur : en 1979, elle n'assure plus qu'entre 3,5 et 4 % de la collecte de ressources et des emplois, loin derrière une BNP devenue leader sur la place depuis la fin des années 1960. Une analyse précise des modalités d'un éventuel déclin semble impossible, faute de documents d'archives. Il faudrait reconstituer comment l'amenuisement du fonds de commerce traditionnel n'a pas été assez vigoureusement compensé par une combativité farouche au sein des pools qui régissaient les crédits des entreprises des secteurs en essor ou par une disponibilité suffisante aux désirs des firmes nouvelles créées pendant les Trente Glorieuses. Doit-on supposer que le fonds de commerce n'a pas été assez enrichi dans ces années-là et aurait donc été brisé par l'effondrement de larges pans de la clientèle vers 1970-1984, comme si une « relève » n'avait pas été suffisamment préparée ? Dans ce cas, la « prudence » aurait été pusillanimité et aurait empêché la banque de prendre les risques nécessaires pour construire l'avenir ; elle aurait alors trop collé à sa tradition, telle que l'exprime le Conseil, il est vrai en 1941, quand il suggère d'« éviter les excès d'un démarchage systématique et de maintenir en pareille matière les principes de mesure et de discrétion qui sont de tradition à la Société bordelaise »[20] ?

N'y aurait-il pas un symbole de voir la banque faire entrer dans son Conseil Pierre Delmas en 1958 et Henri Vézia en 1959, c'est-à-dire deux représentants d'une économie coloniale qui ne pouvait constituer l'avenir[21] du fonds de commerce bancaire ? ou conserver, comme phares de son Conseil, P. Desse (vice-président) et P. Delmas, hommes d'influence de premier plan, mais dont les positions sur le développement et la reconversion économiques aquitains ne paraissaient pas, pour certains témoins et acteurs, « en flèche » dans les débats des années 1950-1960 et qui représentaient plutôt alors le groupe « traditionaliste », vivant sur le mythe des splendeurs et facilités passées, face aux modernistes et impatients qui s'affirment à la fin des années 1960 ? Peut-on

---

[19] *Ibidem*, 5 janvier 1953.

[20] Procès-verbal du conseil d'administration du 23 avril 1941.

[21] Sur ce thème, voir : Jacques Marseille, *Empire colonial et capitalisme français. Histoire d'un divorce*, Paris, Albin Michel, 1984 ; Nouvelle publication : Points-Histoire, Seuil, 1990 et 2004.

reprocher néanmoins à la Société bordelaise d'être moins bordelaise que les Bordelais ? Ceux-ci n'élisent-ils pas Delmas à la présidence de la Chambre de commerce en 1965-1970 ? La cité ne vivait-elle pas au tournant des années 1960 l'apogée de ce négoce africain, même si, comme Delmas et d'autres grandes figures de la place, elle a eu tendance à transformer cette splendeur en mythe alors que s'effectuait le repli de l'outre-mer ? N'est-ce pas à la fin des années 1950 que le marché de la Côte africaine a pu paraître destiné à une croissance durable et constituer un pan essentiel de l'économie bordelaise pour longtemps, dans la mesure où l'Afrique subsaharienne connaissait une forte prospérité due aux gros investissements d'équipement public et à l'élévation relative du niveau de vie ? Ce négoce d'Afrique subsaharienne n'apparaissait-il pas alors comme la clé de la santé de la banque dès lors que le commerce des vins s'était contracté quand des gelées avaient détruit en 1956-1957 une superficie importante du vignoble et donc entraîné une chute des récoltes ?

Malgré cette perception, on ne peut penser que la banque se satisfaisait d'une indolence ou d'une inconscience néfaste. En effet, plusieurs témoins ont signalé le dynamisme de Compeyrot qui, chargé de l'Exploitation dans les années 1960-1970, a animé, dans l'agglomération bordelaise, une politique de démarchage active, appuyée sur le terrain par des directeurs d'agence dynamiques, et, d'ailleurs, le portefeuille-crédits de la Bordelaise a sensiblement évolué entre 1954 et 1981, en une diversification notable. Le punch de Compeyrot aurait-il alors manqué de relais dans certaines agences ou zones géographiques ? Le tarissement du recrutement de jeunes cadres de bon niveau dans les années 1960-1970 n'aurait-il pas entamé l'allant de la maison ? L'animateur de l'Exploitation aurait-il d'ailleurs disposé par lui-même d'une marge de manœuvre suffisante au sein de l'état-major de la banque ? N'est-il pas significatif que le CIC choisisse d'envoyer Houdouin prendre les rênes de la banque pour bousculer des habitudes ? Puis d'accepter que Nebout assume la présidence en 1978, comme si l'aura de cet animateur rattaché alors au camp des « modernes », des « jeunes Turcs »[22] pouvait aider la banque à intensifier son renouveau, comme si

---

[22] Nous renvoyons aux analyses de l'économiste bordelais Joseph Lajugie, ou à celle de Georges Dupeux exprimée dans : *Histoire de la Chambre de commerce de Bordeaux*, p. 279-280. Robert Mathieu, de la Compagnie Bordelaise de Produits chimiques, Louis Nebout, d'Elf-Aquitaine, et Henri Delattre, patron de Desse, de l'Union patronale girondine, font figure alors de « jeunes Turcs », du nom des réformistes qui souhaitaient moderniser l'Empire ottoman au début du siècle. Nebout dirige la Chambre en 1974-1976 et Delattre, le patron de Desse, en 1977-1978, mais il est fauché alors par une grave maladie.

le duo Houdouin-Nebout devait symboliser le changement de cap de la succession de Blanchy ?

Ce sont autant de questions auxquelles une histoire aussi « immédiate » et établie sur des indices fragmentaires ne peut fournir de réponse nette, car la maison livre peu de documents sur son action pour les années 1940-1960 et en tout cas on ne trouve pas trace d'études qu'elle aurait réalisées sur l'évolution de ses marchés, sur sa stratégie commerciale, sur sa capacité de résistance face à la concurrence, et les témoins ne fournissent guère de données sur ces thèmes, comme si le quotidien du métier n'avait pas alors englobé de telles méditations. Le principal d'entre eux, Chalès, n'a laissé aucunes archives personnelles et son successeur Blanchy a rechigné à faire revivre un passé par peur de trop mesurer l'évolution du temps. Quoi qu'il en soit, un tel glissement vers un relatif « conservatisme », ou une inertie face au renouvellement des mentalités, de la perception des défis causés par l'érosion de la clientèle traditionnelle et l'ébranlement des assises territoriales héritées par la banque régionale de son « âge d'or » récent est classique en histoire d'entreprise : trop de prospérité finit par nuire à la capacité de réaction d'une société, à émousser son sens critique, et à la rendre dépendante de son cheminement passé[23].

Comme une bonne part du patronat, des experts, des élites girondines, la Société bordelaise s'immobilise peu à peu, insensiblement, sur ses positions acquises, alors même qu'elles commencent à être sapées par les mutations des structures économiques et concurrentielles du grand Sud-Ouest. Les réseaux, filières et communautés d'intérêts[24] transmis par la deuxième révolution industrielle sont fissurés *grosso modo* au tournant des années 1970, ce qui ne peut à terme que remettre en cause le portefeuille-clients de la banque. Une fois encore, l'histoire de cette modeste entreprise peut servir de levier à des réflexions beaucoup plus larges à propos de l'histoire des économies régionales, des rapports entre une firme et son environnement socio-économique, et enfin des processus cognitifs qui structurent la perception de la réalité au sein d'une équipe de managers (et stratèges).

---

[23] Sur ce thème, cf. Martin Stack & Myles P. Gartland, "Path creation, path dependency, and alternative theories of the firm", *Journal of Economic Issues*, 2003, 37, p. 485-492. Marie-Laure Djelic & Sigrid Quack, "Overcoming path dependency : Path generation in open systems", *Theory and Society*, 2007, 36, n° 2, p. 161-186.

[24] Sur ces thèmes, cf. Bjorn Asheim, Philip Cooke & Ron Martin (dir.), *Clusters and Regional Development. Critical Reflections and Explorations*, Londres, Routledge, 2008. Ron Martin, Michael Kitson & Peter Tyler (dir.), *Regional Competitiveness*, Londres, Routledge, 2008. Philip Cooke & Andrea Piccaluga (dir.), *Regional Development in the Knowledge Economy*, Londres, Routledge, 2008.

La seule reconstitution certaine est celle que permettent les chiffres du bilan. Celui-ci est une solide base de réflexion, quand on l'exprime en francs constants, et l'histoire de la Bordelaise en est changée complètement : en effet, la gestion de Chalès apparaît comme une époque de stagnation, puisque, entre 1940 et 1959, la valeur du bilan oscille autour de 187 millions d'euros actuels, comme si, pendant une vingtaine d'années, la banque ne s'était guère préoccupée d'accroître son volume d'affaires. Certes, la guerre et l'Occupation expliquent le freinage initial, de même, peut-être, que les aléas monétaires de la Libération, tandis qu'une bonne part des frais de reconstruction sont payés par des circuits de financement publics ou parapublics. Néanmoins, pour les années 1950, le plafonnement des affaires de la banque semble surprenant, même si une récession entaille la croissance en 1952-1953, même si l'économiste Lajugie insiste sur la morosité de l'économie girondine durant la première moitié des années 1950 et si nous avons montré la langueur de l'économie viticole languedocienne. Ne peut-on penser que c'est durant ces années 1945-1959 que la Bordelaise a manqué de punch et aurait perdu pied devant l'offensive de ses concurrentes – que l'on pense en particulier au dynamisme de la BNCI à cette époque ? que c'est alors que ses parts de marché se seraient contractées amplement ? Certainement satisfaite de ses affaires dans le vin, le bois, l'huile et le négoce africain ou portuaire, la direction ne se serait-elle pas trop contentée de conserver son fonds de commerce ? Ne constate-t-on pas que le volume de ses encours de crédits reste stable dans ces années, que son portefeuille-effets oscille entre 90 et 190 millions d'euros actuels, avec un affaissement en 1947-1954 ?

Un redémarrage sensible intervient à partir de 1960 : en une décennie, la valeur du bilan triple jusqu'à 560 millions d'euros actuels, avec une stabilisation à ce niveau en 1967-1969 : c'est le véritable décollage de la Bordelaise dans l'après-guerre, plutôt tardif, comme si, tout à coup, elle s'apercevait que ses marchés traditionnels – les huileries, l'Afrique, en particulier – s'effondraient et qu'il fallait repartir à l'assaut de la clientèle, comme l'indiquent, à ce moment-là, les préoccupations de Compeyrot. Une seconde étape de ce développement s'étale entre 1970 et 1979, en un ultime boum de croissance où le bilan double jusqu'à 1 123 millions d'euros actuels : à cette époque, la Bordelaise a accompli sa révolution mentale et, dotée de toute la gamme des produits bancaires, prouve son dynamisme, que ce soit sous la direction de Blanchy ou sous celle de Houdouin. Il est vrai que cet essor repose peut-être sur l'extension du marché des particuliers (collecte des dépôts, octroi de crédits immobiliers), que, par cette « course au volume », la banque se dissimule peut-être un certain effritement de son marché dans le monde des entreprises : pendant ces années 1974-1979, avec le raz de marée de la Crise, nombre de comptes assez importants, souvent liés à l'histoire même de la maison, se sont avérés des « boulets » et ont suscité un stock de créances gelées, voire irrécouvrables, qui a grevé la vie de la banque jusqu'aux années 1980.

Doit-on au contraire soutenir l'hypothèse que c'est seulement l'affaissement de 1980-1987 qui a contracté ce fonds de commerce, quand le bilan stagne autour de 940 millions d'euros actuels ? Dans ce cas, plusieurs causes auraient joué pour expliquer la lenteur du redémarrage de la Bordelaise : les changements de dirigeants, la maigreur du vivier de cadres jeunes, l'assoupissement des méthodes commerciales et du démarchage, le retard dans la perception de la gravité de la crise[25] tant du Midi que de celle de la banque, et, surtout peut-être, une moindre capacité à percevoir les besoins des PME qui constituent le potentiel de renouveau du grand Sud-Ouest. On peut se demander toutefois si, au-delà de ce talent commercial et financier, elle a eu la volonté de discerner les exigences imposées par les mutations économiques du Sud-Ouest, la nécessité de compenser sur-le-champ la contraction de certaines clientèles par la prospection de marchés et de régions peut-être moins proches d'elle. La question vient à l'esprit : la Bordelaise n'aurait-elle pu contribuer avec plus d'efficacité au renouveau du grand Sud-Ouest ? étayer le redéveloppement de son terroir tout en assurant la relève de ses clients, l'enrichissement de son fonds de commerce ? Bref, en quoi banque régionale et développement régional auraient-ils mieux pu s'épauler l'une l'autre dans une même réaction aux défis des crises conjoncturelles et sectorielles, puis de la Crise ?

*

Des âges d'or aux défis des mutations économiques

Il pourrait sembler que la chance a manqué à la Société bordelaise : dès qu'elle a absorbé la Société toulousaine et les banques Soula et Gommès, elle se trouve confrontée à l'ébranlement de l'économie de plusieurs « pays » qui faisait la richesse de leur fonds de commerce : l'Hérault bitterrois, l'Aude, le Libournais révèlent dans les années 1950 la fragilité des structures des entreprises et de leurs activités. Puis l'ensemble du grand Sud-Ouest vacille sous le choc de la compétition et des bouleversements géopolitiques d'outre-mer. Nombre de maisons attachées à la Bordelaise ou à Soula trébuchent dans les années 1950-1970 et, à la fin des années 1960, le « second âge d'or » de la banque

---

[25] Sur ce retard dans la perception du retard, cf. l'essai tonique de : Gilles Savary, *La dérive des régions. L'Aquitaine de la décentralisation à l'Europe*, Bordeaux, Vivisques, 1990.

cède place à une crise de son fonds de commerce traditionnel. C'est à partir de ces années-là que le volume de son bilan connaît des hausses sensibles.

Contrairement à la légende, cet « âge d'or » a été en fait une période d'immobilité, de conservation des acquis, même si Chalès aurait pu se targuer de la bonne santé financière de la Bordelaise et de sa forte rentabilité : entre 1948 et 1960, le rendement des fonds propres tourne entre 15 et 20 %, alors qu'il s'effrite au-dessous de 10 % dans les années 1961-1977. Quand l'illusion de cette pérennité se dissipe, la banque doit batailler ferme pour résister à la concurrence, mettre au point de nouvelles prestations bancaires, séduire de nouvelles entreprises, pour consolider le socle de ses affaires, même si une croissance facile gonfle ses affaires grâce à la dilatation du réseau et de la clientèle de particuliers.

LE PORT DE BORDEAUX

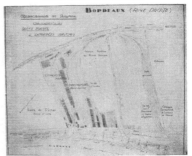

306

**Tableau 9. Évolution du bilan de la Société bordelaise de CIC
de 1940 à 1969 (en millions de francs)**

	Crédits plutôt durables (reports, avances sur garantie, crédits sur garantie ; comptes courants débiteurs)	Portefeuille effets	Comptes courants créditeurs (dépôts)	Fonds propres	Divi-dende distribué	Bénéfice net	Bilan
1940	67,1	516	648	40	1,8	3,8	717
1941	94	719	839,1	68,9	2,8	6,7	960
1942	127,7	918	1 015,3	88,6	4,4	8,4	1 186
1943	217,9	1003	1 168,1	91,1	5	9,1	1 338
1944	319,7	954	1 392,6	93,2	5	8,7	1 547
1945	428,2	1 597	1 962	94,4	5	7,8	2 246
1946	595,3	2 162	2 692	114,5	5	10	3 325
1947	595,8	2 565	3 017,1	136,3	5,8	14,9	3 649
1948	641	4 496	5 890	143,1	12,2	26,2	6 091
1949	590,1	5 136	5 582,5	202,9	18,3	36,3	6 717
1950	735,3	5 833	6 233	213	18,3	33,4	7 643
1951	831,9	7 082	7 216	226,5	22	41,3	9 095
1952	1 243,9	5 879	6 657	301,6	29,3	49,7	8 283
1953	1 501,8	4 370	7 575	318,4	29,3	49,9	9 192
1954	1 911,1	7 270	8 922	335,3	29,3	51,7	10 449
1955	1 483,2	9 067	10 457	356,8	29,3	58,2	12 522
1956	1 523,1	10 575	11 753	424,5	37,4	64,7	14 479
1957	1 938,1	10 370	11 201	450,6	37,4	75,8	14 495
1958	2 171,6	10 306	12 370	611,2	61,5	87	15 594
millions de nouveaux francs							
1959	26,7	131,5	144,7	6,188		0,76	183,3
1960	34	149,2	183,9	6,272		0,76	228,3
1961	38,5	199	222,5	9,917		0,82	267,1
1962	45,4	242,2	270,3	9,978		0,84	324,6
1963	51,9	245,2	288,2	10,041		0,84	342,5
1964	63,8	256,9	309,6	11,449		1,03	372,4
1965	66,9	301,3	353,9	11,578		1,101	419,9
1966	68,9	379	423,6	11,820		1,201	491,3
1967	72,6	435,5	490	12,163		1,301	559,6
1968	64,9	434	520,8	14,921		1,41	597,1
1969	99,9	437,4	579,1	15,278		1,63	653,9

**Tableau 10. Évolution du bilan de la Société bordelaise de CIC
de 1970 à 1989 (en millions de francs)**

	Crédits plutôt durables (reports, avances sur garantie, crédits sur garantie ; comptes courants débiteurs)	Portefeuille effets	Comptes courants créditeurs (dépôts)	Fonds propres	Dividende distribué	Bénéfice net	Bilan
1970	167,7	274,5	639,2	17,493	1,533	1,748	814,9
1971	205,5	316,8	783,3	20,694		1,734	938,1
1972	279	333,9	958,6	24,092		1,932	1148
1973	337	382,7	1069,5	31,553	1,788	2,2	1281
1974	402,5	437,4	1288,1	32,479	1,92	2,6	1517
1975	467,3	437,4	1419,1	34,355	1,92	3,8	1634
1976	598,8	495,6	1627,6	36,082	1,92	3,6	1944
1977	618,4	563,1	1762,3	37,200	1,92	3,1	2203
1978	Nd	1339,4	2031,5	44,093	0	-0,02	2565
1979	Nd	1454,1	2216,9	49,806	0,8	2,6	3035
1980	1179	782,5	2307	61,843	1,792	4,04	3005
1981	1191,3	778,1	2543,5	76,706	0,401	2,4	3219
1982	1292,8	833,8	2836	75,060	0	-28,9	3606
1983	1309,8	1011,7	3128,3	164,817	0	-29,6	3892
1984	1442,9	1064,5	3258,4	137,086	0	-3,4	4437
1985	1556	1281,4	32137,4	135,221	0,92	4,2	4713
1986	1531,4	1359,3	3402,9	106,645	0	6,6	4834
1987	1774,2	1113,3	3658	111,145	0	5,5	5975
1988	2461,5	1466,3	3915,3	114,634	0	-0,4	8016
1989	2989,6	1573,5	4818,9	131,509	0	-27,6	8367
À partir de 1970, dépôts=total dépôts à vue, dépôts à échéance, bons de caisse (nouvellement créés) puis aussi certificats de dépôt							

Troisième conclusion

Des positions solides peu à peu bousculées

Entre 1936 et 1990, en presque un demi-siècle, la Société bordelaise a eu le temps nécessaire pour mettre en valeur son terroir, offrir aux entreprises et aux familles un outil bancaire solide et diversifié, bref, pour réussir, en banque régionale, à se tailler un fief dans le grand Sud-Ouest qui devenait son champ d'expansion. L'historien doit laisser au lecteur les jugements de valeur ; de plus, cette histoire contemporaine relativement « immédiate » est encore trop proche pour permettre des appréciations définitives : malgré la qualité et la variété des témoignages recueillis selon les méthodes de « l'histoire orale », malgré la consultation de dossiers et d'archives, il reste délicat de dépasser la reconstitution des faits pour déboucher sur des appréciations nettes. Cette prudence est d'autant plus proclamée que notre démarche s'est refusée à céder aux assertions à l'emporte-pièce sur les fameux déterminismes qui entraveraient l'économie du Sud-Ouest, sur « la » bourgeoisie et sur le « grand capital », représenté ici par une Société bordelaise trop modeste pour se croire identifiée à un tel concept. Il est toujours délicat de jauger l'action de personnalités encore vivantes ou disparues depuis peu, car certaines opinions sont énoncées sous l'influence de souvenirs portant sur telle ou telle période, sans que cette partialité permette d'en appliquer les termes à l'ensemble des années étudiées. Enfin, les passages qui traitent des années 1980 relèvent moins de l'Histoire que d'analyses factuelles appuyées sur une documentation courante et fragmentaire et sur la perception intuitive qu'ont pu procurer les témoignages recueillis.

Ces réserves émises, l'historien ne peut cependant cacher quelque déception et doit, sans dresser de conclusion péremptoire, avouer que l'histoire de la Société bordelaise au cours de ce demi-siècle suscite certaines interrogations. Voilà en effet une banque munie d'une base plurirégionale, en une mutation de la banque locale à la banque régionale qui l'insère dans un mouvement historique profond, d'autant plus fécond qu'il était soutenu par le rattachement à un groupe original, à une confédération de banques provinciales autour du CIC. Or nombre d'indices tendent à prouver que, pendant longtemps, les dirigeants de la Société bordelaise ont continué à entretenir des mentalités de banque locale, girondine, et ont tardé à prendre conscience des potentialités qu'offrait désormais cet instrument. La composition du conseil d'administration, le « gel » du réseau dans les années 1936-1970, mis à part l'ouverture sur le pôle de Lacq, la négligence de plusieurs villes moyennes relativement importantes, à l'échelle du Sud-Ouest, et même de plusieurs départements, laissés en friche, l'aveuglement tardif sur le glissement du centre languedocien de Béziers à Montpellier, tout prouve que la Société bordelaise ne « pensait pas à l'échelle du grand Sud-Ouest ». Des attitudes et comportements dans la vie quotidienne de la maison tendent à l'indiquer, comme si la direction du cours du Chapeau rouge se souciait peu d'établir une cohésion autre qu'administrative et comptable entre les équipes du réseau : les voyages des dirigeants et de leurs adjoints, les réunions des animateurs de telle ou telle activité au Siège ou décentralisées, ne semblent guère fréquentes avant les années 1970 quand Jean Compeyrot et Jacques Houdouin engagent une rénovation du secteur Exploitation. On ne sent pas naître une « culture d'entreprise » rassemblant dans une « maison commune » les tronçons de cette nouvelle banque régionale. Il s'agit peut-être d'une impression rétrospective fallacieuse et notre travail d'historien ne s'est pas transformé en enquête ethnologique, ce qui limite certainement la fermeté de cette conclusion. En une réaction compréhensible et déjà rencontrée à propos d'autres histoires d'entreprises, certains responsables de la banque à cette époque confieront d'ailleurs certainement qu'ils ne « reconnaissent » pas leur maison ou ce qu'ils ont vécu dans ces analyses.

Toutefois, il semble bien que c'est le rapport à la concurrence qui semble avoir été vicié par une fidélité trop grande au terroir bordelais. En effet, sur nombre de places du grand Sud-Ouest, la Société bordelaise a finalement laissé ses rivales s'implanter sans assez réagir et s'est retrouvée, au tournant des années 1980, réduite à des parts de marché faibles dans plusieurs départements, tant elle avait laissé le champ libre à ses consœurs, comme si celles-ci avaient peu à peu encerclé ses bastions. Plus grave ensuite est l'effritement de ses positions sur ses places fortes elles-mêmes : d'un petit cinquième du marché du crédit court sur la place de Bordeaux au tournant des années 1950, elle glisse à un vingtième dans les années 1980, tandis que, sur plusieurs autres places où elle était vigoureuse, son rang a lui aussi rétrogradé : les grandes banques nationales, puis les deux banques mutualistes sont venues la défier et peu à peu grignoter la clientèle. La Société bordelaise a manqué de combativité et d'élasticité ; ses démarcheurs et responsables commerciaux n'ont pas assez développé leur prospection et un entretien des clients potentiels ou en portefeuille assez intenses. Ses méthodes reposent peut-être trop sur l'entregent et la nécessité de la « fonction commerciale » ne s'imposait pas avec assez de vigueur. N'aurait-il pas fallu aussi faire plus tourner les directeurs d'agence et de succursale, les inciter à chaque fois à repartir à l'assaut du marché ? Après la reprise en mains du réseau de l'ex-Toulousaine par les « mousquetaires » de

Philippe Chalès, n'y aurait-il pas eu tendance à un certain ronronnement ici et là ?

Les affaires de la Société bordelaise tournaient rond ; une clientèle aisée fréquentait son Siège, placé au cœur d'une économie girondine alors à son apogée : les entreprises tournées vers l'outre-mer (négoce ou transformation des denrées) bénéficiaient d'un ultime rayonnement impérial ; malgré ses aléas, le monde des vins fins gardait son prestige ; et les fabricants de biens de consommation qui marquaient la tradition industrielle du grand Sud-Ouest étaient entraînées par l'essor de la société de consommation qui dilatait leurs débouchés. C'était une ère de facilité et de prospérité, qui renforçait l'assise de la maison au sein de l'establishment industriel et commercial, tout en drainant une part de l'épargne des familles de ce patriciat. Cependant, pan par pan, les murailles des bastions bancaires s'effondrent quand soufflent les trompettes des mutations économiques, commerciales en particulier : le « gros rouge » languedocien, le négoce africain, les huileries, l'industrie de la chaussure et de l'habillement, sont ainsi victimes du bouleversement des flux et structures de l'économie méridionale et portuaire.

La sérénité de la Société bordelaise n'a-t-elle pas alors été suivie par quelque indolence dans les années 1960-1970 quand il lui aurait fallu reconstituer un fonds de commerce peu à peu entaillé par la défaillance de beaucoup de ses clients importants ? N'a-t-elle pas ainsi négligé de s'apercevoir de l'essor de Montpellier tandis que Béziers, son fief, s'écroulait ? L'on pressent une insuffisante ouverture à une clientèle potentielle de PME et d'entrepreneurs individuels, comme si la banque n'avait pas assimilé l'héritage sociologique de Soula ou de la Toulousaine, tournées vers ce genre de sociétés. Cette Société bordelaise prestigieuse, au nom consacré sur sa place, intime avec les « familles » (par les affaires, son Conseil et même des unions matrimoniales, puisque les Chalès, les Blanchy, les Duboscq, Jacques Lamey, les Maurel, par exemple étaient unis par des liens familiaux), a semblé rechigner à prospecter ce vivier de PME sans lustre, alors que, finalement, au regard des chiffres et de l'Histoire, les grandes maisons girondines n'étaient que de grosses PME.

Ce retard à réagir à la déliquescence de son portefeuille-clients s'explique donc d'abord par le rejet des traditions qu'auraient pu lui transmettre avec plus de vigueur Soula et la Toulousaine : plus d'ouverture à d'autres places que Bordeaux et aux PME, plus de sensibilité aux entrepreneurs individuels ; la greffe « mentale » a plutôt échoué, ce qui a bridé la mutation sociologique et géographique de la clientèle. L'on pourrait dire que cette élasticité a été compromise par une illusion qui a pris corps dans les années 1967-1979 : la Société bordelaise a cru devenir une « banque de masse à guichets » et a été quelque peu grisée

311

par cette « course au volume » qui marquait la profession pendant cette douzaine d'années. La croissance du bilan, des dépôts et des crédits était ample et faisait écran devant l'érosion des positions de la banque dans le monde de l'entreprise. Certes, son réseau a essaimé avec efficacité dans les quartiers-champignons des agglomérations (Bordeaux, Toulouse, Montpellier, Pau, Tarbes même) et donc accompagné le redéploiement géographique des populations méridionales. Cette démarche vers la « banque des ménages » n'a pas été une stratégie fructueuse ; elle a mobilisé le personnel au service d'une gestion d'une « banque de masse » qui s'est avérée lourde, car coûteuse en investissements immobiliers ou informatiques et en frais généraux, tant il a fallu embaucher de salariés. Ce cheminement vers la banque à guichets a tourné court : trop de villes et de quartiers ont été négligés, alors que les consœurs les ratissaient systématiquement ; quitte à se lancer dans cette voie, encore eût-il fallu la suivre jusqu'au bout, car, là encore, ce sont des parts de marché qui ont été abandonnées sans combat aux concurrents.

Au bout du compte, cette stratégie a été conduite plutôt à l'instinct, par suivisme par rapport aux modes, voire par panurgisme, et qu'elle a débouché sur une situation paradoxale, puisqu'on peut s'interroger sur la nature des métiers de la Société bordelaise au tournant des années 1980. Sa base de « banque des entreprises » s'était effritée malgré ses efforts pour affûter ses talents dans le maniement des nouveaux produits bancaires. Le métier de « banque de masse » n'était pas décliné avec suffisamment de force ni de diffusion géographique ; le métier de « banque de patrimoine » restait trop négligé, car les guichets, tenus souvent par du personnel manquant de qualification, étaient accaparés par des tâches administratives au service des « usagers » et ne pouvaient assumer la fonction de « conseil » qui aurait été indispensable pour mettre en valeur l'épargne des familles – au-delà de la distribution de prêts immobiliers. Ne peut-on conclure que la Société bordelaise faisait un peu de tout et pas assez bien ? qu'elle manquait de l'envergure qu'auraient procurée des investissements dans un réseau plu dense et dans des équipes des spécialistes plus affûtés en banque d'entreprise ?

On a l'impression que la direction de la banque vacille quelque peu dans les années 1960-1980. Jusqu'alors, elle avait réussi parfaitement à rationaliser le réseau constitué en 1936-1942, à promouvoir un amalgame entre les « anciens » de la Société bordelaise, les équipes léguées par la Toulousaine et de jeunes recrues – sorties du rang ou diplômées – que nous avons surnommées « les mousquetaires » de Philippe Chalès, et à suivre le redressement économique de l'après-guerre. A partir des années 1960, il semble bien que le renouvellement des cadres et futurs dirigeants s'amenuise, que le capital de matière grise de la maison s'effiloche, même si on s'en aperçoit surtout avec le départ à la retraite des anciens de la Toulousaine et des « mousquetaires ». Il semble que le style de direction de la banque soit peu propice alors au débat sur la stratégie, la gestion et la formation des hommes, l'animation commerciale du réseau. Il est vrai que la Société bordelaise pâtit aussi, à ce moment-là, des atermoiements stratégiques et managériaux du groupe CIC lui-même, qui n'a pu servir de guide ferme à ses filiales – si tant est qu'elles l'aient souhaité d'ailleurs –, sauf pour les inciter à multiplier les guichets, ce que fait Bertrand Blanchy, et à développer la clientèle des particuliers, ce que réalise Jacques Houdouin, envoyé à Bordeaux par le CIC comme directeur général.

Soudain, au tournant des années 1980, la Société bordelaise prend conscience que son marché s'est gravement rétréci : beaucoup de gros et petits clients ont disparu, balayés par les restructurations de l'économie méridionale et bordelaise ; ceux qui ont réussi ont parfois trouvé d'autres banquiers, de meilleure taille, pour faire face à leurs risques ; des places fortes traditionnelles, comme Bordeaux, Béziers ou Libourne même, sont en crise ; les concurrents se sont octroyé d'amples parts de marché là où elle est absente, dans le secteur des PME qui prennent la relève et auprès de ménages en quête d'une banque plus proche encore de sa vie quotidienne, donc plus riche en guichets. Accentués par les déboires subis par la banque auprès de quelques dizaines de clients qui sont agités de soubresauts pendant les années fatales 1974-1979 alors que leur intimité avec leur banquier maison a peut-être nui à la vigilance de celui-ci, les déficits qui sont apparus certaines années ne sont que le signe d'un malaise profond.

Il a fallu une dizaine d'années, au gré des changements d'hommes, des infléchissements tactiques, des mutations de l'environnement et de la profession bancaires pour que la Société bordelaise renoue avec la cohérence stratégique et la combativité. Elle a défini une stratégie claire, pour la reconquête du marché plurirégional : il fallait densifier le réseau, faire mieux connaître l'enseigne et s'implanter sur les places dignes d'intérêt ; prospecter l'ensemble du grand Sud-Ouest – au-delà même des limites jusqu'alors admises, par exemple vers les Landes, l'Aveyron, la Corrèze, le Roussillon – sans laisser de jachère, bref donner réellement un contenu géographique au qualificatif de « banque régionale ». Il fallait déterminer la base sociologique de la clientèle pour reconstituer le fonds de commerce ; rejetant la « banque de masse » mais aussi la banque élitiste de « familles » huppées, elle a choisi de privilégier la clientèle des classes moyennes, mieux aptes à accueillir l'offre de services financiers qu'affûtent des équipes désormais solides ; ne pouvant rivaliser avec les grands groupes multinationaux, elle pouvait redevenir une banque des PME dynamique, ainsi qu'une banque des entrepreneurs individuels et des professions libérales. Ce recentrage stratégique semble alors la clé du redressement budgétaire de la Société bordelaise et du renouvellement de son portefeuille-clients.

Pour le réussir, on a dû étoffer et enrichir les équipes de cadres, reformer et requalifier le personnel des services et des guichets. Il a fallu aiguiser le talent des services chargés d'acclimater ou de concevoir des produits bancaires aptes à combler les besoins et les désirs des clients, que ce soit pour la mise en valeur des patrimoines familiaux et celle des trésoreries d'entreprises, ou pour aider les sociétés d'un grand Sud-Ouest convalescent à consolider leur assise financière. La reconquête des marchés – sur chaque place et dans chaque segment sociologique – suppose une mobilisation de l'esprit commercial : la banque a dû réapprendre à se vendre, à contacter la clientèle potentielle et à choyer les clients déjà séduits, pour les « fidéliser » et éviter que les établissements rivaux ne les capte ; c'était la condition *si ne qua non* pour desserrer l'emprise de la concurrence.

Ainsi, ce retour dans le passé n'aura pas seulement flatté le goût de l'exotisme (l'air du grand-large, l'océan Indien, la côte d'Afrique, les Antilles) ou du pittoresque (le patriciat girondin, les métiers et relations d'une banque locale, les « grands hommes » d'une petite banque). L'histoire de la Société bordelaise dans les années 1960-1980 aura servi à mieux comprendre l'histoire de la place financière de Bordeaux, et aussi celle de l'économie du grand Sud-Ouest pendant des années d'intense reconversion : c'est une nouvelle pièce de ce puzzle intellectuel que reconstituent les historiens, les économistes et les géographes. Plus significatif encore aura été la fonction donnée à l'histoire, celle de permettre aux dirigeants actuels de la maison de mieux comprendre comment et pourquoi cette banque régionale n'a pas réussi, entre 1936 et 1990, à acquérir une puissance et un rayonnement vigoureux, alors que la banque locale avait été l'un des fleurons de la place.

QUATRIÈME PARTIE

LA SOCIÉTÉ BORDELAISE RENOUE AVEC UNE EXPANSION MAÎTRISÉE (1991-2005)

Paradoxalement, la quinzaine d'années qui s'est écoulée au tournant du siècle a été marquée à la fois par des difficultés telles que le destin même de la Société bordelaise a été incertain pendant quelques trimestres, et par un renouveau spectaculaire qui a permis à la banque de vivre des années de remobilisation et de croissance. La « crise » vécue par la maison a certainement servi de levier à une bataille décisive pour changer le mode de fonctionnement de l'entreprise. Celle-ci a pu alors enclencher un nouveau cycle d'expansion, qui va la transformer véritablement en « banque du très grand Sud-Ouest ». Mais il faut avoir conscience que la capacité de résistance de la Société bordelaise et sa capacité à redevenir compétitive et rentable ont bénéficié de l'appui d'un groupe, celui du CIC, qui a permis une mutualisation des moyens techniques propice aux économies d'échelle. Le nouvel « esprit maison » et « l'esprit de groupe » sont allés de pair pour que la Société bordelaise puisse redevenir un acteur clé de l'économie et de l'épargne du très grand Sud-Ouest.

CHAPITRE XVII

Une stratégie à la fois autonome et intégrée
à celle d'un groupe national

Le destin de la Société bordelaise repose évidemment sur son équipe de direction et sur ses équipes gestionnaires et commerciales ; mais il est également façonné par l'évolution du groupe qui, depuis Paris (le CIC) puis aussi indirectement depuis Strasbourg (Crédit mutuel), détermine une politique d'ensemble, tant au niveau des finances qu'au niveau des outils techniques et bancaires. La politique de l'État vis-à-vis des entreprises d'argent qu'il contrôle fixe enfin un cadre général : les changements de majorité politique et surtout les nécessités budgétaires conduisent en effet à la privatisation du groupe CIC, donc indirectement à la sortie de la Société bordelaise du secteur public. Ces aléas n'empêchent pas toutefois de définir une stratégie et un mode de gestion pour engager la banque sur le chemin du redressement.

1. La Société bordelaise dans un nouveau groupe national

La Société bordelaise est touchée par les bouleversements subis par le « paysage bancaire » français. En effet, la réorganisation du groupe CIC a débouché sur la création en 1990 d'une véritable « tête de groupe », la Compagnie financière de CIC & de l'Union européenne de CIC (ou, simplement : Union européenne de CIC), par le biais de la fusion entre la Banque de l'union européenne, la banque d'affaires du groupe, et de la Compagnie financière de CIC, son holding, elle-même contrôlée par le GAN. Mais comme celui-ci reste nationalisé, la Société bordelaise continue d'appartenir au secteur public, dès lors que l'Union européenne de CIC contrôle 100 % de son capital. La compagnie d'assurances GAN s'est métamorphosée en groupe de « bancassurance » en prenant le contrôle du groupe CIC – avec lequel il a déjà noué une relation de partenariat par l'intermédiaire de la distribution des assurances dommages par une filiale commune, la SOCAPI. La Société bordelaise trouverait ainsi indirectement sa place régionale au sein de ce groupe de bancassurance.

A. Vers la privatisation du groupe CIC

Cependant, la crise immobilière qui secoue la place parisienne en 1991-1993 ébranle plusieurs grandes banques et compagnies d'assurances ; le GAN lui-même se retrouve en 1996 victime d'une gestion aléatoire de certains gros risques immobiliers, en dehors des difficultés courantes causées par la récession. Il devient clair, en novembre 1997, qu'il ne peut plus assurer sa mission d'actionnaire stratégique du groupe CIC ni conduire le processus de privatisation, prévu par le décret du 30 juillet 1996. Or, malgré le changement de majorité politique en 1997, la privatisation du secteur bancaire et financier semble inéluctable car l'État surendetté ne peut pourvoir aux besoins de recapitalisation de nombre d'établissements en difficulté. Mais les autorités ne souhaitent pas que trop de pans essentiels de la place passent sous contrôle de groupes étrangers… Si l'anglaise HSBC achète le CCF et l'allemande Allianz acquiert les AGF, le gouvernement ne peut que se réjouir que, au terme des appels d'offres, des groupes mutualistes deviennent les actionnaires clés de certaines sociétés : Groupama récupère le GAN ; plus tard, en 2003, le Crédit agricole obtient le Crédit lyonnais, tandis que les Caisses d'épargne adoptent le statut de coopératives, avant que, en 2004, leur société centrale parisienne CNCE reprend la partie bancaire du groupe de la Caisse des dépôts & consignations, Ixis.

Quand la Commission de Bruxelles exige du GAN une cession d'actifs en échange de sa recapitalisation par l'État (pour 11 milliards de francs), il ne peut que se défausser du CIC, et l'État enclenche son processus de privatisation (prévu par un décret du 30 juillet 1996). C'est alors un groupe mutualiste, le Crédit mutuel qui est sélectionné comme l'actionnaire de référence du CIC le 14 avril 1998, dans le cadre d'une confédération menée par le leader alsacien du Crédit mutuel, le Crédit mutuel Centre-Est-Europe. Héritier des caisses *Raiffeisen* allemandes, qui mêlent Banques populaires et Crédit agricole, le Crédit mutuel dispose en France de quelques bastions – généralement issus de la démocratie chrétienne sociale : l'Est, la Bretagne (qui supervise ARKEA, qui réunit aussi le Crédit mutuel du Sud-Ouest et le Crédit mutuel Massif central) et le Nord (Crédit mutuel Nord-Europe). Le Crédit mutuel de Strasbourg lui-même est né un peu après la Société bordelaise, dès 1882, au sein du deuxième *Reich* allemand, avant de se transformer en organisme plus centralisé dans les années 1950-1960. Puis les Alsaciens ont peu à peu fédéré plusieurs entités du Crédit mutuel dans le grand Est du pays ; la force du Crédit mutuel Centre-Est-Europe explique qu'il soit le principal acteur de la mouvance du Crédit mutuel et qu'il dispose à lui seul de moyens financiers abondants.

Le groupe strasbourgeois prend donc le contrôle du CIC (pour près de 13,4 milliards de francs) avec 67 %, par le biais de la Banque fédérale du Crédit mutuel, tandis que les salariés obtiennent 7 % et que le GAN garde 20 % en tant que partenaire pour l'assurance ; il lui procure ensuite les 3 milliards de francs de fonds propres qui sont nécessaires dans l'immédiat. En 2003, le groupe du Crédit mutuel porte les trois quarts du capital (74,83 %), les salariés se partagent 1,32 %, tandis que le solde est détenu par un actionnariat dispersé après que le GAN (rattaché au groupe d'assurances mutualiste Groupama) a vendu ses titres.

B. La Société bordelaise au sein du groupe du Crédit mutuel

L'argent apporté par le Crédit mutuel sert au groupe CIC à éponger des pertes, en particulier sur des crédits à l'international, et à regagner une élasticité financière indispensable ; le ratio de solvabilité remonte à 6 % à la fin de 1998. En échange, le nouveau propriétaire impose une stratégie de cohésion et d'efficacité au CIC et à la Société bordelaise ; mais ceux-ci ne peuvent que se réjouir d'avoir trouvé un actionnaire qui leur procure des fonds propres et qui stimule leur rentabilité et leur compétitivité. Malgré les quelque dix-huit mois d'incertitude quant à la privatisation, ce qui a provoqué des états d'âme et des discussions au sein du personnel, la Société bordelaise réussit vaille que vaille à maintenir le cap : « Tout le monde est resté mobilisé, ce qui nous a permis de réaliser d'excellents résultats », indique le président au comité d'entreprise (16 mai 1998). « Le groupe est doté d'un nouvel actionnaire, puissant, régional, en pointe dans certains domaines (technologie) et ayant de nombreux points communs avec notre culture sociale » (le président, mai 1998), notamment, pour les valeurs clés : décentralisation, subsidiarité, solidarité.

Les deux groupes s'appuient sur une conception « fédérale » de leur entreprise : des caisses locales et des fédérations plurirégionales pour le Crédit mutuel, et les banques plurirégionales pour le CIC ; la promotion d'un « circuit court de l'argent » s'intègre dans le concept d'« euro-régions » alors prôné ; décentralisation et subsidiarité doivent prévaloir. Par ailleurs, chaque groupe et chaque banque régionale conservent leur identité, leur marque, leur processus de décision et d'exploitation ; aucuns transferts de fonds de commerce ne sont envisagés, aucunes restrictions d'activité commerciale ; une « concurrence confraternelle » doit prévaloir là où les deux réseaux sont présents. Paradoxalement, la Société bordelaise est d'abord peu concernée en direct car le Crédit mutuel est peu actif dans le grand Sud-Ouest, où il a juste commencé à déployer des jalons ; toutefois, si le Crédit mutuel de Strasbourg parraine le Crédit mutuel Midi-Atlantique, en Midi-Pyrénées, c'est une fédération différente, celle de Bretagne (Crédit mutuel de l'Ouest-

ARKEA), qui essaime en Aquitaine grâce à une société sœur établie sur Angoulême (puis Bordeaux-Pessac à partir de 2004) ; cela explique que les deux réseaux Crédit mutuel et CIC s'y développent avec encore plus d'indépendance qu'ailleurs – tandis qu'une Caisse régionale, Midi-Atlantique, préserve peu ou prou depuis Toulouse son autonomie sur une partie du territoire d'action de la Société bordelaise de CIC.

C. Le CIC reste le parrain de la Société bordelaise

Cette intégration de la Société bordelaise dans le groupe du Crédit mutuel est une chance pour elle. Sa fragilité financière aurait pu conduire en effet à sa disparition par l'intégration de son réseau dans l'aire d'influence de banques voisines, le sud-est dans la Lyonnaise de banque et l'ouest dans le Crédit industriel de l'Ouest, par exemple, comme un projet provocateur est esquissé un moment. Mais ces inquiétudes sont dissipées en 1998-1999, lors de l'intégration dans le groupe du Crédit mutuel, puis encore en 2004. En effet, si le groupe se réorganise en créant six pôles régionaux (CIAL et Société nancéienne-Varin Bernier ; Société lyonnaise de banque ; Scalbert-Dupont et Crédit industriel de Normandie ; Crédit industriel de l'Ouest et Banque régionale de l'Ouest ; région parisienne autour du CIC lui-même, après la fusion intervenue entre l'Union européenne de CIC et le CIC au début de 1999), la Société bordelaise reste bel et bien la banque du groupe CIC dans le très grand Sud-Ouest et dans le Midi languedocien et constitue donc à elle seule l'un des pôles régionaux de cette fédération bancaire.

Un signe concret de la pérennisation de la Société bordelaise est fourni par l'injection de fonds dont elle bénéficie de la part du CIC. Avant l'arrivée du Crédit mutuel, des apports en fonds propres ont déjà lieu (en 1994, pour 75 millions de francs, ce qui maintient le capital à 205 millions ; en 1996, pour 70 millions ; en juin 1997 pour 50 millions, en 1998 pour 25 millions) ; il s'agit alors de reconstituer la santé financière de la banque, éprouvée par des pertes qui, une fois comptabilisées parce que liées à des créances déclarées irrécouvrables, ont rongé le capital nominal. Puis trois augmentations de capital sont effectuées en 1999, 2000 (75 millions de francs chaque année) et 2001 (50 millions), et un prêt participatif (230 millions) est accordé, ce qui procure 430 millions de ressources longues à la Société bordelaise ; cela lui permet d'engager une stratégie de développement forte.

Le CIC lui apporte aussi un capital immatériel, car l'image de marque du groupe s'est peu à peu rénovée et consolidée pendant les années 1990 et l'effort se poursuit : l'unité autour du logotype – mise en œuvre à partir de 1992 –, de la configuration des agences, de messages publicitaires, sont autant d'éléments utiles à la Société bordelaise elle-même ; elle renforce son identité à travers son appartenance à un groupe perçu plus nettement par l'opinion et la clientèle. Le groupe CIC fédère en effet quelque 2,7 millions de clients particuliers en 2003 et 578 000 clients parmi les professionnels et les entreprises, avec 24 000 salariés et plus de 1 800 agences ; sa part de marché global tourne autour de 5 % (5,6 pour les crédits ; 4,7 pour les dépôts)

2. La Société bordelaise et la mutualisation de certains outils d'exploitation

Toutefois, la quête de productivité et de rentabilité explique la mutualisation de certains outils d'exploitation au sein du groupe CIC.

La privatisation a apporté au groupe un actionnaire fort, ce qui a mis fin aux désordres qui régnaient. Le GAN freinait les efforts du CIC qui voulait fédérer le groupe. Chaque banque avait son propre outil informatique, alors que le groupe avait des coûts très élevés (11 % du PNB environ, sauf le CIO, avec 8 %). Cela a permis une organisation industrielle avec des lignes de métiers. On a regroupé tous les moyens. (un dirigeant, mai 2005)

A. Les économies d'échelle dans l'informatique

Dans une première étape, quand la Société bordelaise constate qu'elle devrait investir des sommes importantes dans la mise en place d'une nouvelle « génération » de système informatique et du nouveau plan comptable, elle décide dès octobre 1991 d'en partager le coût (70 millions de francs) avec son confrère nantais, le CIO. Les deux maisons mettent en place ensemble, en 1992, le système *Osiris*, défini à partir du printemps et de l'été 1991 et décliné en une dizaine d'« applicatifs » spécialisés (gestion de base de données, comptabilité et contrôle de gestion, gestion des comptes, moyens de payement, etc.) qui sont testés à partir de l'automne 1991, sous l'égide de J.-P. Ribowsky (avec J.-P. Cournil). Le pôle informatique installé dans l'hôtel particulier du cours de Verdun disparaît car le département informatique du CIO devient le cœur de l'entreprise commune (un GIE), tandis que les 35 salariés du service informatique de Bordeaux sont reconvertis sur place bon gré mal gré, malgré une grève de protestation en janvier 1992 contre le plan social alors édifié (avec une vingtaine de départs, quelques reclassements en interne et des pré-retraites). La « bascule » sur le nouveau système s'effectue le 12 octobre 1992, et la banque réussit cette évolution technologique, même si, sur Bordeaux, pendant trois ans environ, l'on manque alors d'un spécialiste veillant sans cesse à la mise à niveau du système ; cela dit, des applicatifs communs à l'ensemble des entités du groupe CIC sont développés à partir de 1994 pour le traitement des données commerciales, au sein du projet *Cic'lone*, suivi en 1995 du projet *Cicomore* pour la gestion des flux de données.

Enfin, un nouveau plan de modernisation est préparé. Au sein du groupe CIC lui-même, et en liaison avec le passage à l'euro, l'on met en œuvre en 1998 une harmonisation du système informatique avec une plate-forme commune à plusieurs établissements : l'entité parisienne CIC, le CIAL, la Banque régionale de l'Ain, la Banque régionale de l'Ouest, le Crédit industriel de l'Ouest et la Société bordelaise, sur la base même du système *Osiris* initié par ces deux dernières banques. Une ultime étape est franchie en 2003-2004 quand les banques du groupe CIC et celles rattachées au groupe du Crédit mutuel du Centre-Est-Europe mettent en commun leurs ressources informatiques dans le cadre du système GTOCM : la « bascule » s'effectue avec succès, dès le 2 novembre 2003, pour les trois « associées » que sont la Société bordelaise, le CIO et la BRO, dans le cadre de leur projet commun « *BCS 2003* ». Un nouveau système succède au système *Osiris* pour la collecte et le traitement des données ; l'utilisation de bases de données, de systèmes experts, de progiciels d'aide à la décision en agence, devient la priorité, pour le traitement des opérations d'information de la clientèle. Les fonctions transversales se sont élargies ; mais l'essentiel réside dans l'installation dans les agences d'outils de pilotage permettant aux responsables de clientèle de mieux traiter l'analyse des risques et les conseils et aussi d'obtenir les informations nécessaires depuis un pôle installé à Nantes depuis 2004. Par ailleurs, la Société bordelaise peut proposer à ses clients (professionnels, institutions et entreprises) des systèmes de télétransmission des données pour toute la gamme des services *Filbanque*, adaptés à chaque besoin.

B. Des économies d'échelle dans la gestion

Au sommet, la fusion entre l'Union européenne de CIC et du CIC Paris en 1999 permet de consolider la tête de groupe et d'en faire encore plus le levier de concentration des outils communs, tels que les filiales techniques spécialisées (dans l'affacturage, avec Facto CIC, créé en 1992 ; dans le crédit-bail mobilier, avec Bail Equipement ; ou dans le crédit-bail immobilier) ou tels que la salle de marchés nationale ; des dispositifs d'analyse des risques et de contrôle de gestion sont ainsi définis à l'échelle du groupe, soit depuis la maison mère parisienne, soit par transfert confraternel d'un produit conçu par une filiale régionale et ainsi mutualisé. La définition de plusieurs politiques s'effectue désormais en commun, avec une unicité de conception et d'action qui fournit de la cohésion au groupe, par exemple pour ce qui touche à la comptabilité, aux outils de gestion, aux stratégies commerciales, aux marques, etc.

La mise en commun d'outils techniques s'enclenche à partir de 1999, pour ce qui touche à « l'industrie bancaire », par exemple à propos des plates formes téléphoniques ou des services monétiques. De façon plus fine encore, l'alliance entre la Société bordelaise et le CIO est approfondie à partir de 2003-2004 : certes, les deux enseignes (auxquelles se joint la BRO, désormais intimement liée au CIO) restent indépendantes ; mais elles mutualisent certains départements : des « centres de métiers » communs sont établis pour quelques activités techniques, dans des domaines comme le SVP bancassurance (depuis 2004) ou le crédit documentaire, en attendant plus de points de convergence encore (comme dans le marketing), mais aussi pour les affaires internationales et la bancassurance. Les gains de productivité exigent d'esquisser de telles économies d'échelle, dans le cadre d'une alliance à l'échelle d'un « grand Ouest » allant de Nantes à Montpellier.

Une étape supplémentaire est franchie, au fil des semestres, avec la mutualisation de certains outils techniques à l'échelle des deux groupes du CIC et du Crédit mutuel (Centre-Est-Europe), au nom du « co-développement » des deux réseaux. Un processus de rationalisation prend corps, mais chaque banque dispose ensuite d'« interfaces dédiées », c'est-à-dire d'outils spécifiques adaptés à ses besoins et à ses clientèles. Les deux groupes rapprochent peu à peu leurs filiales spécialisées, par exemple dans l'affacturage (Facto CIC), dans le crédit-bail mobilier (Bail Équipement) et dans le crédit-bail immobilier ; des plates-formes boursières (CIC-CM Securities) et financières (pour des opérations de haut de bilan) communes s'esquissent en parallèle. La gestion des flux interbancaires et celle des opérations internationales sont elles aussi concernées.

3. La stabilisation de l'équipe de direction

Malgré ces avatars financiers, capitalistiques ou techniques, la Société bordelaise ne connaît pas de soubresauts à partir de 1992 : en effet, la continuité des équipes de direction prédomine. Au départ de Jean de La Chauvinière (président de juin 1989 à 1992), c'est son directeur général depuis septembre 1989, François-Xavier Bordeaux, qui lui succède, avec un directeur général adjoint, Jacques Père, jusqu'en octobre 1993. Mais l'alternance politique de 1993 explique que cet homme engagé à gauche dans la vie municipale bordelaise (ainsi, aux élections de mars 1989) ne puisse achever son mandat triennal ; parce que la présidence de la Société bordelaise de CIC constitue sur Bordeaux un relatif enjeu « institutionnel » et bien que F.-X. Bordeaux ait fait savoir qu'il renonçait à s'impliquer dans la préparation des élections municipales prévues en 1995, le président du groupe CIC est sollicité pour mettre fin au mandat de président de la Société bordelaise ; F.-X. Bordeaux aura ainsi conduit les affaires de la banque pendant cinq ans.

L'État choisit alors de nommer en juillet 1994 un banquier expérimenté, Jean-Paul Escande, qui, à travers les changements politiques, a déjà exercé la présidence de deux banques régionales, la Société marseillaise de crédit puis le Crédit industriel de l'Ouest. Un directeur général doté d'un solide capital de savoir-faire, Jean-Philippe Brinet, est recruté peu avant ; à 50 ans et après vingt-trois années passées dans une Banque populaire de la région parisienne, la BRED, rejoint Bordeaux pour œuvrer au redressement de la maison.

La structure de l'équipe dirigeante est remodelée au fil des ans pour tenir compte des contraintes managériales et de l'évolution technique. L'objectif est d'abord de lui donner une cohésion dans la réflexion et l'action, puis d'insister sur l'enrichissement du portefeuille de compétences de chaque département, qui bénéficie de recrutements ou de mutations (parfois en provenance d'autres banques du groupe CIC) en fonction des besoins. Mais l'évolution est insensible, car l'équipe constituée en 1992-1993 en reste le socle pendant plusieurs années, avant que des départs à la retraite et des créations de départements ouvrent la voie à de nouveaux venus. La Société bordelaise a bel et bien bénéficié d'un réel vivier de cadres, sans se heurter à une crise des compétences ; elle disposait d'équipes suffisamment riches pour se montrer réactives quand le mouvement de remobilisation (ou de *reengineering*) a pris corps au milieu des années 1990 ; ainsi, cinq des membres du comité de direction de l'année 1994 sont encore en place en 2005.

Le comité de direction de la Société bordelaise de CIC (1990) : de gauche à droite : Bernard Comte, François-Xavier Bordeaux, Norbert Charasch, Jacques Pére, Patrick Ducom, Jean de La Chauvinière, Jean-Marie Zelvine

Tableau 11. L'équipe de direction de la Société bordelaise

	en 1993	en 1997	en 1998	en 2005
Directeur général	DGA : Jacques Père	Jean-Philippe Brinet (depuis 1994)	Idem	Idem
Ressources humaines	Bernard Comte	Idem	Idem	Marc Vaujany
Secrétariat général	Patrick Ducom	Idem	Jean-François Lagraulet	J.-P. Ribowsky
Exploitation & international	Jean-Pierre Dutertre			
Réseau & exploitation		André Wettling	Idem	remplacé par des directions régionales
Exploitations spécialisées				André Wettling
Engagements	Maurice Bernard	Idem	Idem	Idem
Collectivités locales	Jacques Bocabeille		Idem	
Direction commerciale & affaires financières	Claude Marie	Claude Marie	Claude Marie	J. Perrottet
Dont : Ingénierie & activités financières		Claude Marie	Idem	Idem
Opérations bancaires		Jean-Pierre Ribowsky	Idem	J.-P. Ribowsky
Organisation & logistique, puis organisation & informatique	Jean-Pierre Ribowsky	Michel Dufay	Idem	
Direction financière & logistique				Jean-Pierre Ribowsky
Inspection générale		Pierre Roubignac	Jérôme Perrottet	Guillaume Archambault
Trésorerie	Philippe Naturel		Philippe Boursin	Christophe Moenne-Loccoz
Communication		Sabine Coulon-Menaut	Idem	Idem
Développement				P. Naturel

L'on peut détecter un ultime signe de réussite dans la continuité aux fonctions du président de J.-P. Escande, qui voit son mandat renouvelé une fois : après les changements à date rapprochée qui ont marqué la Société bordelaise, comme nombre de banques régionales, depuis sa nationalisation, la sérénité l'a emporté, au profit d'un retour au cœur de métier de la banque commerciale régionale. La transition s'effectue d'ailleurs sans secousses en 2004 quand la retraite de J.-P. Escande explique la nomination de Jean-Jacques Tamburini : ce bon profession-nel du groupe CIC, où il assume la responsabilité des crédits structurés, de la gestion d'actifs (notamment de l'épargne salariale) et des affaires internationales, devient président de la Société bordelaise, au conseil de laquelle entre aussi un représentant du Crédit mutuel. Comme

J.-P. Brinet conserve la direction générale, « l'esprit maison » qui s'est cristallisé depuis le milieu des années 1990 est préservé.

4. La conduite d'une stratégie courageuse et confiante

Si F.-X. Bordeaux a tenté de définir lui aussi une politique d'expansion pour un terme rapproché – à partir de 1994, espérait-il, quand il affirmait que « c'est ainsi que nous aimerions débuter le deuxième tome de l'histoire de notre maison » –, il a dû en fait batailler contre les effets de la récession économique et les difficultés d'exploitation de la maison et n'a pu réaliser son ambition optimiste. C'est donc le tandem qui lui succède qui ajoute au redressement nécessaire la définition d'une stratégie de reconquête des marchés et de remobilisation de l'esprit d'entreprise. Il faut d'abord continuer à parer à l'urgence, à « passer la paille de fer » pour améliorer les comptes de la société, tout en concevant une architecture de traitement des opérations apte à maîtriser les risques. Mais il convient aussi de reconstruire une véritable « organisation de firme » :

> J'ai mis deux mois à comprendre qu'il n'y avait pas une réelle organisation dans la gestion du métier bancaire. Il n'y avait aucune procédure, seulement des « bouts de notes » ; il n'y avait aucune procédure d'information interne sur l'activité de la banque. Il n'y avait qu'une direction de l'exploitation face à soixante agences, sans aucun autre échelon. Il n'y avait pas beaucoup de professionnalisme ; la valeur professionnelle de beaucoup de cadres n'était pas en cause ; mais c'était un problème de management et de communication interne ; il y avait une pagaïe énorme dans l'organisation ; même les bons cadres dirigeants professionnels ne pouvaient exprimer leurs qualités ; et la maison manquait de hauts cadres bancaires. Elle avait été profondément désorganisée à la fin des années 1980 et, pendant les cinq ans suivants, elle n'avait pas été restructurée (un dirigeant, octobre 2004). Il a fallu créer des structures de management, avec des comités (risques, marchés, etc.), un reporting, des définitions de fonctions (un dirigeant, mai 2005).

Il faut aussi recréer un esprit de cohésion sociale par une politique de relations « éclairée » ; enfin, il faut reconquérir des parts de marché grâce à des investissements en savoir-faire et en outils techniques.

« Rigueur », « professionnalisme », « technicité », « dialogue social » deviennent ainsi les mots clés du nouveau président pour la seconde moitié des années 1990, sous l'égide d'un plan de mobilisation des énergies, le programme « *Tonus* », lancé en 1995 sur trois ans pour insister sur les priorités (qualité, meilleure organisation, productivité, relation client, maîtrise des risques, etc.). Les réunions des cadres se multiplient, régulièrement (dès octobre 1994, à Bordeaux, par exemple), où la direction fait passer les thèmes mobilisateurs, pour qu'ils les relayent « à la base ». La difficulté réside dans la nécessité de faire face aux nécessités gestionnaires immédiates tout en conduisant une stratégie de développement ; la résolution de cette contradiction est trouvée dans la promotion de la bataille du « produit net bancaire » ; il faut engranger des clients, des marges bénéficiaires, des commissions sur opérations, pour compenser les pertes héritées de la récession. Remettre la Société bordelaise sur les rails de la reconquête commerciale est pour elle la clé de sa survie, d'où cette priorité donnée à la prospection de la clientèle, pour l'élargir et pour qu'elle souscrive à plus de produits. Il faut « dégager une capacité bénéficiaire dès 1995 afin, dans un deuxième temps, de reprendre une démarche de développement à partir d'un socle de rentabilité rétabli » (octobre 1994), « développer les volumes » (1997). Le président use de sa force de conviction pour convaincre la maison de la possibilité d'un tel retournement ; après que F.-X. Bordeaux a insisté sur l'inquiétude pour un effet d'électrochoc sur les salariés, son successeur met en valeur confiance et espoir, par le biais de son premier plan de trois ans (1995-1997).

Toutefois, les objectifs de retour à une rentabilité correcte sont atteints avec un an d'avance, dès 1995 : l'inflexion vers l'expansion peut alors s'accélérer. Une grande réunion des cadres se tient à Vayres (en Gironde) le 12 septembre 1997 où Philippe Pontet, le président du CIC, et J.-P. Escande lancent le plan *Société bordelaise 2010* ; il a été préparé depuis octobre 1996 par les séances de travail de neuf « chantiers d'approfondissement » réunissant quelque 70 personnes depuis octobre 1996, et par une enquête auprès d'une partie de la clientèle, qui souligne que la maison semble trop peu attractive vis-à-vis des jeunes et que son offre de produits manque d'étoffe.

> On a pris des thèmes centraux qu'on a divisés en quelques thèmes avec les collaborateurs de tout niveau hiérarchique. Cela n'a pas été un simulacre de démocratie à partir du travail en chambre d'un mini-comité. Les gens se sont réunis plusieurs fois, avec discussion générale. Et, chaque année, pendant la réunion des cadres, nous avons repris celles des préconisations formulées lors de ces ateliers et qui avaient été acceptées. Par ailleurs, chaque membre de la direction générale avait défini son « plan d'action » personnel, avec ses propres objectifs : c'était une politique de communication mais aussi de transparence. On a tout mis sur la table car on ne mobilise pas une entreprise seulement par la tête » et, peut-être, « cela explique qu'on ait pu faire face à une croissance plus forte que celles autres banques du groupe CIC (Un dirigeant, mai 2005).

Le plan global définit les axes du « développement » de la banque, une fois achevé le temps de la « reconstruction » ; pour expliciter ces thèmes, la plaquette *Créons notre avenir* est publiée en mai 1998. La rigueur domine (gains de productivité, abaissement du coefficient d'exploitation, contrôle des risques, organisation mieux structurée, démarche de qualité, etc.), mais l'ambition prévaut pour les objectifs en crédits et en clientèle.

À l'exigence de « professionnalisme » affichée depuis 1994-1995 s'ajoute un programme de mobilisation commerciale volontariste : pendant dix ans environ (d'ici 2010), la direction veut augmenter chaque année (d'un taux croissant de 10 % de plus que celui de la concurrence) la part de marché de la Société bordelaise dans son aire d'activité pour y obtenir 5 % des encours de crédit et 4 % de la collecte des dépôts, tout en augmentant le produit net bancaire d'environ 10 % chaque année. Après la priorité donnée en urgence au resserrement des risques et à l'assainissement du bilan, elle veut profiter du rétablissement de la confiance dans l'avenir de la maison pour redonner du tonus aux salariés et reconstituer « l'esprit d'entreprise », sur la base des atouts repérés par les clients interrogés qui ont souligné la qualité des relations entre les responsables d'agence et les particuliers et la réactivité de la banque vis-à-vis des entreprises. « Environ trois à quatre réunions de cadres ont lieu chaque année, relayées par beaucoup de réunions décentralisées, tandis que le directeur général lui-même assure une forte présence sur le terrain, y compris chez les clients » (un dirigeant, mai 2005).

La culture d'entreprise de la Société bordelaise est ainsi redessinée car elle englobe dorénavant :

- une culture du risque plus rigoureuse, appuyée sur des outils d'analyse et de suivi plus systématiques ; réactivité et vigilance contredisent le sentiment de pérennité et de prestige qui régnait depuis une vingtaine d'années malgré les crises successives de l'environnement économique ;

- une culture commerciale neuve car structurée autour d'outils techniques efficaces et d'équipes mobiles, légères et spécialisées ; cette combativité contredit la relative force d'inertie qui dominait puisque la maison se satisfaisait peu ou prou de ses noyaux de clientèle solides au sein du monde de l'entreprise et parmi les clients particuliers « choisis » ;

- une culture de conquête géographique nouvelle grâce à la construction d'un réseau ramifié ; la Société bordelaise entend devenir véritablement une banque plurirégionale sans se contenter des places où elle dispose d'une force historique ;

- une culture sociale d'engagement et de promotion grâce aux circuits de dialogue, à un recrutement ample, à une large offre de postes de responsabilité et à une association aux bénéfices obtenus par la maison ;

- enfin, une image de marque rajeunie, par une politique de communication de proximité et de symbolique plus professionnalisée et systématique.

Le symbole de cette métamorphose est le nouveau Siège de la banque ; certes, le regroupement des services, dispersés entre trois ou quatre sites bordelais, était une nécessité de gestion ; mais la direction en profite pour mettre en valeur les changements plus profonds vécus par la maison. Le déménagement à la Cité mondiale, dans le quartier des Chartrons et quasiment sur les quais de la Garonne, s'effectue en décembre 1995 et il est célébré le 17 janvier 1996. L'enclenchement du processus de privatisation du CIC en 1996 et les aléas qui l'entourent ne suspendent guère cet élan, grâce à une intense politique de circulation de l'information et de discussions au sein du groupe et de la Société bordelaise : « Malgré certaines périodes d'incertitude, tout le monde est resté mobilisé, ce qui nous a permis de réaliser d'excellents résultats » (le président, mars 1998).

Le retour à la confiance est lent, mais un tournant est constaté par les témoins à propos des années 1997-1998, quand le personnel se convainc de la réalité de l'inflexion historique vécue par la maison.

J'ai pris en mains la communication interne et les journaux internes. En effet, on s'est heurté à un problème incroyable : le personnel ne croyait pas au redressement de la banque, avec une incrédulité sur le redressement de la banque, sur la réalité de l'amélioration des comptes. Ce personnel a été, il est vrai, confronté aux effets des mesures de réorganisation ; et il ressentait des doutes sur la pérennité de l'équipe de direction et aussi sur la capacité de redressement ; il exprimait son incompréhension quant aux capacités de redevenir performants. Il a fallu trois ans jusqu'en 1997-1998 et on a senti alors la banque basculer (un dirigeant, octobre 2004).

Cette volonté de confiance s'exprime aussi dans la mise en œuvre du second plan triennal (1998-2000), qui marque le tournant vers une croissance forte du réseau, des opérations ; le plan *Tonus* est appliqué à la vie quotidienne des agences, avec des exigences de productivité et de relance commerciale tout à la fois. Après le temps de l'assainissement, voire de la survie, vient celui de la conquête commerciale, voire de l'enthousiasme : « Nous devons changer de mentalité, c'est-à-dire avoir conscience que nous avons une chance historique devant nous. Jamais dans son histoire, la Société bordelaise n'aura connu une époque équivalant à celle que nous allons vivre », affirme J.-P. Escande (novembre 1998). Ce serait plutôt une nouvelle phase d'expansion, comme celles que la maison a déjà connues à plusieurs reprises, par exemple dans les années 1920 ou encore dans les années 1950. C'est une rupture avec le temps des incertitudes qui a dominé depuis la fin des années 1970 : « Nous devons avoir une dynamique de croissance qui s'installe dans nos esprits », assure un président qui veut convaincre sa maison qu'elle est désormais armée pour affronter – avec profit – la concurrence, aussi aiguë soit-elle. « Nous sommes financièrement entrés dans le cercle vertueux que crée une bonne gestion exigeante et modeste. Nous avons à faire partager à l'ensemble de la maison une nouvelle dynamique du succès » (novembre 1998).

Globalement, « une culture de la performance est en train d'apparaître », ce qui suppose que cette confiance se construise à travers le respect des contraintes des « objectifs » à respecter : la « chaîne de compétences où chacun à son rôle » doit intégrer « la religion des objectifs », qui « sont un impératif de gestion car c'est sur eux que nous fondons nos prévisions et prenons les décisions d'investissement » (novembre 1998). J.-P. Escande en précise les thèmes clés lors d'une réunion des cadres le 18 mars 1999 à Bordeaux, destinée à intégrer le plan de développement de la Société bordelaise dans le « schéma directeur du groupe Cic », *CIC 2002*, appliqué au niveau de la banque elle-même, notamment par son propre plan à moyen terme 2001-2003, présenté en avril 2001, mais remodelé en janvier 2002 pour tenir compte des axes définis au niveau du groupe Cic.

Les objectifs du plan commercial annuel, du plan triennal, du plan à dix ans, sont autant d'incitations à mettre en œuvre cette « culture du développement » qui permet en tout cas à la Société bordelaise d'entrer dans le XXIe siècle avec détermination après avoir célébré son 120e anniversaire en 2000. Dans un « hangar » du port bordelais transformé en lieu d'animation, le H14, la banque accueille 500 salariés (et leurs conjoints) le 17 juin, tandis que, le lendemain, 600 retraités participent à un dîner dans un château girondin. Par ailleurs, en juin, le Grand Théâtre réunit environ 1 100 clients pour un spectacle lyrique, avant une réception sous des tentes, sur la place des Quinconces voisines. « Il ne faut pas négliger l'attachement sentimental qu'on peut avoir pour une banque régionale. C'est un peu une fierté que d'avoir une banque régionale. On a rétabli la fierté d'appartenance au sein de la maison » (un dirigeant, mai 205).

Vers l'avenir, une actualisation du plan *Société bordelaise 2010* est entreprise à partir de septembre 2003, pour accentuer le plan de marche, puisque les objectifs définis en 1996-1997 sont presque tous déjà atteints… La compétitivité, la rentabilité, la mobilité de la banque et la maîtrise des risques ont tellement progressé qu'il faut se fixer une ambition encore plus forte. L'ultime plan en cours de développement, le plan 2004-2006 (défini lui aussi par des « chantiers » qui ont mobilisé une cinquantaine de cadres), amplifie les objectifs devenus désormais classiques : le mot « ambition » symbolise la mue de l'état d'esprit depuis les tensions de la première moitié des années 1990, notamment l'ambition commerciale sur la base d'un outil informatique flambant neuf.

5. Une identité spécifique ?

L'un des aspects de l'évolution de la banque au tournant du siècle est l'affirmation de sa cohésion interne et de son identité externe. La moitié des salariés ont en effet moins de cinq années d'ancienneté, tandis que l'image de marque de la maison manque encore de force sur le marché plurirégional. Paradoxalement, en effet, à la fin du XXe siècle, la Société bordelaise avait du mal à « capitaliser » sur son ancrage régional à cause, sans aucun doute, de ses difficultés de gestion ou de sa nationalisation.

> La dimension régionale est surtout perçue par les entreprises et les professionnels, alors que, aux yeux des particuliers, la Société bordelaise ne présente pas de caractéristique qui la différencie d'une banque nationale. Les entreprises apprécient un accès plus facile aux décideurs du Siège et attendent une grande réactivité de la part de leurs interlocuteurs. Cependant, ces avantages sont perçus comme liés à la taille de la banque plutôt qu'à une véritable volonté d'implication régionale,

constate la direction en 1996.

Cela explique le renforcement des programmes de promotion à travers l'insertion au sein du monde économique, institutionnel, culturel ou social dans les départements d'activité de la banque. Un département de la communication monte peu à peu en puissance, sous l'égide de Sabine Coulon ; et la maison s'engage dans la promotion du livre (aide aux bibliothèques, au Salon du livre, etc.) et de diverses manifestations culturelles. La présence du président J.-P. Escande à la Chambre de commerce & d'industrie de Bordeaux exprime les liens de la Société bordelaise avec le monde économique.

CHAPITRE XVIII

La construction d'un nouvel édifice social

La politique sociale de la Société bordelaise a été confrontée aux tensions provoquées par la crise générale de la maison, avant de profiter du retournement qui a suivi la guérison. Elle se situe donc au point de convergence de quatre exigences : alléger les coûts de gestion en réduisant les postes de travail, renouveler les métiers de la majorité des salariés et de l'offre d'emplois, appliquer les mesures législatives et conventionnelles communes à l'ensemble de la profession, et enfin maintenir vaille que vaille le cap d'une stratégie de progrès social, portée par les présidents successifs, par la direction générale et bien entendu par le directeur des ressources humaines, Bernard Comte, dont le capital d'expérience permet une maîtrise sans soubresauts des aléas auxquels il a dû faire face – jusqu'à son départ en retraite en mars 2003, quand lui succède Marc Vaujany, alors directeur de l'agence d'Arcachon. Pendant cette douzaine d'années, l'aménagement de la politique sociale et l'accentuation de la politique commerciale convergent vers des objectifs d'efficacité et de performance, en symbole de la mutation connue par une banque remobilisée autour d'un projet clair.

1. La cohésion d'une nouvelle culture d'entreprise

Cette stratégie sociale est une volonté des deux présidents successifs – d'une sensibilité de gauche – car ils souhaitent obtenir un relatif consensus pour faire évoluer l'entreprise avec cohésion vers sa modernisation managériale et commerciale. L'effort de persuasion est récurrent, dans les propos de l'équipe dirigeante ; F.-X. Bordeaux, qui est un « communicateur », lance un journal interne, *Trait d'union*, en mars 1990 ; il utilise même la presse régionale pour accentuer son message auprès d'un corps de salariés qu'il doit quelque peu « réveiller » pour le convaincre de la nécessité d'intensifier le changement. Ainsi, en février-mars 1993, il organise quatre réunions de l'ensemble du personnel (dans chaque région et au Siège) pour analyser la situation, la « faiblesse professionnelle » d'ensemble de l'entreprise – trop peu efficace ou « performante » – et en appeler à la mobilisation générale : 80 « chantiers de dialogue » sont organisés pour discuter des dysfonctionnements internes et des réformes à apporter à l'organisation et à la politique commerciale.

Son successeur J.-P. Escande poursuit le mouvement, mais il s'appuie encore plus sur les relais institutionnels internes et sur la négociation paritaire. Il participe ainsi à chaque comité central d'entreprise et y définit devant les élus syndicaux les axes de la politique de gestion des ressources humaines, autour d'un projet de « dialogue social loyal et sans complaisance, sans démagogie, avec les instances représentatives du personnel » (2004), notamment par le biais d'une bonne circulation de l'information et d'un gros effort d'explication et de persuasion – relayé par les trois comités d'établissement « régionaux ». La Société bordelaise devient un champ de négociation permanente pour les réformes en interne et pour l'application des textes nationaux. Des accords successifs sont négociés et signés (trois pour la seule année 1998, par exemple). Comme l'ensemble de la profession, la direction souhaite assouplir le mode de fonctionnement de l'entreprise, dont les rigidités ont créé des surcoûts, entravé la compétitivité et, parfois même, incité à externaliser certaines activités. La politique de communication interne est renforcée, autour de Sabine Coulon ; recrutée en septembre 1992 au sein de la direction des ressources humaines, puis devenue directrice de la communication, elle multiplie les canaux d'information du personnel afin d'enrichir la cohésion de la maison ; la création d'un système d'intranet (en septembre 2001) en est un symbole, avant la transformation de *Trait d'union* en un quasi-magazine interne en 2002. La bataille de la communication interne est en effet devenu essentielle pour fédérer la nouvelle culture maison – alors même que le nombre d'agences a doublé, que les effectifs ont augmenté et que beaucoup de jeunes ont été recrutés – et pour la décliner au sein des « groupes » puis des « régions » qui structurent l'organisation du réseau

2. La bataille de la compression des frais généraux et des coûts salariaux

Parce que la banque subit des déficits importants, sa survie, qui suppose par ailleurs une meilleure gestion de ses risques, passe aussi par une « déflation » des coûts salariaux qui, avec 243 millions de francs en 1991, constituent 63 % des frais généraux ; or ces derniers pèsent lourdement sur les comptes d'une banque qui est alors nettement à la traîne au sein de la profession ; le PNB par agent atteindrait en 1991 quelque 510 000 francs à la Société bordelaise face aux 850 000 francs atteint en moyenne par le Crédit agricole. « Nous disparaîtrons si nous ne transformons pas profondément dans les prochains mois [...] nos structures de fonctionnement et de coût », indique F.-X. Bordeaux (*Trait d'union*, septembre 1992), propos repris par J.-P. Brinet : « Il faut donc plus travailler et mieux travailler, c'est-à-dire traiter plus de clients avec moins de personnel. Tous les autres discours sont purement démagogiques » (*Trait d'union*, octobre 1994).

Tableau 12. Comparaison de la gestion entre quelques banques

	Frais généraux par rapport à un milliard de francs de comptes gérés en 1991	Frais généraux par rapport au produit net bancaire en 1991
Banque régionale de l'Ouest	30,1 %	62 %
Moyenne de la profession	30,1	68
Crédit industriel de Normandie		76
Crédit industriel de l'Ouest	33	72
Moyenne du groupe CIC	36,3	74
Société bordelaise	42,4	81 ou 83 %

A. Frapper les esprits

F.-X. Bordeaux lance alors une idée choc : pour réduire l'ampleur de la réduction des effectifs, il propose une réduction temporaire des salaires d'un douzième, le temps que la maison se redresse. Ce manque à gagner serait constitué au fil des ans en une sorte « d'avoir », la « contribution sociale de solidarité pour l'emploi », qui serait versé aux salariés au bout de quelques années, une fois atteint le redressement ; mais un plan social portant sur 95 postes est organisé par départs volontaires (soit 12 % des effectifs), le 20 novembre 1992. Cet électrochoc fait réagir durement les syndicats ; l'ambiance sociale devient morose, même si les négociations aboutissent à un accord et si les salariés comprennent peu ou prou que les « acquis » doivent être remis en cause, sauf à intégrer la Société bordelaise dans un ensemble plus vaste, au risque de sacrifier l'emploi du Siège lui-même ; d'ailleurs, lors d'un vote, 93 % des salariés acceptent la contribution sociale de solidarité, adoptée au comité d'entreprise le 6 octobre 2002. Cette ponction sur les salaires est appliquée entre 1992 et juin 1994, et quelque 7,1 millions de francs sont stockés (en provision) car ils doivent ensuite être « remboursés » aux salariés.

B. Un processus de compression des coûts salariaux

Après le choc provoqué par F.-X. Bordeaux et la solution palliative qu'il a instituée, une véritable « remise à plat » des structures sociales de la maison s'avère nécessaire en 1994-1995. Tout d'abord, on doit bloquer les recrutements et comprimer les effectifs et ce, jusqu'en 1998. « La paille de fer » doit être passée un peu partout : au Siège et dans les agences, où des postes de travail disparaissent au fur et à mesure des départs (retraites, mutations, démissions, etc.) ; comme dans beaucoup de banques, une procédure d'incitation à la préretraite est définie, qui permet d'accélérer la réduction des effectifs. Une réforme intéressante permet d'alléger le volume horaire global tout en répondant aux aspirations de certains salariés : la promotion du temps partiel ou du « temps de travail choisi », à partir de 1995-1996, touche ainsi 41 salariés en 1996 (plus de 6 % des salariés). Malgré la reprise de la cinquantaine de salariés de la banque Majorel, les effectifs reculent d'une centaine d'unités pendant la première moitié des années 1990.

Tableau 13. Nombre de salariés à la Société bordelaise

	Siège	Agences	Total
1988			865
1989			859
1990			887
1991	290	571	861
1992	289	525	814
1993	261	498	759
1994			769
1995	223	535	758
1996			715
1997			695
1998	293	420	713
1999			799
2000			869
2001			924
2002			1 035
2003		650	1 043

Ce repli des effectifs constitue une contribution déterminante à l'abaissement du coût d'exploitation, bien que la mise en œuvre de la réforme des 35 heures freine quelque peu cette tendance. Elle est négociée en 1998-1999 et intégrée dans le remodelage du mode de fonctionnement de l'entreprise. Déjà, la durée du travail n'était plus que de 37 heures pour les 90 salariés travaillant le lundi ou le samedi ; l'accord conclu le 4 janvier 1999 entre l'Association française des banques et le Syndicat national des banques (SNB) (autour d'un gain national de treize jours de congés alors que le passage général aux 35 heures aurait diminué de 24 jours l'amplitude travaillée, de 235 à 211 jours) ouvre la voie à un accord cadre au sein du groupe CIC.

C'est un accord de branche de la profession bancaire, puis l'un des tout premiers accords au niveau du groupe CIC, qui permet d'avoir une politique des ressources humaines à l'échelle du groupe, avec homogénéité des principes communs et un accord type signé par les partenaires sociaux. Chaque banque reprend cet accord type dans son propre accord, avec quelques spécificités locales, notamment parce que la Société bordelaise avait proportionnellement plus de cadres (un dirigeant, septembre 2005).

Ainsi, les cadres sont « au forfait » et obtiennent deux jours de RTT, soit 56 cours de congés, tandis que les non-cadres travaillent 37 heures avec un jour de RTT par mois. Mais

> on a réfléchi en termes d'organisation de l'entreprise, ce qui a constitué un avantage. On a fait un très gros travail d'organisation avec des salariés responsables, et la productivité par salarié n'a pas chuté, grâce à la précocité du mouvement d'informatisation – par exemple la scannérisation des chèques, lancée très en avance par rapport aux autres banques, ou la diffusion de la banque automatique (un dirigeant, septembre 2005).

Le bilan de ces années 1994-1998 est mitigé : le choc subi par la banque a été fort et douloureux :

> On ne commence à recruter qu'en 1998, et encore 20 à 40 personnes, au lieu de 200 en 2005. La DRH ne gère quasiment que les sorties de personnel. Ce furent cinq années de difficultés, voire de batailles, car il y avait des comités d'établissements convoqués par les partenaires sociaux à la direction départementale du Travail et il y avait des procédures aux Prud'hommes ; il y avait de fortes tensions. Le management est devenu directif parce qu'on n'avait plus d'autre possibilité : il fallait faire preuve de persuasion pour amener des collaborateurs à évoluer géographiquement et professionnellement. Cela a été un travail de mineur pendant cinq ans (un dirigeant, septembre 2005),

pourtant presque oublié aujourd'hui car « seuls les anciens ont connu ces années dures alors que la moitié des effectifs actuels ont moins de cinq ans d'ancienneté ; seulement 600 salariés actuels environ ont connu la Société bordelaise dans une situation délicate et les efforts pour arriver à la redresser » (un dirigeant, septembre 2005).

3. La réinvention sociale de la Société bordelaise

La « déflation » des coûts salariaux finit par être compensée par la stratégie d'expansion commerciale ; elle suppose en effet une reconversion profonde des métiers d'une banque encore trop tournée vers l'administration des moyens et flux de payement et de l'organisation globale. « La nécessité d'anticiper sur l'évolution pour le recrutement des remplacements aux départs en retraite et pour le développement a imposé une vision un peu comptable de la gestion des fonctions » (un dirigeant, septembre 2005), qu'on a dû redéfinir et préciser en fonction des exigences de la restructuration du réseau et des activités. La priorité va donc à la mobilité professionnelle des salariés – qui avait déjà été enclenchée par un « accord sur l'emploi, la formation et la mobilité », conclu au sein de l'ensemble du groupe CIC en mai 1990 pour mettre en œuvre une « gestion prévisionnelle de l'emploi ». À la Société bordelaise elle-même, les salariés sont incités à « bouger », à « évoluer », pour acquérir des savoir-faire commerciaux, devenir chargés de clientèle, etc. Or, au début des années 1990, le cloisonnement des métiers et des carrières enraye l'efficacité de la bataille de la rénovation de la maison : la direction doit concilier « adaptabilité » de l'entreprise et « employabilité » des salariés, alors que la gestion prévisionnelle des emplois manquait de substance – puisque les incertitudes avaient prévalu quant au destin même de la société.

Un cap est franchi quand un comité des carrières est monté en 1994 pour améliorer la gestion prévisionnelle du personnel, mieux analyser la carrière des cadres, développer la mobilité en général et veiller à la promotion des responsabilités des femmes – axe sur lequel insiste beaucoup le nouveau président. Il faut encourager la capacité d'adaptation de chacun, grâce à des analyses individuelles de compétences, des efforts de formation et de reconversion, l'accès à une certaine polyvalence, au détriment du cloisonnement classique qui dominait dans les banques. À plusieurs reprises, des conventions précisent les mobilités de cette mutation professionnelle (et souvent géographique). Le premier accord « emploi-mobilité-adaptabilité » entre en œuvre en 1995 (sur 1995-1997) : « Un tel accord se renouvelle et s'amende tous les trois ans. Il est très important car il faut motiver les collaborateurs pour les inciter à se déplacer géographiquement. Le dispositif de l'accord est un dispositif financier, avec des primes, pour compenser l'effort de mutation du collaborateur, son déménagement, etc. » (un dirigeant, septembre 2005). Ce « dispositif carrières et mobilité » est renouvelé et actualisé par la négociation, d'où les plans 1998-2000, 2001-2003 et enfin 2004-2006. La politique de formation permanente est accentuée, pour renforcer et faire évoluer la « professionnalisation » globale de la banque ; ainsi, par exemple, l'équivalent de presque 7 % de la masse salariale est investi en formation en 1995 : « Il n'y avait pratiquement pas de réelle politique de formation. Nous avons fait un gros effort de formation, par métiers (guichetiers et vendeurs, chargés de portefeuille, chargés de clientèle, responsables d'agence) ou par fonctions transversales (risque et développement, négociation-vente, management, etc.) » (un dirigeant, 2004). La baisse du nombre de postes administratifs est compensée par une mobilité du personnel : des salariés rejoignent les postes commerciaux du Siège et les agences de développement, d'autres la plate-forme téléphonique, ce qui réduit la nécessité de comprimer davantage les effectifs.

> Nous favorisons les candidatures au sein de la Société bordelaise : on suscite les candidatures spontanées. Mais on suscite aussi la mobilité interne par le biais de la promotion interne des chargés de clientèle sur des postes de

directeur d'agence. La promotion interne est un axe prioritaire. On recrute beaucoup de chargés d'accueil, beaucoup de jeunes bac+2, en vivier. Il faut faire évoluer les chargés d'accueil vers des chargés de clientèle, avec une dizaine d'années de fonctionnement de la chaîne de promotion interne. Ainsi, en 2004, on n'a recruté aucuns directeurs d'agence en externe, grâce à la constitution de ce vivier (un dirigeant, septembre 2005).

Ces flux jouent aussi en faveur de l'ensemble du groupe de banques sœurs car il oriente des salariés vers la Société bordelaise :

Si elle est la plus petite du groupe, elle est l'une des seules qui a un grand plan de développement à l'époque et elle accueille ainsi des collaborateurs du groupe CIC et du groupe Crédit mutuel, par le biais d'un dispositif d'offres d'emplois par internet, pour un sixième de ses recrutements, notamment pour les chargés de clientèle Particuliers : une logique de groupe a pris corps (un dirigeant, septembre 2005).

Une politique de recrutement adaptée à la nouvelle configuration de la Société bordelaise a en effet pris corps : ce sont des « commerciaux » ou des managers d'agence qui sont recrutés ; l'essor du réseau multiplie désormais les occasions d'offre d'emplois, d'autant plus que la Société bordelaise redevient attractive pour le monde des jeunes diplômés, grâce à son redressement et à l'évolution de l'image de marque du groupe CIC. Pour la seule année 1998, une centaine (brute) de salariés la rejoignent ; 365 recrues sont intégrées en 2000-2002. La fameuse pyramide des âges voit se reconstituer sa base puisque la moyenne d'âge tend à se rajeunir (43 ans en 1998). La direction des ressources humaines (quatorze salariés en 2000, sous la conduite de B. Comte jusqu'en 2003) peut dès lors promouvoir des outils de suivi de carrière, faire évoluer les salariés au gré de leurs compétences et de leurs résultats vers des postes dotés de plus de responsabilité, par exemple au sein du réseau d'agences.

L'équilibre des compétences est bouleversé au sein de la banque : à cause de la percée des fonctions dotées de responsabilités (prospection commerciale, gestion d'un portefeuille de clients, conseil, analyse ou contrôle des risques, etc.), le nombre de cadres a doublé depuis le tournant du siècle et dépasse les quatre centaines.

On a fait le pari d'une embauche massive de cadres, avec une grille de recrutement. On a embauché beaucoup de bac+2 à bac+5 et beaucoup de diplômés de grandes écoles et de DESS banque & finance ou gestion de patrimoine, avec donc un gros recrutement dans l'université car on n'a pas pris seulement des diplômés d'écoles de commerce. Comme a on a créé dix guichets par an, cela a créé un appel d'air permanent ; la politique commerciale s'est développée, pour gagner des parts de marché, et cela a créé des possibilités d'évolution des carrières. Mais on a été confronté à une exigence de fidélisation de ces cadres, et on a établi une culture d'entreprise qui soude les gens, par le biais d'une volonté d'autonomie et de délégation, pour per-mettre aux cadres de se réaliser, avec un droit à l'erreur et à une seconde chance (un dirigeant, mai 2005).

Tableau 14. Évolution de la répartition entre les cadres et les autres salariés au sein des effectifs de la Société bordelaise de CIC

	Cadres	Gradés	Employés	Total
1991	169	507	187	875
1992	164	494	139	807/ 777
1993	147	485	118	759
1994	155	519	86	769
1995	159	512	75	758
1996	160	489	52	715
1997	168	489	52	695
1998	183	465	50	713
1999	205	478	39	739
	Cadres	Fusion dans une nouvelle catégorie : « techniciens des métiers de la banque » par le biais de la nouvelle convention de la Fédération bancaire française		
1999	222	517		739
2000	294	502		796
2001	368	492		860
2002	415	533		948

Une lecture financière de cette réinvention sociale de la banque à partir des années récentes s'effectue par la mesure de ce que chaque salarié est désormais capable de « rapporter » à la société : la réorienta-tion vers des fonctions dotées de plus de responsabilités, vers des fonc-tions de production commerciale et de relation avec les clients, mais aussi l'allègement des tâches administratives, désormais mutualisées, et l'information ont permis d'intensifier la contribution de chaque salarié à la progression du chiffre d'affaires (le produit net bancaire) : le PNB par salarié a augmenté des deux tiers entre 1992 et 2003.

4. La re-création d'une communauté d'engagement

Cette nouvelle marche en avant, cette politique d'embauche et l'amé-lioration des résultats financiers stimulent la construction d'une nouvelle communauté sociale, où, en majorité, les salariés adhèrent au projet d'ensemble de la Société bordelaise. Le climat social s'améliore sensi-blement, d'autant plus que la direction peut de plus en plus donner le sentiment aux salariés qu'ils peuvent partager les bénéfices de la « gué-rison » puis de la progression de la banque.

Lors de la privatisation, par exemple, en 1998, quelque 92 % des sa-lariés de la Société bordelaise deviennent actionnaires de la société mère du groupe CIC. La Société bordelaise, de son côté, peut négocier des accords d'intéressement (institué en 1995, puis renouvelé au fil des ans, comme en 1998) ou de participation (renouvelé lui aussi, comme en 2000), pour une meilleure association aux profits de la maison. Le « plan d'épargne d'entreprise », créé en 1995, bénéficie en 1998 de nouvelles règles « d'abondement » par la société. Le premier versement au titre de l'intéressement intervient en 1996 (modestement, pour 2,9 millions de francs). Sous toutes ses formes, l'épargne d'entreprise constitue de plus en plus un complément de revenus substantiel, même si son usage n'est que progressif : en 1997, l'intéressement et l'abondement représentent plus de trois semaines de salaire et l'équivalent de 3,66 % de la masse salariale en 1998.

Quand la convention collective instituée en 1952 par la profession bancaire et suspendue le 2 juin 1998 par l'Association française des banques est renégociée (dans des conditions nationales tendues) en 1999, ce qui aboutit à conférer une plus large autonomie sociale à chaque banque, les salariés de la Société bordelaise (comme d'autres banques du CIC) peuvent se sentir relativement sereins. Si des séances de négociation des nouveaux accords ont pu être parfois tendues au sein du comité d'entreprise, avec des syndicats vindicatifs, la négociation de leur application se déroule ensuite sans trop d'anicroches (avec par exemple la fixation de minima salariaux par catégories et d'une nouvelle classification, tandis que des parts variables sont prévues pour les rémunérations). La conclusion d'un accord social à l'échelle du groupe CIC en 2001 constitue d'ailleurs un socle social commun et définit plusieurs outils de cohésion interne (une retraite surcomplémentaire par capitalisation, etc.).

*

La révolution du management social au sein d'une mini-firme

Le bilan d'une telle rénovation sociale de la Société bordelaise est positif car les tensions dans les relations syndicales n'ont jamais débouché sur des positions tranchées ; les outils de communication interne ont permis de diffuser sereinement les informations nécessaires ; les chances de promotions se sont multipliées grâce à la dilatation du réseau d'agences. Des enquêtes empiriques sur la satisfaction des salariés, voire la « fierté » de travailler à la Société bordelaise sont conduites régulièrement depuis 1997 ; elles indiquent (vers 2000) une perception plutôt positive de leur insertion dans la maison. Pourtant, au début de ce siècle, elles relèvent des incertitudes ; c'est que les mutations générationnelles sont importantes : beaucoup de salariés en poste pendant les années de

« bataille pour la survie » de la banque (fin des années 1980-la majorité des années 1990) sont partis en retraite alors qu'ils ressentaient leur soulagement d'avoir contribué à sauvegarder la pérennité de celle-ci.

En revanche, nombre de recrues aspirées par le mouvement de croissance plus récent se sentent surtout soucieuses de participer à l'expansion commerciale et en attendent des bénéfices concrets pour leurs revenus et leur carrière : comme dans l'ensemble du monde de l'entreprise, la direction doit imaginer des processus de persuasion et de mobilisation qui facilitent des formes nouvelles d'engagement et de culture d'entreprise. Plus jeunes, ces salariés aspirent à une reconnaissance plus rapide de leur activité, à une circulation plus large et rapide de l'information au sein de la société, mais ils montrent en majorité une confiance indéniable dans l'avenir de celle-ci, dans sa stratégie et sa capacité d'adaptation à l'environnement, et dans leur avenir en son sein. Ils souhaitent toutefois une évolution du « style de management » de moins de « directivité » vers plus de « style participatif » ou « consultatif » ; le chantier du renouvellement de la politique sociale et de la culture d'entreprise est sans cesse réactivé autour de nouveaux axes de discussion. Celle-ci est de plus en plus développée aussi à l'échelle du groupe CIC, car, par le biais de la gestion des ressources humaines, son homogénéité se consolide, avec l'édification d'un socle social commun.

CHAPITRE XIX

Une nouvelle configuration de la banque régionale

Dès que la Société bordelaise récupère les moyens financiers de sa mobilité stratégique, elle définit un « schéma directeur du réseau « (novembre 1994), qui précise une stratégie concernant la structure des agences, le maillage géographique et la rentabilité. Il faut à la fois plus de guichets, plus légers et plus forts – car on ne souhaite pas garder des guichets ayant moins de 3 % de leur marché local. La densité du réseau est trop faible puisque, alors que la taille de son aire d'activité équivaut à celle de la Lyonnaise de banque, elle ne dispose que de la moitié du nombre de guichets dont dispose sa consœur (70 sur dix-huit départements, en 1994). Cette dispersion de l'enseigne nuit évidemment à son identité auprès de la clientèle potentielle. Par ailleurs, la moitié des guichets subit un déficit d'exploitation en été 1994, ce qui impose de modifier en profondeur l'organisation et les méthodes de ce réseau, dont le fonds de commerce est jugé « vieillissant » et pas assez dynamique : les crédits habitat et la collecte d'épargne sont ainsi trop faibles.

1. La nouvelle conception du réseau

La rénovation du réseau de la « banque de détail » de la Société bordelaise n'est pas originale puisque tous les établissements adoptent peu ou prou la même configuration d'agence : guichets automatisés pour diminuer le coût de traitement des opérations banales et de la gestion des moyens de payement ; séparation du comptoir pour des contacts élémentaires (« la banque debout ») et des bureaux pour conseiller les clients (« la banque assise ») ; décoration attractive mais, aussi pratique pour mieux séduire et informer le client (avec des présentoirs de documents d'information et de conseil) ; mesures de sécurité renforcées, etc. Beaucoup de banques mènent elles aussi une politique d'essaimage de leurs guichets pour mieux pénétrer les zones de chalandise en expansion. L'enjeu, pour une Société bordelaise quelque peu désargentée, est de ne pas perdre pied et de conduire par conséquent une politique de développement qui lui permette de rénover et d'étendre son réseau au mieux comme ses concurrentes. Mais elle ne s'en contente pas puisqu'elle choisit une stratégie volontariste d'extension de son réseau.

Il est vrai que son maillage géographique restait fort lâche dans les années 1980, avec d'énormes vides dans plusieurs contrées importantes du grand Sud-Ouest, par exemple autour de Bayonne, Anglet et Biarritz (« le BAB ») ou dans le Périgord. Par contre, la succursale de Bordeaux, au cœur historique de la vie de la Société bordelaise, assure en 1996 environ 42 % des encours de placement en OPCVM de la maison, ce qui révèle son assise au cœur des patrimoines girondins. Ailleurs, la banque avait négligé d'accompagner les mutations de la géographie urbaine et son enseigne manquait dans de nombreux quartiers des agglomérations en expansion et dans les zones périurbaines dynamiques. Face à l'offensive du Crédit agricole et au réveil des Banques populaires et des Caisses d'épargne, la Société bordelaise risquait de se voir écartée de débouchés prometteurs. « Sur Bordeaux, nous ne sommes pas assez présents. Sur Toulouse, ce n'est pas très rationnel. Dans ce qu'on appelle le BAB, nous ne sommes pas présents. On n'est pas à Bègles, on était à Talence, on n'y est plus » (le président, novembre 1994).

Toutefois, elle manquait d'argent pour investir. La nouvelle conception du réseau permet de pallier cette lacune : alors que deux présidents précédents avaient privilégié l'ouverture d'agences plutôt « cossues », comme à Brive et Pamiers, pour se hisser au niveau de légitimité des grandes banques parisiennes, l'on choisit de multiplier des agences simples, avec trois ou quatre salariés, donc la « banque de proximité ». L'automatisation de nombreuses opérations et l'utilisation intensive des terminaux informatiques permettent à ces agences d'être néanmoins efficaces ; les outils d'aide à la vente et à la décision procurés par les plans d'informatisation brisent l'isolement de responsable de clientèle : à partir de 2003-2004, « le poste de travail en agence donne accès à toutes les fonctionnalités », y compris pour les produits d'assurance. Un tel choix explique que les plans de développement du réseau puissent être réalisés.

Le processus de lancement d'un siège bénéficie d'une anticipation précoce : « Les nouvelles agences ont créé leur propre clientèle, sans transfert de clients depuis les agences déjà en place, sauf exception [demandée par le client lui-même]. On essaye d'anticiper sur la création d'agences : on recrute le directeur du nouveau guichet entre huit à vingt-deux mois à l'avance pour qu'il se forme dans des agences existantes » (un dirigeant, mai 2005) avant de participer à la mise en place de son agence. À partir de 1998 est même instituée ce qu'on appelle « l'agence de développement » : une petite équipe (avec notamment de jeunes recrues, qui y font leurs preuves de dynamisme) est installée dans le nouveau guichet en « commando d'appui » et commence à prospecter la clientèle pendant quatre à cinq semaines afin de préparer le terrain et d'accélérer la montée en puissance de l'agence, en autant de

« chevau-légers » de la reconquête commerciale ; leur combativité marque la rupture avec l'attentisme : » L'équipe de développement constitue un commando qui ne fait que de la prospection. On y met tous les nouveaux embauchés, ce qui constitue un creuset très important d'homogénéisation de la banque » (un dirigeant, mai 2005) et de formation à l'action commerciale.

Cette évolution conceptuelle facilite la mise en œuvre de la stratégie d'expansion de la Société bordelaise : « Le plan de développement reste une grande ambition, totalement à contre-courant de l'évolution du secteur bancaire AFB puisque notre réseau va augmenter ses points de vente de 60 % en cinq ans alors que le secteur AFB n'ouvre plus de guichets depuis longtemps. Nous bâtissons une autre banque » (novembre 1999). Pour combler les lacunes de son réseau et de ses positions commerciales, la Société bordelaise est privilégiée au sein du groupe CIC puisqu'elle doit y assurer 20 % des créations de guichets sur cinq ans (260 prévues au total) alors qu'elle n'y pèse que 3 % de la collecte de dépôts ; cette priorité s'exprime par l'apport de fonds propres déjà évoqué (430 millions de francs en 1999-2001), qui permet à la fois d'investir et d'attendre la montée en puissance de ce réseau puisqu'on compte trois ans pour qu'une nouvelle agence couvre ses frais. L'on prévoit en 1998 qu'elle doit ouvrir une cinquantaine de guichets en cinq ans, tout comme la Société lyonnaise de banque, alors que le CIC-Paris n'en envisage pour lui-même qu'une vingtaine. Une fois ce premier plan de développement réussi, un second démarre en 2004, dans la perspective du renforcement du maillage dans les quartiers et dans les départements.

2. Deux priorités en parallèle pour le réseau

La Société bordelaise doit à la fois renforcer les points forts de son réseau et en combler les points faibles, car elle avait beaucoup de retard à rattraper dans son développement plurirégional.

A. La priorité donnée aux pôles essentiels

Logiquement, la Société bordelaise se doit de consolider ses positions dans les principales agglomérations pour y conquérir des quartiers nouveaux et suivre l'essor et la diversification et le renouvellement sociologiques de la population. Sur l'agglomération bordelaise, un guichet ouvre en 1992 dans le quartier de Caudéran qui, malgré son haut pouvoir d'achat moyen et ses 38 000 habitants, en était dépourvu, et plusieurs autres quartiers sont prospectés… Le pôle toulousain semblait quelque peu sous-équipé malgré son expansion économique ; huit agences y sont ouvertes en 1999-2001, et le réseau y atteint donc seize guichets ; le « grand Toulouse » est ainsi prospecté, comme à L'Union, une commune de la périphérie dont la population de 12 000 habitants justifie l'ouverture d'un guichet (en 1997) ; ces investissements toulousains sont tels que le « groupe » d'agences mis en place en 1994 éclate en deux entités en janvier 2002, le groupe de Toulouse I, pour la ville-centre, et celui de Toulouse II, pour la périphérie de l'agglomération ; ce groupe est localisé à l'agence de Saint-Orens-de-Ganeville et supervise sept guichets ; huit guichets sont ouverts dans cette agglomération pendant les seules années 1999-2001. À une moindre échelle, le pôle de Montpellier, champ d'une politique municipale vigoureuse, doit lui aussi être mieux pénétré et les ouvertures de guichets s'y succèdent rapidement (sept en cinq ans). L'agglomération toulousaine dispose ainsi de dix-neuf agences en 2003 au lieu de huit en 1998 ; le réseau de celle de Montpellier augmente de quatre à onze guichets.

Tableau 15. Évolution de la répartition régionale des agences de la Société bordelaise de CIC

	En Aquitaine	Dans l'agglomération de Bordeaux	En Midi-Pyrénées	Dans l'agglomération de Toulouse	En Languedoc-Roussillon	Dans l'agglomération de Montpellier	total
1990	22		21		13		56
1992	26		23		19		61
1993	28		20		13		
1997	34		24		17		77
1998	37	17	26	8	17	4	80
2003	60	27	42	19	28	11	130

Cependant, des agglomérations importantes où la présence de la Société bordelaise était faible, voire inexistante, deviennent la cible de l'offensive. Ainsi, dans un premier temps, le sud de l'Aquitaine connaît une revitalisation commerciale : l'agence de Pau est rénovée en 1991 ; l'extrême Sud-Ouest est enfin prospecté avec l'ouverture d'agences à Hendaye (1991) ou à Biarritz (1997) ; en 1997, le pôle de Bayonne peut ainsi superviser sept agences (et trois bureaux périodiques) tant dans le « BAB » (Bayonne, Anglet, Biarritz) que sur la côte landaise.

B. Un maillage plus resserré

Dans l'ensemble de l'aire de rayonnement de la Société bordelaise, il faut peu à peu combler les vides, dresser l'enseigne dans des villes délaissées, s'affirmer dans tous les départements. Dans trois d'entre eux, la politique ponctuelle de croissance externe menée au tournant des années 1990 finit par porter ses fruits, malgré le coût de l'absorption des banques acquises – à cause des mauvais crédits qu'elles portaient – et de leur remise à niveau commerciale. Suite à la reprise de la maison

Hirigoyen, l'aire landaise est étoffée (ouverture de Dax en 1990 ; essor de Cap-Breton et de ses trois bureaux et de Saint-Vincent-de-Tyrosse, etc.). En Lot-et-Garonne, les quatre agences léguées par la Société agenaise de banque puis de CIC, absorbée en mars 1991, servent de levier au développement. Ponctuellement, des cités accueillent une agence de la Société bordelaise, comme Périgueux, où elle retourne en 1995. Enfin, ce programme de développement est complété par un intense programme de rénovation des guichets existants.

Tableau 16. Les nouvelles agences de la Société bordelaise

	Aquitaine	Midi-Pyrénées	Languedoc-Roussillon	Corrèze
1990	Dax	Rodez	Perpignan Sète	
1991	Pau rénovée Hendaye	Auch	Agde	
1992		Reprise de *Majorel*, avec : Espalion Albi et huit guichets périodiques (dont Laguiole) Fusion des deux agences de Rodez Rénovation de la succursale de Toulouse-centre		Aurillac (héritée de Majorel)
1992	Marmande Bordeaux-Caudéran	Cahors		
1993	Fermeture de l'agence parisienne			
1993	Septembre : intégration de la Société agenaise de CIC (avec ses quatre agences)	Pamiers	Montpellier-Antigone, Lattes	
1994	Bordeaux-Gare Saint-Jean			
1995	Périgueux Agence habitat conseil de Bordeaux			
1996	Bordeaux-Chartrons			
1997	Biarritz		Castelnau-les-Lez (Montpellier)	
1998	Arcachon Bordeaux-Gambetta Bergerac		Agence Habitat sur Montpellier	

1999 (neuf)	Villeneuve-sur-Lot Bordeaux-Victoire Bordeaux-Palais de Justice Cestas Pau-Mermoz	Toulouse-route d'Espagne Blagnac	Narbonne Béziers-Kennedy	
2000 (onze)	Agen-Boé Andernos Saint-Médard-en-Jalles Mont-de-Marsan	Montauban-Ville Toulouse-Saint-Michel Argelès Saint-Lary	Montpellier-avenue de Toulouse Montpellier-Arceaux Tournefeuille Cazères (Haute-Garonne) Agence habitat conseil de Montpellier	
2001 (dix)	Talence Villenave-d'Ornon Sarlat	Toulouse Gaillac	Perpignan Béziers Montpellier	
2002 (dix)	Bordeaux-Pey-Berland Cenon Langon La Teste Bayonne-Saint-Esprit Anglet Agen : Transfert de l'agence de la place Jean-Baptiste Durand au 90 boulevard de la République Transferts de Brive, Hendaye, Perpignan	Oloron-Sainte-Marie Toulouse-Balma Toulouse-Saint-Orens-de Ganville	Montpellier-Port Marianne Agence habitat conseil d'Anglet	
2003 (dix)	Pessac Blanquefort Paul-général Leclerc Billère	Villefranche-du-Rouergue Toulouse-L'Union Toulouse-Place des Carmes	Mauguio, Saint-Gély-du-Fesq et La Grande-Motte, dans l'Hérault	

Dès l'année 2000, le réseau dépasse la centaine d'agences ; sa gestion mobilise alors 25 salariés au Siège (autour d'André Wettling) et 520 dans les guichets. Mais cette direction du réseau & de l'exploitation est épaulée par les départements spécialisés de la banque (particuliers ; entreprises ; professionnels ; placements financiers, notamment). Plus importante encore est la contribution de la « direction des opérations bancaires » instituée en 1995 pour gérer les processus d'opérations administratives et comptables générées par le réseau, ainsi allégé de tout ce qui n'est pas son activité commerciale. En une demi-douzaine d'années, le réseau de la Société bordelaise a vécu une véritable mini-révolution puisque sa dimension a doublé ; le coût en est relativement élevé (puisqu'on estime à une trentaine de millions d'euros l'investissement pour la cinquantaine d'agences ouvertes en 1998-2003).

Tableau 17. La progression du réseau de la Société bordelaise
(chiffres au 31 décembre)

	Agences permanentes	Agences périodiques	Guichets saisonniers	Total
1990	55	1		56
1991	55	2	2	59
1992	59	2	2	63
1993	61	1	2	64
1994	68	3	2	73
1995	67	4	2	73
1996	67	3	2	72
1997	69	4	2	75
1998	72	4	2	78
1999	81	3	4	88
2000	93	3	2	98
2001	103	3	2	108
2002	113	3	2	118
2003	123	3	2	128
2004	133	3	2	138

L'identité de « banque de proximité » correspond désormais à une réalité commerciale et géographique puisque les quartiers des agglomérations importantes sont dorénavant bien prospectés et parce que des départements jusqu'alors délaissés ont accueilli l'enseigne de la banque, ainsi devenue une véritable banque plurirégionale. L'équipement en guichets a donc plus que doublé en une dizaine d'années ; mais l'effort d'ouverture d'une dizaine de points de contact chaque année doit se poursuivre tant la Société bordelaise a pris de retard du milieu des années 1970 au milieu des années 1990 : le nombre de ses agences n'est encore que la moitié de celui des grandes banques classiques et le tiers de celui des Banques populaires.

**Tableau 18. Nombre d'agences dans les trois régions d'activité
de la Société bordelaise en décembre 2003**

Diverses Caisses du Crédit agricole	994
Diverses entités Banques populaires	339
Crédit lyonnais	262
BNP Paribas	249
Société générale	225
Diverses Caisses du Crédit mutuel	146
Société bordelaise	131

3. Une gestion du réseau sans cesse améliorée

La gestion et la structuration du réseau ont constitué des enjeux pour la Société bordelaise : le poids des trois grandes succursales régionales avait été ainsi remis en cause dans les années 1950 et elles avaient disparu en 1969 ; et le mouvement de balancier entre centralisation et déconcentration a été récurrent les directions régionales du réseau avaient été supprimées en 1990 parce qu'elles faisaient écran entre les agences et la direction et s'avéraient lourdes à gérer, d'où le rôle donné alors à un contact immédiat entre la direction de l'exploitation et le réseau. Mais, grâce à l'outil informatique et aux techniques de management, qui permettent un suivi rapide et efficace, une configuration en « groupes » d'agences est définie, d'ailleurs inspirée des pratiques des autres banques, même si chacune dessine une organisation quelque peu spécifique : « Le directeur du réseau était en relation directe avec les 70 guichets, et il ne pouvait superviser toutes les opérations » (un dirigeant), d'où la création de ces groupes d'exploitation pour que la direction puisse disposer de relais. En 1994, elle décide de créer huit groupes (Bordeaux-centre et Bordeaux-Bastide, Pau, pour l'Aquitaine ; Tarbes, Toulouse, Montauban, pour Midi-Pyrénées ; Béziers et Montpellier pour Languedoc-Roussillon) ; l'essor du réseau sur la côte atlantique justifie en juin 1997 la séparation entre un groupe de Pau-Pyrénées (sept agences, qui récupère le groupe de Tarbes) et de Bayonne, qui supervise le BAB et la côte landaise (avec sept agences et trois bureaux périodiques) ; puis est créé un groupe supplémentaire à Libourne en 1999, pour prospecter le nord de la Gironde, avant que, en 2002, le groupe de Toulouse soit dédoublé avec un groupe installé dans la succursale de la rue des Arts (avec dix guichets) et un second dans la nouvelle succursale de Saint-Orens-de-Ganneville (avec huit guichets).

Ces groupes sont relativement homogènes puisque l'objectif est de surmonter l'obstacle de la disparité de taille entre agences : chacun d'entre eux dispose au minimum d'une collecte de 500 millions de francs de dépôts et de 500 millions de crédits gérés. Ce sont autant de leviers pour cimenter la nouvelle culture d'entreprise de la maison, en stimulant l'expansion mais aussi en « créant du lien » entre les quelques dizaines de salariés ainsi réunis dans une même aventure commerciale et gestionnaire. Le groupe de Tarbes fédère par exemple en 1995 six agences sur trois départements et 42 salariés. Plus symboliquement encore, le groupe de Montauban, avec ses huit agences et ses deux bureaux périodiques sur six départements (du Gers à l'Aveyron ou au Lot), doit fusionner trois cultures, celle de la Société agenaise de crédit, celle de la Société bordelaise et celle de Majorel, affirmer la spécificité d'une entité qui manque d'identité face à l'attraction de Toulouse. L'agence mère de ces groupes assure la gestion des risques, la politique de développement commercial, de soutien ponctuel pour de gros clients, etc. Son directeur est d'ailleurs le directeur du groupe, afin d'éviter la création d'un poste hiérarchique supplémentaire. Ces directeurs de groupe deviennent les « *missi dominici* » de la banque, et ils sont invités à participer une fois par mois à une réunion du comité d'exploitation à son Siège. Et ils sont étroitement associés aux réunions de cadres qui préparent les « plans » stratégiques ou commerciaux de la maison, tels les plans à trois ans ou le plan 2010.

Les fonctions de ces directeurs de groupe revêtent une dimension nouvelle quand, en novembre 2003, à l'occasion de la « migration informatique » : 37 guichets se spécialisent alors dans leur clientèle de particuliers et de professionnels, tandis que le groupe se charge de procurer de meilleurs services aux entreprises clientes ; les autres guichets restent quant à eux polyvalents. Sans cesse, par conséquent, on remodèle les structures ou les responsabilités, car il faut coller au plus près des réalités du terrain ; cette plasticité permet d'éviter toute rigidité gestionnaire et de mieux répartir les compétences. Ce sont parfois des cadres expérimentés, qui ont progressé depuis plusieurs lustres au sein de la banque, mais ce sont parfois des jeunes cadres remarqués pour leur dynamisme (33 ans pour Pierre Poirier, à Tarbes ; 34 ans pour Guillaume Archambault), 37 ans pour Bruno Boivin ou 39 ans pour Jérôme Perrottet (directeur à Toulouse en 1994). Par contre, Jean de la Serve (47 ans), à Bordeaux, a rejoint la Société bordelaise en 1986, avant de devenir directeur régional pour l'Aquitaine en 1989 et directeur sur Bordeaux en 1994 ; Daniel Paubert (42 ans en 1994) a déjà dirigé l'agence de Blanquefort-Colonnes (1977), Castres (1987) et Pau (1993) ; P. Barrand, à la Société bordelaise depuis 1970, a dirigé Saint-Gaudens (1980) puis Béziers (1987) ; Bernard Gonzalez est déjà un « ancien », bénéficiaire d'une bonne promotion interne depuis son cap et son brevet professionnel, et son entrée à la Société bordelaise en 1966, où il dirige Castres (1982) puis Toulouse (1987), etc.

C'est à la base même que ces dirigeants doivent fournir l'impulsion nécessaire à une véritable « révolution » des mentalités et des pratiques :

En trois ans, le grand Toulouse a été redressé. Tous les collaborateurs ont été reçus pour répondre à un questionnaire sur l'analyse de la situation et la perception de la réalité. Il n'y avait que deux réels commerciaux sur les cinquante personnes affectées à la vente et sur une centaine de salariés ; très peu, donc, avaient « l'esprit de vente » ou percevaient quelle était leur mission réelle ; le problème des pertes et « la conscience des résultats » n'étaient pas dans la tête du personnel et des managers ; ils vivaient plus sur eux-mêmes que tournés vers les clients. Aussi, tous les collaborateurs ont été réunis tous les trois mois avec la présentation des résultats, pour communiquer sur la force des chiffres. L'adhésion a été sollicitée, cela a lancé l'action, la dynamique commerciale s'est mise en route (un dirigeant, juillet 2005).

La responsabilité de chaque directeur d'agence est renforcée : dans le cadre de sa philosophie de « banque de proximité », l'agence assume l'ensemble de la relation avec les PME et les professionnels, en mêlant les compétences de la maison au sein de cette « approche globale », quitte ensuite à s'appuyer sur le Siège pour des besoins de haute technicité. Cette « mobilité » tactique est la clé de la réussite de la politique duale de combativité commerciale et de maîtrise des risques. Elle s'appuie sur l'énorme investissement en formation du personnel qui est conduit par la direction des ressources humaines. « Les patrons d'agence sont des chefs d'entreprise » (1999) aptes à assumer une partie importante de responsabilités de la banque de proximité, d'autant plus que, depuis le milieu des années 1990, ils sont de plus en plus déchargés des tâches répétitives de gestion, grâce au regroupement des fonctions logistiques et informatiques – ainsi, dès 1996, le traitement informatisé des opérations d'escompte (« avances Dailly ») s'effectue au Siège, qui, par ailleurs, gère les opérations concernant les chèques, que les agences se contentent de scanner.

Investis d'une forte dose de responsabilité au nom de cette déconcentration – « décider sur place », tel est le slogan d'une campagne de communication en 1996-1997 –, ces directeurs doivent équilibrer leur fonction d'animation de leur équipe, leur mission commerciale et leur métier de superviseur des risques et concrétiser à la base l'esprit de combativité du président qui en appelle (en 2003) à « la conjonction de volontarisme, de la raison et de l'enthousiasme ». Ceux qui réussissent à concilier ces trois exigences connaissent des promotions vers des agences plus grosses, tournent dans le réseau pour affirmer la compétitivité de certains guichets et sont ainsi confrontés à une pluralité d'expériences qui contribue à leur procurer peu ou prou l'occasion d'une carrière intéressante.

L'essor du réseau est une chance pour ces jeunes cadres exécutifs ainsi promus « directeurs » : c'est le cas pour dix-neuf d'entre eux en

1994-1996, quand s'effectue le « décollage » de la politique d'expansion ; puis une dizaine chaque année en bénéficient au fur et à mesure de la poursuite du plan de développement. C'est sur eux en tout cas que repose la « dynamique » dont la Société bordelaise a besoin pour soutenir sa stratégie au début du siècle et la fameuse « personnalisation des relations » avec le client ; elle devient encore plus essentielle à la politique commerciale de la maison, pour le fidéliser et élargir son portefeuille de produits bancaires, de produits d'assurance et de prêts. La formation de jeunes femmes accompagne ce mouvement de promotion, et quatre d'entre elles sont par exemple nommées en 1996 (dont Myriam Castanier en 1996, sur Marmande, d'où elle glisse à Bordeaux-Victoire en 2000 puis à la direction de l'agence de Villenave-d'Ornon, après avoir débuté à la banque en contrat de qualification en juin 1988 et exercé comme chargée de clientèle à la succursale de Bordeaux).

Une ultime réforme intervient toutefois en janvier 2005 : les groupes disparaissent au profit de quatre « régions » (Aquitaine-Nord, dirigée par Jean-François Lagraulet et Jean-François Compeyrot, avec 44 agences ; Midi-Pyrénées, dirigée par Bernard Gonzalez et Daniel Paubert, avec 35 agences ; Adour-Pyrénées, dirigée par Laurent Seilhean et Patrick Curutchet, avec 26 agences ; et Languedoc-Roussillon, dirigée par Bruno Boivin et Gérard Lallemant, avec 32 agences). L'on en revient partiellement à la situation des années 1950, mais avec une tout autre perspective de gestion ; l'idée n'est pas de créer en effet un écran administratif entre l'agence et le Siège, mais de mutualiser des moyens d'action : « Les équipes des directions régionales sont des états-majors ramassés de sept personnes, excluant toute lourdeur administrative » (J.-P. Brinet). Or les groupes devenaient peu à peu trop lourds, avec chacun entre quinze et vingt agences, et leur fonction d'animation commençait à s'éroder.

Afin de permettre aux agences d'être plus réactives aux demandes de leurs clients, une grande partie des prérogatives des groupes leur ont été dévolues, dans le cadre d'une déconcentration encore plus forte, qui conduit à modifier les « grilles de délégation', avec une augmentation du pouvoir confié en octroi de crédit comme en gestion des débiteurs (*Trait d'union*, mars 2005).

Il y a une vraie décentralisation au bénéfice des agences tant au niveau de la fixation des marges qu'à celui des conditions de fonctionnement de compte pour tous les comptes qui n'ont pas d'autorisation de crédit et ceux dont les crédits sont décidés en agence : il s'agit en fait d'au moins 90 % de l'ensemble des comptes […]. Au niveau des directions régionales, la même règle s'applique pour les dossiers décidés en comité régional des crédits (J.-P. Brinet, *ibidem*).

Un comité d'exploitation réunit une fois par mois les directeurs d'agence autour de leur directeur régional, notamment pour discuter de l'application du plan d'actions commerciales, et un comité de crédit régional se tient deux fois par semaine. L'établissement de ces régions correspond en fait à une stratégie d'organisation au sein de l'ensemble du groupe CIC car c'est l'ensemble des banques CIC qui se sont dotées d'un tel maillage, sous l'impulsion du Crédit mutuel lui-même, dont la pratique vise à séparer les gestionnaires d'agences et leurs superviseurs. Mais ces « régions » sont des entités légères et souples : « Il n'y a pas de structures administratives ; le directeur de région a pour mission le développement commercial, la surveillance des risques et un peu la supervision du personnel, sans aucune lourdeur » (un dirigeant, mai 2005).

Tableau 19. Les quatre « régions » de la Société bordelaise de CIC au début de janvier 2005

	Aquitaine Nord	Adour-Pyrénées	Midi-Pyrénées	Languedoc-Roussillon
Agences	44	26	35	32
Encours de dépôts (milliers)	33 694	26 690	35 138	25 969
Encours de crédits (milliers)	26 421	18 639	25 377	19 427
Population (milliers)	2 039	1 480	1 918	1 508

CHAPITRE **XX**

Le développement et la maîtrise des crédits au monde économique

L'histoire de la Société bordelaise de CIC façonne sa configuration d'entreprise bancaire : son portefeuille d'activités stratégiques reste organisé autour de la « banque d'entreprise et d'institution », même si la banque de particuliers devient l'un des axes majeurs de son développement : au début des années 1990, les trois quarts des « emplois » sont consacrés à la banque d'entreprise : « La Société bordelaise se veut la banque du monde entrepreneurial du Sud-Ouest » (1997).

Tableau 20. Répartition des activités de la Société bordelaise en 1994

	Entreprises	Professionnels	Particuliers
Ressources	30,3 %	8,4 %	61,3 %
Emplois	55,6 %	13 %	31,4 %

Sa compétitivité et sa rentabilité supposent donc qu'elle réussisse à accompagner les mutations économiques des régions et des places où elle joue traditionnellement un rôle décisif tout en renouvelant les savoir-faire qui lui permettent de maîtriser les risques créés par cette diversification et cette évolution. La moitié des PME clientes sont concentrées sur trois départements (Gironde, Haute-Garonne, Hérault), où sa part de marché frôle les 10 %, le cœur de son activité historique en banque d'entreprise, complété par des positions solides sur des places clés, comme Pau ou Tarbes. Elle dispose aussi d'un accès plutôt favorable au monde de la grande entreprise puisqu'un tiers des grosses sociétés de ses régions d'activité sont ses clientes, bien entendu dans le cadre de pools de plusieurs banques.

Tableau 21. La Société bordelaise et le monde de l'entreprise en 1996

2 150 sociétés clientes		soit 15 % de pénétration sur ce segment
Avec un chiffre d'affaires supérieur à 100 millions de francs	210	20 % de pénétration sur ce segment
Entre 50 et 100 millions	230	17 %
Au-dessous de 50 millions de francs	750	14 %

Pour préserver les points forts de son fonds de commerce et l'élargir, la Société bordelaise doit investir à la fois en externe, pour convaincre des chefs d'entreprise ou des responsables de collectivités territoriales, et en interne pour remodeler les méthodes d'analyse des risques. En effet, la spécificité de l'économie du très grand Sud-Ouest impose une « sagesse » adaptée à la fragilité et à la volatilité du tissu productif de ces régions.

1. L'évolution du métier de banque d'entreprise

Le « cœur de métier » de la Société bordelaise constitue un enjeu clé car elle doit avant tout préserver ses positions fortes sur les places du grand Sud-Ouest. Le capital de relations et de savoir-faire est d'ailleurs pour cela complété par l'apport des équipes, filiales, techniques et financements procurés par la maison mère du CIC, par exemple pour les affaires internationales ou les crédits spécialisés.

A. *L'entretien du réseau relationnel*

Le propre d'une banque régionale est son insertion dans un réseau relationnel qui l'introduit au cœur des pôles de notabilité sur les places importantes et qui lui procure le capital de « crédit » apte à lui assurer la fidélité des clients. Or le changement de statut (avec la privatisation), la succession de présidents, le changement d'actionnaire du groupe CIC lui-même, voire, quand la banque appartenait au secteur public, l'alternance politique, n'ont pas manqué d'avoir des retombées sur le positionnement de la Société bordelaise. Son conseil d'administration, notamment, a évolué, mais sa composition elle-même fournit des indications sur certaines relations qu'entretient la maison avec son environnement économique.

Par la composition et le renouvellement de son conseil d'administration, la Société bordelaise entend mettre en valeur, sur les places où elle est active, sa capacité à accompagner le changement économique : elle ne veut pas apparaître comme une « maison musée » et indique qu'elle aussi sait faire preuve de réactivité. Sans pouvoir ici procéder à une étude systématique de la composition de sa clientèle, l'on peut relever comme signe fort le désir de la Société bordelaise de reconstituer sa clientèle de « belles PME » (1999), sans brader les conditions pour « faire du volume », mais en les séduisant par un « professionnalisme » et une « technicité » remis à jour et en ajoutant au crédit une offre de conseil et d'analyse.

Les administrateurs de la Société bordelaise issus du monde de l'entreprise en 1991 (et depuis mai 1989)

- Jacques Latrille, un scientifique qui a créé sa propre entreprise industrielle
- Jack Nègre, président de la Chambre de commerce & d'industrie de Bordeaux
- Dominique Hessel, président du Conseil des vins du Médoc
- Claude Dormin, président de Sofito et directeur général des Laboratoires Fabre
- J. Chassu, patron d'une entreprise de Paris

En 1995 :

- Christian Guiraudie, PDG de Guiraudie-Auffaivre, de Toulouse
- Hugues Jeanjean, PDG d'une société de négoce vinicole, de Saint-Félix-de-Lodève
- Denis Mollat, patron de la grande librairie de Bordeaux
- Philippe Polderman, patron de la société de voyages Fram, de Toulouse

Ils sont rejoints en 1997 par :

- Philippe Castéja, de la société de négoce de vin bordelaise Borie-Manoux
- Éric Sarrat, patron de la société girondine de transport avec chauffeur GT Location, à Bassens

Ils sont rejoints en 1998 par :

- Joachim Alvarez, président de Labesque RVI, qui distribue des véhicules utilitaires à Pau
- Thierry Buraud, président de la CARPA de Bordeaux (société de gestion des actifs des avocats)

Ils sont rejoints en 1999 par :

- Clément Fayat, patron du groupe de BTP et de construction métallique de matériel Fayat

Ils sont rejoints en 2004 par :

- Francois Junca, président du conseil de surveillance de la société d'équipements aéronautiques Latécoère
- Jean Guittard, PDG de Gazechim, à Béziers

tandis que partent H. Jeanjean et C. Guiraudie.

B. Le renouvellement du métier de banque d'entreprise

Dès le tournant des années 1990, la Société bordelaise procède à deux inflexions dans son activité de banque de crédit aux entreprises. Elle se recentre géographiquement sur ses trois régions historiques et abandonne la tentation de travailler en direct sur la place parisienne ; elle s'était laissé entraîner dans des pools bancaires qui avaient accordé des prêts à des États étrangers (Algérie, Cameroun, Jordanie, Maroc, Russie), notamment, dans deux cas, pour l'acquisition d'avions Dassault ; ces « risques souverains » avaient pris mauvaise tournure, car leur remboursement avait dû être étalé dans le temps dans le cadre d'accords de rééchelonnement, d'où un manque à gagner et des immobilisations de fonds – avant que le CIC et la Société bordelaise récupèrent finalement leur mise en cédant certaines créances sur le marché.

La maison renoue avec sa mission historique et redevient une « banque régionale ». Dans ce cadre, elle s'est convaincue d'élargir sensiblement son portefeuille de savoir-faire pour pouvoir accompagner l'intense renouvellement du tissu productif du grand Sud-Ouest, dont l'économie (notamment dans l'agroalimentaire, le textile, la mécanique, etc.) était sortie ébranlée de la Grande Crise des années 1970-1980 et vit dorénavant un renouveau indéniable, mais dont les contours sont encore mal identifiés : il faut discerner quels secteurs, quels pôles de développement, quelles entreprises, etc. sont en train de percer et évaluer les occasions de débouchés qui s'offrent alors à la banque. La création de la division des entreprises au sein de la direction de l'exploitation, en 1990, exprime cette priorité, sous la direction d'abord d'Alain Lestrade ; au Siège et dans les agences (ou les groupes d'agences), à partir du milieu des années 1990, des chargés de clientèle deviennent responsables du suivi d'un portefeuille d'entreprises clientes afin d'intensifier la relation avec elles.

À la base, les directeurs d'agence retrouvent leur vocation d'animateurs clés de la relation avec les entreprises : ils doivent multiplier les contacts et affirment leur vocation d'interface entre la plate-forme de métiers du Siège et les besoins de ces dernières. De solides agences constituent des relais essentiels car elles sont situées au cœur de pôles d'entreprises : dans l'agglomération bordelaise, c'est le cas de celles de Mérignac et du Bouscat-Berthelot ; les agences de Bordeaux elles-mêmes restent des leviers puissants, comme celle de Bordeaux I où des sociétés dont des clientes de longue date. Il faut donc affûter sans cesse la compétitivité et la réactivité de leurs équipes tournées vers le monde des entreprises.

C'est pourquoi, afin de résister à la concurrence, la gamme des prestations procurées aux entreprises et institutions par la Société bordelaise est élargie ou renforcée. Elle utilise notamment les ressources procurées par le groupe CIC ; celui-ci fournit des outils d'analyse de la situation financière des entreprises ; il développe son offre en affacturage, bien utilisé par les PME (par le biais de Facto CIC, filiale développée avec le spécialiste Facto France Heller). Grâce au système Prodi CIC, la banque propose à ses clients des formules de connectique permettant une gestion de leurs flux de trésorerie. La gamme des crédits elle-même s'élargit par une offre de formules spécialisées (confirmation des lignes de crédits, etc.) qui permet à la Société bordelaise de tenir son rang face aux grandes banques parisiennes. Le relais du CIC est utile pour les crédits documentaires (en soutien des importations ou des exportations) et l'émission des garanties nécessaires hors des frontières pour les opérations internationales des clients du très grand Sud-Ouest, et pour leurs besoins en transferts internationaux. La compétitivité passe par la rapidité et la fiabilité du traitement des dossiers, par la rapidité dans l'obtention des réponses en provenance du réseau international du groupe (qui dispose en 1998 de bureaux de représentation dans 38 pays, d'une filiale en Suisse et de trois succursales à Londres, New York et Singapour) et de ses correspondants. Dans un second temps, au tournant du siècle, la mutualisation effectuée entre le groupe CIC et le groupe Crédit mutuel débouche sur des « produits » et des entités communs, par exemple pour l'affacturage, le crédit-bail, la gestion d'épargne salariale, etc. Mais cela contribue à améliorer plus encore la compétitivité et le professionnalisme de l'offre aux entreprises et aux institutions, grâce à un capital d'expertise par métier adapté aux besoins spécifiques de la clientèle.

Face à la puissance de frappe sur Bordeaux de la Société générale, de Natexis-Banques populaires (qui prend la suite de la Banque française du commerce extérieur, après sa privatisation) ou de BNP Paribas, qui tiennent une solide part de marché auprès des entreprises grandes et moyennes-grandes, la Société bordelaise consolide son rayonnement auprès des sociétés ayant un chiffre d'affaires inférieur à 50 millions d'euros, le cœur de cible pour sa clientèle de PME régionales. Son plan 2000-2003 donne ainsi la priorité à un démarchage systématique des sociétés clientes pour déterminer comment orienter vers la banque leurs opérations internationales, tandis qu'un regard attentif est porté aux flux franco-espagnols. Ses agences bénéficient des équipes spécialisées mises en place. Une agence conseil en financement des entreprises est créée en septembre 1999, à Bordeaux et à Toulouse, pour solliciter des PME non clientes grâce à leurs fournisseurs en équipements, que la banque utilise en relais et en prescripteurs, pour des opérations de crédit-bail mobilier, de location de longue durée, etc.

La maison affûte les compétences de sa salle des marchés qui, installée dans l'immeuble annexe du quai Louis XVIII depuis sa création en 1990 et jusqu'au déménagement de 1996, offre ses prestations en gestion de trésorerie pour les clients qui souhaitent se couvrir contre divers risques (risque de taux, risque de change) et en gestion actif/passif de la banque elle-même grâce à une « gestion active » de la trésorerie. Elle n'a pas de vocation à travailler pour le compte propre de la Société bordelaise – contrairement aux grandes salles de marchés de la capitale, qui œuvrent aussi pour la gestion des actifs de leur maison – et est un outil au service des clients, soit de façon ponctuelle, soit dans le cadre de mandats de gestion. En effet, à partir de 1997, elle obtient des mandats de gestion de trésorerie et peut ainsi gérer quelque 200 millions de francs à la fin des années 1990 : « Nous gérons leurs excédents de trésorerie avec un système de gains partagés. » La maison participe aussi à la percée des « certificats de dépôts », favorisée par le processus de « désintermédiation bancaire » – ce sont des titres de créances négociables qui permettent aux entreprises d'accéder en direct au marché monétaire. Les prestations de gestion de trésorerie sont également proposées à des entités qui deviennent des cibles de prospection, dans le domaine des institutions (santé, prévoyance, assurances retraite, associations) ; les mutuelles actives dans les trois régions d'activité sont ainsi démarchées systématiquement à partir du milieu des années 1990.

Une telle salle de marchés « nous a permis de revenir dans toutes les entreprises régionales, qui sont trop petites pour avoir accès aux salles de marchés des grandes banques. Elles préfèrent passer par la Bordelaise plutôt que par les petites unités installées dans le Sud-Ouest par les grandes banques, mais qui n'agissent qu'en simple délégation des salles de marchés parisiennes » (un dirigeant, mai 2005). Une centaine de sociétés sont clientes de la salle des marchés dès le milieu des années 1990 ; en 2004, le portefeuille de clients s'est élargi jusqu'à 350 à 400 utilisateurs, dont 150 à 200 par le biais d'un mandat de gestion. D'ailleurs, cette percée a été accentuée par le recrutement de cadres « pointus » qui, grâce à cet accès relationnel immédiat avec les clients, peuvent y déployer une activité gratifiante, sous l'égide notamment, de Philippe Boursin, venu du CIC, puis de Christophe Moënne-Loccoz, issu quant à lui de BNP Paribas.

Sur un autre créneau, mais là encore en cœur de la gestion financière, le groupe CIC se place lui aussi sur le marché de « l'épargne d'entreprise » : il propose aux sociétés de gérer leur compte d'épargne entreprise, où s'accumulent les actifs détenus par les salariés et souvent « abondés » par leur entreprise. Cet aspect de la « gestion d'actifs » devient en effet un enjeu concurrentiel au tournant du siècle face aux sociétés de gestion spécialisées (et issues du secteur social, notamment de la gestion de fonds de retraites). Un exemple est fourni en 2004 quand le CIC gagne l'appel d'offres lancé par le groupe d'intérim Vedior Bis, ce qui permet à la Société bordelaise de relayer le contrat dans son aire d'activité.

C. La Société bordelaise, banque d'affaires ?

Si la Société bordelaise était traditionnellement forte dans le métier de banque de crédit, elle s'efforce comme ses consœurs de percer dans le domaine des opérations « d'ingénierie financière », qui exigent une technicité affinée mais qui procurent des revenus en commissions appréciables. La direction des affaires financières devient un levier important du développement de la banque, dès la fin des années 1980, d'abord sous l'égide de Jean-Claude de Royère, chargé de bâtir l'image de marque de la maison dans ce domaine. Une cellule d'ingénierie financière monte en puissance : les banquiers peuvent aider l'entreprise à évaluer sa valeur, le patrimoine familial de son patron, les possibilités de développement en capital, etc. Le capital-développement est la priorité, sous l'égide, dès le début, de Jean-Marc Élard : pendant un temps, la Société bordelaise renforce ses liens avec la SDR Expanso, la société de développement régional, dans laquelle elle détient (en 1996) environ 8 % ; puis Expanso subit plusieurs remodelages et s'intègre dans le groupe des Caisses d'épargne. Mais la Bordelaise s'appuie sur d'autres outils : elle utilise la Société foncière & financière de participation (SFFP) qui s'investit dans le capital-développement et prend de petites participations dans des entreprises clientes ou souscrit à des emprunts obligataires : après avoir investi pour environ 20 millions de francs en 1997-1999, elle augmente son capital de 7 à 20 millions ; et elle porte en 2001 un ensemble de vingt-six prises d'intérêts dans des entreprises locales (participations ou obligations). « On intervient essentiellement sur du capital-développement, avec une forte collaboration avec le groupe CIC pour l'expertise et le partage du risque. C'est géré depuis le Siège et non dans le réseau. La maison a recréé un bon fonds de commerce, en s'appuyant sur une sélection de la qualité des hommes qui dirigent les entreprises régionales » (un dirigeant, juillet 2005).

Plus modestement, la Société bordelaise touche au capital-risque ; elle utilise la société SFAP, créée en 1999 avec le soutien (pour un petit quart) de la Région Aquitaine ; elle accompagne la société de capital-risque en faveur de l'innovation instituée par les Conseils régionaux de Midi-Pyrénées et d'Aquitaine, la SOCRI ; et elle entre dans Aquitaine Création Innovation, société de capital-risque créée par la Région Aquitaine.

Sans pouvoir s'ériger en marraine du capitalisme régional, faute d'une stature financière suffisante et surtout parce que l'investissement financier n'est pas la vocation d'une banque commerciale – mais celle des fonds d'investissements, qui se multiplient à l'échelle française ou européenne –, la Société bordelaise prend donc part directement aux mutations du tissu des entreprises du grand Sud-Ouest. Un symbole en est à coup sûr en 2001 sa prise de participation à hauteur de 11,5 % dans la société de télévision locale, TV7, qui se met en place sur Bordeaux. Mais l'ensemble de ces métiers requiert une prudence certaine :

C'est un métier où on travaille en partageant les risques avc des concurrents, avec les banquiers de la place. La maison est redevenue compétitive, mais c'est un métier qui se gère dans le temps, de façon pluriannuelle. Nous faisons ainsi des crédits qui sont liés à la valeur des actifs de l'entreprise ; ce sont des crédits à meilleure marge ; mais cela se gère dans le temps, avec un tiers d'excellentes affaires et aussi un tiers d'affaires incertaines (un dirigeant, juillet 2005).

Grâce aux initiatives prises par Claude Marie (avec deux salariés au début, puis 28 en 2001) et à l'amplification ultérieure (Jérôme Perrottet, avec 35 salariés en 2005), la maison dispose d'outils de valorisation d'actifs qui lui permettent d'accompagner le cycle de vie de l'entrepreneur : création d'entreprise, développement, gestion de son patrimoine personnel et familial (avec conseils en fiscalité et droit de la famille), et enfin gestion de la transmission de l'entreprise ; cette architecture d'ingénierie financière la rend compétitive, en particulier dans le monde des PME, à la lisière entre banque d'entreprise et banque de gestion d'actifs patrimoniaux. La banque se charge par exemple des dossiers de transmission d'entreprises, lors du renouvellement des générations au sein des sociétés familiales ou pour des opérations de vente classiques.

Par ailleurs, la Société bordelaise commence à s'intéresser aussi au monde du vin au-delà des crédits au négoce en s'introduisant sur le marché de la transmission de vignobles : l'analyse patrimoniale peut en effet déboucher sur des opérations de gestion de fonds ou de prêts relais. Une équipe spécialisée est montée en juillet 1999, autour de Jean de La Serve, jusqu'alors directeur de l'importante agence de Bordeaux-Chapeau Rouge et de son groupe de guichets. En sus de la valorisation de son capital relationnel, il doit constituer un capital technique en ingénierie financière et le transmettre aux directeurs d'agence et aux chargés d'affaires du réseau. Dans son ensemble, le monde agricole est peu à peu prospecté, au fur et à mesure où la domination du Crédit agricole sur ce marché est mise en concurrence : ainsi, le groupe CIC obtient en avril 2002 l'agrément de l'État pour participer lui aussi à la distribution des « prêts bonifiés » aux exploitations agricoles.

Sans rêver de « jouer dans la cour des grands » des banquiers d'affaires parisiens et internationaux, la Société bordelaise s'initie aux opérations boursières, comme plusieurs de ses consœurs du groupe CIC dans le cadre de la direction des affaires financières supervisée par C. Marie puis par J. Perrotet. Une cellule de « banque d'affaires » (avec une demi-douzaine de cadres) accompagne donc certains clients en Bourse quand la conjoncture boursière offre des occasions propices à un tel développement dans les années 1995-2000. Un exemple phare est l'introduction en Bourse de la société de négoce de vin languedocienne Jeanjean, en 1994, car c'est la Société bordelaise qui est alors le seul banquier introducteur et, surtout, elle convainc sa clientèle d'épargnants investisseurs de se mobiliser dans cette opération puisque 44 % des ordres d'achat en émanent. La même année (en septembre), la maison accueille parmi sa clientèle la société de textile pour enfants Petit Boy (avec 350 salariés), quand elle organise l'introduction de ses actions sur le Second Marché, le marché boursier réservé aux entreprises moyennes-grandes qui n'ouvrent qu'en partie leur capital. Une intervention en 1997 au profit de Sogéclair, société toulousaine d'ingénierie de haute technologie, qui conçoit des systèmes de mâts et des réacteurs pour missiles, puis l'opération d'introduction sur le Second Marché de Bélier, une grosse fonderie pour l'industrie automobile, en 1999, symbolisent la montée en puissance effectuée pendant la décennie. Cet effort persévérant porte ses fruits puisque, pour la seule année 2001, la Société bordelaise participe à une douzaine d'opérations d'ingénierie financière pour la transmission ou la cession d'entreprise – dont sept en tant que « chef de file » – et à une douzaine d'opérations capitalistiques. Mais le repli de la Bourse en 2001-2003 et les difficultés subies par le Second Marché freinent cet essor, d'autant plus que le vivier des entreprises moyennes susceptibles de se faire coter s'épuise quelque peu – « Il y a des introductions auxquelles on n'a pas voulu participer » (un dirigeant) –, ce qui tarit les débouchés de la cellule de banque d'affaires.

Dans la seconde moitié des années 1990, la Société bordelaise multiplie sa capacité de conseil aux petites entreprises : le renouvellement de sa « culture du risque » l'incite à s'engager dans cette voie délicate, mais rentable pour peu que les outils d'analyse des risques en amont et de suivi des engagements en aval soient bien définis et activés. Certes, la Société bordelaise n'a pas eu vocation à devenir une « banque d'affaires » ni à animer des fonds d'investissement en capital-risque ou en capital-développement ; mais elle a diversifié ses interventions dans le cadre de son métier de banque d'entreprise. Elle s'est de plus en plus affirmée en « banque universelle », apte à offrir aux clients toute une gamme de produits bancaires et financiers, à l'échelle du vivier d'entreprises moyennes-grandes et des PME qui est le sien. Elle peut aussi s'appuyer sur le relais du groupe CIC pour des activités dépassant sa propre envergure, par exemple pour des dossiers à l'international ou pour accompagner le développement de ses plus gros clients.

Sur le registre de l'international, la stratégie esquissée au tournant des années 1990 qui avait orienté la Société bordelaise vers la prospection du marché ibérique au nom d'un déploiement transfrontalier est abandonnée :

> On a eu d'abord comme priorité de rétablir la santé financière de la maison. Puis, aujourd'hui, la stratégie du groupe CIC est qu'on ne va pas seul sur un marché étranger ; ce n'est plus de l'ordre de compétence d'une banque régionale par elle seule. Or le CIC n'a pas vraiment de stratégie en Espagne, en dehors de l'assurance. Mais on a une agence à Perpignan qui travaille avec le marché espagnol : transferts de flux, mobilisation de créances réciproques, etc. (un dirigeant, mai 2005).

2. L'inflexion de la politique de financement de l'immobilier

Des décisions malencontreuses avaient perturbé la bonne fin de certains gros crédits de la Société bordelaise au secteur immobilier au début des années 1990 ; la direction des affaires immobilières créée en 1988-1989 avait développé les engagements avec dynamisme mais peut-être sans suffisamment de prudence, à cause du boum de l'immobilier, qui multipliait les occasions de « tours de table » dans des programmes de promotion, où était utilisée une filiale spécialisée, l'Immobilière du Quai Louis XVIII : les encours atteignent 470 millions de francs en 1991, dont certains même hors du grand Sud, en région parisienne ; les seuls crédits aux promoteurs se chiffrent à 260 millions de francs en 1991 ; or les encours correspondant à des affaires immobilières classées douteuses ou contentieuses sont estimés à 143 millions en 1994. À une échelle modeste par rapport aux encours gigantesques qui sont compromis dans plusieurs gros établissements parisiens pendant la récession de 1991-1993/1994, la maison doit patienter quelque peu pour que la situation s'améliore. Quelques promoteurs éprouvent en effet des difficultés et des programmes immobiliers co-financés par la banque peinent à se vendre ou à rémunérer les fonds investis. Face aux 302,5 millions de francs de crédits aux promoteurs qui sont considérés comme « sains » en 1993, quelque 61,5 millions doivent être admis comme « litigieux » (d'où une première mise en provisions pour 20 millions).

Aussi la Société bordelaise décide-t-elle de changer sa politique de financement de ce secteur ; certes, elle ne peut s'en tenir à l'écart car il constitue un pan important de l'économie du grand Sud-Ouest – en particulier dans les quartiers en essor dans plusieurs agglomérations – et donc un marché classique pour les banques. Mais on veille désormais à diviser les risques, à participer à des pools bancaires, à plafonner la participation de chaque établissement et enfin l'on s'efforce d'accroître là aussi le capital de savoir-faire pour une meilleure appréciation des risques. Dès le changement de président en 1992, la priorité va donc à « une approche très sélective » et, depuis lors, ce marché n'a plus constitué une « poche » de tensions pour la Société bordelaise. Elle donne la priorité à des « opérateurs locaux et régionaux maîtrisant leurs risques » et à des opérations de petite ou moyenne importance et tournée plus vers l'habitat que vers l'immobilier de bureau. « Nous avions une clientèle assez importante de promoteurs individuels traditionnels, connaissant bien leur marché, pour le logement. On a travaillé avec des promoteurs qu'on connaissait depuis longtemps et on a travaillé avec les mêmes, ceux qui ont été sélectionnés de facto par la crise [de l'immobilier]. On n'a plus eu de mauvais clients » (un dirigeant, mai 2005) et la Société bordelaise a laissé « de grosses entreprises de promotion régionale qui ne sont pas notre clientèle de prédilection être traitées au niveau du groupe », au nom d'une régulation des encours permettant une saine division des risques. « Cette politique de clairvoyance a été menée avec constance et on n'a plus pris de contentieux » (*ibidem*). Cette sélection des risques est facilitée par la bonne conjoncture qui règne dans l'immobilier au début du siècle : « Comme on est beaucoup dans le financement de l'habitat neuf, la croissance est forte, notamment grâce au système Périssol » (*ibidem*) qui favorise l'investissement en logements locatifs.

Pourtant, les encours des crédits aux professionnels de l'immobilier restent plutôt élevés. Un freinage relatif a été décidé au début des années 1990 quand la banque réexamine ses engagements et à cause de la récession : les nouveaux concours à l'immobilier diminuent alors sensiblement de 260 millions en 1991 à 249 en 1992 puis à 167 millions en 1996 – avec alors 200 millions de nouveaux engagements (90 en crédits et 110 en garantie par signature). Puis la banque se sent suffisamment apte à relancer ses opérations de crédit immobilier grâce à des grilles d'analyse rigoureuses et à une bonne sélection de la clientèle ; les concours remontent à 247 millions en 1997 et 384 millions de francs en 1998 ; l'encours des crédits promoteurs atteint 435 millions en 1999 et tournerait autour d'une cinquantaine de millions d'euros en 2004.

3. La prospection d'un marché en essor : les collectivités territoriales

La libéralisation de divers marchés jusqu'alors peu ou prou réservés à des établissements de financement spécialisés ouvre des débouchés aux banques « classiques ». La Société bordelaise saisit cette occasion pour pénétrer le marché des collectivités territoriales, qui ont besoin de crédits de trésorerie et de prêts pour leurs investissements, d'autant plus que, peu à peu, elles doivent accentuer leurs dépenses pour faire face à la décentralisation de plusieurs politiques publiques ou à des cofinancements locaux, nationaux et européens, tandis que les sociétés d'économie mixte accentuent elles aussi leurs investissements. Si le Crédit local de France (devenu Dexia) et la Caisse des dépôts (partenaire historique des collectivités locales) gardent un rôle éminent, si les banques mutualistes et les Caisses d'épargne jouent de leur proximité pour obtenir des parts de marché substantielles, la Société bordelaise crée dès 1990 une direction des collectivités locales, sous l'égide de Jacques Bocabeille (venu d'ailleurs du groupe de la Caisse des dépôts). Il entreprend de prospecter ce segment de marché, qui est considéré comme prometteur et sûr, puisque les autorités publiques veillent aux grands équilibres des finances locales. La concurrence interbancaire est vigoureuse, mais la Société bordelaise, qui dispose déjà en 1992 de 260 millions de francs d'encours et en 1993 d'environ 450 millions de francs (202 en Midi-Pyrénées, 163 en Languedoc-Roussillon et 86 en Aquitaine), entretient un volume de quelques centaines de millions de francs d'encours (en 1994 : 420 millions, soit 8 % de ses encours sains ; en 1995 et en 1998 : 500 millions ; en 1999 : 550 millions, par exemple). La maison participe ainsi dans les années 1990 au financement du tramway de Montpellier. Depuis le début du siècle, à cause de la baisse des marges sur ce marché provoquée par la concurrence, elle préfère nourrir ses autres débouchés en crédit et ne participe qu'à des opérations bien ciblées ; les encours n'atteignent donc que 80 millions d'euros en 2004.

4. En quête d'une clientèle discrète mais large : le monde des professionnels

Loin de la renommée des grands clients historiques de la Société bordelaise, tout un monde s'ouvre à sa politique de prospection d'une nouvelle clientèle, celui des « professionnels ». Elle n'entend pas l'abandonner aux banques coopératives, qui en font l'un de leurs cœurs de cible ; il y va de sa philosophie de banque régionale, désireuse de contribuer à la promotion de la prise de risque économique et d'un tissu productif éclaté entre de multiples bourgades ou, dans les grandes agglomérations, entre des myriades de petits prestataires de services ou d'artisans. Ces strates de clientèle deviennent une cible importante à partir des années 1990, notamment par le biais d'une offre de crédit plus adaptée. Le département spécialisé (animé par Bernard Dehaye depuis 2001) définit des axes d'action précis avec les agences, relais évidents de cette stratégie au plus près du marché. Au tournant du siècle, elles bénéficient de l'apport de l'expérience du groupe du Crédit mutuel, très fort auprès des professionnels dans le grand Nord-Est du pays : des produits spécifiques sont acclimatés au sein du CIC, notamment ceux qui permettent aux professionnels clients de la Société bordelaise de faire crédit à leurs clients, et la maison est même au début « banque pilote » dans ce transfert de savoir-faire interbancaire. En parallèle, la banque s'intéresse à des micro-marchés bien ciblés, à qui elle propose des prestations de gestion de leurs disponibilités, puisque la gestion d'actifs devient l'un des grands métiers bancaires. La profession des avocats est érigée en marché clé : la Société bordelaise noue des contrats avec les organismes de leur corporation, les CARPA, qui ont des fonds de garantie à gérer ; et l'un de leurs représentants, Thierry Buraud, de Bordeaux, entre au conseil d'administration en 1998.

5. Une nouvelle culture du risque

Cette expansion de la banque d'entreprise ne peut réussir que si la Société bordelaise intègre de nouvelles modalités d'appréciation des risques de crédit ainsi créés. Or la première moitié des années 1990 a ébranlé son assise dans ce domaine. Dans l'ensemble du groupe, le prix à payer pour la sortie des crises (récession, puis tensions internationales en 1997) est lourd, tant pour le CIC (à cause de mauvais « risques souverains » concernant des pays émergents) que pour le GAN. Au-delà de ses encours malsains causés par des prises de risque audacieuses sur la place parisienne à la fin des années 1980, la Société bordelaise elle-même subit des déconvenues dans des crédits procurés à des opérations immobilières qui s'avèrent décevantes. Plus gravement encore, un coup de tonnerre ébranle la maison alors même que F.-X. Bordeaux bataille pour redresser sa gestion : tout à coup, la récession de 1990-1993 frappe la banque qui découvre que trop de prêts à des PME ont été engagés sur des bases aléatoires et deviennent irrécouvrables. Le traitement des dossiers débouche au fil des semestres sur des passages en provision puis sur des pertes comptables officiellement portées au bilan.

La banque doit par surcroît supporter les encours en difficulté dont elle a hérité quand elle a repris la maison Majorel en 1994 : sur un encours de 350 millions de francs, près de 300 millions sont passés en contentieux... La petite banque familiale, créée en 1932, avait dilaté son bilan de 130 millions de francs en 1984 à 500 millions en 1990 par une croissance vigoureuse et l'ouverture de guichets hors de l'Aveyron (Toulouse, Albi et Paris), ce qui l'avait incitée à prendre des risques sans suffisamment de sagesse gestionnaire. Avec lucidité et courage – d'ailleurs imposé par les autorités bancaires –, la Société bordelaise mène une politique stricte de provisionnement puis d'amortissement de créances déjà anciennes mais devenues irrécouvrables : un encours de 300 millions de francs portant sur quelque 3 000 dossiers et sur deux exercices est ainsi amorti en 1997-1998.

Au-delà des tensions conjoncturelles, le mode de gestion des risques est en jeu ; peut-être les fluctuations à la tête de la maison ou le manque de « véritables banquiers » à la tête de certains postes clés ont-ils perturbé la gestion des risques. Quoi qu'il en soit, il faut réinventer un processus fiable de traitement des engagements ; la nouvelle direction en fait son chantier prioritaire : la survie de la Société bordelaise est en jeu. La direction de l'exploitation se recentre sur sa fonction d'animation du réseau tandis qu'est créée en 1995 une direction des opérations bancaires, qui veille désormais au traitement administratif et au suivi « après-vente » des crédits. Dès février-mars 1994, la direction des engagements lance un « plan risques » destiné à renforcer la politique d'anticipation des mauvais risques esquissée en février 1993. En 1994-1995, elle acclimate sur Bordeaux un système de procédures mis au point par le CIO dès 1989 et adopté déjà par la Lyonnaise de banque en 1991 : un système « triture » les données collectées dès la création du dossier d'engagement et en extrait des modes d'appréciation du risque. Le renouvellement du système informatique permet par ailleurs de disposer d'outils affinés au plus près des directeurs d'agence et des responsables de la banque d'entreprise. L'on établit en 1994-1995 un recensement critique des procédures et des outils existants, pour identifier les clients à risque importants ; cette sorte d'audit débouche sur des mesures de prudence, notamment pour le recoupement et la remontée des informations, et pour l'analyse de l'environnement économique : « Il faut cesser d'avoir un suivi des risques aléatoire, c'est-à-dire être débordés par un certain nombre de nos clients » (J.-P. Brinet, octobre 1994).

Le mode de fonctionnement du circuit des risques doit évoluer : une culture du risque doit être rebâtie, notamment dans le cadre du projet *Tonus*, lancé en 1995, puisque la réussite de sa démarche d'expansion commerciale doit s'appuyer sur une bonne gestion des engagements. Il comprend en effet un « schéma d'organisation » qui met sur pied « des instruments dans la discipline de gestion », des procédures, des comités d'analyse et de suivi des prêts, et des codes de « *reporting* » pour affiner la « veille » gestionnaire. « Il s'agit de modifier la culture risque de la banque. [Cela] passe par une excellente connaissance de nos clients, l'application de procédures claires et de la rigueur dans le suivi des risques » (J.-P. Brinet, mars 1995). Un programme de formation, *Risque et développement*, est mis sur pied en 1995-1996, qui forme les collaborateurs concernés à la gestion des programmes informatiques nécessaires pendant des stages de quelques jours, et où la gestion des procédures, entièrement remise à plat, est elle aussi l'objet d'une intense formation.

La filière Risques est remodelée par étapes en 1996-1999 : la gestion des dépassements des plafonds de découvert s'effectue en temps réel grâce à un progiciel idoine ; les délégations des chargés de clientèle et des directeurs d'agence sont revues, avec la fixation de critères d'appréciation de la qualité des portefeuilles beaucoup plus stricts ; des « tableaux de bord » des risques gérés par chaque chargé de clientèle et chaque agence permettent une meilleure réactivité ; des contrôles « de second niveau » veillent à l'efficacité des « outils de pilotage » et doivent détecter les écarts aux normes. Le personnel concerné est formé systématiquement par un cabinet spécialisé et tous les responsables sont appelés à pratiquer le « professionnalisme », bref à revenir aux fondements du métier de banquier, la maîtrise des risques. Enfin, le rôle de l'Inspection générale, clé de voûte classique de toute organisation des risques bancaires, est réaffirmé par le *plan à moyen terme 1995-1997*, qui renforce sa capacité à « évaluer la cohérence et l'efficacité du système de contrôle interne », avec une visite de chaque agence tous les deux ans à partir de 1996. Le *plan à moyen terme 2001-2003* (publié en mai 2001) lui aussi décline les objectifs pour « la continuité de la politique de contrôle et de maîtrise des risques » et pour « une politique de contrôle de proximité pour accompagner » « un développement maîtrisé du réseau » grâce au rôle de l'Inspection et aux règles de contrôle interne.

La forte expansion commerciale de la Société bordelaise l'incite à rafraîchir une fois de plus sa politique de gestion du risque, et les procédures sont sans cesse testées et adaptées. Les « plans d'actions commerciales » successifs (dès 1996) intègrent fortement la dimension de gestion des risques, par le biais d'un « plan d'action risque » pour chaque année. Les directeurs de « groupes » sont chargés d'une veille attentive, elle-même relayée par un « comité de groupe », qui se réunit deux fois par semaine pour décider discuter des dossiers en cours, avec un « délégué risques » qui y représente la direction des engagements et un directeur d'agence tournant, afin d'améliorer progressivement la culture risques du réseau. Par cette déconcentration du processus d'analyse pour nombre de dossiers de taille petite et moyenne, l'objectif est à la fois l'accélération du traitement des demandes et surtout la « responsabilisation du réseau », pour que chaque cadre s'impose par lui-même et par la pression de cette nouvelle « culture maison » l'exigence d'équilibrer maîtrise du risque et expansion commerciale. « Il faut arriver à convaincre les commerciaux de l'intérêt de travailler avec de bons clients et de se détacher des autres » (2000), « éviter de se laisser envahir par l'euphorie conjoncturelle » et « garder les normes de prudence ».

Au Siège, la direction des engagements (animée par M. Bernard, avec une petite trentaine de salariés) s'assure du respect de la « politique de risque » et définit des initiatives pour corriger des procédures déficientes ; c'est elle qui, au sommet de la pyramide, instruit les décisions d'octroi des prêts avant leur examen par la direction. Une entité des « affaires spéciales » repère et supervise les clients dont la situation financière se détériore, afin de réagir vite et de ne pas se laisser déborder comme cela a été le cas au début des années 1990. La maison a aussi renoué avec le principe classique de « division des risques » et a affiné une segmentation des encours adaptée à la configuration de l'économie plurirégionale afin de ne pas être dépendante d'une seule branche. Ainsi, dans le monde du vin, on distingue Bordelais et Languedoc, qui ont des économies du vin différentes, négoce et propriété : « Nous avons été très prudents dans le négoce – et, par le biais de la mobilisation de créances, l'on peut très bien trier la clientèle – mais, dans notre stratégie, nous avons souhaité être plus présents dans la grande propriété, dans les grands crus » (un dirigeant, mai 2005), pour financer des achats de terres et les investissements de modernisation.

C'est au prix de ces règles rigoureuses et de cette culture des risques exigeante que la Société bordelaise parvient à concilier croissance et sérénité dans le déploiement de ses métiers de banque d'entreprise.

Ce contenu était banal, mais l'essentiel du management réside dans la façon de mettre en œuvre les réformes. Ce qu'on a fait à la Bordelaise, personne ne l'y avait fait depuis longtemps, depuis les années 1970, pendant une durée aussi longue, d'une dizaine d'années. Cela a donné de la cohérence autour du projet commercial, de faire accepter la mise en œuvre par tous et de l'effectuer avec rigueur, ce qui a permis de sortir de cet univers de pertes récurrente (un dirigeant, mai 2005).

*

Vers la diversification du portefeuille d'activités et la « banque universelle »

Historiquement tournée vers la « banque d'entreprise », l'objectif de la Société bordelaise était d'abord de préserver son cœur de marché. Elle y parvient indéniablement puisqu'elle grignote peu à peu des parts de marché : elles atteignent 4,91 % en 2003 pour les crédits et 6,43 % pour les dépôts, à l'échelle de ses trois régions d'activité. Elle résiste donc vaillamment à l'étau des banques coopératives et au savoir-faire des grandes banques parisiennes. À sa modeste échelle et sur tous ses marchés (entreprises, collectivités locales, etc.), elle parvient à monter pour quelque 62 millions d'euros d'opérations financières en 2003, dont elle finance par elle-même 37,5 millions : on est loin de New York ou de la *City*, mais la maison prouve qu'elle est bel et bien devenue une banque d'affaires des PME du très grand Sud-Ouest. Elle a réussi à renouer avec ses talents « historiques » en redevenant une praticienne performante de la banque d'entreprise ; son offre de prestations s'est diversifiée, notamment grâce à l'appui d'un groupe national lui-même restructuré ; son fonds de commerce s'est renouvelé ; et sa culture du risque a été remodelée pour lui permettre de développer ses engagements sans péril.

CHAPITRE XXI

Développer la clientèle des particuliers

Puisque les analyses prouvent la moindre présence de la Société bordelaise sur le marché des particuliers par rapport à ses concurrentes, il lui faut donner un sérieux coup de collier pour combler son retard. Jusqu'alors, elle avait privilégié une « clientèle choisie », généralement dans les quartiers du centre des grandes agglomérations ou liée au monde des entreprises avec lequel la banque avait des liens solides. Il lui faut désormais renouveler cette clientèle ou l'élargir, géographiquement et sociologiquement ; il faut tenir compte du dynamisme et du développement de certaines agglomérations (dans les Pyrénées-Atlantiques ou sur le bassin d'Arcachon, par exemple), de l'essor de leurs quartiers périphériques, voire du boum de la « rurbanisation » qui voit proliférer des lotissements pour classes moyennes dans les bourgades rurales. La structuration d'un réseau dense est l'outil décisif de cette politique de conquête. Le changement clé réside dans l'insertion des particuliers au cœur même du dispositif de son renouveau puis de son expansion : la direction les considère dorénavant comme des leviers essentiels de la compétitivité de la Société bordelaise, ce qui explique toute l'attention qu'elle leur porte. Elle doit être de moins en moins « une institution bancaire », respectée mais délaissée, et de plus en plus un « commerce bancaire », active au plus près des clients et mobile, dans le suivi relationnel avec ceux-ci et dans la prospection des vastes ensembles sociologiques et géographiques jusqu'alors négligés. Des expressions comme « pugnacité commerciale » et « ténacité » symbolisent cette mobilisation dans les discours de la direction ; celle-ci montre en effet un bon sens du terrain parce que ses deux leaders sont eux-mêmes issus de la « banque de détail » et peuvent puiser dans leur capital de compétence et parce qu'ils s'adjoignent un responsable de réseau, André Wettling, lui-même venu du Crédit lyonnais et un véritable « homme de réseau ».

1. Le renouveau de la culture commerciale

La Société bordelaise bouleverse aussi sa culture, pour stimuler l'émergence d'une culture de combat commercial. Le diagnostic établi à la fin de 1994 paraît en effet inquiétant car il constate que le réseau lui-même ne réunit qu'un tiers des effectifs de la banque et que deux dixièmes des salariés sont véritablement orientés vers le développement commercial et la prospection des clients, tant l'ampleur des fonctions de traitement administratif et comptable dévore de temps. Parce qu'une banque devient de plus en plus une « société commerciale », préoccupée de parts de marché et de marketing, il devient évident que l'avenir de la Société bordelaise ne peut être assuré qu'au prix d'une reconfiguration en profondeur de son mode de vie. Les directeurs d'agence et leur équipe deviennent alors les leviers de cette guerre interbancaire, où les conseillers de clientèle doivent aller à la quête de leurs clients, multiplier les contacts directs (par téléphone, par des rendez-vous, par des « pots » au sein de l'agence où sont conviés des clients). « Accroître la dynamique commerciale du groupe » est une priorité proclamée par le président en 1998, qui constate « trop de disparités dans la dynamique », des « retards sur les volumes » et un manque « d'homogénéité de l'activité commerciale » : il faut que toute la maison marche au même rythme et soit combative et compétitive dans l'ensemble du réseau, alors que de grosses agences procuraient la majorité des revenus liés au marché des particuliers au début des années 1990, tandis que beaucoup d'agences comptaient moins de mille comptes de particuliers.

La direction veut que l'ensemble de la maison soit soudé par une cohésion des méthodes d'action commerciale, car chaque agence doit obtenir la même capacité à dégager des résultats en progression de comptes, en élargissement du portefeuille de produits par client, etc. Les plans d'actions commerciales « n'étaient pas des documents universitaires, mais des impératifs absolus pour les collaborateurs, avec la religion des objectifs, avec un management assez directif, tout en tant favorisant la délégation des responsabilités » (un dirigeant). En effet, les directeurs d'agence sont les fers de lance pour obtenir de leurs salariés, donc à la base, cette cohérence dans la qualité de leur activité et dans le rythme de progression des gains commerciaux. C'est la logique du plan « *Tonus* » qui est lancé en mai 1995 pour cimenter autour de mots d'ordre précis et mobilisateurs l'esprit commercial qui doit rénover le mode de fonctionnement et les mentalités de la maison. La priorité est donnée au client sur les tâches de gestion administrative ; en amont de ce programme, « tous les travaux administratifs et sans valeur ajoutée sont remontés des agences au Siège, pour leur permettre de faire plus d'opérations commerciales » (un dirigeant, 1995). L'on encourage la prise de responsabilité dans le cadre d'une autonomie renforcée et la polyvalence des salariés en agence, le tout étant facilité par le renforcement de la grille des contrôles (Inspection générale, suivi des risques, rôle des directeurs de groupe, etc.). Méthodes de travail, mentalités et organisation doivent évoluer de concert pour garantir la réussite de *Tonus*. Mais la rigueur domine car il faut des résultats hebdomadaires pour les objectifs commerciaux et des résultats mensuels pour les objectifs budgétaires, l'objectif fixé n'étant pas négociable ; c'est à ce prix que la maison a renoué avec le gain de parts de marché et avec la production de profits d'exploitation.

La mise en valeur de l'image de marque globale du CIC contribue à améliorer le « crédit » de la Société bordelaise elle-même. Celle-ci a également relancé sa politique d'insertion dans la vie locale, pour mieux structurer dans l'opinion sa réalité de « banque de proximité » : de multiples parrainages contribuent à la cristallisation de cette renommée, en particulier dans le domaine de la culture. Comme elle en appelle, dans ses campagnes de prospection, à l'intelligence de clients (ou futurs clients) désireux de mieux mettre en valeur leur patrimoine, s'affirmer comme une maison partenaire de pôles d'intelligence est logique.

2. La mise en œuvre de plans d'action commerciale

Un remodelage du mode de fonctionnement des agences facilite le renouveau de la « banque de proximité » : des chargés d'affaires spécialisés incarnent cette politique d'offre d'une gestion patrimoniale des actifs des particuliers. Cette clientèle est « segmentée » selon son patrimoine, sa conception de son compte bancaire et son mode de relation avec la banque : cela permet d'affiner la prospection commerciale par les chargés de clientèle, qui sont formés à des savoir-faire relationnels et analytiques spécifiques, au service du développement de la « banque conseil ». Cette restructuration du réseau est conduite entre 1995 et 1997, notamment sous l'égide du nouveau directeur commercial, A. Wettling, entré à la Société bordelaise en septembre 1995. Elle n'est alors possible que parce qu'une partie du personnel occupé à des tâches administratives a évolué vers des fonctions commerciales, « sur le terrain », par exemple pour rendre visite aux clients, leur téléphoner, ou pour prospecter une clientèle potentielle.

Depuis 1996 (donc du dernier trimestre 1995), un « plan d'action commerciale » est défini chaque année, qui rassemble les objectifs clés et sert d'outil de relance de la mobilisation des « commerciaux » de la maison. Ainsi, en octobre 2002, la mise au point du « PAC 2003 » s'effectue grâce à dix réunions avec des directeurs d'agence et de groupe ; il fixe une croissance du produit net bancaire de 10 %, des gains de parts de marché et des gains de clientèle de 12 % pour les seuls particuliers, en un esprit d'offensive sans cesse renouvelé, car la direction relance les efforts chaque année, puisque aucune banque ne dispose plus d'une rente de situation sur des bastions citadins, ruraux ou sociologiques. Le mouvement bénéficie de la création en 2000 (au sein de la direction de l'exploitation) d'un « département des méthodes commerciales » qui, sous l'égide de Gérard Lallemant depuis l'été 2001, « fournit de nouveaux outils de pilotage, de ciblage et d'animation » pour que les responsables puissent mener la bataille de la fidélisation et de l'intensification de la clientèle, invitée à multiplier sa gamme de souscriptions et de contrats.

À cet état d'esprit nouveau s'ajoute un support de management : les méthodes et les procédures de travail sont explicitées, codifiées, harmonisées ; les objectifs sont bien précisés, afin de fournir aux agences des outils efficaces et de donner une cohésion au réseau. Cela a été l'objet du programme *Tonus*, on l'a vu ; plus largement, comme dans les autres banques, les salariés impliqués dans cette politique commerciale sont insérés dans des processus d'émulation par le biais de grilles d'objectifs à satisfaire sur des rythmes mensuels, voire hebdomadaires, par type de produits et de crédits : « l'intensification » de la démarche commerciale passe par l'adoption de techniques de suivi et de stimulation, dans la banque comme dans toutes les sociétés de distribution préoccupées de leurs parts de marché. Un nouvel accent est donné à la formation aux techniques commerciales en avril 1997 avec une systématisation des modules d'apprentissage et d'information. Les directeurs d'agence constituent la locomotive de cette mobilisation commerciale. Le renouvellement des générations, l'appel à de jeunes diplômés de filières commerciales et leur promotion relativement rapide en cas de succès sont complétés par des stages de formation récurrents, comme, en 2002, sur le thème *Management du développement*. Le recrutement de jeunes commerciaux (ou leur mutation au sein du groupe CIC) en agence en 1997-1999 stimule cette expansion ; ils sont formés aux techniques du marketing. Enfin, la confédération du CIC et du Crédit mutuel fait évoluer l'architecture de la politique commerciale : une stratégie de mutualisation des moyens et un projet de « co-développement » s'expriment par le désir de constituer des centres d'appel en commun, de concevoir ensemble des produits et de coordonner le lancement de nouvelles marques.

3. La diversification des « produits » achetés ou souscrits par les clients

Toute la profession se mobilise pour convaincre l'ensemble de sa clientèle d'élargir la gamme des produits bancaires qu'elle utilise, d'accroître son « taux d'équipement ». Cela permet de fidéliser des clients convaincus de la compétitivité de leur banque et les orienter des simples produits destinés à la gestion des moyens de paiement, des flux d'argent et des comptes de base vers des prestations de plus grande valeur ajoutée, rémunérées par des commissions qui expriment la contribution des savoir-faire du banquier-conseil et qui permettent de nourrir la capacité bénéficiaire de la Société bordelaise. Celle-ci participe aux batailles communes à la profession, telles que la promotion du plan d'épargne populaire (PEP) à partir de 1990. Comme ses consœurs expertes dans la « banque de masse », elle s'appuie sur les plans et les comptes d'épargne logement, les prêts personnels, puis aussi les crédits portés par une carte de paiement échelonné (*Allure*, carte revolving commune au CIC et au CETELEM) ; les particuliers absorbent ainsi 26 % de ses emplois en 1998.

Une priorité est donnée aux prêts immobiliers, car c'est un levier déterminant pour fidéliser les clients. Une expérience est d'ailleurs tentée à Bordeaux où une agence spécialisée dans la banque conseil en financement de l'immobilier est créée en 1997 au cœur de la ville, cours de Verdun (d'abord dans l'ancien siège de gestion administrative, puis en face, dans un guichet d'apparence plus classique) : c'est un franc succès. Globalement, la marche en avant de la Société bordelaise devient régulière ; ainsi presque 900 millions de francs sont réalisés en 2000. La réussite est indéniable puisque la Société bordelaise quintuple presque ses encours en crédits habitat entre 1994 et 2003.

Tableau 22. Encours des crédits habitat de la Société bordelaise (capitaux annuels moyens)

	en millions de francs	en millions d'euros
1994	836,5	127,5
1995	914,5	139,4
1996	1 043,6	159,1
1997	1 196,1	182,3
1998	1 382,4	210,7
1999	1 772,8	270,3
2000	2 228,6	339,7
2001	2 700,6	411,7
2002	3 193,2	486,8
2003	4 030,2	614,4
2004	5 173,5	788,7

Par ailleurs, comme chez les concurrents, « la banque multi-canal » s'introduit à la Société bordelaise, avec *Fil Banque* (en 1995) (téléphone et minitel, puis aussi internet) ; la promotion des cartes de retrait et de crédit est là aussi un enjeu tant pour les économies de fonctionnement que pour la satisfaction de la clientèle : cette mini-révolution s'accomplit dans les années 1990, puisque le nombre de cartes des clients augmente de 37 700 en 1996 à 60 600 en 2000 puis 80 000 en 2004 : plus de la moitié des clients particuliers en sont ainsi dotés, puisqu'on en recense 106 000 en 2000 et 130 000 en 2004.

4. Une offre de produits financiers plus compétitive

La Société bordelaise valorise et élargit sa politique d'offre de produits financiers, pour satisfaire à l'ensemble des souhaits des clients lui confiant la gestion d'une partie de leur patrimoine, tout au long de leur vie, en accompagnant leur « cycle de vie » par l'adaptation de l'offre. L'idée est de renforcer la complémentarité entre banque d'entreprise et banque des particuliers, en cherchant à s'occuper du patrimoine personnel des dirigeants des sociétés clientes et de leur clientèle familiale ; l'on doit aussi prospecter les cadres de ces sociétés. L'idée est aussi de « pénétrer de nouveau le cercle fermé des grandes fortunes locales » (1997), qui s'est profondément renouvelé depuis les temps historiques (jusqu'aux années 1960) où la Société bordelaise était la banque maison du patriciat girondin. « On avait gardé les noms du patriciat girondin, mais peu d'encours, sauf exception, car les fortunes importantes préfèrent se faire gérer sur Paris. Nous avons donc fait un retour dans cette clientèle, mais nous avons une marge de progression importante dans ce secteur » (un dirigeant, mai 2005). Cependant, ce cœur de cible doit être sensiblement élargi vers l'ensemble des couches moyennes du grand Sud-Ouest, pour les placements de leur trésorerie et la consolidation de leur patrimoine. Parmi ces dernières, l'on inclut les seniors qui s'établissent dans le Sud-Ouest pour leur retraite.

La clientèle de base doit se voir offrir une gamme spécifique de produits financiers simples mais efficaces pour la mise en valeur de leur épargne. La maison continue d'abord à distribuer les produits d'assurance-vie de la filiale Socapi (créée en 1986 par le GAN et le CIC) et à soutenir le développement de la « bancassurance ». Dans la première moitié des années 1990, les liens avec les agents du GAN sont resserrés, avec un partage d'informations sur les clients réciproques et une offre simultanée en produits bancaires et en produits d'assurance, y compris en assurance-dommages. Deux agences spécialisées en bancassurance sont même ouvertes, à Hendaye et Agde, et elles sont suivies par d'autres à Marmande, Pamiers, Brive et Cahors. La « bancassurance » pouvait être en effet un levier de la compétitivité de la Société bordelaise sur le marché de l'épargne et pour la fidélisation des clients : la souscription de contrats d'assurance-vie reste un élément moteur de la gestion de patrimoine ; l'insertion de ces contrats et de contrats d'assurance générale dans le « portefeuille » du client l'incite à des rapports encore plus étroits avec « son banquier ». Au début de ce siècle, l'affirmation de l'autonomie du groupe CIC par rapport au GAN amène à promouvoir la gamme développée par l'entité CIC Assurances ; c'est ainsi en 1998 que le CIC se lance dans l'assurance « IARD » avec les produits *CIC auto* et *CIC habitation*. La Socapi elle-même, création historique du CIC et du GAN, est absorbée par les Assurances du Crédit mutuel (ACM) et la part du GAN est achetée par le Crédit mutuel, désormais clé de voûte de la bancassurance au sein du groupe.

Tout en proposant elle aussi un produit de compte à terme (*Quantum*, en 1995), quand la loi l'autorise à nouveau, La Société bordelaise diversifie la gamme de ses OPCVM (outils de placement collectif de valeurs mobilières). Elle poursuit la promotion des produits proposés à l'échelle du groupe CIC (*Francic, Francic-Régions, Francic-Pierre, Eurocic Leaders*, etc. pour les actions ; *Rentacic, Capitacic, Mensuelcic*, etc., pour les obligations ; *Monecic, Securicic, Eparcic*, etc., pour les SICAV court-terme). Mais le succès des produits d'investissement qu'elle conçoit et gère en propre (SICAV *Société bordelaise Action*, créée en 1995, *Société bordelaise Sécurité, Société bordelaise Performance* ou *Société bordelaise Gestion* ; fonds communs de placement *Performance* ou *Rendement*) exprime sa compétitivité. Ainsi, en 1995, ces deux ensembles de placements (1 331 millions de francs pour les placements Socapi et 1 213 millions pour les SICAV et FCP Société bordelaise) équilibrent presque les autres placements en valeurs mobilières (2 898 millions).

La création de la direction de l'ingénierie et des activités financières en 1995 exprime la priorité donnée à cette expansion. Elle est complétée en 1998 par la mise sur pied d'une société de gestion de portefeuille-titres, GSO Finance, car la loi impose dorénavant une telle entité autonome pour bien isoler la gestion financière pour compte de tiers par rapport aux placements effectués pour le compte de la banque elle-même : c'est la fameuse « muraille de Chine », qui sert le crédit de la Société bordelaise auprès de ses clients ; cette entité (dirigée par C. Marie et Philippe Percheron ; puis, à la retraite de C. Marie en 2001, par J. Perrottet) brasse un actif estimé alors à 5,2 milliards de francs et elle entreprend ensuite de développer sa gamme de produits en complément de ceux transmis par le CIC.

> GSO est une activité de gestion financière, qui effectue des investissements sur le marché financier avec des mandats de gestion donnés par des sociétés ou pour gérer le portefeuille des clients. La politique de gestion est faite ici, à Bordeaux, mais les moyens sont mutualisés avec le CIC : l'analyse et la stratégie financières sont définies au niveau du groupe et utilisées par GSO qui n'aurait pas la capacité d'investir dans de telles activités. C'est bien le gérant qui rend compte en direct de sa gestion au client dans le cadre de sa mission commerciale (un dirigeant, juillet 2005).

Au début de ce siècle, la bataille commerciale pour la promotion des prestations et produits financiers de la Société bordelaise connaît une nouvelle relance, car la compétition est rude, avec les banques mais aussi avec nombre d'assureurs et de maisons de gestion de patrimoine ; la collecte des OPCVM est un enjeu crucial pour un bon positionnement sur le marché et pour les revenus en commissions – alors même que le repli des cours de Bourse pendant la récession de 2001-2003 freine l'élan. Les campagnes se multiplient pour promouvoir les gammes des produits CIC (*CIC Optimum, CIC Gestion garantie*, etc.) tandis que s'affinent les compétences des conseillers spécialisés auprès de la clientèle « choisie » qui souhaite bénéficier plus encore des services de la « banque conseil »

Tableau 23. Les encours des OPCVM gérés par la Société bordelaise (en millions de francs)

	Société bordelaise Rendement	Société bordelaise Action	Société bordelaise Gestion	Société bordelaise Euros	Société bordelaise Patrimoine
1995	47	31	76		
1996	80	98	107		
1997	112	157	165		
1998	129	193	229	30	
1999	156	372	337	130	
2000	152	370	378	198	355

L'ouverture d'une agence spécialisée en conseil de gestion patrimoniale, Patrimoine Conseil, en juillet 1999, explicite la réactivité de la Société bordelaise qui ne souhaite pas laisser les acteurs de la gestion de fortune disposer d'une place de Bordeaux où la compétition entre banques et entreprises de conseil et placement financiers est attisée par plusieurs tentatives de banquiers étrangers d'y grignoter des parts de marché – parfois sans grand succès. Il s'agit d'élargir la clientèle historique de la maison, celle des « familles bordelaises » (ou autres), qui a tendance à s'étioler pour « conquérir une nouvelle clientèle patrimoniale » (2000) : les métiers de la gestion de fortune sont appelés à se renforcer en liaison, on l'a vu, avec ceux de la banque d'entreprise – puisque le patrimoine personnel ou familial des dirigeants de PME est intimement relié à l'évolution de leur société –, mais aussi de façon autonome, dans le cadre d'une stratégie déployée en liaison avec le groupe CIC (sous l'enseigne *CIC Banque privée*). Toutefois, l'investissement en moyens humains et en formation est important car il faut dégager des solutions personnalisées pour chaque client : le mouvement est enclenché avec un repérage des viviers de clientèle potentiels (chefs d'entreprise, clients fortunés des agences) et une tactique de mise en contact est mise en œuvre.

Cette politique procure évidemment des revenus en commissions de gestion, tout en répondant à l'attente de la clientèle des classes moyennes qui souhaite que sa banque l'aide à consolider son patrimoine en fonction de l'âge et de l'évolution professionnelle ou familiale. Les savoir-faire en gestion de titres s'affinent, notamment la gestion de portefeuilles financiers sous mandat. Comme ses consœurs, la banque bataille pour séduire et fidéliser une clientèle aisée, pour la gestion de fortune, en parallèle au renforcement de sa pénétration dans les classes moyennes. La seule SICAV de trésorerie *Société bordelaise Sécurité* (créée en 1990) gère ainsi 1,2 milliard de francs en 1991 puis 1,6 milliard en 1998.

Le développement commercial de la Société bordelaise dans la gestion de patrimoine subit une inflexion en 2001 quand la mutualisation entreprise au sein du groupe CIC explique la reprise des OPCVM gérés par la maison par une entité de groupe, CIC Assets Management, qui centralise la gestion d'actifs, pour rendre plus efficace la recherche en analyse financière et le traitement des portefeuilles mobiliers. Dans un second temps, c'est même au niveau de la fédération Crédit mutuel-CIC que la gestion d'actifs est centralisée, même si les deux réseaux conservent leurs propres marques. Quoi qu'il en soit, la « marque » de la Société bordelaise disparaît des OPCVM qu'elle distribue ; mais la valorisation des marques du CIC (notamment toute la déclinaison de fonds communs de placement sous l'égide de la marque ombrelle *CIC Profil*) permet de relancer la politique de prospection commerciale et l'offre de produits financiers.

> On a perdu notre gamme Société bordelaise, mais on a gagné une gamme nationale ; il fallait, mutualiser les OPCVM pour obtenir des planchers de montant par type de produit pour une gestion efficace ; une banque se doit d'avoir une quinzaine d'OPCVM, soit au moins un actif d'un milliard et demi d'euros, ce qui n'était pas possible au niveau de la Bordelaise. Les OPCVM constituent un outil dans l'approche globale du client ; la banque doit contribuer aux services diversifiés de l'épargne en sus de l'épargne-logement. Dorénavant, la Société bordelaise est capable d'offrir à ses clients exigeants des gammes d'OPCVM en multigestion (un dirigeant, juillet 2005).

Globalement, la masse de capitaux gérés par la Société bordelaise s'accroît de 40 % entre 1994 et 2003 ; mais la réussite spectaculaire est obtenue par les placements en assurance vie puisque leur actif s'accroît trois fois et demi entre 1994 et 2002. La maison est parvenue à résister à la concurrence des « bancassureurs » − notamment, dans les régions, à la force de frappe du Crédit agricole – et à placer ses produits financiers avec persévérance et conviction.

Tableau 23. Capitaux gérés par la Société bordelaise
(capitaux annuels moyens)

	Hors bilan (millions de francs)	Hors bilan (millions d'euros)	Assurance vie (millions de francs)	Assurance vie (millions d'euros)	Actifs gérés hors OPCVM (millions de francs)	Actifs gérés hors OPCVM (millions d'euros)
1993	5 041,3	768,5	762,2	116,2	2 687,4	409,7
1994	5 292,1	806,8	1 065,0	162,4	3 266,5	498,0
1995	5 442,3	829,7	1 330,8	202,9	3 703,1	564,5
1996	6 158,8	938,9	1 675,6	255,4	4 482,8	683,4
1997	7 046,3	1 074,2	2 052,7	312,9	5 653,1	861,8
1998	7 561,4	1 152,7	2 424,2	369,6	6 212,2	947,0
1999	7 673,0	1 169,7	2 748,3	419,0	6 497,6	990,6
2000	7 933,5	1 209,5	3 029,7	461,9	6 651,4	1 014,0
2001	7 559,9	1 152,5	3 200,4	487,9	6 343,8	967,1
2002	7 332,3	1 117,8	3 423,4	521,9	6 056,5	923,3
2003	7 378,9	1 124,9	3 738,3	569,9	6 045,3	921,6
2004	8 179,1	1 246,9	4 155,5	633,5	6 534,6	996,2

5. La compétitivité et l'attrait de la Société bordelaise

Le bilan de cette bataille commerciale est globalement positif. Des enquêtes au sein des agences, menées dans le cadre du « plan d'action qualité », permettent de mesurer des « taux de satisfaction », thème par thème (accueil, conseil, écoute, etc.) ; celle de 2003 indique un taux de satisfaction de 85 % auprès des particuliers ; mais des réserves sont émises sur la « capacité d'écoute », la « qualité de la réponse » et des explications ; il est évident que la banque-conseil se heurte au trop grand nombre de produits de placement, ce qui donne quelque flou à la stratégie à définir avec le client. Par ailleurs, la concurrence elle aussi chemine avec ardeur, lance des programmes commerciaux et des outils d'émulation en interne et d'évaluation de la satisfaction de la clientèle. Chaque point de part de marché est conquis rudement sur chaque place des trois régions d'action de la Société bordelaise. L'on sait que, sur tel ou tel marché géographique ou sectoriel, les Caisses d'épargne et le Crédit agricole se stabilisent parfois ; mais l'opportunité offerte ainsi à la progression est saisie aussi par les concurrents, comme les Banques populaires ou BNP Paribas. La progression des comptes de particuliers, qui est forte au tournant du siècle, se ralentit en 2003 à cause de la concurrence, ce qui suscite un nouvelle relance commerciale au sein de la Bordelaise.

Comme pour tous les aspects de l'activité de la Société bordelaise, là aussi, le chantier doit être sans cesse réactivé. Un exemple en est fourni par la mobilisation des « agences de développement » non plus seulement pour préparer l'ouverture de guichets, mais aussi pour stimuler la prospection des agences déjà en activité : des salariés s'installent dans un guichet et mènent des opérations intensives de démarchage : en 2001, ainsi, une « agence de développement » s'installe pendant quatre semaines à l'agence de Blaye, puis elle rejoint l'agence du Bouscat-Berthelot, avant de gagner celle de Saint-Jean-de-Luz, là aussi pour quatre semaines, où elle négocie presque deux cents rendez-vous avec des clients ou des « prospects », d'où dix-huit ouvertures de compte en quatre semaines et de multiples pistes à concrétiser ensuite par l'agence.

En tout cas, le grignotage quantitatif est une réalité puisque le nombre des clôtures de compte – quelle qu'en soit la raison, notamment le départ du client du grand Sud-Ouest – est largement dépassé par celui des ouvertures (ainsi, en 2002, 15 000 nouveaux clients pour 8 000 départs). Le nombre de clients particuliers progresse sensiblement, d'environ un tiers entre 1994 et 2004, e qui indique que la Société bordelaise a retrouvé une bonne réactivité commerciale, une force d'attraction auprès du public potentiel, pourtant très sollicité par la concurrence.

Tableau 25. Comptes particuliers à la Société bordelaise

1991	64 100
1992	66 900
1993	69 400
Changement de base statistique	
1994	99 267
1995	94 730
1996	95 207
1997	95 254
1998	98 000
1999	102 000
2000	105 000
2001	111 500
2002	114 500
2003	124 813
2004	129 447

Enfin, le développement de la Société bordelaise sur le marché des particuliers suit la double voix désormais essentielle pour une banque : d'une part, la collecte de dépôts s'est poursuivie en parallèle aux campagnes de placement de produits financiers et de collecte de comptes gérés pour entretenir le lien classique de fidélisation ; mais, surtout, le renforcement des prêts immobiliers procure des revenus d'intérêts ; d'autre part, l'extension de la distribution de « produits » financiers apporte à l'établissement des revenus de plus en plus substantiels sous forme de commissions de placement et de gestion ; or c'est essentiel puisque les « marges d'intermédiation » ont baissé sensiblement depuis les années 1990 sur l'ensemble des prêts, en raison de la concurrence et de la libéralisation des diverses filières.

Chapitre XXII

Une première évaluation du redressement de la Société bordelaise

Derrière une impression de facilité procurée par le redressement de la Société bordelaise, les témoins évoquent tous la réalité des batailles gestionnaires et comptables. La simple lecture des chiffres donne l'impression que la métamorphose de la Société bordelaise a été facile, qu'il suffisait de donner une impulsion pour que des mécanismes s'enclenchent avec bonheur. Mais les analyses successivement développées dans cette partie montrent combien il a été nécessaire de changer en profondeur l'organisation, le champ d'activité et surtout le mode de vie, voire les « *habitus* » – la somme des comportements individuels qui soutiennent la vie de l'organisation de la firme, pour mêler le sociologue Bourdieu et l'économie bancaire…

1. Le bouleversement de l'organisation et de la culture de la Société bordelaise

F.-X. Bordeaux a déclenché un premier choc quand la situation s'est dégradée fortement au début des années 1990, par la contribution salariale volontaire : le débat a été soulevé autour des coûts de fonctionnement de la maison ; pourtant, celle-ci était gravement malade dans ses méthodes d'analyse et de suivi des risques et des contentieux, dans sa répartition entre les ressources consacrées à la gestion et celles orientées vers la prospection commerciale et les relations avec les clients ; banque régionale réputée, elle pâtissait d'un faible maillage de la clientèle potentielle à cause d'un réseau lacunaire et disparate. Trop bousculée par les difficultés de l'économie des places où elle était implantée, desservie par les va-et-vient des équipes de direction, la Société bordelaise était à la recherche d'une nouvelle identité – alors même que des concurrents bâtissaient des organisations dynamiques au cœur même de ses bastions, notamment les Caisses de Crédit agricole et les Banques populaires, rejoints peu à peu également par les Caisses d'épargne, tandis que la clientèle huppée était sollicitée par des banques de « gestion de fortune » offensives, françaises ou étrangères (Barclays, Deutsche Bank, etc.).

Il a donc fallu « détruire » l'organisation ancienne, animer une « crise » de réorganisation pour briser la « crise » structurelle. Par chance, le groupe du CIC a épaulé, refinancé, ce mouvement, lui-même ensuite avec le soutien de son repreneur, le Crédit mutuel. Par chance aussi, pour la première fois depuis les années 1960-1970, la Société bordelaise a bénéficié de la stabilité de son équipe de direction, de 1994 à nos jours, ce qui a facilité la définition et la mise en œuvre d'une stratégie et d'un management efficaces, sans plus de divisions ou d'hésitations. Cependant, il a fallu rebâtir le « capital immatériel » de la banque, changer les mentalités et le mode de travail au quotidien. L'incorporation d'une « culture du risque » a été la priorité, afin de permettre au cœur de métier de la Société bordelaise – le prêt – d'être assumé avec un professionnalisme retrouvé, en fait perdu depuis le milieu des années 1970 dès lors que la maison n'avait plus réussi à faire face à la restructuration de l'économie du grand Sud-Ouest et du Midi languedocien et aux aléas conjoncturels avec un portefeuille de savoir-faire efficace et adapté. La spécificité des places et de la clientèle y est la fragilité, celle des PME, des toute petites entreprises ou des profes-sionnels, et la fragmentation des classes moyennes salariées qui alimen-tent la solidité et la variété de la clientèle dans les agglomérations du Centre-Est ou de l'Île-de-France, par exemple.

Des outils techniques et informatiques ont donc été déployés et plu-sieurs fois renouvelés et affinés ; une organisation à trois niveaux (agences, groupes, Siège), complétée par l'Inspection générale, a été structurée pour une réactivité optimale face aux risques. Plus générale-ment encore, c'est bien la formation des équipes commerciales en amont et des équipes de supervision au quotidien qui a sensiblement évolué pour éviter la course aux dossiers qui a miné tant de banques pendant les aléas conjoncturels des années 1980 et pendant le boum ayant précédé la forte récession de 1991-1994.

La culture d'entreprise de la Société bordelaise a évolué d'une culture plutôt « administrative » – où la séparation entre les prospecteurs et les superviseurs était bien affirmée avec ses effets sur la non-responsabilisation des premiers et la moindre connaissance des clients chez les seconds – à une culture de responsabilisation où le commerce repose aussi sur la qualité des clients, où la combativité commerciale s'accompagne d'un combat contre les coûts de « l'information imparfaite ». Nous ne pouvons discerner dans ce cas d'étude une sorte de « modèle », mais les pistes d'analyse suivies par ces banquiers sont utiles à reconstituer pour déterminer comment les difficultés intrinsèques à l'exercice du métier bancaire dans le grand Sud-Ouest peuvent être surmontées : le « système bancaire » de ces contrées intègre, chez tous les concurrents et sur toutes les places, cette nouvelle

« culture du risque », en outil contre la fragilité du système productif et des marchés des petites entreprises et des professionnels. Est-ce à dire que ce système aurait atteint un nouvel équilibre, à une construction d'un système de compétences et d'un « ordre institutionnel » propres à lui assurer sa pérennité ?

2. Une banque régionale robuste

Quoi qu'il en soit, la Société bordelaise a renoué avec une expansion à la fois forte et saine. Son redressement est encore récent ; elle accède néanmoins peu à peu à une sérénité nouvelle car elle a conscience – au sein de la direction, mais aussi au cœur de l'ensemble de l'entreprise, régulièrement mobilisée par les plans à moyen terme, les plans d'actions commerciales et une politique de communication interne vigoureuse – qu'elle est à nouveau capable d'assumer une croissance organique intense (ouverture d'agences, augmentation du nombre de clients, diversification de la clientèle, élargissement de la gamme de produits bancaires et financiers) tout en affrontant les aléas conjoncturels, les déboires de telle ou telle branche, les secousses de telle ou telle place. Après tant d'années – en gros une quinzaine d'années, de 1978 à 1994 – où l'urgence de l'instant – l'obsession du résultat annuel, le suivi du portefeuille de contentieux, et l'angoisse des fonds propres ont imposé une immédiateté de l'action, la maison peut mener une véritable politique à moyen terme, déployer ses programmes d'action.

« L'organisation de la firme », comme disent les économistes, est désormais opérationnelle et fiable : « À partir de 1995, on a commencé à avoir une situation plus saine, grâce d'abord à un gros provisionnement de 100 millions de francs en 1994 [pour éponger le passé récent]. Certes, le coût du risque (le montant des dotations nettes en provisions) est encore assez élevé en 1991-1996 ; mais toute l'équipe mise en place en 1995 a permis d'améliorer la productivité de la banque dès les années 1995-1997. On a donc amélioré sa capacité bénéficiaire ; le coût du risque s'est stabilisé, la capacité bénéficiaire a repris sa progression, même si cette amélioration a été progressive, sur trois-quatre ans » (un dirigeant). Un symbole en est le retour aux bénéfices, après plusieurs années sombres.

**Tableau 26. Évolution de la profitabilité de la Société bordelaise
(comptes sociaux non consolidés)**

	Résultat net		Résultat brut		Participation et intéressement
	en MF	en M€	en MF	en M€	en MF
1990	4,5	0,69			
1991	4,2	0,64			
1992	-47,5	-7,25			
1993	-54,9	-8,37			
1994	-70,0	-10,67			
1995	7,0	1,07			
1996	17,0	2,59	131,9	20,11	2,9
1997	30,7	4,68	153,9	23,46	4,6
1998	41,0	6,25	175,9	26,82	5,3
1999	52,6	8,02	196,4	29,94	9,5
2000	68,6	10,46	223,2	34,03	15,4
2001	94,4	14,39	243,6	37,14	13,9
2002	72,7	11,08	249,7	38,07	11,0
2003	76,8	11,70	285,3	43,49	12,5
2004	107,4	16,38	307,0	46,80	18,1

**Tableau 27. Résultat net de la Société bordelaise
(comptes sociaux non consolidés)**

	en MF	en M€
1981	2,4	0,36
1982	-30,0	-4,57
1983	-25,8	-3,94
1984	-1,5	-0,23
1985	2,7	0,41
1986	4,5	0,69
1987	2,2	0,34
1988	7,1	1,08
1989	-24,0	-3,65
1990	4,5	0,69
1991	4,2	0,64
1992	-47,5	-7,25
1993	-54,9	-8,37
1994	-70,0	-10,67
1995	7,0	1,07
1996	17,0	2,59
1997	30,7	4,68
1998	41,0	6,25
1999	52,6	8,02
2000	68,6	10,46
2001	94,4	14,39
2002	72,7	11,08
2003	76,8	11,70
2004	107,4	16,38

La réorganisation de la banque lui permet de devenir « plus réactive que les autres, grâce à la décentralisation des comités de crédit, à la réduction des strates hiérarchiques, à la conception des agences pour être très auprès des clients, grâce enfin au professionnalisme commercial au niveau des entreprises » (un dirigeant). Une bonne politique de management a pu être structurée sur la durée, ce qui assure en retour des occasions de recrutement, de sélection, de mouvement et de promotion de générations nouvelles de cadres. De l'assainissement des comptes découle une nouvelle dynamique humaine : la Société bordelaise a pu recruter à nouveau – du point bas de 695 salariés en 1997, les effectifs remontent à 1 043 en 2003 –, offrir des postes intéressants, créer des équipes commerciales et gestionnaires cohérentes.

A. Une banque dotée d'une bonne envergure

Les résultats de ces mutations se lisent dans les chiffres qui indiquent que la banque a atteint une compétitivité nouvelle, ce qui lui permet de se tailler des positions solides sur le marché.

Tableau 28. Parts de marché de la Société bordelaise dans les régions où elle est implantée

	Dépôts	Dépôts des particuliers	Dépôts des professionnels	Dépôts des entreprises
Septembre 2002	1,39 %	0,94	1,1	5,11
Septembre 2003	1,54	0,98	1,16	6,83
	Crédits	Crédits aux particuliers	Crédits aux professionnels	Crédits aux entreprises
Septembre 2002	2,51 %	1,63	1,13	4,73
Septembre 2003	2,68	1,76	1,29	5,04

Tableau 29. Collecte effectuée par la Société bordelaise de CIC (capitaux annuels moyens)

	Dépôts des particuliers		Total de l'encours des dépôts	
	en MF	en M€	en MF	en M€
1993	2 110,4	321,7	4 718,5	719,3
1994	2 424,3	369,6	4 915,2	749,3
1995	2 710,3	413,2	5 791,4	882,9
1996	3 162,9	482,2	5 779,5	881,1
1997			5 921,3	902,7
1998			6 323,9	964,1
1999			6 610,6	1 007,8
2000			7 704,2	1 174,5
2001			8 711,8	1 328,1
2002			9 902,3	1 509,6
2003			11 849,2	1 806,4
2004			13 510,9	2 059,7

La collecte des dépôts a globalement triplé entre 1991-1994 et 2003/2004, ce qui prouve l'efficacité de la stratégie de développement du réseau et de la politique commerciale.

La politique classique de la « banque commerciale de crédit » est couronnée de succès, grâce à la relance de la pénétration auprès des particuliers « actifs » – les clients qui empruntent pour leur habitat, notamment – et aux contacts pris avec les entreprises de toute taille (y compris les toutes petites) et les professionnels qui sont apparus sur le marché du grand Sud-Ouest par le biais du renouvellement du tissu productif régional. L'encours global des crédits a été multiplié par 2,6 entre 1994 et 2003 ; les seuls crédits d'équipement des entreprises et des professionnels ont triplé entre 1995 et 2000, ce qui est révélateur du renouveau du métier de « banque d'entreprise » au sein du réseau de la Société bordelaise.

Tableau 30. Les engagements de crédit de la Société bordelaise depuis les années 1990

	Encours de crédits En MF	Encours de crédits en M€	Crédits aux particuliers En MF	Crédits aux entreprises En MF	Crédits d'équipement (entreprises et professionnels) en MF	Crédits d'équipement en M€
1990	4 668,0	711,6				
1991	5 093,0	776,4	1 350	3 384		
1992	5 337,0	813,6	1 387	3 482		
1993	5 544,0	845,2	1 755	3 659	1 586,0	241,8
1994	5 805,0	885,0			1 812,0	276,2
1995	6 022,0	918,0			1 997,0	304,4
1996	6 252,4	953,2			2 138,6	326,0
1997	6 464,0	985,4			2 278,9	347,4
1998	6 698,0	1 021,1			2 429,9	370,4
1999	7 785,5	1 186,9			2 982,7	454,7
2000	9 057,6	1 380,8			3 693,4	563,1
2001	10 816,1	1 648,9			4 638,3	707,1
2002	12 849,5	1 958,9			5 801,3	884,4
2003	14 744,6	2 247,8			6 573,3	1 002,1
2004	16 435,0	2 505,5			6 992,5	1 066,0

Certes, la part de marché conquise par la Société bordelaise reste inférieure à celle obtenue par le groupe CIC dans son ensemble, qui est généralement le double. D'autre part, la pénétration sur le marché des particuliers se heurte à forte concurrence, et la maison garde son profil de « banque des entreprises », puisque celles-ci constituent encore la base de son fonds de commerce par l'ampleur de leurs dépôts et de leurs emprunts à la banque. Cependant, les parts de marché de la Société bordelaise progressent peu à peu, insensiblement mais clairement :

malgré l'intensification de la compétition et l'offensive des concurrents issus du mutualisme (Banques populaires, Crédit agricole), la maison grignote des morceaux de clientèle ; la « culture du développement » initiée au milieu des années 1990 porte ses fruits au bout d'une décennie. Le nombre de clients a progressé de 31 % entre 1999 et 2003, l'encours des dépôts de 87 %, celui des crédits de 120 %. La direction relève ainsi que, en février 2003, pour la première fois, la part de marché a franchi le seuil de 2,5 % pour les crédits, dans l'espace d'activité de la banque. Par ailleurs, les statistiques concernant la maison sont quelque peu faussées par le fait qu'elle est active dans certains départements (Aveyron, Corrèze) ou dans certaines contrées (comme en Dordogne) avec une faible présence, ce qui réduit la moyenne obtenue dans les calculs de sa part de marché. Or « on a des points forts, par exemple, dans la banque d'entreprise, dans la mobilisation de créances sur l'étranger (10 % du marché), dans la négociation de papier commercial (8-9 %) » ; et « on est solide sur quelques places qui sont nos places fortes » (un dirigeant, mai 2005).

Tableau 31. La compétitivité de la Société bordelaise sur certains marchés

	Part de marché pour les emplois	Part de marché pour les ressources
1994	1,73	1,25
	Gironde, Tarn & Garonne, Hautes-Pyrénées et Haute-Garonne : entre 2 et 3 %	
Septembre 1999	1,90	1,28
Septembre 2000	2,06	1,44
2000	1,45	
Dont entreprises	4,20	4,48
Dont particuliers	1,59	2,09
2001	1,55	
Juin 2002	2,46	1,35
Février 2003	2,60	1,46
Dont part sur le marché des entreprises	4,91	6,43
Juin 2003	2,67	1,49
Dont particuliers	1,73	0,97
Dont professionnels	1,3	1,16
Dont entreprises	5,05	6,22

**Tableau 32. Classement national des banques en 2002
(produit net bancaire, en millions d'euros)**

Trois banques du grand Sud-Ouest figurent dans le classement des cinquante premières banques françaises	
BNP Paribas	16 793
Crédit agricole	15 727
Groupe Société générale	14 454
Crédit lyonnais	6 762
Groupe CIC-Crédit mutuel	7 970
Groupe Caisses d'épargne	6 583
Groupe Banques populaires	5 748
Dexia	5 165
Caisse des depots	4 785
Crédit mutuel Centre-Est Europe seul	4 708
Groupe CIC seul	3 397
[...]	[...]
CCF-HSBC)	2 337
[...]	[...]
Groupe Crédit du Nord [appartient au groupe Société générale]	1 163
[...]	[...]
Crédit mutuel Arkea (Bretagne, Sud-Ouest, etc.)	930
[...]	[...]
Lyonnaise de banque (CIC)	584
CIAL (CIC)	565
Crédit agricole Centre-Est	559
BRED (Banque populaire en région parisienne)	
Crédit agricole Nord-France	392
Crédit agricole Nord-Est	370
Crédit agricole Centre-France	362
Crédit agricole PACA	343
SNVB (Société nancéienne Varin-Bernier) (groupe CIC)	336
Crédit agricole Anjou-Maine	326
Crédit industriel de l'Ouest (Nantes) (CIC)	291
Scalbert-Dupont (avant regroupement avec Crédit industriel de Normandie) (CIC)	242
BICS (Banque populaire en région parisienne)	236
Société marseillaise de crédit (groupe HSBC)	186
[...]	
Banque populaire Toulouse Pyrénées (à Toulouse)	163
Banque populaire occitane (à Albi)	142
Banque populaire Centre Atlantique (à Niort)	130
Société bordelaise CIC	124
Banque populaire du Sud-Ouest	112
Courtois (groupe Crédit du Nord)	98

B. Un pari gagné : le maintien de la Société bordelaise par le groupe CIC

Alors que des inquiétudes avaient surgi quant à la pérennité de la Société bordelaise – puisqu'on avait parlé de l'éventualité de son intégration dans un ensemble reliant l'ensemble des rivages atlantiques, finalement le rapprochement avec le CIO s'est cantonné à une mutualisation de l'outil informatique, et la maison girondine a conservé son autonomie de gestion et de stratégie. Or, grâce à la croissance de son fonds de commerce et à l'extension de son réseau, elle est parvenue à nouveau à tenir son rang parmi les grandes banques régionales ; ainsi, elle affiche des données statistiques qui confirment son envergure face à son confrère nantais, qui, entre-temps, a inséré la Banque régionale de l'Ouest (du Val de Loire) dans son sous-groupe plurirégional.

Tableau 33. Une comparaison entre deux banques du groupe CIC en 2003

	Société bordelaise	Crédit industriel de l'Ouest
En millions d'euros :		
Bilan	3 045	8 100
Fonds propres consolidés	169,5	329,4
Encours de crédits	2 248	6 000
Collecte totale	2 930	8 500
Dont OPCVM	175	1 500
Dont Produits d'assurance	570	1 900
Dépôts	1 805	
Produit net bancaire	138,2	297,4
Résultat net consolidé	12,1	46,5
En unités :		
Salariés	1 043	2 460
Agences	130	245
Nombre de départements couverts par le réseau d'agences	18	16
Distributeurs de billets	247	270
Clients particuliers	125 000	299 000
Clients professionnels	21 000	51 000
Clients entreprises	5 700	15 000

Cela explique que la Société bordelaise soit à même de tenir sa position au sein du groupe CIC dans son ensemble.

Tableau 34. Poids de la Société bordelaise dans le groupe CIC en 2003

	Société bordelaise	Groupe CIC	Ratio
	(millions d'euros)		%
Capitaux propres consolidés	192,1	5 148	3,73
Bilan	3 045	155 838	1,95
Crédits à la clientèle	2 248	60 485	3,72
Dépôts de la clientèle	1 805	48 568	3,72
Épargne gérée	1 125	123 800	0,91
Encours d'assurance-vie	570	16 900	3,37
Résultat net consolidé	12,1	462	2,62
Unités :			
Salariés	1 043	24 000	4,35
Clients particuliers	125 000	2 687 000	4,65
Clients professionnels et entreprises	27 045	578 000	4,68
Agences	130	1 846	7,04

« La grande victoire de la Société bordelaise, c'est en 2003 quand le groupe CIC s'est réorganisé en cinq pôles régionaux en sus de Paris ; en effet, cela a été une consécration pour la Société bordelaise, qui a été reconnue comme pôle régional. On a acquis nos lettres de noblesse. L'intuition, c'était quand on a mis en place au début de 1998 les outils qui nous ont permis de réussir très rapidement notre plan de développement. Si on n'avait pas fait le plan de développement, on était mort ; c'est parce qu'on a montré notre volonté de développement » (un dirigeant, 2004) que le CIC a maintenu l'existence de la Société bordelaise en tant que pôle d'animation des trois régions du très grand Sud-Ouest, donc en tant que membre du cercle des six pôles d'animation de la banque régionale maintenus au sein du groupe (CIAL et SNVB, Société lyonnaise de banque, Scalbert-Dupont et CIN, CIO et BRO, CIC-Paris).

Rappelons que la banque avait fermé plusieurs agences à la fin des années 1980 alors qu'elle décide d'en ouvrir trois en 1998. Un indice est révélateur de la mutation vécue par la maison : son slogan commercial, qui était en 1994 : « Une banque au service de sa région. » devient dès 1995 : « Une banque forte au service de sa région. », car la confiance dans son renouveau semble revenue dans la capacité de maîtriser la gestion des risques et des coûts d'intermédiation et dans la possibilité de relancer l'expansion.

3. La bataille du coefficient d'exploitation bancaire

Cependant, le renouveau de croissance de la maison ne s'est pas accompagné d'un gaspillage des ressources financières ou humaines, ni d'une course aux parts de marché qui se serait effectuée au détriment de la rentabilité. Les exigences de bonne gestion ont peu à peu débouché sur une amélioration de l'organisation et sur une réaffectation des moyens. C'est que, en 1991, le retard de productivité de la Société bordelaise était estimé par ses nouveaux dirigeants et par le groupe CIC à environ trois dixièmes par rapport à la moyenne de la profession bancaire. L'essoufflement et la saturation du système informatique, les lacunes dans le capital de professionnalisme dans plusieurs domaines, notamment dans le domaine de la commercialisation intensive de produits bancaires et de produits de placement de patrimoine, et la surdimension des effectifs de fonctions de support transversales par rapport à l'activité commerciale elle-même constituaient des handicaps certains pour la profitabilité d'exploitation de la maison. Comme dans toute la profession, au nom de critères de rentabilité, mais surtout, à son échelle, pour assurer sa survie puis sa pérennité, la Société bordelaise a dû engager un combat long et difficile pour améliorer sa capacité d'autofinancement, donc avant tout pour abaisser son coefficient d'exploitation bancaire et pour augmenter le produit net bancaire moyen par salarié.

Tableau 35. Des critères de l'évaluation de la qualité de gestion de la Société bordelaise

	Coefficient d'exploitation bancaire	PNB par agent (milliers de francs)	PNB par agent (milliers d'euros)
1992	89,8	544	
1993	83,8	625	
1994	82,4	661	
1995	79,2	707	
1996	76,1	770	
1997	73,1	826	125,9
1998	70,6	864	131,7
1999	69,29	871	132,7
2000	68,82	926	139,6
2001	67,68		139,6
2002	69,49		133,9
2003	68,43		138,9

Dans les dernières années, le taux atteint dépasse les objectifs fixés par le *plan de développement à moyen terme 2001-2003.* mais, autant que la maîtrise des coûts d'exploitation, ce progrès est désormais procuré par la forte croissance des revenus d'exploitation qu'explique le développement des affaires commerciales, du réseau d'agences et de la clientèle. La profitabilité de la Société bordelaise, qui avait été ébranlée à partir de la seconde moitié des années 1970 et qui avait connu nombre d'aléas (notamment en 1981-1984 ou en 1992-1994), malgré des périodes de rémission, est désormais durablement rétablie ; la maison ne consume plus de fonds propres ; elle dégage une capacité d'autofinancement qui, à son tour, est destinée à sécréter plus d'expansion et ensuite plus de revenus et de profits. D'ailleurs, « ce coefficient d'exploitation pourrait baisser encore plus vite, si on arrêtait le plan de développement, puisque les nouvelles agences ne sont rentables que quatre à cinq ans après leur ouverture » (un dirigeant, mai 2005), ce qui pèse sur la profitabilité immédiate de la maison, qui a fait le pari stratégique de maintenir un équilibre optimal mais courageux entre la rentabilité et la croissance.

Les données statistiques parlent d'elles-mêmes : la croissance du bilan, donc des actifs (notamment l'encours de crédits), s'effectue sans plus nuire à la capacité bénéficiaire de la banque, puisque le résultat net s'améliore peu à peu, avant de connaître un mouvement ascendant qui tranche avec la morosité qui a régné depuis la fin des années 1970. Enfin, le produit net bancaire, qui exprime la création de valeur commerciale chaque année, est multiplié par 1,7 entre 1994 et 2003. C'est une rupture avec l'histoire récente qui s'effectue par conséquent : la Société bordelaise rompt avec l'héritage des crises de son fonds de commerce régional et avec les crises de sa propre gestion. La conséquence évidente est marquée par les fonds propres de la maison : elle ne « mange » plus ses fonds propres car sa « situation nette » redevient positive dans la seconde moitié des années 1990 ; l'on n'a plus besoin de renflouer le capital de la Société bordelaise, dont l'autonomie financière est ainsi rétablie, même si elle continue à bénéficier du parrainage solide du groupe du CIC et, indirectement, de celui du groupe du Crédit mutuel Centre-Est Europe.

Tableau 36. Évolution du socle financier de la Société bordelaise depuis les années 1990

Bilan		Fonds propres		Situation nette		PNB	
en millions de francs	en millions d'euros	en millions de francs	en millions d'euros	en millions de francs	en millions d'euros	en millions de francs	en millions d'euros
9 232	1 407	173	26,3	139	21	423,0	64,5
8 560	1 305	306	46,6	193	29	435,0	66,3
8 897	1 356	251	38,2	146	22	455,0	69,4
8 682	1 324	139	21,2	91	14	493,0	75,2
8 840	1 348	172	26,2	96	15	513,0	78,2
9 395	1 432	192	29,2	103	16	530,0	80,8
9 075	1 384	311	47,4	169	26	553,0	84,3
9 343	1 424	423	64,5	249	38	572,0	87,2
10 424	1 589	480	73,2	303	46	599,0	91,3
11 471	1 749	653	99,6	412	63	640,0	97,6
13 164	2 007	781	119,1	537	82	716,0	109,5
15 095	2 301	876	133,5	657	100	778,0	118,6
16 885	2 574	1 119	170,6	792	121	816,7	124,5
20 036	3 054	1 112	169,5	796	121	903,9	137,8
21 580	3 290	1 499	228,5	1 218	186	985,9	150,3

Quatrième conclusion

Dépasser l'héritage historique

« La Bordelaise dans le rouge » (avril 1995), « La renaissance de la vieille dame » (mai 1999), « La Société bordelaise renforce son réseau bancaire » (mars 2003), « La Bordelaise de CIC poursuit sa politique de croissance » (2004) : les titres des articles que Bernard Broustet consacre de temps à autre dans *Sud Ouest* à l'évolution de la banque qui couvre une large partie du rayon d'action du quotidien – mais aussi celui d'autres journaux, plus vers l'est –, symbolisent bien le mouvement de « révolution » managériale, commerciale et comptable qu'a vécu la maison depuis une quinzaine d'années. Comme dans toute entreprise en crise, il a fallu couper dans les frais et les déficits, restructurer le mode d'organisation et de fonctionnement de la société, tout en cherchant à relancer la politique commerciale.

En fait, les témoins soulignent tous que la réussite n'a été possible dans un premier temps que parce qu'une bonne part des équipes (personnel et dirigeants) en place et des portefeuilles de clients était de qualité et a pu servir de levier au redémarrage que la banque a pu tenir le coup dans ces années difficiles. En revanche, il a fallu insuffler de nouvelles méthodes, de l'argent (grâce au groupe CIC), des procédures de contrôle des risques, avant que de pouvoir relancer la machine commerciale ; mais, dès que le cap des tempêtes a été franchi, en quelques longs semestres, les voiles de la réussite (commerciale et financière) se sont gonflées et les signes tangibles de la performance sont apparus : ouverture de dizaines d'agences, recrutement de centaines de salariés et promotion interne vivace, rénovation de l'image de marque, notamment.

Conclusion générale

La Société bordelaise entre l'histoire bancaire, son histoire et l'avenir

Une petite banque

Le lecteur quittera ce livre avec un goût ambigu. Certes, il aura vécu quelques moments de la brillante histoire des entreprises girondines et porté son regard au-delà des courbes de la Garonne, quand, tout près du Siège de la Société bordelaise de CIC, on pouvait voir partir les navires portant les espoirs du négoce et de leurs banquiers. Ainsi certaines pages pourraient-elles sentir le vin, le pin, l'arachide ou l'huile, le cacao, voire le guano... À supposer qu'il prenne le temps de parcourir cet ouvrage aride, quelque auteur à la Balzac pourrait s'inspirer de certains passages pour compléter ses reconstitutions de la vie dans le monde des affaires bordelais et dans la haute société locale, puisque apparaissent des « figures » et des Familles, qui, à l'échelle du Port de la Lune, ont été partie prenante de cette aventure entrepreneuriale qui a fait la force et la richesse de Bordeaux. Et Adolphe Chalès, Théodore Tastet, les deux Guestier et les trois Denis qui se succèdent au Conseil, Philippe Chalès, Pierre Desse, sont bien de « grands personnages » régionaux et même pour certains nationaux et ultramarins, forts d'une puissance de rayonnement qui dépasse leur destin individuel.

Pourtant, l'on pourrait se demander pourquoi consacrer tant de pages à une banque qui, somme toute, est de taille moyenne : quand on scrute les chiffres pour la période 1880-1935, on s'interroge sur la portée d'une telle reconstitution à la loupe d'affaires aussi modestes... Notons d'abord que, même converties en euros actuels – « déflatées en francs constants », par exemple en multipliant par environ treize les chiffres d'avant 1912 pour les voir exprimés en francs de l'année 2000 –, les valeurs qui sont évoquées sont fallacieuses, car, au moment où elles sont produites, elles reflètent une économie qui ne dispose pas de la dimension de notre produit national brut actuel. Leur expression en francs constants reflète une simple conversion monétaire, et il faudrait réaliser des « pondérations » compliquées pour préciser à quoi correspondrait aujourd'hui, en termes « réels », c'est-à-dire en tenant compte de la progression de la production, un chiffre d'autrefois.

Une banque distancée au fil des décennies

Cependant, malgré ces considérations, une réalité s'impose : si l'on compare les banques provinciales du groupe CIC en 1975, on s'aperçoit que, dès cette époque, donc avant la crise des années 1970-1980, la Bordelaise a été distancée par ses consœurs, et qu'elle n'a pas suffisamment su mettre en valeur son terroir. Sa collecte de ressources et son bilan la plaçaient vers les derniers rangs du groupe, juste devant la Banque régionale de l'Ain, établissement limité à un seul département, et au niveau de la Banque régionale de l'Ouest et du Crédit industriel de Normandie. Promise à un grand destin, active sur une grande Place commerciale et industrielle, dotée depuis 1936 d'une assise pluri-régionale, elle n'a pas accédé à l'envergure d'une « grande banque régionale ». La faiblesse de son réseau − dont le nombre de guichets stagne entre 1936 et 1978 car des fermetures ont compensé les ouvertures − indique qu'elle n'a défriché avec ardeur les potentialités de son terroir ; en 1975, elle avait deux fois moins de bureaux que Scalbert-Dupont, le CIAL et le CIO, presque trois fois moins que la Société nancéienne et cinq fois moins que la Société lyonnaise. Enfin, une faiblesse récurrente a été sa faible « surface » en fonds propres, qui a pu entraver parfois sa mobilité tactique.

La Société bordelaise est une « banque régionale » et non un « groupe d'argent », une « banque à tout faire », une « banque universelle » ; l'on peut s'étonner néanmoins de la modestie de sa taille non seulement par rapport aux autres banques régionales du groupe CIC, mais aussi par rapport à la Société marseillaise de crédit ou à la Sogenal. Malgré son renom, finalement, elle ne pèse que le double de la petite banque Chaix, qui œuvre dans la vallée du Rhône ; elle ne représente que le tiers de la Société marseillaise et un quart du Crédit Industriel de l'Ouest, qui, pourtant, comme elle, sont des banques issues d'une ville portuaire − Marseille, Nantes − et dotées d'un hinterland guère plus industrialisé que le grand Sud-Ouest. Or elle avait été fondée pour appuyer le dessein du CIC de faire participer Bordeaux à la « révolution bancaire » qui s'amplifiait depuis le tournant des années 1860, pour y effectuer cette « révolution du crédit » dont rêvaient les Saint-Simoniens. A-t-elle alors sacrifié la chance que lui confiait l'Histoire ? On constate que la comparaison entre deux banques créées en même temps, la Société bordelaise (1880) et la Société nancéienne (1881), débouche sur une conclusion âpre : après une centaine d'années d'existence, en 1985, la Société bordelaise ne pèse qu'un quart de la Nancéienne ; certes, celle-ci a fusionné avec Varin-Bernier, mais celle-là s'est agrégée la Toulousaine et Soula, et les deux banques couvrent une même aire régionale, même si l'on ne peut comparer la richesse industrielle du Nord-Est avec celle du Sud-Ouest.

Le destin déçu de la banque locale

C'est bien l'Histoire qui explique qu'ait surgi une telle différence de dimension entre ces deux établissements. Pendant presque soixante ans, la Bordelaise a choisi une stratégie de « banque locale », au seul service des maisons girondines de qualité et des familles les dirigeant ou les possédant et y travaillant. Avec un grand dynamisme, elle a contribué vivement à l'expansion du capitalisme du cru, en dilatant l'offre de crédit, en particulier par son escompte et ses découverts, en faisant bien circuler l'argent, en lubrifiant la croissance. Cette vivacité ne l'a pas entraînée à courir l'aventure d'une quête commerciale avide de clients et d'affaires ; elle a rejeté toute « course au volume », toute griserie du bilan. Ses dirigeants n'avaient rien de Saint-Simoniens et ils représentaient surtout le monde du négoce et de vin, sans voir dans leur maison un outil de la modernisation des structures économiques.

Ils ont pu être échaudés par les déboires vécus lors de la Grande Dépression et acquérir des réflexes et des méthodes de stricte prudence. L'Histoire leur donne raison, qui a balayé (Lafargue, Piganeau, sur Bordeaux ; Gourmel, sur Libourne) ou secoué (Samazeuilh, Soula) des confrères plus toniques, mais peut-être moins vigilants sur leurs engagements. Néanmoins, on ne peut s'empêcher de penser que la place aspirait à plus d'élasticité du crédit ; comment expliquer le redémarrage aussi rapide et facile de Soula en 1924 sinon par un soutien de milieux d'affaires désireux de bousculer quelque peu une Bordelaise certainement trop rétive à satisfaire toutes leurs envies de crédit ?

Une grande banque régionale

Malgré cette accumulation de réserves, malgré le sentiment *a posteriori* que des occasions ont pu être manquées au cours de cette histoire, cette banque locale ouverte aux seules maisons huppées et aux familles cossues s'est taillé un renom qui subsiste encore aujourd'hui, celui d'une banque solide, prudente, et elle apparaît un peu comme un « monument », d'autant plus que son animateur pendant une quarantaine d'années, Philippe Chalès, est au point de confluence de la banque, du négoce (Maurel & Prom) et des « familles ». On comprend alors l'intérêt de reconstituer cette histoire, car on fait revivre l'un des piliers de la vie d'une province, une « banque locale », l'un de ces grosses maisons qui ont marqué l'histoire bancaire française, qui ont été le cœur des communautés d'affaires régionales, en quête de financements de proximité, d'une « communauté de confiance » dont une maison comme la Société bordelaise est devenue la clé de voûte à Bordeaux puis aussi sur plusieurs places de son aire d'activité. L'économie bancaire française s'est en effet articulée autour des grands établissements parisiens et de plusieurs centaines de banques locales et régionales, et cette « architecture de financement » a perduré jusqu'aux années 1930-1950, ce qui a stimulé la croissance, la résistance et le redémarrage récurrent de myriades de PME au sein de la clientèle de chacune de ces banques. Reconstituer l'évolution de la Société bordelaise permet donc d'insérer cette « petite » histoire dans la grande histoire de la banque française et des économies régionales. Parce qu'un tout petit nombre de ces maisons (Crédit du Nord[1], Banque générale du Nord, Crédit industriel de l'Ouest, Crédit industriel de Normandie, par exemple) ont bénéficié d'un livre retraçant leur histoire, l'intérêt d'une étude minutieuse de la Société bordelaise de CIC prend figure de « cas d'étude » symbolique, ce qui donne tout son poids à cet ouvrage.

Un redéveloppement inégal

Il aurait été stimulant de transformer ce livre en une description passionnante de la mutation de la banque locale en « banque régionale », en symbole d'une nouvelle étape de l'histoire bancaire. Certes, tous les ingrédients y sont disponibles : croissance externe (Toulousaine) et interne (développement du réseau, des affaires). Or la déception s'impose ; la Société bordelaise a changé de dimension, mais elle n'a guère changé de nature : dans les années 1950-1960, ses dirigeants ont gardé des mentalités et comportements de « banquiers privés ». Il est frappant de constater la stagnation du bilan de la banque entre 1948 et 1960, quand la « banque locale » semble se satisfaire d'entretenir son fonds de commerce, il est vrai alors étoffé et épanoui en un « second âge d'or ». Au fond, Philippe Chalès a choisi une ligne conservatrice, sinon immobiliste, sans que d'ailleurs on puisse le lui reprocher : l'élimination des « mauvais risques » hérités de la Toulousaine (dans le Midi méditerranéen surtout), de Soula et de Gommès et la rationalisation du réseau sont à mettre à l'actif des « mousquetaires » de la Bordelaise qui percent dans ces années 1950-1960 ; les clients liés au vin, au bois, au négoce, à l'Afrique et à l'huile marchent plutôt bien ; enfin, la rentabilité de la maison est excellente.

On peut prétendre que la Société bordelaise aurait trop vécu sur ses glorieux acquis entre 1948 et 1960, d'autant plus qu'elle n'a pas vraiment cherché à mettre en valeur certaines places du grand Sud-Ouest d'où elle était absente. Un premier réveil, dans les années 1960, lui fait saisir les opportunités de la croissance des Trente Glorieuses ; soudain ragaillardie, certainement grâce à la percée des « mousquetaires », elle accompagne la croissance des firmes des industries légères du grand

---

[1] Hubert Bonin, *Histoire de banques. Crédit du Nord (1848-2003)*, Paris, Hervas, 2004.

Sud-Ouest qui bénéficient du décollage de la société de consommation pour amplifier leurs marchés, ce qui compense l'érosion du fonds de commerce traditionnel (Afrique noire, huileries) balayé par l'Histoire, tandis que le Sud-ouest voit percer des entreprises dans des branches dynamiques (papier-carton, BTP, en particulier). Un second réveil prend place en 1968-1974 : Bertrand Blanchy et ses équipiers lancent la Bordelaise dans la révolution de la « banque des ménages », mais cet essor est concentré sur les quatre agglomérations qui sont la base de cette mutation (Bordeaux, Toulouse, Pau, Montpellier) ; partout ailleurs, le grand Sud-Ouest reste en friche, et la densité du réseau est faible par rapport aux autres banques du groupe CIC par exemple. Une troisième impulsion est apportée par l'équipe qui, autour de Jacques Haudouin, amplifie le boum en 1975-1982 en acclimatant dans la maison les méthodes commerciales et administratives propres à tirer parti de ce réseau.

Un redémarrage brutalement suspendu

Après ces trois réveils successifs qui auraient pu lui faire acquérir une dimension de « grande banque régionale », la Société bordelaise doit freiner brutalement son expansion. La croissance de son réseau et de ses effectifs s'avère coûteuse et gonfle ses frais généraux. Dans le même temps, la concurrence s'est exacerbée : certaines banques disposent d'une image de marque – la Société bordelaise garde un renom de banque des entreprises et des familles cossues ; elle pâtit du flou qui entoure longtemps l'enseigne du CIC – et d'un réseau qui séduisent mieux les particuliers, d'autant plus que les cadres de la maison et des agences peinent à assimiler cette révolution du « marketing » et à assumer la mutation vers la « banque de masse ».

Or c'est à ce moment-là qu'éclate la crise de la clientèle d'entreprises de la Société bordelaise, dont elle n'a pas pressenti la gravité avec assez de lucidité. Malgré les talents de sa direction, il semble bien que la banque ait supporté l'effondrement de nombreux clients – mauvaise gestion, coups spéculatifs dans le vin, crise structurelle – sans pouvoir ou vouloir distendre ses engagements dans des firmes auxquelles l'unissaient des liens intimes et historiques. Surcoûts de la banque de masse, manque à gagner et mauvaises créances dans la banque des entreprises : la Société bordelaise est confrontée avec une crise qui est certes celle de l'économie occidentale, du grand Sud-Ouest et du groupe CIC, mais qui est aussi la sienne, à cause des legs que lui transmet sa propre histoire, ancienne ou récente.

Banque régionale et reconquête

On comprend que la marge de manœuvre des dirigeants n'ait pas été très grande dans les années 1982-1990. Pourtant, le redressement administratif, l'enrichissement des capacités du personnel et des compétences, l'assainissement des engagements et des comptes, ont pu dissiper peu à peu le trouble initial. La définition de lignes d'action claires, adaptées à l'héritage de l'Histoire mais volontaristes pour l'avenir, a permis le sursaut psychologique et la mobilisation commerciale propres à stimuler la reconquête des parts de marché. Au tournant des années 1990, la Société bordelaise dispose, au Siège et dans les agences, des équipes indispensables à l'exercice des « métiers » qui constituent le socle de l'action : la banque des entreprises, avec une ouverture sensible au monde des PME si importantes dans l'économie du grand Sud-Ouest et au monde du commerce et de l'artisanat ; la banque des particuliers, avec une prospection systématique des classes moyennes dynamiques et des professions libérales.

La rénovation de la stratégie et du management

Ces recentrages stratégiques et sociologiques ne se comprendraient pas sans l'acquisition des « compétences » nécessaires, dans la gestion des flux financiers, de la mise en valeur des liquidités ou de l'épargne des ménages ou des sociétés, ainsi que des patrimoines. La banque devient aussi plus technicienne, car elle doit maîtriser avec promptitude et efficacité une armature informatique et télématique en adéquation avec les besoins du réseau. Elle doit enfin mobiliser les mentalités de son personnel au service d'une démarche plus « commerciale », plus soucieuse de courtiser, de suivre, de conseiller, de fidéliser le client. Au tournant des années 1980 s'engage une quatrième étape de ce « réveil » de la Société bordelaise : au sein d'un grand Sud-Ouest plus tonique et d'un groupe CIC ragaillardi, elle entend défendre les couleurs de la banque régionale au sein de l'Europe financière.

Au-delà de l'histoire : questions sur l'avenir immédiat

Réveil commercial grâce à l'intensification de la prospection des clientèles, acuité des processus d'évaluation des risques, cohésion de la culture d'entreprise rénovée, diversification de la gamme de produits bancaires et assurantiels, rationalisation des méthodes de gestion et donc abaissement sensible du coût d'exploitation, telles sont les avancées déterminantes de la Société bordelaise au tournant du siècle. Mais une question clé doit être posée car le grand débat tourne autour de l'identité même de la maison. En effet, la logique gestionnaire a enclenché un processus de rationalisation et de « mutualisation » des techniques de gestion du groupe CIC et du groupe Crédit mutuel. Dès lors qu'on recherche une « rationalité » optimale selon une démarche légitime, l'on peut se demander si une large part des fonctions bancaires spécialisées tournées vers la clientèle importante ne doit pas être gérée au niveau du groupe Crédit mutuel-CIC dans son ensemble au détriment d'une gestion décentralisée au niveau des banques régionales, donc de la Société bordelaise. Les activités de « banque d'entreprise », notamment sont placées au cœur du débat, tout comme plusieurs activités où la rentabilisation des systèmes informatiques passe par la nécessité de « faire du volume » et de mutualiser la gestion au maximum pour contrebalancer les effets d'une concurrence intense sur les marges bénéficiaires. L'équilibre délicat obtenu au sein du groupe Crédit agricole (CASA) entre l'entité de « banque de gros » Calyon (puis CACIB) et les « plates formes » de banque d'entreprise de chaque Caisse régionale constitue une voie de réflexion. Les Caisses d'épargne et les Banques populaires elles aussi construisent un système mêlant gestion nationale et gestion déconcentrée. Or ce serait entailler quelque peu la nature même de la Société bordelaise que de lui faire perdre son profil de « banque locale d'entreprise » sur chaque place où elle est présente, notamment en Gironde. Le fait que le président désigné à la tête de la maison, Jean-Jacques Tamburini, soit l'un des dirigeants clés du groupe CIC – où il anime le secteur international, celui des financements spécialisés, celui de la gestion collective et celui de l'épargne salariale –, constitue un atout sur ce registre.

Le siècle nouveau a relancé les méditations sur le contenu affectif et commercial de l'appellation *Société bordelaise de CIC*. À l'échelle du très grand Sud-Ouest, l'on peut penser que la référence bordelaise n'a guère de signification pour les clients des nouvelles agences ouvertes en Languedoc-Roussillon ; un peu partout, c'est bien la référence au CIC – donc à la « marque ombrelle » – qui motive nombre de clients dans leur fidélité à la Société bordelaise. La « valeur ajoutée » de l'appellation est donc limitée dans beaucoup de départements de sa zone d'activité, et l'élément d'affectivité est réduit ; les collectivités et les clients pensent surtout CIC. Il est vrai que la Société bordelaise, comme ses consœurs, est devenue de plus en plus une pure « entreprise de distribution » pour nombre de ses activités de banque de détail, proposant des produits élaborés au niveau du groupe et avec des partenaires. Une fois de plus, le défi réside par conséquent dans l'entretien et le renouveau de la marque *Société bordelaise de CIC* et surtout de son image de marque institutionnelle : la référence à son histoire, la mise en valeur de son enracinement régional, les efforts de parrainage culturel sont autant d'outils mobilisés au service de la maison. D'ailleurs, dans un mouvement géographique inverse à celui portant la Société bordelaise vers les

régions de la Garonne et de la Méditerranée, quand la banque toulousaine Courtois a rejoint le groupe du Crédit du Nord (au sein du groupe
de la Société générale), l'appellation *Courtois* a été donnée aux agences
aquitaines du Crédit du Nord et c'est la référence à l'histoire toulousaine
et l'enracinement garonnais qui a été mise en avant.

La valorisation de l'histoire de la Société bordelaise se doit donc de
se cantonner dans sa stricte discipline historique : c'est un pan d'une
histoire bancaire symbolique d'un type de banque qui est disponible
avec ce livre. Mais les aléas des fusions, des regroupements, des stratégies commerciales, des tactiques de communication rendent aléatoires
les vœux des historiens qui en appellent à la préservation d'un « patrimoine génétique » des entreprises. Espérons seulement que cet ouvrage
aura contribué à mieux faire comprendre les défis qui se posent à une
banque régionale, les liens étroits entre son histoire et l'évolution de son
environnement économique et entrepreneurial, et enfin le rôle clé des
équipes de dirigeants pour définir une culture des risques à chaque
grande époque de l'histoire d'une banque.

L'évolution territoriale de la Société bordelaise

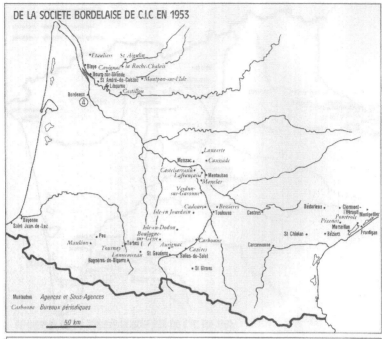

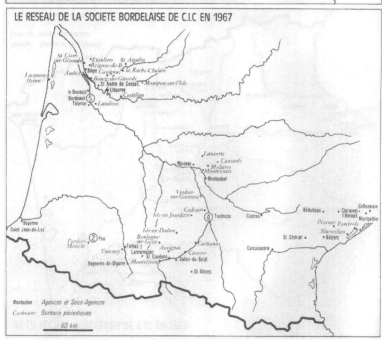

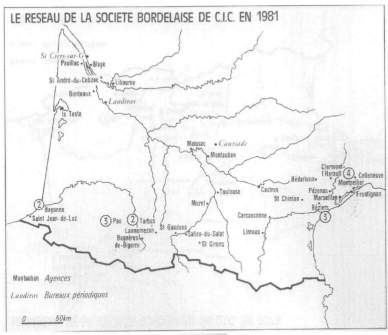

LE RESEAU DE LA SOCIETE BORDELAISE DE C.I.C. EN 1981

Montauban *Agences*

Landiras *Bureaux périodiques*

0 ____ 50km

TOULOUSE

■ *Direction Régionale*

BORDEAUX

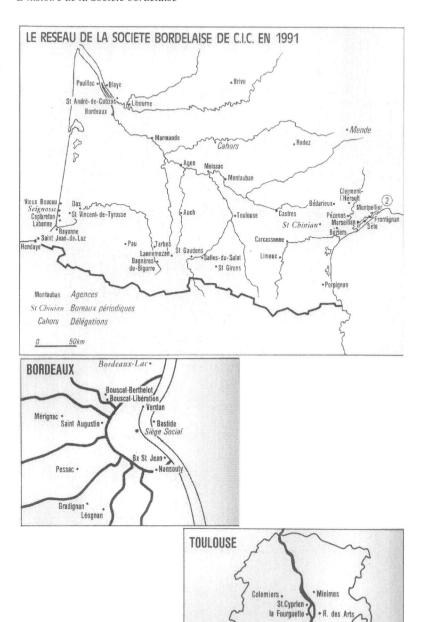

LE RESEAU DE LA SOCIETE BORDELAISE DE C.I.C. EN 1991

Montauban — Agences
St Chinian — Bureaux périodiques
Cahors — Délégations

0   50km

BORDEAUX

TOULOUSE

DOSSIER

Les **Régions** sont **Lancées**

Aquitaine-Nord, Adour-Pyrénées, Midi-Pyrénées et Languedoc-Roussillon :
les quatre nouvelles régions ont officiellement remplacé les groupes le 3 janvier
dernier, avec à leur tête Jean-François Lagraulet, Laurent Seilhan, Bernard Gonzalez
et Bruno Boivin
Ce processus s'est accompagné d'une volonté d'apporter davantage de moyens
d'action au cœur de chaque agence et de chaque nouvelle région
et d'optimiser la gestion des ressources humaines

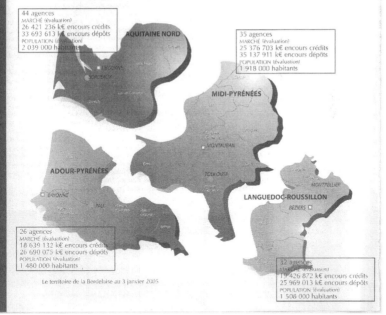

44 agences
MARCHÉ (évaluation)
26 421 236 k€ encours crédits
33 693 613 k€ encours dépôts
POPULATION (évaluation)
2 039 000 habitants

AQUITAINE NORD

35 agences
MARCHÉ (évaluation)
25 376 703 k€ encours crédits
35 137 911 k€ encours dépôts
POPULATION (évaluation)
1 918 000 habitants

MIDI-PYRÉNÉES

ADOUR-PYRÉNÉES

LANGUEDOC-ROUSSILLON

26 agences
MARCHÉ (évaluation)
18 639 132 k€ encours crédits
26 690 075 k€ encours dépôts
POPULATION (évaluation)
1 480 000 habitants

Le territoire de la Bordelaise au 3 janvier 2005

32 agences
MARCHÉ (évaluation)
19 426 872 k€ encours crédits
25 969 013 k€ encours dépôts
POPULATION (évaluation)
1 508 000 habitants

411

Remerciements

À la Société bordelaise, jadis

Mes premiers remerciements vont à Bruno Moschetto qui avait eu l'idée de confier à un historien la mission de reconstituer l'histoire de la Société bordelaise, et à Bernard Comte qui avait assumé la tâche délicate de maître d'œuvre du premier projet historique en 1988-1990, tout au long de sa conception et surtout de sa réalisation finale. Il avait mis des moyens matériels utiles au service de ce travail, en particulier par le biais de M. Castaing, de l'Économat, et il avait permis une libre pérégrination dans les archives de la banque, quelles que furent parfois leurs lacunes. Je remercierai aussi, pour leur collaboration ancienne, Patrick Ducom, alors secrétaire général, et sa collaboratrice Mme Ordonneau, pour l'aide qu'ils m'ont apportée au siège du quai Louis XVIII ; et Mmes Picot, Martin et Lamothe, alors respectivement secrétaires de MM. Comte, Père et de La Chauvinière, pour leur disponibilité.

Mes remerciements vont ensuite au président Jean de La Chauvinière et à François-Xavier Bordeaux, pour la confiance qu'ils avaient maintenue en 1989-1990 dans ce projet historique et pour l'ouverture d'esprit dont ils avaient alors fait preuve en face du manuscrit final, pourtant parfois soucieux de peser les hypothèses les plus plausibles pour expliquer certains choix et évolutions de la banque. Je sais gré à M. de La Chauvinière d'avoir lu et annoté deux versions successives du texte de l'époque en une capacité de conseil et d'écoute pour laquelle il faut lui rendre hommage, car c'est un dialogue ouvert qui a permis d'améliorer à plusieurs reprises le manuscrit du premier livre.

À la Société bordelaise, en 2004-2005

Une seconde vague de remerciements ira aux dirigeants récents de la Société bordelaise de CIC, qui ont souhaité relancer un projet historique pour y intégrer la quinzaine d'années récente. Une fois de plus, ce sont des banquiers venus d'autres régions qui ont souhaité favoriser une meilleure connaissance de leur banque d'adoption, Jean-Paul Escande et Jean-Philippe Brinet, secondés par la directrice de la communication, Sabine Coulon, qui, originaire de la région quant à elle, a œuvré pour la réussite d'un projet contribuant à élargir plus encore la connaissance du monde des affaires aquitain. Et, une fois de plus, des remerciements iront aux membres de l'équipe dirigeante qui ont accepté de participer à la mobilisation (orale et écrite) des données sur l'évolution récente de leur maison. À l'heure où la Société bordelaise combat pour accélérer son développement, un tel livre peut être utile aux plusieurs centaines de jeunes salariés recrutés depuis lors, puisqu'ils pourront méditer sur ce qui cimente une culture d'entreprise et sur ce qui contribue à la pérennité d'une société.

Sources et documentation

Les archives de la Banque de France

Sans le Service historique de la Banque de France, une bonne part de la reconstitution de la vie des Places bancaires du Grand Sud-Ouest n'aurait pu être possible. Aussi dois-je remercier Mme Maymard, son responsable, et ses collaborateurs, pour l'aide qu'ils m'ont apportée pour la consultation des archives, ainsi que M. Jean Favier, directeur des Archives nationales, pour l'autorisation exceptionnelle qu'il m'a accordée pour la consultation des documents de la période 1929-1958, soumise à des dérogations en raison des règles de lecture des archives récentes. Ajoutons que M. Goutier, directeur de la succursale de la Banque de France à Bordeaux, a montré la même obligeance en me permettant de consulter des dossiers intéressants sur l'histoire de la Place, tout comme M. Jean-Jacques Piette, secrétaire régional de la Banque de France, m'a facilité l'acquisition des connaissances indispensables sur la vie financière en Aquitaine dans les années 1974-1989.

Les archives de diverses institutions

Je dois remercier le CIC lui-même qui – par le biais de MM. Gorse et Masse m'avait jadis ouvert des dossiers d'archives consacrés aux rapports avec la Société bordelaise et à la politique régionale du CIC. La lecture de dossiers conservés à la Société de développement régional Expanso m'avaient permis de nourrir certaines analyses sur le rôle joué par la Société bordelaise dans les années 1950-1970 et sur l'évolution de son environnement économique aquitain, ce dont je remercie François Bienabe et Marc Henrion.

Les hommes, témoins de leur propre histoire

Je suis reconnaissant à des acteurs sur le terrain de la banque de m'avoir apporté leur témoignage sur leur action passée ou présente. Sans eux, une compréhension concrète et incarnée par les héros ou fantassins de la Société bordelaise n'aurait guère été possible.

Jadis, au début des années 1990, Bertrand Blanchy, Jean Compeyrot, Gérard Cruse avaient été des témoins historiques essentiels. Jacques Père m'avait procuré des explications irremplaçables sur la clientèle d'entreprises de la maison. Bernard Gonzalès, Jean-Marc Fontanilles et Jean-Marc Subrechicot, Pierre Guillier et Serge Marmillon, directeurs d'agences, et Philippe Latchère, m'avaient procuré des informations indispensables sur la vie de la maison « à la base » au tournant des années 1990. MM. Jahan, de la Société générale, Jean de Boissel et Édouard Sauvée, du Crédit lyonnais, Maurice Sapène, du CCF, Pierre Garde, d'Indosuez, m'avaient apporté un éclairage intéressant sur la place bancaire bordelaise et sur leur concurrente.

Plus récemment, j'ai pu compter sur l'ouverture d'esprit des dirigeants clés de la Société bordelaise, Jean-Paul Escande et Jean-Philippe Brinet, qui m'ont accordé des entretiens nourris. Maurice Bernard, Jérôme Perrottet, Jean-Pierre Ribowsky, Jean-Bernard Roederer, Michel Vaujany, André Wettling auront su mettre du temps à la disposition du chercheur pour une lecture critique de la première version de la quatrième partie et un apport important d'informations, tandis que Sabine Coulon aura été un « compagnon de route » fidèle et toujours disponible aux demandes d'un historien avide de documents et de précisions et que Joëlle Perotti aura été un correspondant efficace.

Le monde académique

Je remercierai enfin ceux m'ont permis de compléter avec intérêt certaines explications de ce livre : mes collègues universitaires, Philippe Roudié, qui, par sa thèse passionnante et par nos discussions fréquentes, m'avait permis de découvrir le monde du vin girondin ; Jean Dumas, avec en particulier sa thèse magistrale sur l'industrie bordelaise ; feu Joseph Lajugie, par ses analyses stimulantes ; Paul Butel, Jean-Claude Drouin et feu Georges Dupeux, par leur contribution à l'histoire des bourgeoisies économiques locales, en particulier par le biais de leur histoire de la Chambre de commerce[1] ; et les journalistes Bernard Broustet et Jean-Pierre Deroudille, par leurs réflexions sur l'actualité économique du Sud-Ouest. Depuis la précédente version de ce livre, la reconstitution de l'histoire économique et sociale de l'Aquitaine et de Bordeaux a bien progressé[2], et nous en avons tenu compte dans la mise au point de cette seconde édition.

---

[1] Cf. Paul Butel (dir.), *Histoire de la Chambre de commerce et d'industrie de Bordeaux des origines à nos jours (1705-1985)*, Bordeaux, CCIB, 1988.

[2] Nous renvoyons aux travaux pionniers des professeurs de l'Université Michel de Montaigne-Bordeaux 3, de René Pijassou (pour le Médoc des grands crus), de Philippe Roudié et de Paul Butel (pour l'ensemble de l'économie du vin et des spiritueux). Cf. aussi : H. Bonin, *Marie Brizard (1755-1995)*, Bordeaux, L'Horizon chimérique, 1995. H. Bonin, « Un symbole de l'économie marchande de la côte atlantique : la société de cognac Courvoisier (des années 1830 aux années 1980) » (en collaboration avec Isabelle Précigoux), in Silvia Marzagalli & H. Bonin (dir.),

Des personnalités sympathiques m'ont procuré à plusieurs reprises des renseignements utiles, en particulier les descendants de Bernard Léon-Dufour, Xavier, Bernard et Pierre Léon-Dufour ; Jean Lamey, fils de Jacques Lamey ; Roger Maurel pour les riches indications qu'il m'a fournies sur le monde du négoce africain bordelais. J'ai tiré parti aussi de la plaquette du 125ᵉ anniversaire du CIC à laquelle mon collègue Alain Plessis avait collaboré : celui-ci sait combien je mobilise souvent sa riche contribution à l'histoire bancaire française. J'aurai une pensée pour le regretté Jean Bouvier, qui fut l'un des pionniers de l'histoire bancaire contemporaine : nos dialogues sur les banques françaises ont toujours inspiré mes propres recherches, et il aurait aimé, j'en suis sûr, accompagner cette promenade à travers un siècle d'histoire d'une place provinciale, lui qui, comme moi, se passionnait pour celle de la Place de Lyon, notre commune ville d'origine. Enfin, plusieurs collègues français, en particulier Michel Lescure[3] et Christophe Lastécouères, ont nourri mes réflexions sur l'histoire et les activités des banques locales et régionales car l'historiographie bancaire s'est considérablement enrichie sur ce thème tant en France que dans les pays voisins, ainsi que nous l'avons mis en valeur dans un ouvrage sur l'évolution du système bancaire du très grand Sud-Ouest[4].

Sources pour la dernière partie : documentation « grise » de CIC Société bordelaise

Rapports annuels.

Procès-verbaux des séances du conseil d'administration

Plaquettes annuelles : *Plan d'actions commerciales* (à partir de 1996).

Plaquettes Plan moyen terme 1995-1997, 1998-2000, 2001-2003, 2004-2006.

Plan stratégique SB 2010. La Société bordelaise de CIC à l'horizon 2010 (12 septembre 1997).

Plan stratégique SB 2010. Actualisation dans le cadre du développement durable de la Société bordelaise de CIC et la migration CIC 2002 (27 septembre 2002)

Plaquettes Plans d'action 2002, 2003, 2004.

Journal interne *Trait d'union.*

Jérôme Janin, *Réorganisation de l'unité spécialisée de back office au sein de la Société bordelaise*, rapport de stage, DESS Management des organisations et entreprises de service public, IEP de Bordeaux, 1997.

Négoce, ports & océans, XVIᵉ-XXᵉ siècles. Hommages à Paul Butel, Bordeaux, Presses universitaires de Bordeaux, 2000, p. 113-132.

[3] Michel Lescure & Alain Plessis (dir.), *Banques locales et banques régionales en Europe au XXᵉ siècle*, Paris, Albin Michel, 2004.

[4] Hubert Bonin & Christophe Lastécouères (dir.), *Le système bancaire du très grand Sud-Ouest (de 1900 à nos jours)*, Paris, PLAGE, 2006.

Quelques références bibliographiques

Sur l'évolution de la banque française

Christian de Boissieu (dir.), *Banking in France*, London, Routledge, 1990.

Hubert Bonin, *La Banque de l'union parisienne. Histoire de la deuxième banque d'affaires française (1874/1904-1974)*, Paris, PLAGE, 2001.

Hubert Bonin, *La Banque nationale de crédit. Histoire de la quatrième banque de dépôts française en 1913-1932*, Paris, PLAGE, 2002.

Hubert Bonin, *Histoire de la Société générale. I. 1864-1890. Naissance d'une banque*, Genève, Droz, 2006.

Hervé de Carmoy, *Stratégie bancaire. Le refus de la dérive*, Paris, PUF, 1987.

Hervé de Carmoy, *La banque du XXIe siècle*, Paris, Odile Jacob, 1995.

Bernard Desjardins, Michel Lescure, Roger Nougaret, Alain Plessis & André Straus (dir.), *Le Crédit lyonnais, 1863-1986*, Genève, Droz, 2003

Dominique Lacoue-Labarthe, *Les banques en France. Privatisation, restructuration, consolidation*, Paris, Économica, 2001.

Michel Lescure, « The origins of universal banks in France during the nineteenth century », in D.J. Forsyth & Daniel Verdier (dir.), *The Origins of National Financial Systems*, London & New York, 2003.

« L'industrie bancaire en France et dans l'Union européenne : structure et régulation », in Frederic Mishkin, Christian Bordes, Pierre-Cyrille Hautcoeur & Dominique Laboue-Labarthe, *Monnaie, banque et marchés financiers*, Paris, Pearson Éducation, 7e édition, 2004, p. 341-382.

Alain Plessis, « La révolution de l'escompte dans la France du XIXe siècle », *Revue d'histoire du XIXe siècle*, 2001, 23, p. 143-163.

Dominique Plihon, *Les banques : nouveaux enjeux, nouvelles stratégies,* Notes et études documentaires, n°5078, Paris, La Documentation française, 1998.

Sur l'histoire du groupe Crédit industriel et commercial

Hubert Bonin, *Histoire de la Société bordelaise de CIC (1880-1990)*, Bordeaux, L'Horizon chimérique, 1991.

Hubert Bonin, « Le Crédit industriel de Normandie de 1945 à nos jours. L'essor de la banque régionale », in Jean-Pierre Chaline & H. Bonin, *Le Crédit industriel de Normandie (1848-1995)*, Rouen, CIN, 1995.

Hubert Bonin, « Faire de la banque d'entreprise dans le grand Sud-Ouest. La reconstitution d'un système de gestion des risques à la Société bordelaise de CIC (depuis 1994) », in Hubert Bonin & Christophe Lastécouères (dir.), *Les banques du grand Sud-Ouest. Système bancaire et gestion des risques (des années 1900 à nos jours)*, Paris, PLAGE, 2006, p. 439-466.

Robert Fossaert, *La nationalisation des chrysanthèmes*, Paris, Seuil, 1985.

Tristan Gaston-Breton, *Société nancéienne Varin-Bernier. La banque au service de ses régions, 1881-1996*, Nancy, 1996

Lyonnaise de banque. 125 ans de chroniques, Lyon, Lyonnaise de banque, 1991.

Alain Plessis, *De la Société générale de Crédit industriel et commercial au groupe CIC. 125 ans de banque*, Paris, CIC, 1984.

Nicolas Stoskopf, *150 ans du CIC, 1859-2009*. I. *Une audace bien tempérée*, Paris, Éditions La Branche, 2009.

Nicolas Stoskopf, *150 ans du CIC, 1859-2009*. II. *Un album de famille*, Paris, Éditions La Branche, 2009.

Sur l'histoire de la banque en région

Hubert Bonin, *Histoire de banques. Crédit du Nord, 1848-1998* (avec Philippe Decroix, Sabine Effosse, Pierre Pouchain, Olivier Puydt), Paris, Hervas, 1998 et 2004.

Hubert Bonin, « Les banquiers grenoblois des années 1890-1940 : un modèle spécifique ? », in Hervé Joly *et al.* (dir.), *Des barrages, des usines et des hommes. L'industrialisation des Alpes du Nord entre ressources locales et apports extérieurs. Études offertes au professeur Henri Morsel*, Grenoble, Presses universitaires de Grenoble, 2002, p. 185-209.

Hubert Bonin, « Un modèle ? La Sogenal, une banque régionale européenne (1881-2001) », in Michel Lescure & Alain Plessis (dir.), *Banques locales et banques régionales en Europe au XXe siècle*, Paris, Albin Michel, 2004, p. 390-410.

Mark Casson, « Entrepreneurial networks: a theoretical perspective », in Michael Moss, Anthony Slaven & Clara Eugenia Nunez (dir.), *Entrepreneurial Networks and Business Culture*, Seville, Fundacion Fomento de la historian economica, Publicaciones de la Universidad de Sevilla, 1998, p. 13-28.

Andrew Godley & Duncan Ross (dir.), *Banks, Networks and Small Firm Finance*, London, 1996.

Jean Labasse, *Les capitaux et la région. Étude géographique. Essai sur le commerce et la circulation des capitaux dans la région lyonnaise*, Paris, Colin, 1955.

Michel Lescure, « Banques régionales et croissance économique au XIXᵉ siècle. L'exemple de la Société marseillaise de crédit », *Banque et investissements en Méditerranée à l'époque contemporaine*, Marseille, Chambre de commerce & d'industrie de Marseille-Provence, 1985, p. 103-129.

Michel Lescure, *PME et croissance économique. L'expérience française des années 1920*, Paris, Économica, 1996.

Michel Lescure, « Entre ville et campagne, l'organisation bancaire des districts industriels : l'exemple du Choletais, 1900-1950 », in Jean-François Eck & Michel Lescure (dir.), *Villes et districts industriels en Europe (XVIIᵉ-XXᵉ siècles)*, Tours, Presses de l'Université de Tours, 2002.

Michel Lescure & Alain Plessis (dir.), *Banques locales et banques régionales en Europe au XXᵉ siècle*, Paris, Albin Michel, 2004.

Alain Plessis, « Les banques locales, de l'essor du Second Empire à la 'crise' de la Belle Époque », in Michel Lescure & Alain Plessis (dir.), *Banques locales et banques régionales en France au XIXᵉ siècle*, Paris, Albin Michel, 1999.

Bernard Sadoun, *Les origines du Crédit mutuel*. Strasbourg, Éditions COPRUR, 2005.

Sur la banque dans le grand Sud-Ouest

Jean-Pierre Allinne, *Banque Pouyanne (1903-2003). Histoires d'entrepreneurs*, Orthez, Banque Pouyanne & Éditions Gascogne, 2003.

Michèle Baratra, « Le réseau bancaire en Aquitaine et son rayonnement », *Revue juridique et économique du Sud-Ouest*, 1965, N.3, Bordeaux, Bière, p. 677-686.

Hubert Bonin, *Le Crédit agricole de la Gironde. La passion d'une région, 1901-1991*, Bordeaux, L'horizon chimérique, 1992.

Hubert Bonin, « La splendeur des Samazeuilh, banquiers à Bordeaux (1810-1913) », *Revue historique*, 1993, n°288, p. 349-389.

Hubert Bonin, « Coffres & barriques. Banque et vins en Gironde (1900-1960) », in Claudine Le Gars & Philippe Roudié (dir.), *Des vignobles & des vins à travers le monde (*Actes du colloque de Bordeaux de 1994 en hommage à Alain Huetz de Lemps), Presses universitaires de Bordeaux, collection Grappes & millésimes, 1996, p. 79-96.

Hubert Bonin, « La place bancaire de Bordeaux en 1945-1954 : consolidation, reconstruction et modernisation », in Hubert Bonin, Sylvie Guillaume & Bernard Lachaise (dir.), *Bordeaux et la Gironde pendant la Reconstruction (1945-1954)*, Bordeaux, Publications de la Maison des sciences de l'homme d'Aquitaine, 1997, p. 157-180.

Hubert Bonin, Véronique Lassalle-Fossoul & Florence Jaud, *Histoire de la Société de développement régional Expanso-SDR (1957-1995)*, Bordeaux, L'Horizon chimérique, 1997.

Hubert Bonin, « Vieille banque et nouvelle banque : les banques bordelaises au tournant du XXe siècle », in Michel Lescure & Alain Plessis (dir.), *Banques locales et banques régionales en France au XIXe siècle*, Albin Michel, Mission historique de la Banque de France, 1999, pages 237-273.

Hubert Bonin, *Un siècle de Crédit agricole mutuel en Lot-et-Garonne*, Bordeaux, Crédit agricole d'Aquitaine, 2002.

Hubert Bonin, *Un siècle de Crédit agricole mutuel en Gironde*, Bordeaux, Crédit agricole d'Aquitaine, 2002.

Hubert Bonin, « Courtois et Tarneaud. De la banque locale familiale indépendante à la banque régionale ? Une brève rétrospective historique (de 1760 et 1809 aux années 1930) » (p. 165-194). « La place bancaire de Bordeaux en 1945-1955 : consolidation, reconstitution et modernisation » (p. 263-295). « Essai de compréhension de l'évolution d'un système d'analyse des risques propre aux régions de PME. Courtois et Tarneaud : le destin de deux banques plurirégionales familiales dans le grand Sud-Ouest (des années 1940 aux années 1980) » (p. 299-364). « Histoire aquitaines de Caisses d'épargne : de la prévoyance à la banque » (p. 365-382), in Hubert Bonin & Christophe Lastécouères (dir.), *Les banques du grand Sud-Ouest. Système bancaire et gestion des risques (des années 1900 à nos jours)*, Paris, PLAGE, 2006.

Hubert Bonin & Christophe Lastécouères (dir.), *Les banques du grand Sud-Ouest. Système bancaire et gestion des risques (des années 1900 à nos jours)*, Paris, PLAGE, 2006.

Hubert Bonin, « Libourne place bancaire aux XIXe et XXe siècles : une autonomie modeste », in Christian Martin & Jean-Luc Piat (dir.), *Entre deux rives-entre deux flots. La rivière Gironde en Gironde*, Comité de liaison de l'Entre-deux-mers & Société historique et archéologique de Libourne, Bordeaux, 2009, p. 267-280.

Hubert Bonin, « Cognac, une place bancaire au cœur d'une économie ouverte à l'international (dans les années 1900-1930) », in Bertrand Blancheton & Hubert Bonin (dir.), *La croissance en économie ouverte (XVIIIe-XXIe siècles). Hommages à Jean-Charles Asselain*, Bruxelles, PIE Peter Lang, 2009, p. 297-330.

Stéphane Boyer & Charles Latterrade, *Un siècle de Crédit agricole du Sud-Ouest*, Bordeaux, Crédit agricole d'Aquitaine, 2002.

Alain Gérard et Véronique Tesson, *L'argent solidaire. Des caisses rurales au Crédit mutuel Océan. Vendée, Deux-Sèvres, Charente-Maritime*, La Roche/Yon, Centre vendéen de recherches historiques, 2000.

Christophe Lastécouères, « Le financement bancaire d'une économie régionale : le cas du Sud-Ouest (1880-1914) », in Olivier Feiertag & Michel Margairaz (dir.), *Politiques et pratiques des banques d'émission en Europe (XVIIe-XXe siècles). Le bicentenaire de la Banque de France dans la perspective de l'identité monétaire européenne*, Paris, Albin Michel, 2003, p. 223-245.

Christophe Lastécouères, *Les feux de la banque : oligarchie et pouvoir financier dans le Sud-Ouest*, 1848-1941, Paris, CTHS, 2006.

Christophe Lastécouères, « Le banquier Armand Gommès : de la "myopie au désastre" à l'aveuglement intellectuel », *Réalités industrielles. Annales des Mines*, numéro spécial, *L'outillage mental des acteurs de l'économie*, Paris, Eska, février 2009, p. 81-91.

Publications sur l'histoire du grand Sud-Ouest

Histoire bancaire

« Les élites provinciales entre position et déconfiture : la crise des grandes familles girondines dans les années 1930 », in Jean Mondot & Philippe Loupès (dir.), Provinciales. Hommages à Anne-Marie Cocula, Tome I, Pessac, Presses universitaires de Bordeaux, 2009, pp. 525-554.

« Cognac, une place bancaire au cœur d'une économie ouverte à l'international (dans les années 1900-1930) », in Bertrand Blancheton & Hubert Bonin (dir.), La croissance en économie ouverte (xviiie-xxie siècles). Hommages à Jean-Charles Asselain, Bruxelles, Peter Lang, 2009, pp. 297-330.

« Libourne place bancaire aux xixe et xxe siècles : une autonomie modeste », in Christian Martin & Jean-Luc Piat (dir.), Entre deux rives-entre deux flots. La rivière Gironde en Gironde, Comité de liaison de l'Entre-deux-mers & Société historique et archéologique de Libourne, Bordeaux, 2009, pp. 267-280.

« Les avatars financiers des Forges & chantiers de la Gironde dans les années 1920 », in Silvia Marzagalli & Brunot Marnot (dir.), Guerre et économie dans l'espace atlantique du xvie au xxe siècles, Pessac, Presses universitaires de Bordeaux, 2006, pp. 95-116.

« Courtois et Tarneaud. De la banque locale familiale indépendante à la banque régionale ? Une brève rétrospective historique (de 1760 et 1809 aux années 1930) (pp. 165-194). « La place bancaire de Bordeaux en 1945-1955 : consolidation, reconstitution et modernisation » (pp. 263-295). « Essai de compréhension de l'évolution d'un système d'analyse des risques propre aux régions de pme. Courtois et Tarneaud : le destin de deux banques plurirégionales familiales dans le grand Sud-Ouest (des années 1940 aux années 1980) (pp. 299-364). « Histoire aquitaines de Caisses d'épargne : de la prévoyance à la banque » (pp. 365-382). « Faire de la banque d'entreprise dans le grand Sud-Ouest. La reconstitution d'un système de gestion des risques à la Société bordelaise de Cic (depuis 1994) (pp. 439-466), in H. Bonin & Christophe Lastécouères (dir.), Les banques du grand Sud-Ouest. Système bancaire et gestion des risques (des années 1900 à nos jours), Paris, Plage, 2006 (524 pp.).

Un siècle de Crédit agricole mutuel en Lot-et-Garonne, Bordeaux, Crédit agricole d'Aquitaine, 2002 (144 pp.).

Un siècle de Crédit agricole mutuel en Gironde, Bordeaux, Crédit agricole d'Aquitaine, 2002 (144 pp.).

« Vieille banque et nouvelle banque : les banques bordelaises au tournant du xxe siècle », in Michel Lescure & Alain Plessis (dir.), Banques locales et banques régionales en France au xixe siècle, Albin Michel, Mission historique de la Banque de France, 1999, pp. 237-273.

Histoire de la Société de développement régional Expanso-sdr (1957-1995) (avec Véronique Lassalle-Fossoul & Florence Jaud), Bordeaux, L'Horizon chimérique, 1997 (152 pages).

« La place bancaire de Bordeaux en 1945-1954 : consolidation, reconstruction et modernisation », dans Hubert Bonin, Sylvie Guillaume & Bernard Lachaise (dir.), Bordeaux et la Gironde pendant la Reconstruction (1945-1954), Bordeaux, Publications de la Maison des sciences de l'homme d'Aquitaine, 1997, pp. 157-180 (actes du colloque de Bordeaux, 1995).

« Coffres & barriques. Banque et vins en Gironde (1900-1960) », in Claudine Le Gars & Philippe Roudié (dir.), Des vignobles & des vins à travers le monde (Actes du colloque de Bordeaux de 1994 en hommage à Alain Huetz de Lemps), Presses universitaires de Bordeaux, collection Grappes & millésimes, 1996, pp. 79-96.

« La splendeur des Samazeuilh, banquiers à Bordeaux (1810-1913) », Revue historique, 1993, n°288, pp. 349-389.

« Crédit agricole et combat politique en Gironde à l'orée du xxe siècle », Annales du Midi, tome 105, n°201, janvier-mars 1993, pages 65-91.

Le Crédit agricole de la Gironde. La passion d'une région, 1901-1991, collection Initiatives & Histoire, Bordeaux, L'Horizon chimérique, 1992 (222 pp.). Texte tiré de : Histoire du Crédit agricole de la Gironde (1901-1991), texte intégral, édition multigraphiée, Université Michel de Montaigne-Bordeaux 3-Crédit agricole de la Gironde, 1991 (610 pp. + graphiques et documents).

Histoire de la Société bordelaise de Cic (1880-1990), Bordeaux, L'Horizon chimérique, 1991 (300 pp.). Tiré de : La Société bordelaise de Cic (1880-1990). Histoire de la banque régionale du Grand Sud-Ouest, Texte intégral, Édition multigraphiée, Université Michel de Montaigne-Bordeaux 3-Société bordelaise de Cic (360 pp. + graphiques), 1991.

Histoire des entreprises

« Marcher sur deux jambes : les dualismes du négoce girondin sur la Côte occidentale d'Afrique au début du XIXᵉ siècle », in René Favier, Gérard Gayot, Jean-François Klein, Didier Terrier & Denis Woronoff (dir.), *L'industrie et ses patrons, XVIᵉ-XXᵉ siècles. Mélanges offerts à Serge Chassagne*, Valenciennes, Presses universitaires de Valenciennes, 2009, pp. 207-217.

« The international scope of Bordeaux port: Logistics, economic effects and business cycles in the nineteenth and twentieth centuries » (avec Bruno Marnot), in Tapio Bergholm, Lewis Fisher & Elisabetta Tonizzi (dir.), *Making Global and Local Connections: Historical Perspectives on Ports, Research in Maritime History*, n°35, automne 2007, pp. 1-22.

"Les avatars financiers des Forges & chantiers de la Gironde dans les années 1920", in Silvia Marzagalli & Brunot Marnot (dir.), *Guerre et économie dans l'espace atlantique du XVIe au XXe siècles*, Pessac, Presses universitaires de Bordeaux, 2006, pp. 95-116.

« Les femmes d'affaires dans l'entreprise girondine Marie Brizard: mythes et réalités », *Annales du Midi*, tome 118, n°253, *Femmes d'affaires*, janvier-mars 2006, pp. 103-120.

Les coopératives laitières du grand Sud-Ouest (1893-2005). Le mouvement coopérateur et l'économie laitière, Paris, PLAGE, novembre 2005 (350 pp.).

"Ford's Bordeaux-Blanquefort plants: a history (1969-1982)"; "Palau in Gironde: a beacon for the evolution of Ford dealership in France", in H. Bonin (*et alii*, dir.), *Ford, 1903-2003: The European History*, Paris, PLAGE, 2003.

« Patrons marseillais et patrons girondins : en quête de l'esprit d'entreprise dans les années 1840/1880 », in Dominique Barjot (*et alii*, dir.), *Les entrepreneurs du Second Empire*, Paris, Presses de l'Université de Paris-Sorbonne, 2003, pp. 91-103.

« Les Bordelais de l'économie des services. L'esprit d'entreprise dans le négoce, l'argent et le conseil ». « Les Bordelais patrons face à l'histoire économique », in Pierre Guillaume (dir.), *Histoire des Bordelais. Tome 2. Une modernité attachée au passé (1815-2002)*, Bordeaux, Mollat & Fédération historique du Sud-Ouest, 2002, pp. 59-86.

« The Ginestet case study. Internationalisation as a way to renew Bordeaux wine economy's entreprise spirit (1978-2000) » (with C. Delpeuch), in H. Bonin (*et alii*, dir), *Transnational Companies (19th-20th Centuries) (en co-direction)* [actes du 4e congrès de l'European Business History Association à Bordeaux en septembre 2000], Paris, PLAGE, 2002.

« Un symbole de l'économie marchande de la côte atlantique : la société de cognac Courvoisier (des années 1830 aux années 1980) » (en collaboration avec Isabelle Précigoux), in Silvia Marzagalli & H. Bonin (dir.), *Négoce, ports & océans, XVIe-XXe siècles. Hommages à Paul Butel*, Bordeaux, Presses universitaires de Bordeaux, 2000, pp. 113-132.

Les patrons du Second Empire. Bordeaux & en Gironde (dictionnaire), Paris, Picard-Cénomane, 1999 (224 pp.).

« Deindustrialisation and reindustrialisation : The case of Bordeaux and Nantes » (en collaboration avec Olivier Pétré-Grenouilleau), in Franco Amatori, Andrea Colli & Nicola Crepas (dir.), *Deindustrialization & Reindustrialization in 20th Century Europe*, Milan, FrancoAngeli, 1999, pp. 233-262 [second congrès de l'European business history Association, Terni, 25-27 septembre 1998].

« Marie Brizard à l'assaut des grandes maisons de cognac : le rêve d'une troisième grande maison (1890-1916) », *Annales du Midi*, 1998, pp. 343-359.

« L'industrie agro-alimentaire du grand Sud-Ouest (19e-20e siècles). Un renversement historique du positionnement dans les flux économiques », in Jacques Marseille (dir.), *Les industries agro-alimentaires en France. Histoire & performances*, Paris, Le Monde Éditions, 1997, pp. 121-160.

Marie Brizard (1755-1995), Bordeaux, L'Horizon chimérique, 1995 (160 pp.).

« Rozès entre Bordeaux et Porto : l'émergence d'une marque de porto », *L'Amateur de Bordeaux, Bordeaux Porto,* n°38, mars 1993, pp. 72-75.

Histoire économique et sociale générale

« La vie économique », in Agnès Vatican & François Hubert (dir.), Bordeaux années 20-30. Portrait d'une ville, Bordeaux, Le Festin, 2008, pp. 37-57.

(avec Bernard Lachaise & Françoise Taliano-des Garets), Adrien Marquet, les dérives d'une ambition. Bordeaux, Paris, Vichy (1924-1955), Bordeaux, Confluences, septembre 2007 (384 pp.).

Histoire de l'Aquitaine (avec Claude Ribéra-Pervillé), Rennes, Éditions Ouest-France, septembre 2002 (64 pp.).

« L'Aquitaine du xxe siècle », in Anne-Marie Cocula (dir.), Aquitaine, 2000 ans d'histoire, Bordeaux, Editions Sud-Ouest, 2000, pp. 113-129.

Bordeaux & la Gironde pendant la Reconstruction (1945-1954) (avec Sylvie Guillaume & Bernard Lachaise, dir.) (actes du colloque des 16-18 novembre 1995), Talence, publications de la Maison des sciences de l'homme d'Aquitaine, 1997 (586 pp.).

Cinquante ans en Aquitaine (1945-1995). Bilans & prospective (direction d'un ouvrage collectif), Bordeaux, éditions L'Horizon chimérique, 1995 (212 pages). « L'Aquitaine pôle de décision tertiaire ? », in Hubert Bonin (dir.), Cinquante ans en Aquitaine (1945-1995). Bilans & prospective, collection Initiatives & Histoire, éditions L'Horizon chimérique, Bordeaux, 1995, pages 139-163. Répertoire bibliographique de l'histoire économique contemporaine de l'Aquitaine, Talence, Publications de la Maison des sciences de l'homme d'Aquitaine, 1994 (65 pp.).

« Les élites économiques en Aquitaine à la fin des 19e & 20e siècles », in Sylvie Guillaume (dir.), Les élites fin de siècles, Actes de la journée d'étude du 20 janvier 1992, Bordeaux, Publications de la Maison des sciences de l'homme d'Aquitaine, 1992.

Index des noms de personnes

Hubert Bonin (né en 1950) est professeur d'histoire économique contemporaine à l'Institut d'études politiques de Bordeaux depuis 1995. Il est membre de l'UMR CNRS 5113 GRETHA, Université Montesquieu-Bordeaux 4 (programmes *Monnaie-Banque-Finance* et *Places ultramarines et internationales*).

Il dirige des thèses au sein de l'École doctorale de sciences économiques de l'Université Montesquieu-Bordeaux 4. Il enseigne notamment dans les masters *Gouvernance des institutions & des organisations-Management public* et *Action publique & représentation des intérêts* (Sciences Po Bordeaux) et *Droit & administration des établissements culturels* (Université de Bordeaux 4 et IEP). Il est spécialiste d'histoire bancaire et financière, mais aussi de l'histoire des entreprises et des organisations tertiaires, de l'esprit d'entreprise et du négoce et de la banque ultramarines – il a animé ou anime par exemple les programmes *L'esprit économique impérial, Investment Banking History* ou *Les flux bancaires et financiers entre l'Asie et le reste du monde*.

Il intervient parfois en communication institutionnelle et historique : il a été le co-organisateur de la commémoration en Europe du centenaire de *Ford Motor Company*, lors du colloque de novembre 2003 à Bordeaux, des ateliers *European Business & Luxury* à Varsovie et *Bank and Insurance Company Journals* à Malte en 2007, et de divers ateliers (*sessions*) lors de congrès d'associations académiques internationales. Il est ainsi membre (2009-2013) du comité scientifique de l'exposition du Musée des plans et reliefs *Ferdinand de Lesseps et la construction de canaux*.

Il est membre du bureau et a été pendant une dizaine d'années trésorier de l'Association française des historiens économistes ; il est cogérant et trésorier de la Société française d'histoire des outre-mers (SFHOM), dont il est le 'maître de site' (www.sfhom.com). Il siège au conseil scientifique de la Mission historique de la Banque de France, de l'*European Association for Banking & Finance History*, du Comité d'histoire de la Société générale, de l'Association pour l'histoire de BNP Paribas, du Musée d'Aquitaine, à Bordeaux, et au *Cultural Memory Council* de l'*Institute for Corporate Culture Affairs* (Francfort). Il appartient au conseil éditorial de la revue canadienne *International Journal of Maritime History,* et au comité de lecture et de rédaction d'*Outre-Mers. Revue d'histoire*. De septembre 2000 à septembre 2006, il a été responsable du services Stages & partenariats d'entreprises à l'Institut d'études politiques de Bordeaux. Il a aussi siégé au comité de direction de l'*European Business History Association* pendant six ans et au conseil éditorial de la revue américaine *Enterprise & Society* pendant quatre ans. Il a été élu à nouveau au comité de direction de l'*European Business History Association* (2010-2013).